Memorandum du Cours DE Mr. Aimé Paris.

Lith: Legé Bordeaux.

Théorie de P. Galin.

Memorandum

du Cours

DE

Mr. Aimé Paris.

Chez l'auteur, rue de la Petite Taupe, N°. 27.

Bordeaux 1837-1838.

Lith: Legé Bordeaux

Observation importante.

La division de cet ouvrage en plusieurs parties pourrait faire croire à quelques personnes que chacune de ces parties doit être étudiée en totalité, avant qu'on passe à la suivante. C'est une erreur qu'il faut se hâter de prévenir.

J'ai rassemblé, dans les quatre premières parties, toutes les données indispensables pour diriger sûrement la pratique. J'ai distribué les faits, dans chacune de ces parties, selon l'ordre qui m'a semblé le plus conforme à leur dépendance réciproque, et à la génération des idées, de telle sorte que l'intelligence du premier fût une préparation à l'Étude du suivant, et ainsi des autres. Je crois que toute interversion de cet ordre serait préjudiciable pour les disciples; mais il n'en est pas des diverses parties comme du contenu d'une même partie. Leur étude doit être simultanée; le professeur réglera d'après les progrès du cours oral, la proportion dans laquelle seront étudiées les divisions distinctes de la Théorie.

Ceci s'applique également à la cinquième partie, dont les exercices doivent être faits dans l'ordre où ils sont présentés, et concurremment avec le développement des quatre premières.

Quant aux morceaux à 2, 3 ou quatre voix en plus, ils n'ont point été classés d'après leurs difficultés de rhythme ou d'intonation. Ils forment un recueil à l'égard duquel le choix des morceaux est déterminé par les progrès des élèves, et confié à la sagacité du maître.

Avertissement.

Cet ouvrage étant destiné aux personnes qui ont assisté à mes démonstrations j'ai pu supprimer pour ne pas grossir démesurément le volume, plusieurs développemens qui servent à prouver les vérités de la science musicale. On ne prendra donc pas ces notes pour un Traité raisonné tel que Galin se proposait de le faire; On se souviendra que c'est à dessein qu'ont été retranchées certaines explications, et que je me suis borné à exposer des faits que j'ai pu regarder comme prouvés pour tous ceux qui ont suivi les leçons orales.

Toutefois, je crois pouvoir présenter la portion théorique de ce Memorandum comme le plan à peu près complet de tout livre qu'on aura à écrire sur l'enseignement rationnel de la musique. En remplissant les lacunes par des exemples convenablement choisis et par des déductions bien faites, on produira un travail qui l'emportera de beaucoup sur tout ce qui a rapport à cette matière. Si je n'accomplis pas cette tâche, comme j'en ai le projet, j'aurai aidé, du moins je l'espère, quelqu'autre plus heureux ou plus habile, et je croirai ne pas avoir publié ce Canevas sans utilité.

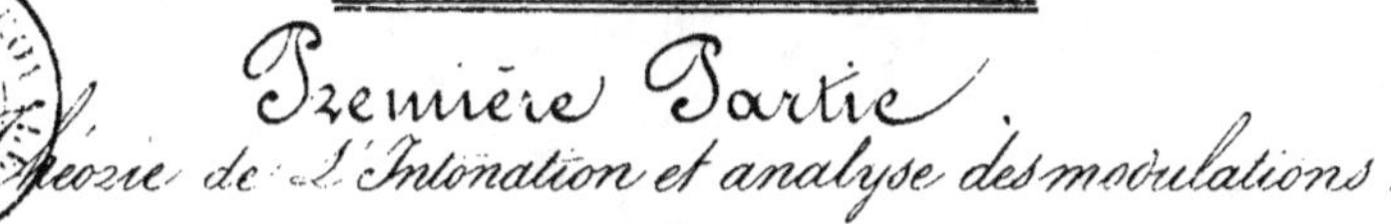

Première Partie

Théorie de l'Intonation et analyse des modulations.

A part quelques organisations rebelles sur lesquelles la musique n'a point d'action on peut regarder comme un fait général l'aptitude de chacun à retenir tout ou partie d'une mélodie qui aura plus ou moins souvent frappé son oreille, et à reproduire les mêmes effets avec justesse.

Dès lors, bien longtems avant d'avoir entendu prononcer le nom *Gamme* on a reçu et conservé l'impression de tous les intervalles qui constituent notre échelle musicale. Il ne peut donc être question, pour l'immense majorité des élèves, que d'apprendre le rapport établi entre les effets sonores déjà connus, et les mots conventionnels par lesquels on exprime ces effets.

Ainsi, toute personne qui chantera juste les deux airs: *Aussitôt que la lumière*, et *Cadet Roussel* possèdera et aura produit tous les élémens de la série qu'on nomme *Gamme*, et qu'on désigne par les syllabes *ut*, *ré*, *mi*, *fa*, *sol*, *la*, *si*; je le prouverai par un exemple.

Qu'un des sons les plus bas de la voix de celui qui veut faire cette épreuve soit pris pour point de départ de l'air: *aussitôt que la lumière*, les syllabes des couplets correspondront aux inflexions de voix dont la figure suivante matérialise, pour ainsi dire, les relations.

ut ré mi mi fa mi ré ré mi ré ut ut ut mi ré mi ré mi

Aussitôt que la lumière a redoré nos côteaux, je commen-

mi fa mi ré ré mi ré ut ré ré ut ut mi la sol sol la sol fa fa

ce ma carrière par visiter mes tonneaux. Ravi de revoir l'aurore, &c

Première Partie

... trive au son qui correspond à la syllabe de, dans le vers ravi de revoir l'aurore qu'on prolonge ce son et qu'on le prenne pour point de départ de l'air Cadet Roussel, on aura :

mi fa .. .. sol, sol la si ut

Ravi de Cadet Roussel etc

de sorte que l'inflexion des syllabes aussitôt, ravi de, et Cadet Roussel, suffit pour donner la série complète des sons qui se trouvent dans la gamme. Des expériences semblables prouveraient qu'un nombre considérable de distances réciproques (ou de relations de sons) appartiennent, moins leurs noms, à quiconque a gardé en mémoire un certain nombre d'airs, soit entiers, soit seulement par fragments.

La représentation la plus simple des mots de la langue musicale serait celle qui emploierait les caractères de l'Alphabet et qui écrirait ces mots en toutes lettres. Mais, pour avoir une écriture plus rapide, nous substituerons aux sept mots en usage les sept premiers chiffres, comme il suit :

ut ré mi fa sol la si
1 2 3 4 5 6 7

Quelques personnes éprouvent de l'embarras pour faire promptement cette substitution c'est à dire pour prononcer Sa, en voyant 4, etc. Voici des rapprochements qui rendront cette opération plus facile.

un une ; durée ; trame ; ca fard ; cinq sols ; sylla ; Cécile.
1 ut ; 2, ré ; 3 mi ; 4 fa ; 5 sol ; 6 la ; 7 si

La nomenclature usuelle n'a que sept mots pour exprimer la multitude de sons de plus en plus élevés que peut faire entendre une voix ou un instrument. Après avoir produit, à partir d'ut, les sept sons correspondant à ut, ré, mi, fa, sol, la, si elle donne au huitième son le nom du premier, au neuvième le nom du second et ainsi de suite. Nous nous conformerons à cette convention qu'il vaudrait beaucoup mieux n'avoir pas établie.

Indépendamment des chiffres, nous employons, dès la première leçon, comme acheminement à la lecture de la notation ordinaire, une échelle dont les barreaux noirs et les interlignes blancs prennent des noms déterminés d'après la convention souvent arbitraire qui attribue à l'un d'eux le nom d'ut. Cette échelle n'a des lignes de différentes longueurs que pour ne pas offrir à l'œil une confusion trop grande, le nombre de ses barreaux est illimité, et si Galin a groupé cinq lignes plus longues entre d'autres de moindre dimension c'est pour préparer à compter les distances sur les cinq lignes de la portée ordinaire. L'idée qui lui appartient c'est l'emploi d'une portée emblématique, on aura beau varier la disposition des longueurs et le nombre des lignes ce sera toujours l'œuvre de Galin qu'on s'appropriera ; c'est son Méloplaste qu'on retrouvera servilement copié dans les innombrables combinaisons offertes au vulgaire par les formes suivantes et par toutes celles qu'on trouvera sans se mettre l'esprit à la torture.

Première Partie.

Il est essentiel de pouvoir trouver avec promptitude le nom d'un barreau quelconque, lorsqu'on connaitra celui qui porte le nom d'*ut* (nous appellerons *barreau blanc*, l'intervalle compris entre deux barreaux noirs)

Le placement des mots sur les barreaux peut se faire plus aisément, à l'aide de quelques remarques. Le mot *ut* ne peut être évidemment que sur un barreau blanc (un barreau noir ou sur un barreau blanc). Une échelle un peu étendue nous montrera ce mot aux deux places.

Série	N.os des barreaux	Mots		Chiffres	
3me Série	21	si		7	
	20		la		6
	19	sol		5	
	18		fa		4
	17	mi		3	
	16		ré		2
	15	ut		1	
2me Série	14		si		7
	13	la		6	
	12		sol		5
	11	fa		4	
	10		mi		3
	9	ré		2	
	8		ut		1
1re Série	7	si		7	
	6		la		6
	5	sol		5	
	4		fa		4
	3	mi		3	
	2		ré		2
	1	ut		1	

On voit sur cette figure que le mot *ut* se trouve trois fois ; sur les barreaux noirs numérotés 1 et 15, et sur le barreau blanc numéroté 8. L'espèce des barreaux, pris en montant, jusqu'au septième inclusivement, est la même pour *ut*, *mi*, *sol* et *si*, représentés par les chiffres *impairs*, 1. 3. 5. 7 ; c'est à dire que *ut* étant sur un barreau *noir*, le *mi*, le *sol* et le *si* en montant, seront aussi sur des barreaux *noirs*, et que *ut* étant sur un barreau *blanc*, le *mi*, le *sol* et le *si*, en montant, seront aussi sur des barreaux *blancs*.

Le *ré*, au dessus de l'*ut*, est forcément sur un barreau d'une autre couleur, et le *fa* comme le *la*, au dessus du *ré* sont sur des barreaux d'une couleur semblable à celle de ce *ré* ; analogie de couleur qui se rapporte à l'idée commune de nombres *pairs*, appartenant aux chiffres 2, 4, 6 qui représentent *ré*, *fa*, *la*. Ainsi le *ré* occupant un barreau *noir*, le *fa* et le *la*, en montant, seront également sur des barreaux *noirs*, tandis que le *ré* sur un barreau *blanc* amènera le *fa* et le *la*, en montant, sur des barreaux *blancs*.

Une remarque essentielle doit être faite. Le nombre des *couleurs* est *pair* (il n'y en a que *deux* le noir et le *blanc*) ; les *mots* sont en nombre *impair* (il y en a *sept* *ut*, *ré*, *mi*, *fa*, *sol*, *la*, *si*) ; donc après *sept* mots occupant *sept* barreaux, le *premier* mot, reparaissant sur le *huitième* barreau, doit rencontrer une autre couleur que celle qu'il avait en commençant la série ascendante.

On peut se convaincre de la généralité de cette observation en voyant, sur la figure qui précède, les mots d'une série occuper constamment, dans la série supérieure, une couleur différente de celle qu'ils avaient d'abord, et ne retrouver leur première couleur que dans la troisième série.

Première Partie.

Établissons des lois comme moyen de faciliter la recherche des Mots, les lois générales que voici :

1° Tout mot tombe, dans la série immédiatement supérieure ou inférieure à la sienne, sur un barreau d'une autre couleur que celle qui sert de terme de comparaison.

2° Au dessus d'un ut, le mi, le sol et le si
3° Au dessous d'un ut le la, le fa et le ré } occupent des barreaux de la même couleur que celle de cet ut.

Les deux figures suivantes font ressortir cette distribution de certains mots, sur une couleur identique.

si 7
sol 5
mi 3
ut 1
la 6
fa 4
ré 2

si 7
sol 5
mi 3
ut 1
la 6
fa 4
ré 2

Comme moyen de retenir la série des mots à couleur semblable au dessus ou au dessous d'ut, profitons de la ressemblance qui existe entre les mots : eût mis Sosie et ut, mi, sol, si ; de même qu'entre les mots : la farine, et la, fa, ré ; puis construisons la phrase suivante :

« A l'aspect de Mercure qui le rendit pâle de terreur, que dirait-on que sur son visage eût mis « Sosie ? La farine. »

Dans ce qui vient d'être exposé se trouve tout l'avenir de ceux qui veulent arriver à lire facilement la musique ordinaire.

Quand les séries de mots ou de chiffres sont écrites obliquement ou verticalement, la place des mots ou des chiffres suffit pour distinguer les séries auxquelles ils appartiennent, mais quand on écrit les mêmes signes sur une ligne horizontale, il devient indispensable de créer un moyen de distinguer, parmi les caractères de même forme, ceux qui désignent les sons empruntés à chaque série. Exemple :

1 2 3 4 5 6 7 (1re Série) 1 2 3 4 5 6 7 (2e Série) 1 2 3 4 5 6 7 (3e Série)

Cette distribution n'entraîne aucune incertitude.

Mais en voyant écrits les chiffres 1 5 3 1, on ne pourra pas savoir s'ils expriment quatre sons de la première série, de la seconde ou de la troisième, ou bien des sons pris dans la 1re et la 2e, dans la 2e et la 3e, dans la 1re et la 3e, ou enfin dans les trois séries.

Pour faire disparaître cet inconvénient, nous allons ajouter, aux signes de la 1re et de la 3e série, une particularité qui les distingue et nous remplacerons la figure ci-dessus par la suivante :

Première Partie.

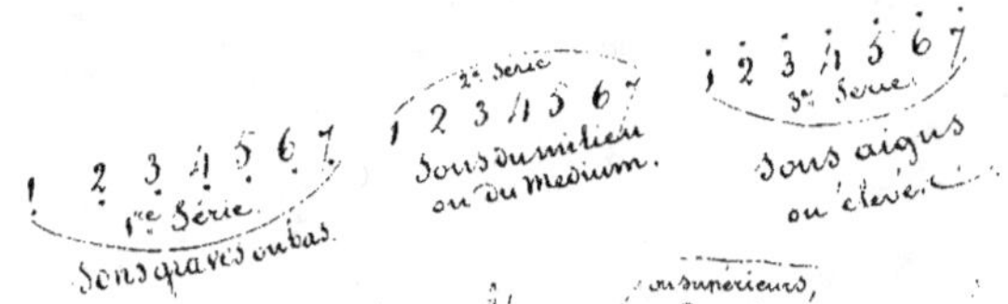

1 2 3 4 5 6 7 — 1re Série — Sons graves ou bas.

1 2 3 4 5 6 7 — 2e Série — Sons du milieu ou du Medium.

1 2 3 4 5 6 7 — 3e Série — Sons aigus ou élevés.

Avec cette indication des points inférieurs ou supérieurs, on distinguera parfaitement l'idée composée dans les diverses formes de l'exemple suivant :

1531, 1531, 1531, 1531, 1531, 1531, 1531, 1531, 1531, 1531, 1531, &c.

On remarquera 1° que tous les signes de la série *ponctuée en dessous* expriment des sons plus bas qu'aucun de ceux de la série *non ponctuée* ; que tous les signes de cette dernière série correspondent à des sons plus bas qu'aucun de ceux de la série *ponctuée en dessus* ; 2° que dans une même série, le chiffre le plus élevé correspond au son le plus aigu ; que dans 36, le trois indique un son plus bas que le 6, chiffre qui contient un plus grand nombre d'unités que le 3.

Il sera souvent fort utile d'exprimer la distance de deux sons, par le *nom du nombre total des sons qui seraient produits*, si, au lieu de faire entendre, sans intermédiaire, le plus bas et le plus élevé de ces sons, on parcourait la série complète de ceux qui les séparent, dans la gamme. Ainsi, la distance de *ré* à *sol*, celle de *fa* à *si*, celle de *la* à *ré* etc. *en montant*, au lieu d'être exprimée par les mots différents *ré, sol, fa, si ; la, ré*, pourrait recevoir une seule et même dénomination. Exemple : 25, 47, 62 seront uniformément appelés du nom de *Quarte*, parce que les gammes successives présentent *quatre* sons de l'un à l'autre de ces accouplemens de deux sons, en les comprenant eux-mêmes dans le calcul du total des mots qui servent à trouver le nom numérique de la distance ou de l'intervalle, expressions qui signifient la même chose dans l'idiome musical.

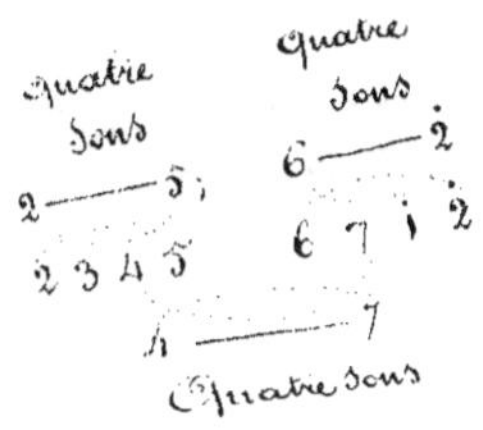

Quatre sons: 2 — 5 ; 2 3 4 5

Quatre sons: 6 — 2 ; 6 7 1 2

4 — 7 : Quatre sons

Pour éviter toute confusion, il est convenu que, des deux sons qui limitent un intervalle, on nommera ou on écrira d'abord celui qui correspondra au son le plus bas ; que, par exemple, *ré sol* indiquera la distance d'un *ré* au *sol* supérieur, et *sol, ré*, la distance d'un *sol* au *ré* de la série supérieure.

Voici la Liste et la définition des principaux noms d'intervalle. On appelle :

Seconde la Distance d'un son quelconque au second, en Montant.

tierce . . . . . . id . . . . au troisième id.

quarte . . . . . . id . . . . au quatrième id.

Quinte . . . . . . id . . . . au cinquième id.

Sixte . . . . . . id . . . . au sixième id.

Première Partie

Septième	... de la ...	au Septième	id
Octave ...	id ...	au huitième	id
Neuvième	id ...	au Neuvième	id
Dixième ...	id ...	au dixième	id

Et ainsi des autres intervalles, onzième, douzième, treizième, quatorzième &a

Ces noms d'intervalles rappelant des noms de nombre, nous profiterons de cette analogie, pour les classer en deux catégories, nous nommerons donc :

les Secondes, les Quartes, les Sixtes les Octaves, } des intervalles Pairs.
les dixièmes, les douzièmes, &a ......

les tierces, les Quintes, les Septièmes, ... } des intervalles impairs.
les neuvièmes, les onzièmes, etc ......

On peut facilement distinguer, sur une échelle comme celle de la musique ordinaire, si un intervalle est pair ou impair, au moyen des remarques suivantes :

Intervalles Pairs.

Secondes. Quartes. Sixtes. Octaves. Dixièmes.

Les intervalles pairs ont leurs extrémités sur deux barreaux offrant deux couleurs différentes, le barreau inférieur Noir et le supérieur blanc ; ou le barreau inférieur blanc et le barreau supérieur Noir. Les couleurs des extrémités sont donc en nombre Pair, pour les intervalles Pairs.

Intervalles impairs.

Tierces. Quintes. Septièmes. Neuvièmes.

etc.

Les intervalles impairs ont leurs extrémités sur deux barreaux offrant une seule couleur, le noir seulement ou le blanc seulement pour chacun. La couleur des extrémités est donc une, ou en nombre impair, pour les intervalles impairs.

Moyen de calculer facilement l'espèce de l'intervalle, soit pair, soit impair.

Si l'on compte [illegible] les deux termes, (nous) le nombre des barreaux est toujours égal à celui des barreaux blancs. on voit :

			Ainsi,
pour les Secondes,	un	barreau de chaque couleur	en doublant le nombre des barreaux blancs ou celui des barreaux noirs, à volonté, on obtiendra le nom de l'intervalle.
pour les Quartes,	deux	id. .... id.	
pour les Sixtes,	trois	id. .... id.	
pour les Octaves,	quatre	id. .... id.	
pour les dixièmes,	Cinq	id. .... id.	

Dans les exemples d'intervalles impairs, il y a toujours un barreau de plus, pour la couleur des extrémités de l'intervalle, que pour l'autre couleur. Cet exemple présente :

	Couleur des extrêmes	Couleur opposée	Ainsi,
Pour les tierces,	..... deux barreaux	un ... barreau	le nom de l'intervalle est donné par : le double plus un du nombre des barreaux de la couleur opposée à celle des extrêmes.
Pour les quintes,	..... trois id.	deux ... id	
Pour les septièmes,	.... quatre id.	trois .... id.	
Pour les neuvièmes,	.... Cinq id.	Quatre .... id.	

On obtiendrait également le nom des intervalles impairs, en prenant le double moins un du nombre des barreaux de la couleur des extrêmes.

Numérotage absolu des cinq lignes qu'on appelle Portée.

Nous emploierons la série des nombres un, deux, trois etc. pour désigner les barreaux noirs ou blancs qui se succèdent alternativement dans cette échelle. Ainsi, au lieu de nommer les divisions de la portée :

5e. ligne			N.° 9	
4e. ligne	4e. interligne		N.° 7	N.° 8
3e. ligne	3e. interligne	Nous dirons	N.° 5	N.° 6
2e. ligne	2e. interligne		N.° 3	N.° 4
1re. ligne	1re. interligne		N.° 1	N.° 2

Les Numéros se comptant de bas en haut, les impairs désignent les barreaux noirs et les Pairs les barreaux blancs.

Complémens d'intervalles.

La Distance entre un son et son octave étant prise pour commune mesure, on appelle Complément d'un intervalle ce qu'il faudrait y joindre, pour compléter un octave, comme on le voit dans les exemples suivans :

une Seconde et son complément (une septième) formant un intervalle total d'une octave. Seconde Septième 12345671 octave ; Sec. Sept. 23456712 octave ;

Sec. Sept. 34567123 octave ; Sec. Sept. 45671234 octave ; Sec. Sept. 56712345 octave ; Sec. Sept. 67123456 octave ; Sec. Sept. 71234567 octave

Première Partie.

Une Tierce et son complément (une Sixte) donnent pour intervalle total, une Octave (tierce, sixte : 1 2 3 4 5 6 7 $\dot{1}$: octave) ;

(tierce, sixte : 2 3 4 5 6 7 $\dot{1}$ $\dot{2}$: octave), et ainsi de suite pour les cinq autres tierces, 35, 46, 57, 6$\dot{1}$, 7$\dot{2}$,
dont les complémentaires sont les Sixtes, 5$\dot{3}$, 6$\dot{4}$, 7$\dot{5}$, $\dot{1}\dot{6}$, $\dot{2}\dot{7}$

une Quarte et son complément (une quinte) donnent, pour intervalle total, une Octave. (quarte, quinte : 1 2 3 4 5 6 7 $\dot{1}$: octave) ;

(quarte, quinte : 2 3 4 5 6 7 $\dot{1}$ $\dot{2}$: octave) ; et ainsi de suite, pour les cinq autres Quartes, 36, 47, 5$\dot{1}$, 6$\dot{2}$, 7$\dot{3}$
dont les compléments sont les Quintes, 6$\dot{3}$, 7$\dot{4}$, $\dot{1}\dot{5}$, $\dot{2}\dot{6}$, $\dot{3}\dot{7}$.

une Quinte et son complément (une quarte) donnent, pour intervalle total, une Octave. (quinte, quarte : 1 2 3 4 5 6 7 $\dot{1}$: octave)

(quinte, quarte : 2 3 4 5 6 7 $\dot{1}$ $\dot{2}$: octave), et ainsi de suite, pour les cinq autres quintes, 37, 4$\dot{1}$, 5$\dot{2}$, 6$\dot{3}$, 7$\dot{4}$
dont les Complémens sont les ... quartes, 7$\dot{3}$, $\dot{1}\dot{4}$, $\dot{2}\dot{5}$, $\dot{3}\dot{6}$, $\dot{4}\dot{7}$

une Sixte et son complément (une tierce) donnent, pour intervalle total, une Octave (sixte, tierce : 1 2 3 4 5 6 7 $\dot{1}$: octave)

(sixte, tierce : 2 3 4 5 6 7 $\dot{1}$ $\dot{2}$: octave) ; et ainsi de suite, pour les cinq autres sixtes, 3$\dot{1}$, 4$\dot{2}$, 5$\dot{3}$, 6$\dot{4}$, 7$\dot{5}$
dont les complémens sont les ... tierces, $\dot{1}\dot{3}$, $\dot{2}\dot{4}$, $\dot{3}\dot{5}$, $\dot{4}\dot{6}$, $\dot{5}\dot{7}$

une Septième et son complément (une seconde) donnent, pour intervalle total, une Octave (septième, seconde : 1 2 3 4 5 6 7 $\dot{1}$: octave) ;

(septième, seconde : 2 3 4 5 6 7 $\dot{1}$ $\dot{2}$: octave) ; et ainsi de suite pour les cinq autres septièmes, 3$\dot{2}$, 4$\dot{3}$, 5$\dot{4}$, 6$\dot{5}$, 7$\dot{6}$
dont les complémens sont les .... secondes, $\dot{2}\dot{3}$, $\dot{3}\dot{4}$, $\dot{4}\dot{5}$, $\dot{5}\dot{6}$, $\dot{6}\dot{7}$

On voit aisément dans les exemples précédens :

1° Que le nom d'un intervalle rappelle un Nom de Nombre qui, additionné avec celui du Complément, donne pour somme le nombre Neuf.

intervalle.	complément.	nombres.	total
Seconde et	Septième ...	2 et 7	9
Tierce et	Sixte	3 et 6	9
Quarte et	Quinte	4 et 5	9
Quinte et	Quarte	5 et 4	9
Sixte et	Tierce	6 et 3	9
Septième et	Seconde ...	7 et 2	9

2° Que si ce total de 9 représente une Octave, qui rappelle l'idée du chiffre 8, c'est qu'un même son est toujours compté deux fois, dans le partage de l'octave en Seconde et Septième, en tierce et Sixte etc, ce qui produit l'excédant d'une unité.

3°. Que les deux extrémités d'une Octave portant le même nom, un intervalle *lu à rebours* donne le nom de son *complément*; que la tierce *ut, mi* donne la sixte *mi, ut*; que la quarte *fa, si* donne la quinte *si, fa*, et ainsi de tous les intervalles.

Une conséquence de la connaissance des complémens, c'est encore qu'en *montant d'une quinte*, à partir d'un point quelconque, on trouve le *même mot* qu'en descendant *d'une quarte*; qu'en *montant d'une tierce* on trouve le *même mot* qu'en *descendant d'une sixte*, etc, c'est-à-dire que le *même mot* se retrouve soit au dessus, soit au dessous, en *ajoutant au nom de nombre* de l'intervalle supérieur ou inférieur, *la quantité nécessaire pour obtenir le nombre neuf*.

Redoublements d'intervalles.

Quand un intervalle est plus grand qu'une octave, on l'appelle le *redoublement* de l'intervalle qui reste, quand on a *retranché une octave*. Exemples :

neuvième ou seconde redoublée: 1 2 3 4 5 6 7 i 2 (octave, seconde); neuvième ou seconde redoublée: 2 3 4 5 6 7 i 2 3 (octave, seconde) etc. dixième ou tierce redoublée: 1 2 3 4 5 6 7 i 2 3 (octave, tierce); dixième ou tierce redoublée: 2 3 4 5 6 7 i 2 3 4 (octave, tierce) etc.

neuvième ou seconde redoublée: 1 2 3 4 5 6 7 i 2 (seconde, octave); neuvième ou seconde redoublée: 2 3 4 5 6 7 i 2 3 (seconde, octave) etc. dixième ou tierce redoublée: 1 2 3 4 5 6 7 i 2 3 (tierce, octave); dixième ou tierce redoublée: 2 3 4 5 6 7 i 2 3 4 (tierce, octave) etc.

et ainsi des autres intervalles.

On saura facilement de quel intervalle un autre est le redoublement, en *retranchant* du nom de nombre qui lui correspond, autant de fois *sept* qu'il sera possible; le *reste* donnera le nom de nombre de *l'intervalle redoublé*.

une *neuvième* est le redoublement d'une *Seconde*; *neuf* moins *sept* ... il reste pour reste *deux*
une *dixième* est le redoublement d'une *Tierce*; *dix* moins *sept* ... *trois*
une *onzième* est le redoublement d'une *Quarte*; *onze* moins *sept* ... *quatre*
une *douzième* est le redoublement d'une *Quinte*; *douze* moins *sept* ... *cinq*
une *dix-huitième* est le redoublement d'une *Quarte*; *dix-huit* moins deux fois *sept* (quatorze) *quatre*

Ce dernier exemple est sans application pour la voix, qui franchit rarement un intervalle plus grand que la *douzième*, et qui ne dépasse *jamais deux octaves*.

Rapport des intervalles de même nom, entre eux.

Des expériences faites sur l'air connu : *Ah! vous dirai-je maman*, chanté à différentes hauteurs de son, prises pour point de départ, prouvent à l'oreille que les intervalles de Seconde :

12, 23, 45, 56, 67 sont égaux entre eux;

Que 71 et 34 sont égaux entre eux, sans qu'on puisse trouver, dans le même air, le moyen de savoir laquelle est plus grande, de la seconde 12, ou de la seconde 7̣1.

D'autres expériences éclairciront ce point; les élémens peuvent en être fournis par les airs intitulés : Souvenez vous-en, ô ma tendre musette et : Malbrough, auxquels serajoint : Ah! vous dirai-je, Maman? On peut trouver, dans ces quatre airs, la preuve que la seconde 7̣1 est plus petite que la seconde 12.

Ces notes étant le résumé des faits établis, et non un livre destiné à donner des preuves longuement déduites je me borne à énoncer les résultats des démonstrations orales, et j'insiste seulement sur ce point, que les expériences faites avec la voix ou avec un instrument ne permettent pas de dire au juste de combien 7̣1 est plus petit que 12; il nous suffira de savoir que la distance est moindre, sans nous inquiéter de déterminer exactement un rapport dont heureusement la connaissance précise n'est pas nécessaire, pour l'étude de la musique vocale, et qui est, au surplus, l'objet de trois opinions différentes.

1° La seconde 7̣1 est moins que la moitié de la seconde 12.	2° La seconde 7̣1 est plus que la moitié de la seconde 12.	3° La seconde 7̣1 est juste la moitié de la seconde 12.
2 1 I I 1̇ 7	2 1 I I 1̇ 7	2 1 I I 1̇ 7

Deux de ces trois opinions contraires sont nécessairement fausses. Je penche fortement pour la première ; mais fussé-je dans l'erreur, la marche didactique de Galin est tout à fait indépendante de l'avis qu'on adoptera.

Quoiqu'il en soit, l'inégalité des secondes de la gamme va nous servir à établir l'échelle proportionnelle des distances entre un ut et son octave.

1̇
7
6
5
4
3
2
1

La connaissance des secondes grandes (nommées aussi majeures) et des secondes moindres (qu'on nomme également mineures,) va nous servir à savoir s'il existe ou non des différences entre les autres intervalles du même nom.

Tierces.

3	[illegible]	5	6	7	1̇	2
2	3	4	5	6	7	1̇
1	2	3	4	5	6	7

Nous trouvons dans le Tableau ci-contre ;

1° Trois tierces contenant, chacune, deux secondes majeures, 13, 46, 57 ; tierces majeures.

2° quatre tierces contenant, chacune, deux secondes dont l'une est majeure, et l'autre mineure, 24, 35, 61̇, 72̇ tierces mineures.

Quartes.

	5	6	7	1̇	2	3
			6	7		
	4	5			1̇	2
2	3		5	6	[illegible]	
		4				1̇
1		3	4	5	6	[illegible]

1° une quarte composée de trois secondes majeures, 47 . . . . quarte majeure

2° six quartes composées, chacune, de deux secondes majeures et d'une mineure, 14, 25, 36, 51̇, 62̇, 73̇ . . . . quartes mineures

Observation: La seconde majeure est appelée dans le langage usuel, un ton. La quarte 47 en contient trois, ce qui lui a fait donner le nom de Triton (trois tons). On la nomme aussi fausse quarte. Nous n'emploierons aucune de ces dénominations.

On appelle aussi les Quintes mineures des quartes justes.

Quintes.

5	6	7	7	2	3	4
4	5	6		1	2	3
3	4	5	6	7	1	2
2	3	4	5	6	7	1
1	2	3	4	5	6	7

1° Six quintes composées, chacune, de trois secondes majeures et d'une mineure, 15, 26, 37, 41, 52, 63 Quintes majeures.

2° une quinte composée de deux secondes majeures et de deux mineures, 74 . . . . Quinte mineure

Observation. L'usage appelle les quintes majeures des quintes justes et la quinte mineure, quinte diminuée, ou fausse quinte. Nous laisserons de côté ces termes, aussi peu rationnels que le nom des Quartes, les intervalles appelés faux différant des autres d'une quantité égale à celle qui distingue les secondes et les tierces mineures des secondes et des tierces majeures, aussi bien que les autres intervalles dont nous allons parler.

Sixtes.

6	7	1	2	3	4	5
5	6	7	1	2	3	4
4	5	6	7	1	2	3
3	4	5	6	7	1	2
2	3	4	5	6	7	1
1	2	3	4	5	6	7

1° Quatre sixtes composées, chacune, de quatre secondes majeures et d'une mineures, 16, 27, 42, 53 sixtes majeures

2° trois sixtes composées, chacune, de trois secondes Majeures et de deux mineures, 31, 64, 75 Sixtes mineures

Septièmes.

7	1	2	3	4	5	6
6	7	1	2	3	4	5
5	6	7	1	2	3	4
4	5	6	7	1	2	3
3	4	5	6	7	1	2
2	3	4	5	6	7	1
1	2	3	4	5	6	7

1° deux septièmes composées, chacune, de cinq secondes majeures et d'une mineure, 17, 43 Septièmes majeures.

2° Cinq septièmes composées, chacune, de quatre secondes majeures et de deux mineures . . . . 21, 32, 54, 65, 76 Septièmes mineures

Octaves.

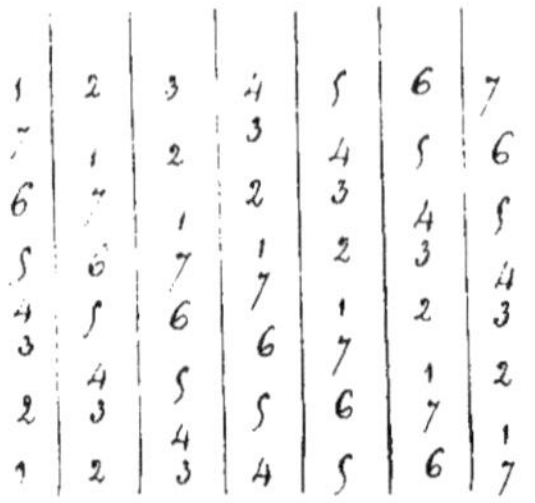

1	2	3	4	5	6	7
7	1	2	3	4	5	6
6	7	1	2	3	4	5
5	6	7	1	2	3	4
4	5	6	7	1	2	3
3	4	5	6	7	1	2
2	3	4	5	6	7	1
1	2	3	4	5	6	7

Toutes les Octaves sont égales entre elles puisqu'entre leurs extrémités on trouve toujours une somme de cinq secondes majeures et de deux secondes mineures.

Intervalles supérieurs à l'octave.

L'Égalité prouvée des octaves donne la mesure des intervalles qui la dépassent, puisqu'en retranchant une octave de tous ces intervalles, la nature du reste, réduit à un des intervalles précédemment analysés, donnera celle de l'intervalle supérieur à l'octave. Exemples :

On veut connaître 1° la nature des neuvièmes 34̇ et 67̇ ;

2° Celle des dixièmes 46̇ et 35̇ ;

3° Celle des onzièmes 25̇ et 47̇ ;

Voici les solutions :

1° La neuvième 34̇ dépasse l'octave 33̇ de la seconde mineure 3̇4̇ ; la neuvième 67̇ dépasse l'octave 66̇ de la seconde majeure 6̇7̇ ; les octaves 33̇ et 66̇ sont égales entre elles : donc la neuvième 34̇ est moins grande que la neuvième 67̇.

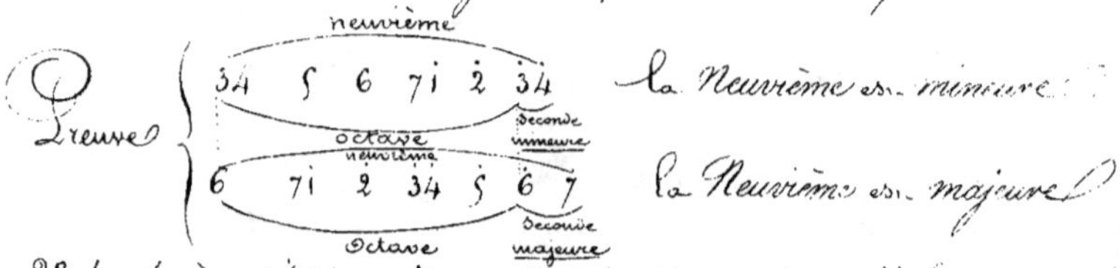

Preuve

neuvième
3 4 5 6 7 1̇ 2̇ 3̇ 4̇ — La Neuvième est mineure.
octave — seconde mineure

neuvième
6 7 1̇ 2̇ 3̇ 4̇ 5̇ 6̇ 7̇ — La Neuvième est majeure.
Octave — seconde majeure

2° La dixième 46̇ dépasse l'octave 44̇, de la tierce majeure 4̇6̇ ; la dixième 35̇ dépasse l'octave 33̇, de la tierce mineure 3̇5̇ ; les octaves 44̇ et 33̇ sont égales entre elles, donc la dixième 46̇ est plus grande que la dixième 35̇.

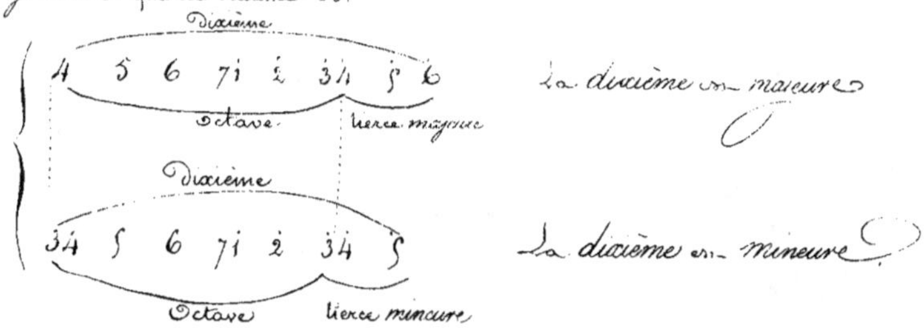

Dixième
4 5 6 7 1̇ 2̇ 3̇ 4̇ 5̇ 6̇ — La dixième est majeure.
octave — tierce majeure

Dixième
3 4 5 6 7 1̇ 2̇ 3̇ 4̇ 5̇ — La dixième est mineure.
Octave — tierce mineure

3° la onzième 25 dépasse l'octave 22, de la quarte mineure 25; la onzième 47 [illegible] de la quarte majeure 47; les octaves 22 et 44 sont égales entre elles, donc la onzième [illegible] grande que la onzième 47.

Preuves.

onzième

2 34 5 6 7i 2 34 5 — la Onzième 25 est mineure

octave — quarte mineure

onzième

4 5 6 7i 2 34 5 6 7 — la Onzième 47 est majeure

Octave — quarte majeure

Tout se réduit donc à la connaissance des intervalles qui ne dépassent pas l'octave. Il ne s'agit plus que de rendre facile à apprendre et à retenir la liste de ces intervalles, tant majeurs que mineurs.

Formules de la Liste des intervalles.

Substituons aux idées trop générales de Seconde, tierce, etc. de Majeures et de mineures des mots qui, par une analogie de son ou de Sens réveillent ces expressions du langage [illegible]. Nous pourrons établir les synonymies suivantes :

Noms des intervalles.	Equivalens.	
Seconde majeure,	le Soleil,	dont la marche apparente divise le jour en heures, en minutes et en Secondes en parcourant un très grand cercle.
Seconde mineure,	une Montre	... qui marque les minutes et les Secondes sur un petit cadran.
Tierce majeure,	la Fièvre	tierce, qui cause un grand frisson.
Tierce mineure,	la digestion,	... annoncée par un frisson moins fort que celui de la fièvre tierce.
Quarte majeure,	carte géographique,	grande carte
Quarte mineure,	cartes à jouer,	petites cartes.
Quinte majeure,	Colère, ...	Quinte violente.
Quinte mineure,	Caprice, ...	Quinte de courte durée.
Sixte majeure,	Sixte (Quint) Pape,	Sixte, ayant acquis une grande importance
Sixte mineure,	Sixte-quint, Enfant,	Sixte, gardant des pourceaux quand il était petit [illegible]
Septième majeure,	Pâques,	le plus considérable des Dimanches, des septièmes jours de la semaine [illegible]
Septième mineure,	un Dimanche,	Septième jour de la semaine, moins rigoureusement observé que le Dimanche de Pâques.

Dans la dépendance de ces équivalens, nous placerons des phrases [illegible]

[illegible] [illegible] de la [illegible] majeures et [illegible] combinaisons suivantes, dont une des cinq autres, le hasard seul pouvant [illegible] les intervalles à deviner.

13, 46, 57, — 13, 57, 46, — 46, 13, 57; — 46, 57, 13; — 57, 13, 46, — 57, 46, 13.

Voici maintenant les formules, dont il conviendra de scander la fin comme l'indiquent les traits | | qui séparent les syllabes.

a. Quand la Sibylle eut marqué l'heure où Clovis devait monter sur le trône, en dépit de grands | vassaux outrés |, Rome | l'assit | seul là. | (Secondes majeures 45 | 12 | 23 | 67 | 56 |)

b. Faisant voir sa montre de Breguet à celui qui construit des horloges en bois, on osa lui demander quelle | Scie eût | mieux fait ? | (Secondes mineures $7\dot{1}$ | 34 |)

c. La Fièvre de la peur suit de près la gaîté dans laquelle un discours (adresse) à un | Salot | eut mis | sosie. | (tierces majeures, 46 | 13 | 57 |)

d. Parce que mon camarade souffre d'une mauvaise digestion, il faut donc que | moi seul | rêve à | cirer | la hutte | (tierces mineures, 35 | 24 | $7\dot{2}$ | $6\dot{1}$ |)

e. Les Cartes géographiques, en rapprochant les pays, semblent dire au voyageur | Vas-y ! | (quarte majeure, 47)

f. Sa [illegible] au logis dit aujourd'hui qu'elle a épousé : tu ne toucheras plus aux Cartes, parce que si ma | l'a | rosolu, | mie l'a | résolu, va ! | (quartes mineures, $7\dot{3}$ | $6\dot{2}$ | $5\dot{1}$ | 36 | 25 | 14 |)

g. Me revoir, en songe, son domestique : cela me met en colère | l'ami | sot ré | va cirer | moi cirer la | hutte sale ! | (quintes majeures, $6\dot{3}$ | $5\dot{2}$ | $4\dot{1}$ | 37 | 26 | 15 |).

h. Comment peut-on avoir un caprice pour un homme | si fat ? (Quinte mineure, 74)

i. Sixte, pape, n'avait pas besoin de dire à son chef d'office : avec ça | rest- | du-là | serez | salmi. | (Sixtes majeures, 27 | 16 | $4\dot{2}$ | 53 |)

j. Sixte enfant n'aurait pas trouvé à emprunter, pour éviter, jusqu'à la | mi-avril, | la faim, | six sols. | (Sixtes mineures, $3\dot{1}$ | 64 | $7\dot{5}$ |)

k. Avant le jour de Pâques, combien la sainte | Famille | eut de sacs ! | (Septièmes majeures, $4\dot{3}$ | 17 |)

l. Le dimanche (aux Tuileries), un mannequin bien mis | réussit là | seul à | mirer | lui seul. | (Septièmes mineures, $2\dot{1}$ | $7\dot{6}$ | $5\dot{4}$ | $3\dot{2}$ | $6\dot{5}$ |)

Au lieu de l'essai des formules pour tous les intervalles, quoiqu'on puisse, à l'aide d'un seul, ou simple, réduire de moitié le nombre des formules à retenir, et n'avoir à apprendre que les phrases les moins chargées de détails. En effet, il n'y a dans la gamme, telle que nous l'avons établie, que des intervalles de deux espèces qui portent le même nom, par exemple des secondes majeures et des secondes mineures. Toute seconde qui n'est pas mineure (dans la gamme 1 2 3 4 5 6 7 $\dot{1}$) est nécessairement majeure. Il suffit donc, à la rigueur, de connaître les deux secondes mineures, pour savoir, par voie d'exclusion, que les autres

...mineures. Des tierces...

en sachant qu'il n'y a ...	On sait ...
Deux Secondes mineures, 71, 34	cinq Secondes majeures (toutes celles qui ne sont pas ... 71 34)
Trois tierces majeures, 46, 13, 57	Quatre tierces mineures (toutes celles qui ne sont pas ... 46 13 57)
Une quarte majeure, 47	Six quartes mineures (toutes celles qui ne sont pas ...... 47)
Une quinte mineure, 74	Six quintes majeures (toutes celles qui ne sont pas ...... 74).
Trois Sixtes mineures, 31, 64, 75	Quatre Sixtes majeures (toutes celles qui ne sont pas .. 31, 64, 75).
Deux Septièmes majeures, 43, 17	Cinq Septièmes mineures (toutes celles qui ne sont pas ... 43 17).

Malgré la possibilité de cette simplification, je conseille d'étudier les douze formules, qui, dans le plus grand nombre des cas, épargneront à l'esprit une opération, et donneront directement le resultat qu'il faudrait obtenir par déduction. Cette raison me détermine à supprimer le moyen de déduire tous les intervalles des Secondes mineures, des tierces majeures et de la quarte majeure, qui n'exigeraient que trois formules, mais qui compliqueraient la recherche.

Diverses espèces de Complémens.

L'égalité des octaves sert à connaître la nature du Complément d'un intervalle majeur ou mineur, puisqu'un octave est composée d'une Seconde plus une Septième et qu'il y a deux espèces de Secondes, il est évident que plus la Seconde sera grande, moins il restera pour la Septième et réciproquement. Les tableaux suivants feront comprendre toutes ces relations d'intervalles.

Secondes. (octaves)

						Complément		
Septièmes mineures	1	2	4	5	6	Septièmes majeures	3	7
Secondes majeures	2	3	5	6	7	Secondes mineures	4	1
	1	2	4	5	6		3	7

Tierces. (octaves)

Complément				Complément				
Sixtes mineures	1	4	5	Sixtes majeures	2	3	6	7
Tierces majeures	3	6	7	Tierces mineures	4	5	1	2
	1	4	5		2	3	6	7

(octaves)

Complément		Complément					
Quinte mineure	4	Quintes majeures	1	2	3	5	6	7
quarte majeure	7	quartes mineures	4	5	6	1	2	3
	4		1	2	3	5	6	7

(octaves)

						Complément	
Quartes mineures	1	2	3	4	5	6	Quarte majeure	7
Quintes majeures	5	6	7	1	2	3	Quinte mineure	4
	1	2	3	4	5	6		7

(octaves)

Complément					Complément			
Tierces mineures	1	2	4	5	Tierces majeures	3	6	7
Sixtes majeures	6	7	2	3	Sixtes mineures	1	4	5
	1	2	4	5		3	6	7

(octaves)

Complément			Complément					
Secondes mineures	1	4	Secondes majeures	2	3	5	6	7
Septièmes majeures	7	3	Septièmes mineures	1	2	4	5	6
	1	4		2	3	5	6	7

Le résumé de ce Tableau est :

Que si un intervalle est majeur son complément est mineur ; ⎫ ou plus simplement, un intervalle et son complément sont toujours l'un mineur, l'autre majeur et réciproquement.
Que si un intervalle est mineur, son complément est majeur ⎭

Accords.

Trois personnes pourront faire entendre à la fois trois sons différens, sans choquer l'oreille lorsqu'il existera entre chacun des trois sons, un intervalle de tierce ainsi qu'il suit :

		ou	ou	ou	ou	ou	ou	
3e Voix	5	6	7	i	2	3	4	on appelle accord l'effet qui résulte de la
2e Voix	3	4	5	6	7	1	2	production simultanée de sons acceptés
1re Voix	1	2	3	4	5	6	7	par l'oreille.

Des raisons qu'on ne peut pas donner ici interdiraient de chanter successivement les sept combinaisons qui précèdent. Isolées, chacune produit un effet agréable. Consecutives, elles seraient réprouvées par toute oreille délicate. Je ne ferais pas cette observation, s'il ne fallait empêcher des oppositions qui ne sont pas toujours de bonne foi, de regarder sept exemples détachés comme une suite noninterrompue de sept quintes, violation septuple d'une des premières lois de l'harmonie. Ceci soit dit une fois pour toutes, au sujet de nos tableaux d'exposition de faits qui ne sont pas des morceaux à chanter.

La nature des tierces et leur distribution n'est pas la même, dans les sept groupes que j'ai présentés plus haut. Classons-les par catégories, selon la nature de leurs éléments.

1ère combinaison			2e combinaison			3e combinaison
5	i	2̇	6	7	3	4
3	6	7	4	5	1	2
1	4	5	2	3	6	7

La première Combinaison, ayant au bas une Tierce majeure, a reçu le nom d'accord majeur ;

La deuxième Combinaison, ayant au bas une Tierce mineure a reçu le nom d'accord mineur ;

Ces deux combinaisons contiennent chacune deux Tierces d'espèce différente et diversement superposées ;

La troisième combinaison, ne contenant que des tierces d'une seule espèce, et différant par cela seul des accords majeurs et des accords mineurs, sera appelée par nous accord neutre. On lui donne ordinairement le nom impropre d'accord de fausse quinte ou d'accord de quinte diminuée.

Première Partie

Nous avons [illegible] dans la gamme [illegible] 7 accords

1° Trois accords majeurs, 135, 461, 572.

2° Trois accords mineurs: 246, 357, 613.

3° Un accord Neutre: 724.

Des expériences faites alternativement, à trois voix différentes sur l'accord 135, [illegible] la gamme ascendante 12345671 prouveraient:

1° Que, lorsque les trois sons 135 sont chantés [illegible], [illegible] distingue [illegible] [illegible] du Sol qui les domine.

2° Que, lorsqu'après avoir plusieurs fois chanté la gamme 1234567 1 on vient s'arrêter sur le si, la nécessité d'achever le chant par le son 1 est d'autant plus énergique [illegible] plus prolongé sur le si.

Tous les exercices faits jusqu'à ce moment ont établi la fonction du son que nous appelons ut. [illegible] les autres n'être pour ainsi dire que ses subordonnés, et lui seul posséder la propriété d'occuper principalement l'oreille qui l'a réclamé pour terminaison de tout morceau de chant.

Dans l'audition simultanée de [illegible] 1.3, la voix qui chante le mi est obligée de faire attention [illegible] de se laisser entraîner vers le son de l'ut ou du sol, elle est maintenue dans son rôle intermédiaire.

Ces observations ont motivé l'attribution de quatre noms expressifs de leur propriété [illegible] ut, mi, sol, si; on nomme:

ut, *Tonique*, parce qu'il donne pour ainsi dire le ton aux autres comme un souverain [illegible];

mi, *Médiante*, à cause de sa position intermédiaire entre ut et mi;

sol, *dominante* parce qu'il domine les deux sons ut, mi dans l'accord 135;

si, *Sensible* (notre sens grammatical que nous conserverons), parce qu'il fait sentir la nécessité [illegible] sur la tonique.

Il ne reste à nommer que 2, 4, 6, dont les noms seront empruntés uniformément aux propriétés des sons supérieurs, [illegible] aux tendances de ces sons, à [illegible] descendre:

ré, *Sous médiante*, que l'usage appelle aussi *sus tonique*;

fa, *Sous dominante*;

la, *Sous sensible*, que la langue musicale nomme souvent *sus dominante*.

Il sera souvent utile dans les démonstrations d'avoir [illegible] des figures spéciales, exprimant ces propriétés, voici celles que nous emploierons et les analogies qui en ont motivé l'adoption. Elles sont toutes empruntées aux principaux détails d'une église.

ΔΔ. *Sensible*. Les deux pointes aiguës des paratonnerres des deux tours d'une cathédrale: leur contact excitent fortement la sensibilité.

<3. *Sous sensible*. Une girouette est placée moins haut que la pointe [illegible] des paratonnerres.

△, *dominante*. Le toit, cela qui domine les autres édifices.

⌶, *Sous-dominante*. Entrecroisement de charpente placé au dessous du toit, pour le consolider.

▭, *Médiante*. Le mur, placé comme intermédiaire, entre le sol et le toit.

⏏, *Sous-médiante*. Le perron qui est souvent à la partie inférieure des murs, quand le sol de l'Église est exhaussé.

⬭, *Tonique*. La Terre qui soutient l'édifice; comme la tonique soutient le chant.

L'affinité qui existe entre les sons 1, 3, 5, existe également entre eux en leurs octaves, c'est à dire que toutes les combinaisons où il entrera un *ut* quelconque, un *mi* quelconque et un *ut* quelconque, formeront un accord. Ainsi | 5 3 1 | 3 5 1 | 1 5 3 | 5 1 3 | 3 1 5 | 1 3 5 | formeraient autant d'accords, résultant des variantes de la combinaison *ut, mi, sol*. Le son qui donne son *nom* à un accord est celui qui est *le plus bas*, quand les trois élements de l'accord sont rangés de manière à offrir des tierces superposées. L'Exemple suivant, dans les deux systèmes de notation, fera comprendre cette manière de déterminer le *nom de l'accord*.

		A	B	C	D	E	F
fa	sol						•
ré	mi				•		
si	ut		•			•	•
sol	la						
	fa			•	•	•	•
mi		•	•	•		•	•
ut	ré	•		•	•		
la	si						
	sol	•	•				
		quarte, tierce	sixte, sixte	tierce, tierce	sixte, quinte	sixte, tierce	quinte, sixte
		3	1	5	3	1	5
		1	3	3	5	5	1
		5	5	1	1	3	3

L'arrangement *C* est le seul qui présente deux tierces l'une sur l'autre; le son *ut* est *le plus bas*; c'est lui qui donne à l'accord le nom d'accord d'*ut*. Considérés comme portions d'un accord, ces trois sons portent les noms suivants:

Ut, note *fondamentale* de l'accord, ou 1re note

mi, *tierce* de l'accord.

Sol, *quinte* de l'accord.

En essayant, sur toutes les combinaisons des trois sons 572, et sur celles des trois sons 461 les mêmes expériences que sur 135, on trouvera que 572 et 461 s'accordent également entre eux.

En disposant les sons superposés, de manière à obtenir deux tierces, l'une sur l'autre, on ne trouvera que | 2 5 | et | 6 4 | qui remplissent cette condition. Ces deux arrangements ont pour son le plus grave, l'un *sol*, l'autre *fa*; nous appellerons 572 l'accord de *Sol*, et 461 l'accord de *fa*, et nous aurons les dispositions suivantes.

accord de *Fa*;		accord d'*ut*;		accord de *Sol*;	
Quinte,	1	Quinte,	5	Quinte,	2
Tierce,	6	Tierce,	3	Tierce,	7
Fondamentale,	4	Fondamentale,	1	fondamentale,	5

L'accord reçoit une désignation supplémentaire selon que la fondamentale, la tierce ou la *quinte* est le son le plus grave de la combinaison employée ou (en termes de musique) se trouve *à la basse de l'accord*. On dit qu'un accord est,

à son État direct, quand le son le plus grave est la .... fondamentale.
à son premier renversement, quand le son le plus grave est la Tierce.
à son Second renversement, quand le son le plus grave est la Quinte.

accord de Fa ou de la sous dominante.						accord d'ut ou de la Tonique.						accord de Sol ou de la dominante					
1	6̇	4	1	6	4̇	5	3̇	1	5̇	3	1	2̇	7̇	5	2̇	7	5̇
6	1	1	4	4	6	3	5	5	1	1	3	7	2̇	2	5	5	7
4	4	6̣	6̣	1	1	1	1	3	3	5̣	5̣	5̣	5̣	7̣	7̣	2	2
état direct		1er renverst.		2e renverst.		état direct		1er renverst.		2e renvt.		état direct		1er renverst.		2e renverst.	

J'ai placé à dessein l'accord de Tonique entre ceux de Sous-dominante et de Dominante, parce que la tonique est entre la sous-dominante inférieure et la dominante supérieure, à égale distance de ces deux propriétés de son. On remarquera que l'état direct de ces trois accords présente une tierce majeure, surmontée d'une tierce mineure $\left|\begin{matrix}1\\6\\4\end{matrix}\right|\begin{matrix}5\\3\\1\end{matrix}\left|\begin{matrix}2\\7\\5\end{matrix}\right|$ que dès lors, ces trois accords sont de l'espèce de ceux que nous avons appelés accords **majeurs**, page 17

On pourra savoir si l'accord se trouve à l'état direct, ou à l'un de ses renversements, en divisant par deux le nom de nombre de la note qui est à la basse, et en ne tenant compte que des nombres entiers, le reste étant négligé. Si donc on trouve à la basse.

la Fondamentale, ou première note, UN divisé par deux ne donne pas de nombre entier, l'accord est sans renversement, ou à l'État direct.

La Tierce, trois divisé par deux donne UN (et un reste qu'on néglige); l'accord est au premier renversement.

La Quinte, Cinq divisé par deux, donne deux (et un reste qu'on néglige); l'accord est au deuxième renversement. Ces rapports se formulent par le rapprochement suivant: en partageant le NOM, et en négligeant le reste, on trouve NO (N.°), abréviation du mot numéro.

Sans vouloir aborder ici l'exposition de l'harmonie, je dois montrer comment les accords de Sous-dominante, de tonique et de dominante se succèdent l'un à l'autre dans leurs divers renversements.

Accords de		Accords de		Accords de		Accords de		Accords de		Accords de	
Fa	ut	Fa	ut	Fa	ut	ut	Sol	ut	Sol	ut	Sol
6 ↘	5	1 ↔	1	4 ↘	3	5 ↔	5	1 ↘	7	3 ↘	2
4 ↘	3	6 ↘	5	1 ↔	1	3 ↘	2	5 ↔	5	1 ↘	7
1 ↔	1	4 ↘	3	6 ↘	5	1 ↘	7	3 ↘	2	5 ↔	5
2e renvt.	état direct	état direct	1er renvt.	1er renvt.	2e renvt.	état direct	1er renvt.	1er renvt.	2e renvt.	2e renvt.	état direct

[illegible] passage [illegible] l'accord [illegible],	Les voix qui [illegible] ut conserve ce son; les voix qui chantent le mi et le sol montent, chacun [illegible] son immédiatement [illegible].
Dans le passage [illegible] l'accord d'ut,	l'ut se conserve; le [illegible] et le la descendent, chacun sur le son immédiatement inférieur.
Dans le passage de l'accord d'ut à l'accord de sol,	le Sol se conserve; l'ut et le mi descendent, chacun sur le son immédiatement inférieur;
Dans le passage de sol à l'accord d'ut.	le Sol se conserve; le Si et le ré montent, chacun [illegible] son immédiatement supérieur.

Ces changements [illegible] plus facilement saisis au moyen de la figure suivante, qui place l'accord d'ut entre ceux de [illegible] et de Sol

Accords [illegible]   Accords de

fa   ut   sol   fa   ut   sol

Si nous représentons l'état direct [illegible]
par le chiffre 0,
le premier renversement, par le chiffre 1,
le deuxième renversement, par le chiffre 2,
Nous verrons les renversements se succéder dans l'ordre suivant [illegible] l'accord d'ut [illegible] Sol

Accords de

fa	ut	sol
1	2	0
2	0	1
0	1	2

Ce qui forme le Cercle [illegible]

[illegible]

[illegible] l'accord d'ut; [illegible] l'accord d'ut

Accord de Septième de dominante.

[illegible] à la fois, sans importuner l'oreille, les quatre sons [illegible] qui [illegible] la dominante, ce qui lui a fait donner le nom d'accord de septième de dominante, abréviation de cette phrase : « **accord** qui, lorsque ses élémens sont disposés par tierces superposées, a le son le plus « élevé éloigné d'une Septième du son le plus bas qui est la **dominante**. »

Les quatre sons de cet accord prennent des noms analogues à ceux que nous avons donnés page 18, aux sons des accords d'ut, de fa et de sol, c'est-à-dire que 5 est la Fondamentale ou première note ; 7, la tierce ; 2, la quinte ; et 4 la septième, noms de nombre qui, si on les divise par deux, et qu'on néglige le reste, donneront la nature de la variante de l'accord, ainsi qu'on l'a vu page 19. En voici la nomenclature complète, sans égard aux combinaisons qui ne sont jamais employées ou qui ne le sont que rarement.

État direct. Fondamentale à la basse.							1er renversement. la tierce à la basse.							2e renvt. la quinte à la basse.							3e renvt. la Septième à la basse.						
	4	2̇	7̇	4̇	2̇	7̇		5	4̇	2̇	5̇	4̇	2̇		7	5	4	7	5	4̇		2	7	5	2̇	7	5̇
	2	4	4	7	7	2̇		4	5	5	2̇	2̇	4̇		5.	7.	7.	4	4	5		7.	2	2	5	5	7
	7	7	2	2	4	4		2	2	4	4	5	5		4	4	5.	5.	7.	7.		5.	5.	7.	7.	2	2
	5̣	5̣	5̣	5̣	5̣	5̣		7.	7.	7.	7.	7.	7.		2̣	2̣	2̣	2̣	2̣	2̣		4.	4̣	4̣	4̣	4̣	4̣

Des choses semblables seraient à dire de l'accord 7. 2 4 6 que nous nommerons accord de Septième de sensible, et qui a pour

État direct		1er renverst.		2e renvt.		3e renvt.		
	6		7		2̇		4̇	
	4		6		7		2̇	et les combinaisons qui
	2		4		6		7	présentent, à la basse la
Fondament.	7.	Tierce	2	Quinte	4	Septième	6	Fondamentale, la Tierce, la quinte ou la septième.

La propriété principale, ou Tonique, ne reste pas toujours sur le son qui la possède au commencement d'un chant. Elle se porte tantôt sur un son, tantôt sur un autre, et quand ce déplacement s'est opéré, la série des sons, entre celui qui est devenu tonique, et son octave, reproduit avec d'autres mots, l'effet déjà connu sous les mots, 1, 2, 3, 4, 5, 6, 7, i c'est-à-dire que les écartemens réciproques des sons, à partir de la nouvelle tonique, sont semblables à ceux de la gamme. Formulons l'échelle d'une octave, pour avoir les distances relatives, abstraction faite des noms de notes, et pour obtenir une commune mesure qui nous permettra de reconnaître rapidement les combinaisons qui correspondent exactement ou non à la gamme 1, 2, 3, 4, 5, 6, 7, i.

ut	
si	petit
la	grans
sol	grans
fa	grans
mi	petit
ré	grans
ut	grans interv. point de départ

Si le son nasal **an** représente le mot grand, qu'il termine, et que le son i soit l'expression abrégée du mot petit ; nous aurons la série suivante :

i
an
an
an
i
an
an
point de départ.

Substituons aux mots point de départ, celui-ci Vois qui signifiera, si on veut : Vois le point de départ de l'Échelle tonique ; puis formons une phrase dans laquelle se trouvent seulement les sons an et i expressifs des distances :

Fan-fan rit, quand can-cans dit.

vois

la phrase [illegible] pourra être :

« Voici qu'il tremble quand il applique son échelle contre le rempart, Vois, Fanfan rit, quand Cancans [illegible] » [illegible] le soldat qui a reçu le sobriquet de Fanfan la Tulipe, rit, quand, au milieu des balles, il fait des plaisanteries sur ses camarades blessés. »

Cette formule, toute bizarre qu'elle est, nous sera d'une très grande utilité.

Pour les expositions de faits qui vont suivre, représentons les noms des propriétés de sons par une expression abrégée, et au lieu de : tonique, sous-médiante, médiante, sous dominante, dominante, sous-sensible, sensible ; écrivons seulement t sm m sd d ss s

Il nous deviendra facile de voir les changements que peut apporter dans une échelle le transport de la tonalité sur un de ses barreaux.

Tonalité transportée à la Quinte supérieure, ou ce qui est la même chose à la Quarte inférieure

Échelle partant de la Tonique ut

Vois Fan-fan rit quand can-cans dit, Fan-fan rit, quand can-cans dit.

Échelle partant de la dominante ou d'une quinte au-dessus de la tonique.

Vois Fan-fan rit quand can-cans dit.

Dans cette échelle, on voit que tous les sons [illegible] de l'échelle [illegible] sol, excepté le fa, sous-dominante de l'échelle d'ut, qui est trop bas pour servir de sensible dans l'échelle de sol, et qui devra être remplacé par un son plus élevé [illegible] dans la figure suivante.

C'est ce que l'usage appelle la gamme du ton de sol.

Vois Fan-fan rit, quand can-cans dit.

Tonalité transportée à la Quinte inférieure, ou ce qui est la même chose, à la Quarte supérieure.

Échelle partant de la Tonique ut

Vois Fan-fan rit, quand can-cans dit, Fan-fan rit, quand can-cans dit.

Échelle partant de la Sous dominante, ou d'une quinte au-dessous de la Tonique.

Vois Fan-fan rit, quand Can-cans dit.

Dans cette échelle on voit que tous les sons de l'échelle qui part d'ut sont aptes à fournir les propriétés de l'échelle partant de fa, excepté le si, sensible de l'échelle d'ut, qui est trop élevé pour servir de sous dominante dans l'échelle de fa, et qui devra être remplacé par un son plus bas, dont le signe écrit est ♭, et le nom si♭, comme on le voit dans la figure suivante.

C'est ce que l'usage appelle la gamme du ton de fa.

Vois Fan-fan rit, quand Can-cans dit.

On peut résumer ce Tableau, à l'aide du suivant qui montre, au milieu de détails moins nombreux, la nature du seul changement qui s'opère, quand la tonalité s'élève ou s'abaisse d'une quinte. Un trait renforcé, ▬, indique, dans l'échelle du milieu, le barreau de la Tonique originelle.

De la comparaison de ces trois échelles, nous pouvons tirer les conséquences suivantes:

Dans la gamme d'Ut, ou dans l'échelle modèle;

Échelle de la Tonalité portée à la Sous-Dominante, ou à une Quinte au dessous de la Tonique originelle.	Échelle modèle ou de la Tonique originelle.	Échelle de la Tonalité portée à la Dominante, ou à une Quinte au dessus de la Tonique originelle.
s	sd	t
ss	m	d
d	dm	sd
sd	t	d
m	d	sd
dm	ss	m
t	d	dm
	sd	t
	m	
	dm	
	t	
	d	
	ss	
	d	
	sd	

Si la Tonalité se porte à une quinte au dessus, ou à la dominante, | il ne faut changer qu'un seul des sons de l'Échelle modèle, c'est-à-dire qu'il suffit de remplacer | la sous-dominante par un son élevé d'un [illegible] qui devient la sensible de la nouvelle gamme.

Si la Tonalité se porte à une Quinte au dessous ou à la sous dominante, | il ne faut changer qu'un seul des sons de l'échelle modèle, c'est-à-dire qu'il suffit de remplacer | la sensible par un son [illegible] qui devient la sous dominante de la nouvelle gamme.

Déduction de cet énoncé

Si la tonalité s'élève d'une quinte au lieu de [illegible] ...

Si la tonalité s'abaisse d'une quinte, au lieu de [illegible] ...

Il est évident que les barreaux de l'Échelle qui a [illegible] distribués comme ceux de l'Échelle d'ut, si on porte la Tonalité à la Quinte au dessus Sol on obtiendra une nouvelle échelle qui pourra servir à en former une autre, et ainsi de suite. On se fera une idée nette de ces déplacements de quinte en quinte en montant si on regarde avec attention le Tableau qui suit.

Tonalité partant d'ut, dont la dominante est sol. — Tonalité partant de sol.

	t	sm	m	sd	d	ss	s	t	sm	m	sd	d
ut	1	2	3	4	5	6	7	1	2	3	4	5
sol					5	6	7	1	2	3	4 ↗ 4	5
					t	sm	m	sd	d	ss	s	t

la sous dominante est . . fa.
la sensible doit être . . fè.

Tonalité partant de sol, dont la dominante est ré. — Tonalité partant de ré.

	t	sm	m	sd	d	ss	s	t	sm	m	sd	d
sol	5	6	7	1	2	3	4	5	6	7	1	2
ré					2	3	4	5	6	7	1 ↗ 1	2
					t	sm	m	sd	d	ss	s	t

la sous dominante est . . ut.
la sensible doit être . . tè.

Tonalité partant de ré, dont la dominante est la. — Tonalité partant de la.

	t	sm	m	sd	d	ss	s	t	sm	m	sd	d
ré	2	3	4	5	6	7	1	2	3	4	5	6
la					6	7	1	2	3	4	5 ↗ 5	6
					t	sm	m	sd	d	ss	s	t

la sous dominante est . . sol.
la sensible doit être . . jè.

Nota. Sola Si commençant par S, [illegible] sera affecté aux remplaçans du Sol pour éviter la confusion.

Tonalité partant de la, dont la dominante est mi. — Tonalité partant de mi.

	t	sm	m	sd	d	ss	s	t	sm	m	sd	d
la	6	7	1	2	3	4	5	6	7	1	2	3
mi					3	4	5	6	7	1	2 ↗ 2	3
					t	sm	m	sd	d	ss	s	t

la sous dominante est . . ré.
la sensible doit être . . rè.

Tonalité partant de mi, dont la dominante est si. — Tonalité partant de si.

	t	sm	m	sd	d	ss	s	t	sm	m	sd	d
mi	3	4	5	6	7	1	2	3	4	5	6	7
si					7	1	2	3	4	5	6 ↗ 6	7
					t	sm	m	sd	d	ss	s	t

la sous dominante est . . la.
la sensible doit être . . lè.

Tonalité partant de si, dont la dominante est fè. — Tonalité partant de fè.

	t	sm	m	sd	d	ss	s	t	sm	m	sd	d
si	7	1	2	3	4	5	6	7	1	2	3	4
fè					4	5	6	7	1	2	3 ↗ 3	4
					t	sm	m	sd	d	ss	s	t

la sous dominante est . . mi.
la sensible doit être . . mè.

Tonalité partant de fè, dont la dominante est tè. — Tonalité partant de tè.

	t	sm	m	sd	d	ss	s	t	sm	m	sd	d
fè	4	5	6	7	1	2	3	4	5	6	7	1
tè					1	2	3	4	5	6	7 ↗ 7	1
					t	sm	m	sd	d	ss	s	t

la sous dominante est . . si.
la sensible doit être . . sè.

Tonalité partant de tè, dont la dominante est jè. — Tonalité partant de jè.

	t	sm	m	sd	d	ss	s	t	sm	m	sd	d
tè	1	2	3	4	5	6	7	1	2	3	4	5
jè					5	6	7	1	2	3	4 ↗ 4	5
					t	sm	m	sd	d	ss	s	t

la sous dominante est . . fè.
la sensible doit être . . fein.

On voit que chaque translation de la tonalité à la *quinte supérieure* n'amène jamais qu'un changement *à la fois*, et qu'en partant d'ut et en suivant toujours la même progression par quintes ascendantes, on introduit successivement

1° le fè, 2° le tè, 3° le jè, 4° le rè, 5° le lè, 6° le mè, 7° le sè, 8° le fein, et ainsi de suite.

(Langage usuel) 1° le fa dièze, 2° ut dièze, 3° sol dièze, 4° ré dièze, 5° la dièze, 6° mi dièze, 7° si dièze, 8° fa double dièze, etc.

Je n'ai mis le fein que pour montrer l'origine d'une nouvelle série de remplaçans qui, après [illegible] translations de tonalités, en appelleraient d'autres. *Jamais* dans la pratique, nous n'aurons besoin d'aller au delà du sè, tandis que la Théorie n'a point de bornes.

Procédons d'une manière analogue, pour les déplacemens successifs de Tonalité, de *quinte* en *quinte* en *descendant*, et construisons le tableau général des modifications qui en résultent, par rapport à l'échelle de [illegible] d'ut.

Tonalité partant de [illegible] dont la dominante est [illegible]

Tonalité partant de [illegible]

Tonalité partant de [illegible] dont la sous-dominante est [illegible]

Tonalité partant de Sol

Tonalité partant de [illegible] dont la sous-dominante est Mi

Tonalité partant de Mi

Tonalité partant de Mi dont la sous-dominante est [illegible]

Tonalité partant de [illegible]

Tonalité partant de [illegible], dont la sous-dominante est [illegible]

Tonalité partant de [illegible]

Tonalité partant de [illegible], dont la sous-dominante est [illegible]

Tonalité partant de [illegible]

Tonalité partant de [illegible] dont la sous-dominante est [illegible]

Tonalité partant de [illegible]

Tonalité partant de [illegible] dont la sous-dominante est [illegible]

Tonalité partant de [illegible]

La Sensible est [illegible]

[illegible] translation de [illegible] à la quinte inférieure [illegible]
partant d'Ut, en suivant la même progression par quintes descendantes, on trouve successivement
1 le [illegible] 2° le [illegible] 3° le [illegible], 4° le [illegible], 5° le [illegible], 6° le [illegible] 7° le [illegible], 8° le [illegible] [illegible]
[illegible] bémol [illegible] bémol, [illegible]

Le remplaçant [illegible]
après la création du remplaçant [illegible] nouvelle [illegible]
[illegible] en descendant. [illegible]
grandes complications de la musique telle qu'on l'écrit.

Le déplacement de la tonalité par quintes ascendantes et descendantes, se préfère à tous les autres, et s'emploie plus souvent, parce qu'il n'entraîne qu'un seul changement, et qu'il y a toujours ainsi une note commune à l'accord parfait d'une tonique et à celui qui part de sa dominante ou de sa sous dominante, exemple pris dans la tonalité d'ut.

	5	. . . .	5 note commune		5	accord de sous dominante.	6
accord tonique	3	accord de dominante	2 aux deux accords	accord de tonique	3	2e renversement	4
état direct	1	1er renversement	7	état direct	1	. . . .	1 note commune aux deux accords.

Montrons que le transport de la tonalité sur un autre barreau que celui de la quinte supérieure ou inférieure amène un plus grand nombre de changements qu'on ne l'a vu dans les deux tableaux précédents.

Tonalité à la sous médiante.

Deux changements

Tonalité à la médiante.

Quatre changements

Tonalité à la sous sensible

trois changements

Tonalité à la sensible

Cinq changements

Quant aux tonalités qui partent d'autres étages des gammes d'ut telles que fi, té, seu, meu, leu, reu, jeu, teu, etc., on peut se convaincre en regardant les tableaux qui précèdent, qu'elles offrent, toutes, plus d'un changement fait aux sons de cette gamme modèle.

(Voir pages 24 et 25)

En comparant l'ordre dans lequel, à partir de la gamme d'ut, arrivent les dièzes, dans les translations par quintes ascendantes, et les bémols, dans les translations par quintes descendantes, on voit que l'ordre d'arrivée des dièzes est l'inverse de celui dans lequel se produisent les bémols, c'est à dire que le son qui le premier est remplacé par le dièze, se trouve, le dernier, affecté du bémol, et ainsi de suite, comme on le voit dans cet exemple :

Première Classe

1er dièze,	2e dièze,	3e dièze,	4e dièze,	5e dièze,	6e dièze,	7e dièze
fè	tè	jè	rè	lè	mè	sè
feu	teu	jeu	reu	leu	meu	seu
7e bémol	6e bémol	5e bémol	4e bémol	3e bémol	2e bémol	1er bémol

L'ordre d'arrivée des dièzes et des bémols est important à connaître. Rendons son acquisition facile au moyen de deux formules.

Les dièzes remplaçant les propriétés des gammes que l'on quitte, par des sons plus élevés, l'idée de Série des dièzes sera convertie en celle de hausse des propriétés.

Les bémols remplaçant les propriétés des échelles antérieures, par des sons plus bas, l'idée de Série des bémols aura, pour équivalent, celle de baisse des propriétés.

Formules :

a. « Si la Fortune s'augmente, par la hausse des propriétés, fais les jets, raie laie, mets ceps. (C'est-à-dire : fais dans les jardins les jets d'eau comme ceux de Versailles, en lieu de la chasse, raie sainte laie du nombre des animaux vivants, mets sur le penchant des coteaux des nombreux ceps) »

Fais les jets, raie laie, mets ceps.
fè tè jè rè lè mè sè
1er 2e 3e 4e 5e 6e 7e
dièze, dièze, dièze, dièze, dièze, dièze, dièze.

b. « Quand on est ruiné par la baisse des propriétés on peut dire au lit où mollement se meut l'heureux : je te veux ! »

Se meut l'heureux je te veux
seu meu leu reu jeu teu feu
1er 2e 3e 4e 5e 6e 7e
bémol bémol bémol bémol bémol bémol bémols

Il ne faudra plus, avec ces formules, que compter sur ses doigts pour savoir quel est le 1er, le 4e, le 6e etc dans l'ordre des dièzes ou des bémols

Existe-t-il quelque analogie entre l'élévation produite par le dièze, et la dépression que caractérise le bémol ?

Cette question me semble résolue d'une manière complète par les remarques suivantes, empruntées au tableau général des remplacements partiels par les transports de tonalité de quinte en quinte [illegible]

Tableau Général des tonalités de quinte en quinte.

		remplacans
tonalités de quinte en quinte en montant	tè	4 1 5 2 6 3 7 Sensible
	fè	4 1 5 2 6 3 Sensible
	si	4 1 5 2 6 Sensible
	mi	4 1 5 2 Sensible
	la	4 1 5 Sensible
	ré	4 1 Sensible
	sol	4. Sensible
	ut	
tonalités de quinte en quinte en descendant	fa	7 sous dominante
	seu	7 3 sous dominante
	meu	7 3 6 sous dominante
	leu	7 3 6 2 sous dominante
	reu	7 3 6 2 5 sous dominante
	jeu	7 3 6 2 5 1 sous dominante
	teu	7 3 6 2 5 1 4 sous dominante

On voit sur ce tableau :

1°. Que dans les déplacemens de quinte en quinte, à partir d'ut, le remplaçant introduit subsiste dans le reste des autres quintes devenues toniques, en s'éloignant de plus en plus de la tonique ut, soit en montant, soit en descendant.

2°. Que, lorsque la tonalité s'est déplacée seulement d'une Seconde Majeure, il en résulte deux changemens à l'échelle qu'on abandonne.

3°. Que le dernier des dièzes introduits fournit une Sensible, et que la Tonique est dès lors à une Seconde mineure au dessus du dernier dièze.

4°. Que le dernier des bémols introduits fournit une Sous dominante, et que, par suite, la tonique est à une Quarte mineure au dessous du dernier bémol.

Au lieu du mot remplaçant que nous avons employé jusqu'ici, la langue musicale dit : accidens. Nous nous servirons indifféremment de ces deux expressions.

Examinons de nouveau les déplacemens de tonalité, par Secondes ascendantes et descendantes, au moyen des données que présente le tableau ci-dessus.

Première Partie

Système des Dièzes

fé 4 1 5 2 6 3	tè 4 1 5 2 6 3 7	fé 4 1 5 2 6 3	tè 4 1 5 2 6 3 7
mi 4 1 5 2	si 4 1 5 2 6	mi 4 1 5 2	si 4 1 5 2 6
ré 4 1	la 4 1 5	ré 4 1	la 4 1 5
ut	sol 4	ut	sol 4
↑	↑	↓	↓

En montant d'une seconde majeure. Chaque Tonalité successive introduit deux dièzes.

En descendant d'une seconde majeure. Chaque Tonalité successive chasse deux dièzes.

Système des bémols.

ut	fa 7	ut	fa 7
seu 7 3	meu 7 3 6	seu 7 3	meu 7 3 6
leu 7 3 6 2	reu 7 3 6 2 5	leu 7 3 6 2	reu 7 3 6 2 5
jeu 7 3 6 2 5 1	teu 7 3 6 2 5 1 4	jeu 7 3 6 2 5 1	teu 7 3 6 2 5 1 4
↓	↓	↑	↑

En descendant d'une seconde majeure. Chaque Tonalité successive introduit deux bémols.

En montant d'une seconde majeure. Chaque Tonalité successive chasse deux bémols.

Du système des Dièzes à celui des bémols et réciproquement.

En montant d'une seconde majeure, à partir de jeu. ↑

fé 4 1 5 2 6 3	on gagne deux dièzes à chaque déplacement.
mi 4 1 5 2	
ré 4 1	
ut	
seu 7 3	on perd deux bémols à chaque déplacement.
leu 7 3 6 2	
jeu 7 3 6 2 5 1	

En descendant d'une seconde majeure, à partir de fé. ↓

fé 4 1 5 2 6 3	on perd deux dièzes à chaque déplacement.
mi 4 1 5 2	
ré 4 1	
ut	
seu 7 3	on gagne deux bémols à chaque déplacement.
leu 7 3 6 2	
jeu 7 3 6 2 5 1	

En montant d'une seconde majeure, à partir de teu. ↑

tè 4 1 5 2 6 3 7	on gagne deux dièzes, à chaque déplacement.
si 4 1 5 2 6	
la 4 1 5	
sol 4	ici on perd un bémol et on gagne un dièze
fa 7	
meu 7 3 6	on perd deux bémols, à chaque déplacement
reu 7 3 6 2 5	
teu 7 3 6 2 5 1 4	

En descendant d'une seconde majeure, à partir de tè. ↓

tè 4 1 5 2 6 3 7	on perd deux dièzes, à chaque déplacement.
si 4 1 5 2 6	
la 4 1 5	
sol 4	[illegible] dièze [illegible] gagne un bémol
fa 7	
meu 7 3 6	[illegible]
reu 7 3 6 2 5	
teu 7 3 6 2 5 1 4	

Donc, Puisque :

en montant d'une seconde majeure, { on perd deux bémols, ou on gagne deux dièzes, } ou bien { on perd un bémol et on gagne un dièze, ou on gagne un dièze et on perd un bémol.

en descendant d'une seconde majeure, { on perd deux dièzes, ou on gagne deux bémols, } ou bien { on perd un dièze et on gagne un bémol, ou on gagne un bémol et on perd un dièze.

Que l'acquisition d'un bémol remplace la perte du second dièze, quand il n'y a qu'un dièze, et qu'il en faut perdre deux,

Que l'acquisition d'un dièze remplace la perte du second bémol, quand il n'y a qu'un bémol, et qu'il en faut perdre deux,

Le Dièze et le Bémol indiquent deux sons également éloignés de celui qu'ils remplacent, le dièze en dessus, et le bémol en dessous.

On aura sans doute remarqué que entre les Tonalités à distance de quinte (tous nos exemples montrent qu'il s'agit de quinte majeure) il y a toujours six sons en réalité communs aux deux tonalités voisines. Exemples :

		Sons communs aux gammes d'ut et de sol
Tonalité à la quinte supérieure	(sur le sol),	1 2 3 ♯4 5 6 7 1 2 3 ♯4 5 6 7 1
Tonalité modèle	(sur l'ut),	1 2 3 4 5 6 7 1 2 3 4 5 6 7 1
Tonalité à la quinte inférieure	(sur le fa),	1 2 3 4 5 6 ♭7 1 2 3 4 5 6 ♭7 1
		Sons communs aux gammes d'ut et de sol — Sons communs aux gammes d'ut et de fa

La musique usuelle (pour indiquer la qualité de son qui est prise pour tonique) qui impose au commencement de la portée le nombre de dièzes ou de bémols nécessaires pour porter la tonalité d'un ut convenu (qu'on appelle celui du diapason, pris pour tonique modèle) sur telle ou telle des notes composant la série des secondes majeures, en montant ou en descendant, il vous sera fort utile de savoir laquelle de ces secondes majeures successives a été prise pour tonique. On appelle armure (en Allemagne décoration,) l'escorte des signes dièzes (#) ou bémols (♭) qui suivent celui qu'on nomme clef et dont la forme est 𝄞, ou 𝄢, ou 𝄡 (on en verra la signification dans la troisième partie) ; travestissons l'idée d'armure par dièzes en cette énonciation : armure de la déesse, et l'idée d'armure par bémols, en cet autre énoncé armure bien molle, vous aurons les moyens de l'esprit d'où nous pourrons arriver à la connaissance des tonalités qui indiquent un nombre quelconque de dièzes ou de bémols.

Première Partie.

Formules.

« Pallas pouvait dire au téméraire qui la bravait : Si vous essayez d'entamer l'armure de la déesse, Saurez, l'ami, si fais taie. » (C'est-à-dire si, avec ma lance, je fais plus d'une taie sur l'œil.)

Un paladin pouvait dire à son adversaire : Si tu n'as pour garantie qu'une *armure bien molle, Fat, Se meut l'heure ; je te .....* » (C'est à dire, Fat, avec rapidité se meut l'aiguille qui marquera l'heure où je te pourfendrai.)

Emploi de ces Formules

armure de la déesse, ...	Sau	rez,	la-	mi,	si	fais	taie.
Les dièzes indiquent pour tonique :	sol	ré	la	mi	si	fè	tè
Savoir :	le 1er,	le 2e,	le 3e,	le 4e,	le 5e,	le 6e,	le 7e.

Armure bien molle.	Fat !	Se	meut	l'heu	- re,	je	te
Les bémols indiquent pour tonique :	fa	su	meu	l..	reu	jeu	teu
Savoir	....1er,	le 2e,	le 3e,	le 4e,	le 5e,	le 6e,	le 7e.

Un intervalle étant connu, tous ceux dont les extrémités portent des noms semblables, ou les noms de remplacement (dièzés ou bémols) sont nécessairement connus.

Si la septième 6 5 est connue pour être une *septième mineure* on en déduira sans peine la nature de toutes les septièmes qui ont pour extrémités inférieures 6, ou 6 ou 6, et pour extrémités supérieures, 5, ou 5 ou 5.

Le langage usuel nomme augmentés les intervalles plus grands que les majeurs. Exemple, C.

	C	B		A			D		E
	5	5	5	5	5	5	5	5	5
	Septième plus que majeure.	Septième majeure.	Septième majeure.	Septième mineure.	Septième mineure.	Septième mineure.	Sept. moindre que mineure.	Sept. moindre que mineure.	Septième la plus petite qu'on puisse écrire.
	6	6	6	6	6	6	6	6	6

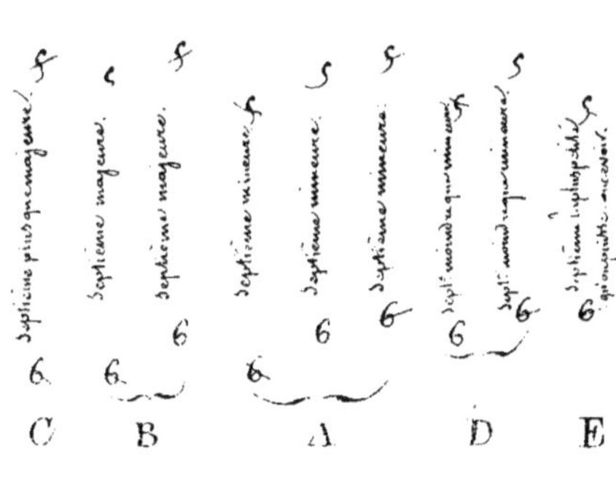

L'usage appelle diminués les intervalles moindres que les mineurs, Exemple, D.

La langue musicale n'a pas de mot spécial pour les intervalles moindres que ceux qu'on nomme diminués ici, qui en présente l'Exemple E.

Première Partie.

Représentons par une ligne verticale pleine, B|A, l'intervalle de la gamme d'ut qui sert de terme de comparaison, et par une ligne ponctuée, d¦c, l'intervalle à dénommer, d'après les changements faits aux extrémités de l'intervalle modèle, nous verrons que :

B|A	Si les deux extrémités montent ou descendent dans le même sens,	Si une des extrémités s'éloigne de l'autre,	Si une des extrémités se rapproche de l'autre,	Si les deux extrémités s'éloignent l'une de l'autre,	Si les deux extrémités se rapprochent de l'autre,
étant majeur	CD reste *Majeur*	CD devient *augmenté*	CD devient *Mineur*	CD devient plus qu'augmenté	CD devient diminué
étant mineur	CD reste *mineur*.	CD devient *majeur*.	CD devient *diminué*.	CD devient *augmenté*.	CD devient Moins que diminué

Tout se borne donc à savoir de quelle manière varient les *extrémités*, et on arrive à généraliser comme il suit :

1° Deux changements dans le même sens *laissent* l'intervalle *tel qu'il était*.

2°	Le changement qui *rapproche* un des extrêmes de l'autre, ...	change le *majeur* en *mineur*,	le *mineur* en *diminué*.
3°	Le changement qui *éloigne* une des extrémités de l'autre	change le *majeur* en *augmenté*,	le *mineur* en *majeur*.
4°	Le changement qui *éloigne les deux* extrémités l'une de l'autre, ...	change le *majeur* en *plus qu'augmenté*	le *mineur* en *augmenté*.
5°	Le changement qui *rapproche les deux* extrémités l'une de l'autre, ...	change le *majeur* en *diminué*,	le *mineur* en *moins que diminué*.

Du Mode Mineur.

Des expériences dont le détail ne pourrait trouver place que dans un ouvrage plus développé que celui-ci, et qui se font dans le Cours oral, établissent :

1° Que certaines mélodies d'un caractère particulier le plus souvent empreint d'une sorte de tristesse, ...

d'exiger le repos final sur l'*ut*, réclament le *la*, pour terminaison

2°. Que, dans ce cas, le son au-dessous du *la* n'en est éloigné que d'une seconde mineure et, au lieu d'être *sol* comme dans la Tonalité sur *ut*, est *sé* qui le remplace.

3°. Que les autres sons demeurent ce qu'ils étaient, quand la tonalité était sur *ut*.

4°. Que cependant, lorsqu'on descend l'échelle, à partir du *la*, le son inférieur se trouve souvent à la distance d'une *Seconde majeure*, en redevenant *sol*, au lieu de rester *sé*.

5°. Que souvent aussi, quand on monte l'échelle, à partir du *mi*, le son au-dessus du *mi* est distant de ce dernier d'une *Seconde majeure*, et devient *fé*, au lieu de rester *fa*.

Ces deux dernières particularités, *sol*, *fé*, quoique se présentant fréquemment, forment deux irrégularités, dans l'échelle des sons placés entre la tonalité sur le *la* et son octave.

Comparons d'abord l'échelle de *la* (Système des airs mélancoliques) avec celle d'*ut* (Système des airs plus éclatans).

Échelle de la (nouveau Système).

Intervalle	Degré	Son
	6	t
Seconde mineure	5	s
Seconde plus que majeure	4	ss
Seconde mineure	3	d
Seconde majeure	2	sd
Seconde majeure	1	m
Seconde mineure	7	sm
Seconde majeure	6	1

Échelle d'ut Système précédent.

Son	Degré	Intervalle
t	1	
s	7	Seconde mineure.
ss	6	Seconde majeure,
d	5	Seconde majeure.
sd	4	Seconde majeure.
m	3	Seconde mineure.
sm	2	Seconde majeure.
t	1	Seconde majeure.

{ Échelle d'*ut*, **deux** secondes **mineures**.
{ Échelle de *la*, **trois** secondes **mineures**.
{ Échelle d'*ut*, **cinq** secondes **majeures**.
{ Échelle de *la*, **trois** secondes **majeures**.
{ Échelle d'*ut*, **point** de secondes **plus que majeure**.
{ Échelle de *la*, **une** seconde **plus que majeure**.

Les airs qui dépendent de l'Échelle de *la*, telle que nous venons de la présenter, contiennent un plus grand nombre de *Secondes mineures* que ceux qui sont pris dans l'échelle d'*ut*, ces airs sont moins éclatans, de là le nom de *Mode mineur*, ou de *Système mineur* appliqué aux mélodies de cette nature, et à l'échelle qui les fournit; et, par opposition, celui de *mode majeur* ou de *Système majeur*, pour les chants dont les sons se trouvent dans les rapports que donne l'échelle d'*ut*.

L'Échelle de *la* mineur renferme une grande partie des élémens de celle d'*ut*, puisque 1° tous les sons de l'Échelle d'*ut* moins un seul, le *sol*, figurent dans l'échelle de *la*, sous d'autres propriétés, il est vrai, mais avec leurs noms primitifs

2°. deux des sons qui composent l'accord d'*ut* font partie de l'accord de *la* { d s, m 3, t 1, [illegible] [illegible]

Nous avons vu que, si la Tonalité se déplace successivement de trois quintes, en montant, elle se porte sur le *la*, dont l'échelle, modelée sur celle d'*ut*, appartient au mode majeur

Première Partie.

Comparons l'échelle majeure, partant de *la* à l'échelle mineure, partant du même son.

Échelle majeure de *La*.		Échelle mineure de *La*.	
6	t	t	6
5	s	s	5
4	ss		
		ss	4
3	d	d	3
2	sd	sd	2
1	m		
		m	1
7	sm	sm	7
6	t	t	6

On voit, par ce rapprochement 1° que l'Échelle de *la* mineur a **deux** barreaux moins élevés que l'Échelle de *la* majeur (ceux de la médiante et de la sous-sensible).

2° Que deux des sons de l'accord tonique de *la* mineur et de l'accord tonique de *la* majeur sont identiques,

3°, et les sons de l'accord de Septième de dominante sont les mêmes (3 5 7 2), dans les deux Échelles.

accord de La majeur.	accord de La mineur
3	3
1	1
6	6

Il y a donc de nombreuses affinités entre les deux Échelles de *la mineur* et de *la majeur*, aussi bien qu'entre les deux Échelles de *la mineur* et d'*ut*.

De là, deux dénominations, pour la gamme de *La mineur*, selon qu'on la compare à celle d'*ut*, ou à celle de *La majeur*.

La gamme de *la mineur* et celle d'*ut* n'ont qu'**un** son qui diffère.
La gamme de *la mineur* et celle de *la majeur* ont **deux** sons qui diffèrent.
} La gamme de *la mineur* a donc plus de relation avec celle d'*ut* qu'avec celle de *la majeur*; on la nomma, pour cela: *gamme mineure relative* de celle d'*ut*.

La gamme de *la mineur* a pour tonique ou pour base, le **même son** que celle de *la majeur*.
La gamme de *la mineur* a pour tonique ou pour base, **un autre son** que celle d'*ut*.
} On appelle en conséquence l'échelle de *la mineur*, la gamme *mineure de même base* que celle de *La majeur*.

(3) Voyons comment une échelle *majeure* doit être modifiée, pour offrir la gamme de son *mineur relatif* et celle de son *mineur même base*.

On obtient le mineur même base, en abaissant la médiante et la sous-sensible de la gamme majeure, ou ce qui est la même chose la tierce et la Sixte, comme on le voit dans ces deux dernières Colonnes.

Échelle majeure de la

Échelle mineure de la

On obtient le mineur relatif, en élevant la dominante de la gamme majeure.

Toute Gamme majeure peut, avec les Conditions qui viennent d'être indiquées, se transformer en deux Gammes mineures, dont l'une sera son mineur relatif, et l'autre son mineur même base. En voici un Exemple, sur la Gamme majeure d'ut.

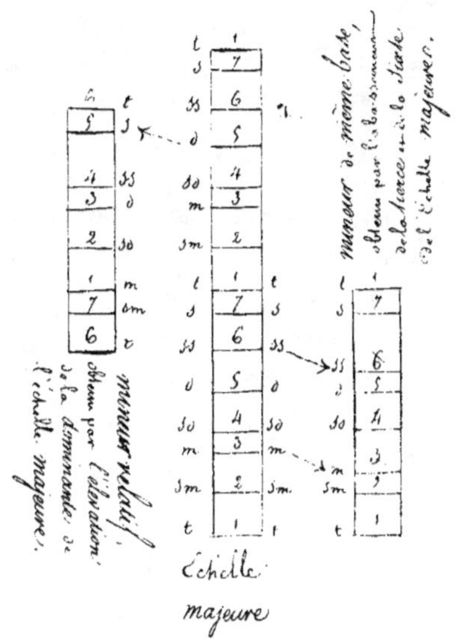

mineur de même base, obtenu par l'abaissement de la tierce et de la Sixte de l'échelle majeure.
mineur relatif, obtenu par l'élévation de la dominante de l'échelle majeure.
Échelle majeure

La manière de métamorphoser une gamme majeure en l'une ou l'autre des gammes mineures dont elle peut être l'origine, est utile à formuler. Ayons pour Équivalens de : Mineur relatif ; mineur même base, tierce, Sixte, dominante :

les Syllabes : mi re ; mi me ; tir, cis ; dom.

qui, réunies, donnent les mots : myrrhe ; mime ; tircis, dome.

Formules.

« Un mime tragique croyant s'abaisser en jouant les tircis et bergères d'un ... l'échelle du Mineur même base, abaissez la tierce et la Sixte. »

Première Partie.

La mineure parfois les 6mes élevés. (Signification pour construire l'échelle du mode mineur Voir la (la sensible doit être élevée)

Irrégularités du Système mineur.

Jusqu'à ce moment j'ai considéré l'échelle mineure dans la construction où elle n'éprouve aucune variation parmi ses barreaux. L'effet étrange que produit la seconde plus que grande, ou augmentée, a déterminé les compositeurs à modifier, dans la plupart des cas, l'échelle mineure, manière à éviter cet intervalle dont la gamme majeure n'offre pas d'exemple. Ils écrivent donc, d'un 6 à son octave:

{ En montant: 6 7 1 2 3 4 5 6 ; { en descendant: 6 5 4 3 2 1 7 6
{ au lieu de: 6 7 1 2 3 4 5 6 ; { au lieu de: 6 5 4 3 2 1 7 6

Il est de toute évidence qu'en supposant que 6 7 1 2 3 4 5 6 et 6 5 4 3 2 1 7 6 dépendent, l'un ou l'autre d'un seul et même Système, ils ne peuvent pas appartenir tous les deux à la fois au même ordre d'idées, ou au même mode. Mais on ne peut pas, en bonne logique, regarder ces deux gammes comme appartenant au mode majeur, elles sont composées, chacune, de deux fragments appartenant successivement aux deux modes.

En voici la preuve dans le rapprochement de diverses gammes majeures et mineures.

Gamme majeure de la:	6 7 1 2 3 4 5 6	Gamme majeure d'ut:	1 7 6 5 4 3 2 1 7 6 5 etc
Gamme montante, prétendue mineure d'un bout à l'autre:	6 7 1 2 3 4 5 6 ; (fragment mineur / fragment majeur)	Gamme descendante, prétendue mineure d'un bout à l'autre:	6 5 4 3 2 1 7 6 (fragment majeur / fragment mineur)
Gamme montante, constamment mineure:	6 7 1 2 3 4 5 6 ;	Gamme descendante, constamment mineure:	6 5 4 3 2 1 7 6

Disons donc que dans le mode mineur on intercale fréquemment des phrases appartenant au mode majeur: mais gardons-nous de dire que ces variantes si caractérisées fassent partie d'un même tout.

Dans la liste des gammes mineures, relatives des 15 gammes majeures reproduites ici pour faciliter la comparaison, j'indiquerai, par une flèche ascendante ↗, que les sons sensibles s'élèvent fréquemment dans les gammes ascendantes et, par des flèches descendantes ↘, que les sensibles sont souvent remplacées par des sons plus bas, dans les gammes descendantes.

Tableau

des Gammes mineures, distribuées par quintes descendantes et placées chacune, comme celles du Tableau précédent, entre les deux échelles dont la gamme mineure dérive, soit comme *mineur relatif*, soit comme *mineur ayant la même base*.

Les Tonalités mineures se succèdent de droite à gauche, dans le sens des lettres d c b a, en partant de a.

d — relatif — Mineur — même base

c — relatif — Mineur — même base

b — relatif — Mineur — même base

a — relatif — Mineur — même base

h — relatif — Mineur — même base

g — relatif — Mineur — même base

f — relatif — Mineur — même base

e — relatif — Mineur — même base

Première Partie

Tableau

des [illegible] tonalités mineures, distribuées par Quintes ascendantes, et placées chacune, [illegible] établies sur la gamme mineure dérivée, soit comme mineur relatif, soit comme mineur ayant la même base.

Les tonalités mineures se succèdent de gauche à droite, dans le sens des lettres A, B, C, D, etc., en partant de A.

A — Relatif — Mineur — Même base

B — Relatif — Mineur — Même base

C — Relatif — Mineur — Même base

D — Relatif — Mineur — Même base

E — Relatif — Mineur — Même base

F — Relatif — Mineur — Même base

G — Relatif — Mineur — Même base

H — Relatif — Mineur — Même base

[illegible]

[illegible] en [illegible] usuelle qui n'emploie que [illegible] mots pour chanter les vingt et [illegible] en 1 2 3 4 5 6 7, en même temps qu'elle dénomme de cent manières différentes [illegible] trente combinaisons) l'échelle majeure ou l'échelle mineure dont l'arrangement est uniforme dans chaque mode.

« Nous avons cité, page 22, une formule pour la distribution de l'échelle majeure : (Vois Fanfan rit, quand cancans dit); il en faut une mnémonique pour l'échelle mineure. Nos [illegible] équivalents seront :

Échelle mineure,	Seconde grande	Seconde petite	Seconde très grande.
Petite échelle :	an	[illegible]	è

Le point de départ sera représenté par la syllabe **le** qui, [illegible] par sa terminaison, ne peut ramener à l'idée de grand, ni de petit, ni de très grand.

	6	
	5	petit
	4	très-grand
	3	petit
an	2	grand
	1	grand
	7	petit
	6	grand

point de départ.

Formule.

« Gulliver voyant un lilliputien appliquer contre lui une petite échelle, le gentil enfant ! disait-il. »

La formule (Vois, fanfan rit, quand cancans dit) [illegible] que celle-ci dans laquelle il est bon de mettre en relief la tierce et la sixte. Voici les deux formules avec leur rythme spécial.

1   2 3 | 4 5   6 7 | 1 o ‖ o 6 7 | 1 2 3   4 5 | 6
Vois   Fan fan rit quand cancans dit   Le gen-til en-fant ! disait-il.

Formes emblématiques du mode mineur.

Une gamme mineure pouvant être obtenue par [illegible] des deux gammes majeures dont elle est, selon les cas, le mineur relatif ou le mineur [illegible] base, il est nécessaire que ses emblèmes réveillent l'idée du rapport de propriété qui existe entre chacun de ses barreaux et ceux de la gamme majeure d'où elle est tirée, en même temps qu'un indice spécial fera connaître l'élévation ou l'abaissement du barreau mineur comparé ~~[illegible]~~ à celui de l'échelle majeure.

Gamme Mineure :	6	7.	1	2	3	4	5
Propriétés dans l'échelle majeure d'ut.	sous-sensible ;	sensible ;	tonique,	sous-médiante,	médiante,	sous-dominante,	dominante

Forme de chaque propriété (mode majeur) :

Propriétés dans l'échelle mineure de la	tonique,	s. méd.,	médiante,	s. domin.,	dominte,	sous-sensible,	sens[ible]

Forme de chaque propriété, comme mineur relatif.

On voit que les six premiers emblêmes du *mineur* sont empruntés à la *portion de droite* de la propriété *majeure* à laquelle ils correspondent, et que le dernier, ⊐, remplissant la même condition, fait voir, en outre, par l'addition d'un point *en dessus*, (que la sensible) d'un *mineur relatif* est un son plus élevé que celui de la *dominante* du mode majeur.

Gamme mineure :	6	7.	1	2	3	4	5
Propriétés dans l'échelle majeure de la.	tonique,	sous-médiante,	médiante,	sous-domint,	dominante,	sous-sensible,	sensible
	6	7	1	2	3	4	5

Forme de chaque propriété mode Majeur :

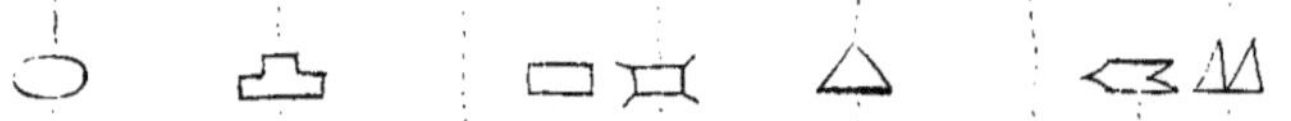

Propriétés dans l'échelle mineure de la	tonique,	sous-médiante ;	médiante	sous-domint	dominante	sous-sensible	sensible

Forme de chaque Propriété, comme mineur relatif.

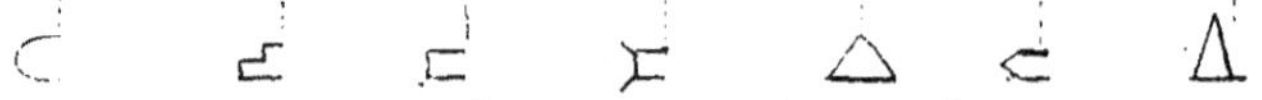

Les emblêmes du mineur sont empruntés à la *portion de droite* de la propriété *majeure* à laquelle ils correspondent ; ceux de la *médiante* et de la *sous sensible*, remplissant la même condition, font voir, en outre, par l'addition d'un point en *dessous*, que la *médiante*, et la sous-sensible d'un mineur *même base* représentent des sons *plus bas* que ceux de la *médiante* et de

(Sous-sensible du Mode Majeur.

(Nous avons vu, page 34, que la Gamme mineure relative (qui) est 6̣ 7̣ 1 2 3 4 5 6,
et, page 35, que la Gamme mineure ayant la même base que ut majeur est 1 2 3 4 5 6 7 1

Il faudra, pour aborder plus facilement certains passages pouvoir étudier les phrases mineures [soit] dans la langue d'ut mineur, soit dans celle de la mineur (chez Galin, les mots langue et [é]chelle indiquent des faits analogues; la langue parle à l'intelligence, comme l'échelle parle [à] l'œil). Dans cette intention, les signes doivent pouvoir être lus dans leurs rapports avec les deux langues [m]ineures. Les caractères suivans remplissent cette double condition:

[Sig]nes à [s]ignification séparées.

	1	2	3	4	5	6	7
Langue d'ut mineur	⊂Ʒ,	⊏△,	⊏⊃,	⊏Ʒ,	∠⊐,	⊏⊐,	△◺
Langue de la mineur	6̣	7̣	1	2	3	4	5

[Réunio]n des deux en un seul signe.

1/6	2/7	3/1	4/2	5/3	6/4	7/5

Quelles tonalités peuvent succéder à une tonalité majeure?

L'examen de cette question doit être précédé de quelques conventions qui facilitent la composition [de]s formules.

Il nous faudra des équivalens susceptibles d'indiquer celles des propriétés qui sera devenue base d'une tonalité majeure ou mineure. Nous indiquerons:
la tonalité majeure, par le son, ou la voyelle a, 1ère voyelle du mot majeur,
la tonalité mineure, par le son, ou la voyelle i, 1re voyelle du mot mineur.

Des articulations, ou Consonnes, reproduiront les noms des propriétés (qui) seront empruntées à celles qui caractérisent les noms des notes, dans la gamme d'ut. Exemple:

Propriétés :	Tonique,	Sous-médiante,	médiante,	sousdominante,	dominante,	sous-sensible,	sensible
Consonnes :	T	R	M	F	J	L	S
Ces consonnes se retrouvent dans :	ut	ré	mi	fa	la lettre S n'aurait pu être employée à cause du si où elle se trouve.	la	si

En combinant ces consonnes avec les voyelles qui indiquent le mode, soit majeur soit mineur, nous obtiendrons des syllabes exprimant de doubles idées, comme on le voit, dans le Tableau suivant :

Les Propriétés de :	ont, pour équivalent, les syllabes :	Les Propriétés de :	ont, pour équivalent, les syllabes :
Tonique majeure	ta	Tonique mineure	ti
Sous-médiante majeure	ra	Sous-médiante mineure	ri
Médiante majeure	ma	Médiante mineure	mi
Sous-dominante majeure	fa	Sous-dominante mineure	fi
Dominante majeure	ja	Dominante mineure	ji
Sous-sensible majeure	la	Sous-sensible mineure	li
Sensible Majeure	sa	Sensible mineure	si

Si la Tonalité se portait, en majeur ou en mineur, sur un son plus bas que celui de l'Echelle prise pour modèle, une diphtongue, terminée par a ou par i, indiquerait cette circonstance.

Si donc la Tonalité se portait sur la :	Nous aurions pour équivalent les syllabes :
médiante abaissée, en majeur,	moua, ou mua, ou mia.
médiante abaissée, en mineur,	moui, ou mui.
sensible abaissée, en majeur,	soua, ou sua, ou sia.
sensible abaissée, en mineur,	soui, ou sui.

Et ainsi des autres.

Première Partie.

Voici maintenant la loi des déplacements de Tonalités. Ils sont d'autant plus faciles à pratiquer, que la nouvelle échelle offre moins de Changements, par rapport à celle qu'on abandonne; et que les notes importantes, celles de l'accord, conservent, dans les deux Gammes, au moins un son commun.

On peut dès lors connaître les tonalités les plus voisines d'ut majeur, au moyen des Observations suivantes:

1°. Le Trajet à la Quinte, soit supérieure, soit inférieure, n'entraîne qu'un seul changement, et conserve une note commune, dans l'accord de Chaque Tonalité.

2°. D'une Tonique majeure à son relatif mineur, le déplacement Conserve deux notes communes, dans l'accord de chaque tonalité.

3°. La Tonalité aux deux quintes (supérieure ou inférieure) ayant une affinité marquée avec la tonique originelle et avec les mineurs relatifs de ces deux tonalités, on échange facilement une tonique majeure contre les tonalités mineures relatives de sa quinte supérieure majeure et de sa quinte inférieure également majeure.

4°. Entre une Tonalité majeure et son Mineur même base, deux notes de l'accord sont Communes, et Deux changements seulement s'opèrent dans l'échelle du majeur.

De toutes ces remarques, se déduit facilement la nomenclature des tonalités dans lesquelles on peut entrer, à partir d'une tonalité majeure.

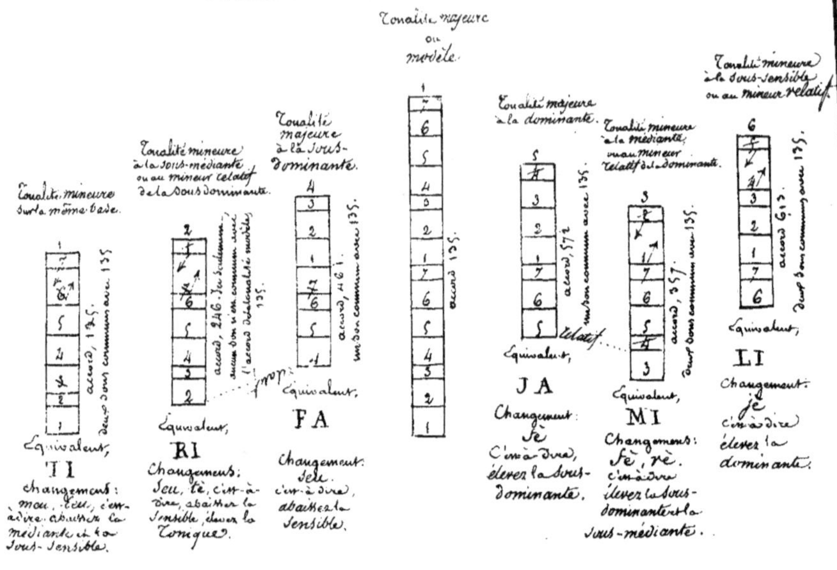

Quelles tonalités peuvent succéder à une tonalité mineure?

La Comparaison des propriétés deviendra plus facile, si nous opérons ici sur l'Échelle mineure d'ut parce que les signes de cette gamme rappellent mieux les noms de propriétés que ceux de la Gamme de la mineur. En effet,

les Chiffres:	1	2	3	4	5	6	7
se rapportent plus directement aux noms de propriétés	tonique,	sous médiante,	médiante,	sous dominante,	dominante,	sous sensible,	sensible
que les Chiffres:	6	7	1	2	3	4	5

Seulement, il sera bon d'avoir toujours présente à l'esprit cette idée, que:

dans le mode mineur, } la médiante / la sous sensible { sont des effets sonores plus graves que ceux qui correspondent aux mêmes propriétés, dans le mode majeur.

Ce qui donnera MA pour mi bémol majeur, et LA pour la bémol majeur, si on part de la tonalité mineure ut.

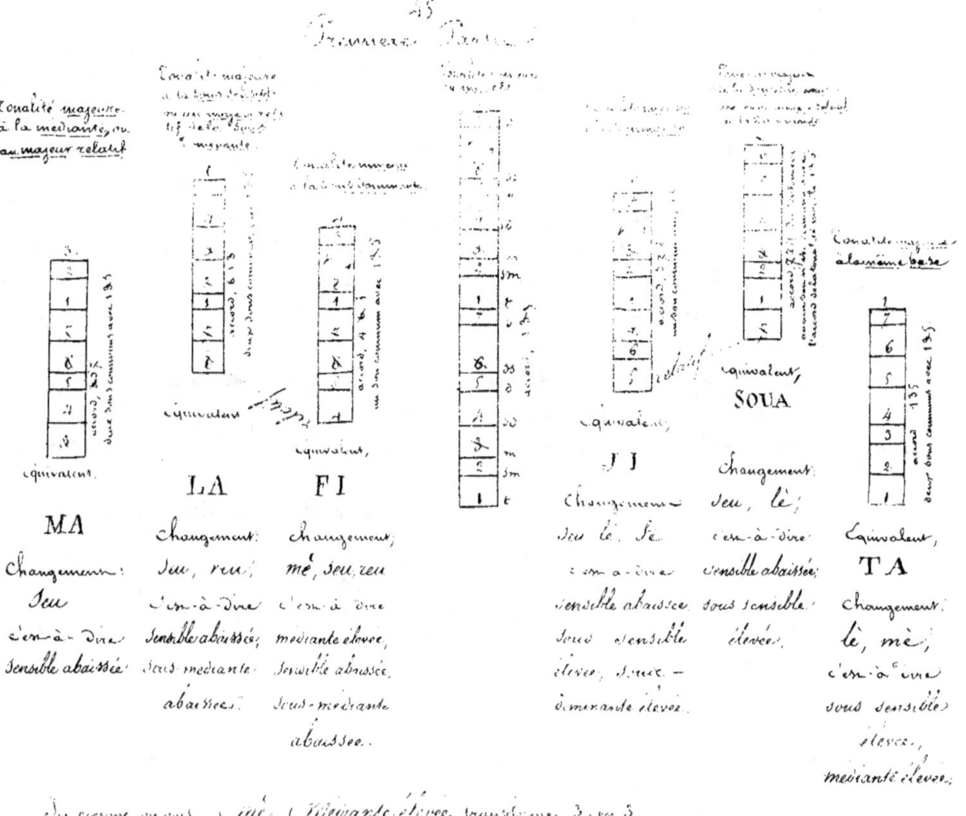

Or, comme on voit, { mé (Médiante élevée transforme 3 en 3)
{ lè (Sous sensible élevée transforme 6 en 6)

D'après la démonstration, page 30, qui prouve qu'un signe affranchi ou bémol indique une élévation de son absolument égale à celle que signifierait l'addition d'un dièze.

Nous pouvons maintenant réduire à deux courtes formules tout ce que renferment les tableaux précédents.

Le système majeur, très plus large et plus direct que l'autre mode, sera représenté par l'idée de grande route.

Le système mineur, par une raison semblable, correspondra aussi à l'idée de chemin de traverse.

Formules

« Quand Napoléon, par l'incendie de la flotte devant Aboukir, eut vu fermer la grande route qui ramenait en France, et que la peste à Jaffa mit lits, rit-il? (Signification: grande route (à la Tonalité en majeure elle peut se porter sur les points suivans:) JA, (à la dominante, en majeur), FA (à la sous dominante, en majeur), - MI (à la médiante, en mineur), - LI (à la sous sensible en mineur), - RI (à la sous médiante en mineur), - TI (à la tonique, ou à la même base, en mineur.)

6. « Magicien, tu choisis un chemin de traverse, pour qu'à ton aise la magie sort là. Fi! » (Signification: chemin de traverse (si la tonalité en mineure, elle peut se porter sur les points suivans:) TA (à la tonique, ou à la même base, en majeur), - MA (à la médiante, en majeur), JI (à la dominante, en mineur), - SOUA (à la sensible abaissée, en majeur), - LA (à la sous-sensible, en majeur), - FI (à la sous-dominante, en mineur.)

Les exemples suivans, dans lesquels les tonalités sont rangées par quintes (ascendantes, de gauche à droite, descendantes de droite à gauche) avec les tonalités majeures, en gros chiffres, et les tonalités mineures, en moindres chiffres, montreront la généralité du sens des syllabes ta, ti, ra, ri, &c.

Déplacemens d'une tonalité majeure.

	fa	tonique majeure	ja				fa	tonique majeure	ja				fa	tonique majeure	ja
5	2	6	3	7		3	7	4	1	5		1	5	2	6	3
3	7	4	1	5		1	5	2	6	3		6	3	7	4	1
ti		ri	li	mi		ti		ri	li	mi		ti		ri	li	mi

La figure [figure] est indépendante, comme on le voit, du nom de la tonalité majeure, de même que les syllabes ja, fa, mi, li, ri, ti.

Il en est de même, dans le Tableau suivant.

Déplacement d'une tonalité mineure.

la	ma	soua		ta		la	ma	soua		ta		la	ma	soua		ta
1	5	2	6	3		4	1	5	2	6		2	6	3	7	4
6	3	7	4	1		2	6	3	7	4		7	4	1	5	2
fi	tonique mineure	ji				fi	tonique mineure	ji				fi	tonique mineure	ji		

Il est encore évident que les syllabes *la, ma, ji, soua, la, fi*, ainsi que la figure ↖↗ se rapportent à des généralités, soit de propriétés, soit de déplacements, et nullement à des noms spéciaux.

Entrecroisement général des Déplacements des tonalités, majeures ou mineures.

A partir d'une tonalité *quelconque*, majeure ou mineure, les déplacements se font vers toutes les tonalités que des courbes ou des lignes droites, verticales ou obliques, réunissent à cette tonalité. Exemple:

…lités …ures. 1 5 2 6 3 7 4 1 5 2 6 3 7 4 1

…alités …eures. 6 3 7 4 1 5 2 6 3 7 4 1 5 2 6

Quelles tonalités peuvent indiquer les remplaçans qui modifient certaines propriétés?

Il arrive fréquemment que la tonalité paraisse se porter directement sur une tonalité plus éloignée de celle qu'on abandonne, que ne le sont les tonalités indiquées par les formules de la page 45. Par exemple, une tonalité pourra très brusquement être conduite sur le *ré majeur*, à partir d'*ut majeur*; Ces irrégularités ne sont, la plupart du temps, qu'apparentes, et pour peu qu'on examine, on reconnaîtra les caractères des tonalités intermédiaires. Ainsi, quand (au mépris de la loi qui n'échange une tonalité majeure que contre la tonalité majeure de sa dominante ou de sa sous dominante) on voit la tonalité se déplacer comme il suit:

1 Tonique majeure de départ.

2 tonique majeure venant immédiatement après celle de départ.

On verra presque toujours que la tonalité se porte sur le *Sol*, avant d'arriver au *ré*, bien qu'elle ne fasse sur la tonalité de transition, ou sur *Sol*, qu'un séjour de peu de durée, et que la marche de quinte en quinte est dès lors observée.

Exemple:

1 tonique majeure de départ.

quinte supérieure.

3 Tonalité de transition.

quinte supérieure.

2 tonique majeure, paraissant venir immédiatement après celle de départ, quand on ne prend pas garde à la tonalité de transition.

Première Partie.

[illegible] les analyses qui exigeraient souvent beaucoup d'habitude et de sagacité, j'ai préféré donner le moyen de reconnaître d'après les remplaçans ou accidens que peut présenter une phrase, la nature de la propriété sur laquelle s'est portée la tonalité, à partir de la tonique originelle.

Il faut donc déterminer les divers déplacemens que peut indiquer chaque altération de propriété, avant d'exposer le moyen de choisir entre les diverses routes que peuvent faire [illegible] un même signe, ou une même combinaison d'accidens.

[illegible] étant indiqués par la consonnance è et les bémols par la consonnance eu, il n'y aura qu'à former des syllabes composées des articulations t, r, m, f, j, l, s, exprimant les propriétés, et des sons è, eu selon qu'il s'agira d'élévation ou de dépression du son des propriétés altérées; nous indiquerons donc

l'Élévation des propriétés:	tonique	sous-médiante,	médiante,	sous-dominante	dominante,	sous-sensible,	sensible
Par la syllabe	tè,	rè,	mè,	fè,	jè,	lè,	sè.
l'abaissement des propriétés:	tonique,	sous médiante	médiante,	sous-dominante,	dominante,	sous-sensible,	sensible
par la syllabe	teu	reu	meu,	feu	jeu,	leu,	seu.

Connaissances nouvelles concernant l'élévation d'une même propriété.

[illegible] toutes les modifications de l'échelle de la gamme majeure, on simplifiera beaucoup [illegible] considérer par exemple la gamme de la sous-dominante, à partir de la [illegible] celle de la sous-sensible à partir de la tonique du mineur relatif.

L'élévation de la Propriété de:	dont la syllabe est:	Peut indiquer les tonalités que désignent les syllabes:	L'abaissement de la Propriété de:	dont la syllabe est:	Peut indiquer les tonalités que désignent les syllabes
Tonique	tè	si, la, fè, ri, ra,	Tonique	teu	mii.
Sous-médiante	rè	mi.	Sous-médiante	reu	fi.
Médiante	mè	fè (*)	Médiante	meu	ji, li, soua, moua, m[illegible]
Sous-dominante	fè	si, ji, la, mi, fè (*), ra, ja			
Dominante	jè	li, la, fè (*)	Dominante	jeu	mii.
Sous-sensible	lè	si.	Sous-sensible	leu	moua, li, fi, mii.
			Sensible	seu	moua, fi, fa, ji, mii, soua, [illegible]

(*) Fè, syllabe indicatrice de tonalité, désignera toujours la sous dominante élevée, devenue tonique mineure et non la même propriété, devenue tonique majeure, qui est beaucoup plus [illegible] que [illegible] de la tonique originelle que ne l'est la sous-dominante élevée, s'emparant du rôle de tonique mineure. Exemples:

Toniques majeures:	1	5	2	6	3	7	4
Toniques mineures:	6	3	7	4	1	5	2

Tonique originelle — Sous-dominante élevée

Première Partie.

Les équivalens des syllabes d'élévation sont très faciles à créer. Nous aurons :

pour équivalens de : tè, rè, mè, fè, jè, lè,
Les mots : têt, rets, mets, faix, jet, lait.

Quant aux syllabes d'abaissement, teu, reu, meu etc. notre langue n'offrant pas de Substantifs qui en reproduisent le son, pour la totalité, comme pour les précédentes, nous aurons recours à des mots dont l'abréviation emploie seulement la lettre que l'appellation alphabétique nouvelle fait suivre d'un e muet, et nomme te, re, me, etc, au lieu de tè, erre, emme etc. ainsi,

Les syllabes :	seront représentées par ces mots :	dont l'abréviation écrite est :
teu	Travaux (forcés)	**T** : lettre appliquée sur l'épaule des condamnés.
reu	Révérend	**R** ; le Révérend père s'abrège par : le **R. P.**
meu	Monsieur	**M** ; Monsieur Pitt s'abrège ainsi **M.** Pitt.
jeu	Jésus	**J** ; au lieu de Jésus Christ, on écrit **J. C.**
leu	Livre (tournois)	**L** ; 500l signifie 500 **L**ivres.
seu	Saint.	**S** ; Au lieu de Saint Pierre, on écrit **S.** Pierre.

On retrouvera toutes ces données employées dans les formules qui suivent :

Formules.

a. En voyant un têt (un fragment de vase) de porcelaine, on dira d'un écolier : cet espiègle, s'il l'a fait, rira.

b. Les rets, pour prendre le gibier, sont mis.

c. Les mets, pour nourrir l'homme, sont faits.

d. Épitaphe d'un vieil Indien, mort chargé d'honneurs, courbé sous le faix des ans, ci-gît l'ami fait raja. »

e. jets d'eau, vous êtes, pour arroser nos lilas, faits.

f. Lait, dont l'usage, pour l'ivrogne, est une Scie.

g. Travaux forcés, après lesquels le condamné ne puise pas abondamment à muid.

h. un Révérend, doit se conduire de manière à éviter qu'on lui dise : fi !

i. Ce beau Monsieur, me montrant le tonneau de Diogène, me dit qu'il faut que mon gîte y soit. Moi, muid (pour demeure) !

j. Jésus, à ce que contient un puits, donna le goût de ce qui remplit un muid.

k. Livres, dues au tonnelier qui peut dire à celui dont il remplit la cave : moi, ty fis muids.

Première Partie

[illegible] qui on offre des vins d'Espagne et de riches vêtemens, refuse, en disant : mor ; [illegible] (c'est à dire il y a longtemps que j'ai renoncé au contenu du vin [illegible] et aux vêtemens de Sire.)

Comment reconnaître, parmi les tonalités auxquelles conduit un même accident, celle d'où dépend le fragment où se trouve cet accident.

Il faut, pour atteindre ce but, retrouver rapidement les élémens distinctifs de chaque Tonalité, qui sont :

1° les accidens qui la font différer de l'échelle d'ut,

2° les trois notes de l'accord de tonique (la tonique, la médiante et la dominante).

3° les irrégularités qui peuvent se présenter, dans le système mineur, sur la sous-sensible qui s'élève, quand on monte de la dominante à la tonique, et sur la sensible, qui s'abaisse souvent, quand on descend, à partir de la tonique.

Dans le tableau qui suit, tous les accidens sont rapportés à la langue d'ut ; mais on ne doit pas perdre de vue que leur signification peut, à volonté, rester individuelle, pour la langue d'ut, ou se généraliser, pour montrer les altérations que reçoivent les propriétés d'une gamme quelconque, dans le transport de la Tonalité à un des barreaux qui en forment l'échelle. Ainsi, les syllabes sacramentelles seu, meu, fè signifieront, selon qu'on le voudra :

	seu	meu	fè
Dans le sens individuel,	si bémol	mi bémol,	fa dièze
Dans le sens général,	sensible abaissée	médiante abaissée	sous dominante élevée

(Cette observation s'applique à toutes les représentations de noms de notes par des syllabes)

Le point de départ étant l'énonciation de la Tonalité majeure ou mineure, dont il s'agit de déterminer les éléments, il faut, avant tout, convenir des équivalens de ces tonalités. Nous les trouverons dans des mots rappelant la tonalité majeure, par la finale a, et la Tonalité mineure, par la finale è, la diphtongue interposée entre la consonne et la finale, indiquant l'abaissement du son de la propriété prise dans la gamme d'ut.

Nous représenterons la tonalité

majeure de :	sol,	ré,	la,	fa,	si bémol	mi bémol
par les syllabes :	ja,	ra,	la,	fa,	soua,	moua
ou les mots :	Ja(*)	rat,	lacs,	fat,	soie,	mois

(*) syllabe initiale du nom Japhet

Nous représenterons la

tonalité mineure de :	la,	mi,	si,	fa dièze,	ré,	sol,	ut,	fa,	mi bémol
par les syllabes :	lè,	mè,	sè,	fè (mineur)	rè,	jè,	iè,	fè,	mue
ou les mots :	lait,	mets,	scie,	féminin(*)	rets,	geai,	[illegible]	fils,	muid

(*) La syllabe min, dans féminin, montre nettement qu'il s'agit de fè mineur

Première Partie.

Tableau à formuler, pour les Tonalités majeures.

Tonalités majeures	Traduction	accords qui les constituent	Traduction	notes de l'accord de tonique	Traduction
ra	(rat)	fè, tè	(fêtait)	ré, fè, la	(Rhée fait là)
moua	(mois)	meu, seu, leu	(meut seul œufs)	meu, sol, sou	(me sauce œufs)
fa	(fat)	seu	(sue)	fa, la, ut	(fat la hutte)
ja	(Ja...)	fè	(...phet)	sol, si, ré	(sol ciré)
la	(lacs)	jè, tè, fè	(jette effet)	la, tè, me	(latte est mis)
soua	(soie)	seu, meu	(se meut)	seu, re, fa	(serez fats)

Formules.

Le rat de la fable quitta les bons reliefs qu'il fêtait, en regrettant le repas paisible qu'il aurait au temps de Rhée, fait là.

Parmi les mois, celui de mai, meut seul œufs, et alors un mauvais cuisinier, me sauce œufs.

Le fat par le travail rarement sue; en reposé, il mérite sot la hutte.

Japhet foulait il un sol ciré?

Pour que le lacs au gibier jette effet, le cordon, au bout d'une latte, est mis.

O mouvement de soie qui fait du bruit, quand on se meut très fiers vous serez fats!

Tableau à formuler pour les Tonalités mineures.

Tonalités mineures	Traduction	accords qui les constituent	Traduction	notes de l'accord de tonique	Traduction	[illegible]	[illegible]	Traduction
ti	(Ti)	leu, meu	(le meut)	ut, meu, sol	(hutte meut sol)	seu	la	(cela)
ri	(ris)	seu, tè	(se tait)	ré, fa, la	(Rhée va là)	ut	si	(hutte ici)
mi	(mie)	fè, rè	(fait taire)	mi, sol, si	(mit Sosie)	rè	tè	(rétain)
mui	(muid)	seu, leu, jeu, teu, meu	(seul jeté meut)	meu, jeu, seu	(meut joues suent)	reu	ut	(rebute)
fi	(fils)	seu, leu, reu	(seul heureux)	fa, leu, ut	(sot laitue)	meu	ré	(muré)
fè	(féminin)	jè, me, tè, fè	(j'aimais tes faits)	fè, la, tè	(fait la taire)	mi	rè	(mirait)
ji	(gît)	seu, meu, fè	(se meut fait)	sol, seu, rè	(sots serez)	la	me	(famille)
li	(lit)	jè	(jet)	la, ut, mi	(la hutte mit)	sol	fè	(sol fait)
si	(scie)	tè, lè, fè	(tel effet)	si, rè, fè	(ciré fait)	la	jè	(là jet)

[illegible]

[illegible]

a. [illegible] qui [illegible] le *meut* selon [illegible] [illegible] devoir que le pauvre, pour [illegible] *hutte*, *meut sol* [illegible] les conditions nécessaires pour *cela*.

b. Les [illegible] cessent dans la chaumière où chacun [illegible] *lait*, quand une Reine moins bonne que [illegible] *la* [illegible] dit : comment ! on s'amuse, dans cette *hutte-ci* !

c. Quand la mie trop sèche sur la peau *fait rau* on préfère celle que (sous son jambon) *mi-sotie*, avant de se demander s'il resterait ce qu'il *l'était*.

d. Au *muid* vide, on dit : d'une main seule je le *meus* ; quant aux tonneaux pleins, à celui qui en *meut*, joues suent ; un tel métier *rebute*.

e. Selon Sénèque le [illegible] du pauvre [illegible] heureux ; [illegible], qui un *fit le hue* ; il ne s'expose pas à être [illegible].

f. [illegible] bataillon des amazones, [illegible] *faits*, avant que tu eusses, sur mon œil, *fait la* [illegible] aujourd'hui pour clair, pour le jour, *m'irait*.

g. Lorsque sous le *gît* (dans le cercueil) [illegible] *faix*, sots [illegible], héritiers, avide *famille*.

h. On [illegible] peu exposé au *jet* [illegible] dans la *hutte mis*, où, en terre seulement, on voit un *sol fait*.

i. [illegible] qui produit un *tel effet*, quand [illegible], grâce à toi, un parquet *ciré fait*, il ne faut pas laisser [illegible].

[illegible] les [illegible] qui précèdent, il n'est point de déplacement de tonalité qu'on ne puisse analyser, et la détermination des toniques deviendra d'autant plus facile qu'on aura fait plus d'attention aux observations qui suivent :

1°. Quelques accidents ne peuvent s'appliquer qu'à une seule tonalité. Exemples :

Accident :	+	2	5	2	3	6
Tonalité :	[illegible],	[illegible],	[illegible],	mi,	fé,	si.

2°. Si une phrase n'offre qu'un accident, l'ordre des probabilités, pour rencontrer [illegible] est conforme à celui des énumérations suivantes *prises de gauche à droite*.

Les tonalités [illegible] comme (*li*), indiquent celles où l'accident peut altérer la sensible ou la [illegible] sensible du système *mineur*.

Accidents :	3.	6.	7.
Tonalités les plus probables :	li, [illegible], [illegible], [illegible], (fé) →	li, [illegible], [illegible], [illegible]. →	fa, ri, (li), je, fé, [illegible], [illegible] →

Accidents	1	4	5
Tonalités les plus probables	ra, ri, la, (mi), si, [illegible] →	fa, (li), je, mi, ra, si, la, fé →	li, la, fé →

[illegible] Partie

3°. Si une phrase offre [illegible] l'ordre des nombres qui [illegible] en disposés de manière à donner le [illegible] est jé, et le second fé, nous [illegible] 4.5, ce qui donnerait quarante [illegible] qui [illegible]

Combinaison de Deux accidents	1 4	1 5	1 7	2 4	2 6	2 7
Tonalités de plus en plus probables	ra, fé, si	là, fé	ré	je	li moua, mu (li)	je li soua, moua, mu (li)

Combinaison de Deux accidents	4 5	4 7	6 [illegible]
Tonalités de plus en plus probables	la, li, fé,	je,	(li) li, moua

4°. Si une phrase offre trois accidents [illegible] qu'entre les [illegible] suivants.

Combinaison de trois accidents	1 4 5	2 4 7	[illegible] 6 [illegible]	[illegible]
Tonalités de plus en plus probables	la fé (moua)	je	(li) moua, mu [illegible]	[illegible]

Toutes les Combinaisons [illegible] celles [illegible] accidents [illegible] deux tous les arrangements [illegible] démontrer [illegible] qu'à une seule tonalité.

Il serait [illegible] qui précèdent [illegible] en dispenser, parce qu'en interrogeant les [illegible] pages [illegible] aux données des phrases [illegible] la Tonalité [illegible] plus épineux.

[illegible] des exemples [illegible] général des déplacements de tonalités [illegible] la gamme [illegible] l'accord mises en relief par [illegible] mères.

Système majeur.	Toniques :	1	5	2	6	3	7	4	1	5	2	6	3	7	4
	Sensibles :	7	4	1	5	2	6	3	7	4	1	5	2	6	3
	Sous-Sensibles :	6	3	7	4	1	5	2	6	3	7	4	1	5	2
	Dominantes :	5	2	6	3	7	4	1	5	2	6	3	7	4	1
	Sous Dominantes :	4	1	5	2	6	3	7	4	1	5	2	6	3	7
	Médiantes :	3	7	4	1	5	2	6	3	7	4	1	5	2	6
	Sous médiantes :	2	6	3	7	4	1	5	2	6	3	7	4	1	5
	Toniques :	1	5	2	6	3	7	4	1	5	2	6	3	7	4
						muria	soua	fa	Tonalité de départ.	ja	ra	la			
Tonalités majeures :		teu	jeu	reu	leu	meu	seu	fa	ut	sol	re	la	mi	si	fê
Tonalités mineures.		leu	meu	seu	fa	ut	sol	ré	la	mi	si	fê	tè	jè	rè
			meu		fi	ti	ji	ri	li	mi	si	fi			
Système mineur.	Toniques :	6	3	7	4	1	5	2	6	3	7	4	1	5	2
	Sensibles (variables) :	5	2	6	3	7	4	1	5	2	6	3	7	4	1
	Sous Sensibles (variables) :	4	1	5	2	6	3	7	4	1	5	2	6	3	5
	Dominantes :	3	7	4	1	5	2	6	3	7	4	1	5	2	6
	Sous-Dominantes :	2	6	3	7	4	1	5	2	6	3	7	4	1	5
	Médiantes :	1	5	2	6	3	7	4	1	5	2	6	3	7	4
	Sous-médiantes :	7	4	1	5	2	6	3	7	4	1	5	2	6	3
	Toniques :	6	3	7	4	1	5	2	6	3	7	4	1	5	2

Usage des formules qui reproduisent les principaux élémen de ce Tableau.

La phrase suivante étant donnée, pour qu'on précise sa tonalité, par rapport à l

Première Partie

gamme d'ut,

26 54 | 3 . | 46 | 234 | 527 | 53 16 | 2 . 4 | 5 etc,

Le 4 que présente cette *modulation* (Synonyme de déplacement de tonalité) peut appartenir à *Sept Tonalités*

D'après la formule : **Faix** ci git l'a - mi fait ra - ja,

dans laquelles les syllabes : .... se, ji, la, mi, fé ra, ja,

Signifiant que la tonalité peut se trouver sur les propriétés suivantes : ...... sensible min. dominante min. sous-sensible maj. médiante min. s. dominante élevée min. s. méd. maj. dominante maj.

révèlent les mots qui doivent donner les éléments des diverses tonalités à interroger, c'est-à-dire : Scie, git, lacs, mie, féminin, rat Ja (se farher)

Syllabes de la formule qui révèle l'accident 4 (Faix):	Tonalités	accidents caractéristiques	Notes de l'accord.	Sensible élevée	S. Sensible baissée	Examen analytique
ci -	Scie (sens. min)	tel effet 1 6 4	cirée fait 7 2 4	la 6	jet 5	Cette Tonalité ne convient pas, le 1 contredisant le 1 de la phrase à juger.
git	git (dom. mineure)	semant faits 7 3 4	Sots serez 5 7 2	fa - - 4	mille 3	Cette Tonalité ne convient pas, à cause du 7 qui contredit le 7 de la phrase à juger.
l'a -	lacs (S. sens. maj)	jette effet 5 1 4	latte est mis 6 1 3			Cette Tonalité ne convient pas, à cause du 5 et du 1 qui contredisent le 5 et le 1 de la phrase à juger.
mi	mie (méd. min.)	fait raie 4 2	mit Sosie 3 5 7	ré 2	tait 1	Cette tonalité ne convient pas à cause du 2 qui contredit le 2 de la phrase à juger, lequel ne sera presque jamais une sensible baissée, que dans la succession descendante : 3 2 1 7.
fait	féminin (s. dom. élevée min.)	jamais tes faits 5 3 1 4	fait la taie 4 6 1	mi - - 3	tait 2	Cette Tonalité ne convient pas, à cause du 5 et du 1 qui contredisent le 5 et le 1 de la phrase à juger.
ra	rat (S. méd. maj)	fêtait 4 1	Rhée fait la 2 4 6			Cette Tonalité ne convient pas, à cause du 1 qui contredit le 1 de la phrase à juger.
ja.	Ja - (dom. majeure)	phet 4	sol cirée 5 7 2			Cette Tonalité **Convient**, puisqu'elle n'offre rien d'anti-ethique, relativement aux éléments de la phrase à juger.

[illegible]

[illegible] ($\overline{\overline{mi}}$, [illegible]) [illegible] de la tonalité mi ne permet pas de [illegible]

[Analyse simplifiée] par la connaissance des incompatibilités.

[illegible] que les transitions (surtout celles qui ne font voir qu'un seul accident) [illegible] tonalité ou de ses adjacents que j'ai indiqués dans les formules fa fa mi [illegible] [illegible] On pourra donc, dans l'analyse, commencer par [rejeter] les tonalités incompatibles avec celle de départ comme ne pouvant succéder sans intermédiaires. Ainsi dans l'exemple analysé plus haut, nous pourrions rejeter d'abord les tonalités [illegible] la, fa [illegible] qui ne sont pas des aboutissants directs de la tonalité de ut, comme le montre l'exemple suivant :

[illegible]

[illegible] ja (tonalité de la) [illegible] fréquent [illegible] probable [illegible] mi [illegible] par la précédente; incertitude [illegible] soumises à l'analyse.

[illegible] caractères du système mineur

[illegible]

Première Partie.

[illegible] sont représentés dans les [illegible]

[illegible] mit [illegible] gémit, mis de haut en bas : Sel a repos, même monte mieux encore, me [illegible]

33 Octave de haut en bas — Repos sur le [illegible] de la — Répétition du mi — mi à [illegible] — montée de — Reçu — 34

Pour cela peu s'enchaîner dans le développement suivant, que je reproduirai [illegible] on comprendra alors le sens elliptique.

Voyez cet enfant mineur avec son caractère [illegible] mal et du danger ; il [illegible] comme le bûcheron met la cité dans [illegible] duquel il grimpe et gémit, mis de haut en bas, et [illegible] pour [illegible] repos [illegible] même monte mieux encore [illegible]

Formule réduite.

Voyez cet enfant mineur et son caractère [illegible] gémit [illegible] monte mieux encore [illegible] me passe !"

Une gamme mineure étant donnée, la convertir en celle d'un de ses aboutissants, Majeur ou Mineur

~~~

[illegible] la Gamme mineure sont donnés par la formule : *la mage [illegible]*

L'équivalent de tonique mineure est : Ti, syllabe par laquelle les Chinois désignent leur Dieu [illegible] cette syllabe [illegible], pour créer nos équivalents, et nous aurons la nomenclature suivante à former (Voyez [illegible] aboutissants du mineur, la page 43).

[illegible]blème	Ti	en la	lè (élever la s. sens.)	mè (élever la méd.)	Oignons, Dieux des Égyptiens qui [illegible] les mêmes en [illegible]
Signification	de tonalité mineure	à [illegible] majeure			
Traduction	Ti	en las (oignons)	les	mets	
[illegible]blème	Ti	en ma	Seu (abaisser la sens.)		Chêne, honoré comme un Dieu, [illegible] propre à être converti en mât
Signification	d'une tonalité mineure	à sa médiante majeure			
Traduction	Ti	en mât (chêne)	Sue		
[illegible]blème	Ti	en ji	Seu (abaisser la sens.)	lè (élever la sous-sens.)	fè (élever la dom.)	Résurrection [illegible] (Du [illegible])
Signification	d'une tonalité mineure	à sa dominante mineure				
Traduction	Ti	en gît (Résurrection)	Seul	effet.		
~~~

Première Partie

Problème	ti	en	soua	seu,		lè.	Harpocrate, Dieu du silence
Signification	d'une tonalité mineure	à sa	sensible abaissée majeure	abaisser la sensible.		élever la S. sensible.	toujours concentré en soi.
Traduction	Ti	en	Soi (Harpocrate)	seul		eh!	

Problème	ti	en	la.	seu,		reu.	Passion, supplice d'un Dieu,
Signification	d'une tonalité mineure	à sa	sous sensible majeure.	abaisser la sensible		abaisser la S. médiante	en lacs (gardé.).
Traduction	Ti	en	lacs (Passion)	se		rue	

Problème	ti	en	fi	mè	seu	reu	Olympe, séjour des Dieux toujours
Signification	d'une tonalité mineure	à sa	S. dominante majeure.	élever la médiante	abaisser la sensible.	abaisser la S. médiante	en fi (en discrétion)
Traduction	Ti	en	fi! (Olympe)	mets	heureux.		

Formules.

a. Ti entas, C'est ainsi que, chez nous, on les met.
b. Ti en mât, Autour duquel le druide sue.
c. Ti en get, Puissance divine qui ne se révèle point par un seul effet.
d. Ti en soi, Qui ne proféra par un seul : eh!
e. Ti en lacs, Sur qui un peuple en fureur se rue.
f. Ti en fi, Il est passé le temps où vous mangiez vos mets heureux.

Usage de ces formules.

On veut changer, en gammes de tous ses aboutissans, la gamme de mi mineur.

(Tonalité mineure modèle; tonalité majeure, sur la mineure basse — lè, mè, ta — Changemens faits au mineur modèle.)

(Tonalité min. modèle; tonalité majeure, sur la médiante — seu, ma — Changemens faits au mineur modèle.)

(Tonalité min. modèle; tonalité mineure sur la dominante — fè, seu, lè, ji — Changemens faits au mineur modèle.)

(Tonalité min. modèle; tonalité maj. sur la S. sensible abaissée — lè, seu, soua — Changemens faits au mineur modèle.)

(Tonalité min. modèle; tonalité majeure, sur la S. sensible — reu, seu, la — Changemens faits au mineur modèle.)

(Tonalité min. modèle; tonalité mineure sur la sous-dominante — mè, reu, seu, fi — Changemens faits au mineur modèle.)

Première Partie

Pour la Conversion d'une Gamme majeure en celle de chacun de ses aboutissans le moyen est offert directement par les mots qui correspondent aux syllabes de la formule *Jaffa mit lit rit-il?* (*Ja--, fat, mie, lit, ris, Ti*). Ils fourniront les changemens à faire, comme il suit :

Ja-phet	*fat sue*	*mie fait raie*	*lit jet*	*ris se tait*	*Ti le meut.*
domin. majeure. *fè*	S. domin. majeure. *seu*	médiante mineure *fè rè*	S. sens. mineure. *jè*	S. méd. mineure *seu tè*	Tonique mineure. *leu meu.*

On éprouvera souvent, dans les Analyses, l'avantage qu'il y a, à pouvoir reconnaître ainsi les différences qui existent entre une gamme majeure ou mineure, et les gammes de ses aboutissans.

Utilité de l'accord de septième de dominante, pour établir la Tonalité.

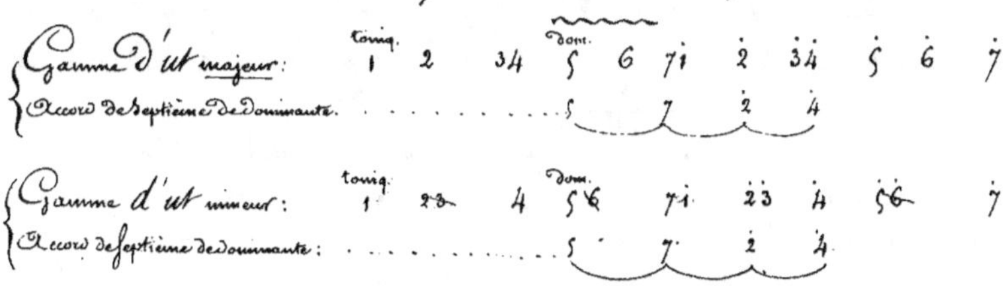

Gamme d'ut majeur :	tonig. 1	2	3 4	dom. 5	6	7 1	2	3 4	5	6	7
Accord de septième de dominante				5		7	2	4			

Gamme d'ut mineur :	tonig. 1	2 3	4	dom. 5 6	7 1	2 3	4	5 6	7
Accord de septième de dominante :				5	7	2	4		

On voit que cet accord **est le même, quand la base de la gamme est la même**, dans l'un ou l'autre des Systèmes (majeur et mineur). Il ne peut convenir qu'à cette tonalité, comme on va le voir.

aboutissans de ut majeur	*ja* (sol majeur) … 5 6 7 1 2 3 4 5 6 7 1 2 3 4 5	. . . . . 5 7 2 4	Il sera donc fort utile de remarquer, dans chaque gamme, cet accord de septième de Dominante, qui donne tant d'énergie au Sentiment de la Tonalité.
	fa (fa majeur) … 4 5 6 7 1 2 3 4 5 6 7 1 2 3 4	. . . . . 5 7 2 4	
	mi (mi mineur) … 3 4 5 6 7 1 2 3 4 5 6 7 1 2 3	. . . . . 5 7 2 4	
	li (la mineur) … 6 7 1 2 3 4 5 6 7 1 2 3 4 5 6	. . . . . 5 7 2 4	
	ti (ré mineur) … 2 3 4 5 6 7 1 2 3 4 5 6 7 1 2	. . . . . 5 7 2 4	
aboutissans de ut mineur.	*ma* (meu majeur) … 3 4 5 6 7 1 2 3 4 5 6 7 1 2 3	. . . . . 5 7 2 4	
	ji (sol mineur) … 5 6 7 1 2 3 4 5 6 7 1 2 3 4 5	. . . . . 5 7 2 4	
	soua (seu majeur) … 7 1 2 3 4 5 6 7 1 2 3 4 5 6 7	. . . . . 5 7 2 4	
	la (leu majeur) … 6 7 1 2 3 4 5 6 7 1 2 3 4 5 6	. . . . . 5 7 2 4	
	fi (fa mineur) … 4 5 6 7 1 2 3 4 5 6 7 1 2 3 4	. . . . . 5 7 2 4	

Remarque sur l'accord neutre, 7. 2 4.

Cet accord est commun à trois tonalités, ut majeur, ut mineur et la mineur, c'est-à-dire à la gamme d'ut majeur et aux deux gammes mineures qui ont avec elle le plus d'affinité. On peut s'en assurer, dans les gammes qui viennent d'être données. Il servira donc convenablement lien entre ces diverses tonalités. Il suffit de regarder, pour voir qu'il est formé de trois des quatre notes de l'accord de septième de dominante. { Accord neutre 7 2 4
{ Accord de septième de dominante 5 7 2 4

Moyen de ramener à la langue d'ut toutes les langues majeures écrites, chacune avec les chiffres qui la spécialisent.

Ce résultat sera dû à une distribution qui, dans toutes les gammes, attribuera la même place à la même propriété. Voici la disposition que j'ai adoptée, et qui peut se simplifier comme on le verra tout à l'heure.

Gamme de Fa.	Gamme d'ut.	Gamme de Sol.	Gamme par propriétés sans noms de notes	Points noirs occupant la place des propriétés ci-contre
d 1	t 1	sd 1	t	•
ss 7	7 s →	m 7	s	•
m 6 ←	ss 6	6 sm	ss	•
5 sm	d 5	t 5 4 s	d	•
t 4 ← 3 s	sd 4 m 3	ss 3	sd m	• •
ss 2	2 sm	→ d 2	sm	•
d 1	t 1	sd 1	t	•
ss 7	7 s →	m 7	s	•
m 6 ←	ss 6	6 sm	ss	•
5 sm	d 5	t 5 4 s	d	•
t 4 ← 3 s	sd 4 m 3	ss 3	sd m	• •
ss 2	2 sm	→ d 2	sm	•
d 1	t 1	sd 1	t	•

Première Partie

[illegible] est [illegible] sur trois colonnes.

1° Que la colonne du milieu contient la tonique, la médiante et la dominante, superposées et formant un groupe séparé, par un intervalle plus grand que celui qui sépare ces propriétés, d'un groupe [illegible] présentant les mêmes propriétés dans le même ordre de superposition.

2° Que, dans chacun des groupes de la colonne du milieu, la tonique occupe le bas du groupe, la dominante le haut, et la médiante le milieu.

3° [illegible] droite de la base de chaque groupe, se trouvent la sensible, plus basse que la tonique, et la sous médiante, plus élevée.

4° Qu'à gauche, et au sommet de chaque groupe, se trouvent la sous dominante et la sous sensible, la première au dessous et la seconde au dessus de la dominante.

5° Que la colonne du milieu contient les notes de l'accord tonique; celle de gauche, la fondamentale et la tierce de l'accord de sous dominante, et celle de droite, la tierce et la [illegible] de [illegible] dominante.

[illegible] que la colonne de droite de la gamme d'ut est [illegible] qui [illegible] figure [illegible] la colonne du milieu de la gamme de sol; de plus que le sol est la note commune aux accords toniques de sol et d'ut, que l'ut est la note commune aux accords toniques d'ut et de fa, on pourra éliminer dans chaque tonalité les colonnes de droite et de gauche et obtenir ainsi, avec les accords toniques par [illegible] de quinte en quinte, ce qui [illegible] trois fois plus de développement au moyen de l'emploi de trois [illegible] chaque gamme. [illegible] que la sensible et la sous médiante seront données [illegible] de l'accord tonique de la quinte supérieure, et qu'on trouvera la sous dominante et la sous sensible dans la fondamentale et la tierce de l'accord tonique de la quinte inférieure, comme le montrent les flèches [illegible] de la gamme d'ut à celles de sol et de fa.

[illegible] un grand parti pour les analyses et les [illegible] du tableau suivant qui contient, sur 17 colonnes, toutes [illegible] relatifs, au moyen de la sensible [illegible] placée à part, au dessous et à gauche de la dominante de chaque ton.

[illegible]

[illegible]

[illegible]

[illegible]

Tonalités majeures:	leu	jeu	reu	leu	meu	seu	fa	ut	sol	ré	la	mi	si	fè	lè
Mineurs relatifs:	leu	meu	seu	fa	ut	sol	ré	la	mi	si	fè	tè	jè	rè	lè

+ + 7 6 1 7 7 7 1 1 7 6 7 7 7 6 7
6 5 6 6 6 5 6 5 5 6 6 5 5 5 5
4 5 5 4 3 5 4 4 4 3 2 5 4 3 4 4 3
3 2 2 2 3 3 2 1 2 2 2 1 1 1 2 2
+ + 7 6 1 7 7 7 1 1 7 6 7 7 7 6 7
6 5 6 6 6 5 6 5 5 5 6 6 5 5 5 5
4 5 5 4 3 5 4 4 4 3 2 5 4 3 4 4 3
3 2 2 2 3 3 2 1 2 2 2 1 1 1 2 2
+ + 1 1 1 7 7

Moyen de trouver approximativement le ton effectif sans recourir, chaque fois, à un instrument.

Si on voulait, sans l'accompagnement (qui donne la tonalité à suivre), prendre pour Tonique un son *approchant beaucoup* de celui que demande le Compositeur, par *l'armure* qu'il donne à la clef, il suffirait de mesurer, une fois pour toutes, sa voix contre le son du Diapazon, afin de connaître le son le plus bas auquel on peut descendre avec *plénitude*. Alors en sachant la fonction de ce *son modèle*, dans la Tonalité demandée, on le prendrait pour point de départ, avec le *nom de propriété* que lui assignerait la gamme de la Tonalité à laquelle on voudrait s'assujétir.

Supposons que trois personnes, dont les voix auraient pour limite des sons graves, la première le *ré* du Diapazon, la seconde le *la*, et la troisième le *fa*, voulussent trouver, chacune, les Toniques appelées *sol*, *mi bémol*, *si*; elles agiraient comme il suit.

3

Première Partie

La voix bornée au ré grave,			La voix bornée au la grave,			La voix bornée au fa grave,		
[illegible]	3	7	5	3	7	5	3	7
[illegible]	sens. 2	6	4	2	6, sens. baissée 6	4, sens. baissée 4	2	6
3	1	5	3	1	5	3	1	5
2	7	4	2	7	4	2	7	4, dom. baissée 4
1	6	3	1	6, 5. dom. élevée 6	3	1	6	3
7	5	2	7	5	2	7	5	2
6	4	2, méd. baissée 1	3. méd. 6	4	1	6	3. méd. 4	1
5	3	7	5	3	7	5	3	7
Pour avoir le ton de Sol, appellerait son ré grave: [illegible]	Pour avoir le ton de mi bémol, appellerait son ré grave: Si, parce que le ré, est une sensible dans le ton de mi bémol.	Pour avoir le ton de Si, appellerait son ré grave: meu, parce que le ré est un son plus bas que la médiante, dans le ton de Si.	Pour avoir le ton de Sol, appellerait son la grave: ré, parce que le la est une sous-médiante, dans le ton de Sol.	Pour avoir le ton de mi bémol appellerait son la grave: fè, parce que le la est un son plus élevé que la sous-dominante dans le ton de mi bémol.	Pour avoir le ton de Si, appellerait son la grave: seu, parce que le la est un son plus bas que la sensible, dans le ton de Si.	Pour avoir le ton de Sol, appellerait son fa grave: seu, parce que le fa est un son plus bas que la sensible, dans le ton de Sol.	Pour avoir le ton de mi bémol, appellerait son fa grave: ré, parce que le fa est une sous-médiante, dans le ton de mi bémol.	Pour avoir le ton de Si appellerait son fa grave: jeu, parce que le fa est un ton plus bas que la dominante, dans le ton de Si.

On voit, par ces exemples, 1°. Que si le nom du son qui forme la limite grave appartient au ton cherché, il suffit d'entonner ce son, sous le nom de la propriété qu'il représente.

2°. Que s'il est remplacé par un son plus élevé, il faut le regarder comme une propriété baissée, et lui donner, selon le cas, un nom de bémol (teu, reu, meu, feu, jeu, leu, seu);

3°. Que s'il est remplacé par un son plus bas, il faut le regarder comme une propriété élevée, et lui donner, selon le cas, un nom de dièze (tè, rè, mè, fè, jè, lè, sè).

Observation.

[illegible] que l'on va accuser mon style de monotonie et d'uniformité trop symétrique, je me suis [illegible] dans presque toutes les démonstrations qui précèdent (et je continuerai de le faire quand je le croirai utile) à conserver les mêmes expressions, quand je présentais plusieurs exemples d'une même application, afin que, les données seules variant dans mon texte, on vît plus nettement que la marche de l'opération était constamment la même, et que les changemens de mots n'étaient qu'une conséquence du choix d'un autre terme de comparaison.

Je passe donc condamnation sur les reproches de ce genre. J'ai voulu les mériter ; il est juste que je les accepte.

Autre Remarque.

Les formes emblématiques des pages 17 et 18, ont une certaine analogie avec les signes mnogammiques de M. Édouard Jue ; mais l'emploi que j'en fais est tout à fait différent de l'utilisation qu'en a donnée M. Jue. Je ne les ai envisagées que sous le rapport de la généralité de leur signification, sans prétendre, comme lui, appliquer à la notation sur des portées un système de caractères que la complication de leurs formes rend incompatible avec la copie, et qui, d'ailleurs, a été, dans les ouvrages de M. Jue, l'objet d'une transaction monstrueuse entre des signes souvent personnels, l'imitation des inflexions de voix et les formes, plus souvent absurdes, des caractères qui expriment la durée, dans la musique vocale.

Après cette déclaration de priorité, en faveur de M. Jue, déclaration qui ne coûte rien à mon amour-propre, j'ai le droit d'ajouter que nulle part on ne trouve, dans les ouvrages de cet auteur, l'intention de créer des signes à double signification, par le mineur, et que, même, ses caractères, tels qu'ils sont, ne se prêteraient pas à cette application dont je crois avoir, le premier, donné le modèle en créant les formes qu'on trouve plus haut, pages 40 et 41.

Fin de la Première Partie.

Deuxième Partie.

Théorie de la Durée. (*)

Mesure binaire et ses variantes

Ici, comme dans ce qui a rapport à l'intonation, les airs connus pourront être d'une grande utilité, pour exprimer une circonstance indépendante du plus ou du moins d'élévation des sons. Qu'on chante l'air *Ah! vous dirai je maman*, et qu'on fasse en même temps de la main une suite de mouvements égaux extérieurs, de haut en bas, de droite à gauche, ou de gauche à droite, c'est à dire des mouvements quelconques sans avoir égard à leur direction qui pour cette expérience, est arbitraire, et qu'on s'attache seulement à l'Égalité des mouvements, on s'apercevra bientôt, si on prend pour durée de chacun de ces mouvements isochrones (égaux en durée) le temps qui s'écoule entre le moment où commence la syllabe *Ah!* et celui où on aborde la syllabe *Vous*, qu'on se trouvera forcé, pour ne pas dénaturer l'air, de faire deux mouvements pendant qu'on produit l'inflexion de voix attachée à la dernière syllabe du mot *Maman* comme on le voit dans l'exemple suivant :

ah!	vous	di-	rai-	je,	ma-	man,	ce	qui	cau-	se	mon	tour-	ment?
un mouvement	un mouvement	un mouvement	un mouvement	un mouvement	un mouvement	deux mouvements	un mouvement	un mouvement	un mouvement	un mouvement	un mouvement	un mouvement	deux mouvements

Si nous convenons que la somme de deux mouvements formera notre unité de temps, nous aurons :

ah!	vous	di-	rai-	je	ma-	man	ce	qui	cau-	se	mon	tour-	ment?
un,	un	un	un	un,	un,	deux,	un,	un,	un,	un	un	un	deux
1re unité		2e unité		3e unité		4e unité	5e unité		6e unité		7e unité		8e unité

De sorte qu'on chanterait [illegible] syllabes *ah!* vous [illegible]

(*) Je ne saurais trop recommander [illegible] synoptique des [illegible] celle du Carton portant le titre de *Chronomérotte* de [illegible] intitulé *Méloplaste* [illegible] propriétaires [illegible] sera porté [illegible]

Deuxième Partie

moitié d'une unité et la septième syllabe man, une unité entière, c'est à dire, que cette syllabe, occupant toute la première moitié de l'unité, se prolongera sur toute la seconde moitié.

Établissons un moyen d'être avertis, par la nature même du mouvement, de l'instant où commence chacune des deux moitiés de l'unité.

Signalons : { le commencement de la première moitié, par les deux mains ouvertes, frappant à la fois. } { le commencement de la seconde moitié, par la main droite frappant seule à poing fermé pendant que la main gauche reste immobile à la place où elle est tombée.

Nous aurons, pour l'air Ah! vous dirai-je, maman? les mouvements qui suivent, dans l'indication desquels, deux signifiera les deux mains à plat, et droite, la main droite seule, fermée, indications que j'emploierai dans la suite de ces développements.

ah! vous di- rai je, ma man-an, ce qui cau-se mon tour-ment

deux, droite; deux, droite; deux, droite; deux, droite; deux, droite; deux, droite; deux, droite; deux,

La répétition des dernières syllabes de maman et tourment, remplace le signe de leur prolongation, qui manque, dans la langue alphabétique.

Pour étudier la durée dans ses morcellements variés, nous aurons besoin de caractères et mots qui puissent, à volonté, être employés seuls, ou dans leurs rapports avec les inflexions de voix dont ils déterminent l'importance chronométrique. Un trait horizontal, recouvrant les deux moitiés de chaque unité, sera le signe de l'unité partagée. Nous pourrions donc marquer le commencement de l'air qui nous a fourni les observations précédentes,

ah! vous di rai-je, ma etc

deux, droite; deux, droite; deux, droite.

Mais pour rendre l'écriture des durées indépendantes des signes d'inflexion de voix, il conviendra de remplacer les syllabes qui viennent d'être employées, par des appendices du trait supérieur, appendices dont le nombre [illegible] fera connaître les divisions de l'unité; nous adopterons des formes déjà connues, dans la notation usuelle ♩ ♩, et, les joignant au trait supérieur, nous aurons pour expression de l'unité partagée en deux, la figure ♫ ; qui sera le signe écrit. Le signe parlé sera la succession des syllabes ta, té, qui avertiront l'oreille qu'on aborde la première ou la seconde moitié de l'unité, en même temps que le [illegible]ement des deux mains à plat appellera la syllabe ta, et que la syllabe té arrivera

Deuxième Partie.

moment où la main droite seule frappera à poing fermé.

Réunion de toutes ces conventions :

pour l'œil :	♫	
pour la voix :	ta	té
pour les mains :	deux.	droite.

Nous avons vu que la dernière syllabe de chacun des mots *maman* et *tourment* dure deux moitiés d'unité, c'est-à-dire qu'elle, commençant après avoir occupé la première moitié de l'unité, se prolonge pendant toute la seconde moitié. Exprimons cette circonstance de prolongation par un point (•), au lieu de la représenter par ♩, sous le trait horizontal, et prenons, pour syllabe, é, au lieu de té ; nous aurons :

pour l'œil :	♩	•
pour la voix :	ta,	é,
pour les mains :	deux,	droite.

Cette forme, quelque intelligible qu'elle soit, ne sera jamais employée. Nous la remplacerons, *pour abréger*, par le signe ♩, *exempt de trait supérieur*, et nous établirons cette convention : tout signe *non recouvert d'un trait horizontal* sera pour nous la représentation d'une *unité entière, non fractionnée* ; ce qui nous donnera, pour synonyme de la forme ♩ •, la forme suivante : ♩ dont le nom sera ta, é.

On devra s'exercer à parler et à frapper *en même temps* à l'aspect des signes suivants, représentant les seules durées dont il ait été question jusqu'à ce moment :

♫ ♫ ♫ ♫ ♩ ♩ ♩ ♩ ♩ ♩ ♫ ♩ ♫ ♩ ♩ ♫ ♫ ♫ ♩

Il y a d'autres manières de morceler une unité que celle qui la partage entre deux sons différents ou semblables ; on peut, sans sortir de la division en deux moitiés :

1°. Chanter pendant la première moitié et se taire pendant la seconde ;

2°. Se taire pendant la première moitié et chanter pendant la seconde ;

3°. Se taire pendant les deux moitiés de l'unité ;

4°. Prolonger un son précédent pendant la première moitié et répéter le même son, ou en émettre un autre, pendant la seconde.

5°. Prolonger un son précédent pendant la première moitié de l'unité, et se taire pendant la seconde ;

6°. Prolonger un son précédent pendant les deux moitiés d'une unité.

Suivons dans le choix de nos conventions l'ordre de ces combinaisons. Le *silence* sera représenté par un *zéro*, la prolongation par un *point* ; nous aurons alors :

1°. Chant et silence,	♩ 0	3°. Silence et silence	0 0	5°. Prolongation et silence	• 0
2°. Silence et chant	0 ♩	4°. Prolongation et son	• ♩	6°. Prolongation et prolongation	• •

Deuxième Partie

Le prolongation [illegible] la première moitié [illegible] pour exprimer la syllabe [illegible] au lieu de ta, te, [illegible] exprimé par l'une ou l'autre des moitiés, par la syllabe Chu telle qu'on la prononce dans le mot Chut, [illegible] fait entendre ni un ch ni un t mais un son spécial sans correspondant parmi les lettres de notre Alphabet), syllabe qu'on répète pour chaque moitié qui s'écoute en l'absence de tout son musical.

On aura pour les former les mots: ch, ch; a, e; Mais le motif d'économie qui a fait substituer [illegible] à [illegible], nous déterminera à simplifier la forme de l'unité, quand les deux moitiés se passent en silence, ou quand elles sont absorbées toutes deux par la prolongation d'un même son. Nous remplacerons donc [illegible] par 0, et [illegible] par •, en conservant les noms caractéristiques des deux moitiés, et nous arriverons à tracer le Tableau suivant résumé de toutes les opérations à faire, à la vue des signes de durée qui représentent les diverses phases d'une unité partagée en deux moitiés:

Formes écrites:							
Pour la voix:	ta, té;	taé;	a, té;	ta, ch;	ch, té;	a, ch;	ch, ch; a, é.
Pour les mains:	deux, droite	deux, droite	deux, droite	deux, droite	deux, droite	deux, droite	deux, droite; deux, droite

Observation. Lorsque le silence devra se prolonger sur une ou plusieurs fractions de l'unité qui succède à celle qu'il termine, au lieu d'employer le Zéro, pour la prolongation du silence, on se servira du point qui deviendra ainsi le signe général de prolongation. au lieu de [illegible] nous écrirons: [illegible]; au lieu de 0 0, nous aurons 0 •, ce qui forcera à donner au point de prolongation deux noms différens, selon qu'il sera précédé d'un signe de son ou d'un signe de silence.

Après un signe de son, les formes [illegible] seront nommées: ta, té, a, té; [illegible]; a, té, taé, a, e;

Après un signe de silence, les formes [illegible] seront nommées: [illegible] ch, ch, [illegible], ch, té, ch, ch, ch, ch;

[illegible] qu'il [illegible] zéro, à répéter ch, autant de fois [illegible] moitiés.

Deuxième Partie.

Si la prolongation est de plusieurs unités, soit en son, soit en silence, on emploiera autant de points non-recouverts de traits horizontaux, qu'il y aura d'unités à exprimer en prolongation.

Exemples:

ta, té ; a,é ; a,é; a,é; ta,é; a,é a,é; ta,ch; ch,ch; ch,ch; ch,té.

À l'aide de ces préliminaires qui, bien compris, rendront tout ce qui suit plus facile, on pourra étudier avec fruit les exercices suivants. Ils offriront le moyen de faire beaucoup plus de pratique qu'on ne le croirait, au premier aspect, si on fait attention que chacun des Carrés d'exercice peut être essayé au moins sous seize faces, selon la direction qu'on adoptera, pour en étudier successivement toutes les coupes. (manières de couper l'unité, expression que nous emploierons fréquemment). Les Tableaux suivants, montrent, par les numéros 1°, 2°, 3°, etc, et par la direction des flèches, ⟶ ⟵ ↑ ↓, les divers sens dans lesquels on doit étudier les coupes disposées en Carré parfait ou en Carré Long. Quelque soit le nombre des lignes ou des colonnes, on suivra la marche tracée pour un Carré de quatre lignes et de quatre colonnes.

1re Face — 2e Face — 3e Face — 4e Face — 5e Face — 6e Face — 7e Face — 8e Face

9e Face — 10e Face — 11e Face — 12e Face — 13e Face — 14e Face — 15e Face — 16e Face

On voit que cette distribution permet d'offrir, en une page, autant de pratique qu'on en pourrait répartir sur seize. Je crois avoir, le premier, publié des exemples de ce genre.

Quand les lignes seront lues dans ce sens, ⟵, il sera bon de remarquer que la direction de droite à gauche est à suivre, d'une coupe à une autre; mais que les éléments d'une même coupe doivent toujours être lus de gauche à droite. Ainsi,

pour :
on dira: ta, té; | a, té; | ta, é; | a, té; } c'est-à-dire: 1° a, té; 2° ta, é; 3° a, té; 4° ta, té;
4° | 3° | 2° | 1°

et non: 1° té, a, 2° té, a; 3° té, a; 4° té, ta.

Ce que rendra plus facile encore à comprendre la figure suivante. }

ta, té; a, té; ta, é; a, té
4° 3° 2° 1°

Deuxième Partie

On remarquera que les huit premières faces résument l'étude de toutes les combinaisons que présen ces tableaux.

Dans l'étude faite sur les tableaux qui suivent, il faudra toujours faire attention que le *point*, u après une coupe terminée par un silence doit être nommé <u>ch</u>. L'étude dans quelques direc amènera souvent deux zéros de suite, au lieu de représenter *par des points* les prolongations d'un exprimé *par un zéro*, à son origine, ce que rendait impossible la disposition de ces tableaux; m ce qui n'entraîne non plus aucun inconvénient.

Exercices à faire, dans tous les sens qui viennent d'être ind

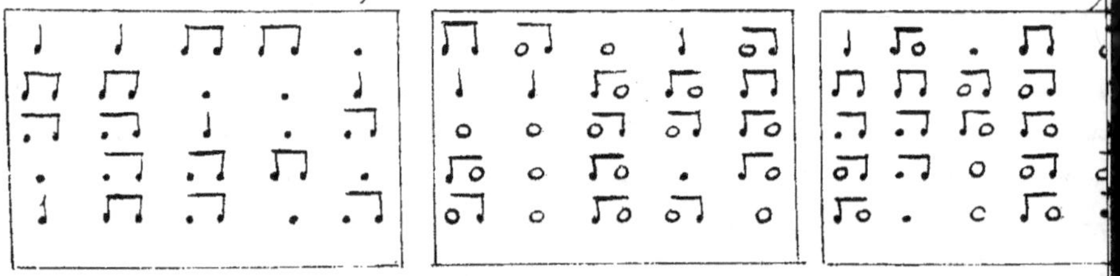

Souche ternaire et ses divisions ( ).

Au moyen d'expériences semblables à celles qui ont été faites précédemment, sur l'ai *ah! vous dirai-je maman?* On pourra examiner les circonstances de durée que présente l'air : *que le jour me dure!* et on se convaincra facilement que, pour coordon battement de main avec les exigences de l'oreille, il faut faire durer certains sons <u>trois</u> f plus que d'autres, c'est-à-dire, que, si un mouvement égal est imprimé à la main ou au pendant qu'on chantera cet air, la seule syllabe *que* se chantera pendant que *trois* seront frappés, et les syllabes *le jour me* auront à recevoir *un seul coup*, pour exp de la durée de chacune, comme on le voit dans l'exemple suivant :

Syllabes :	que	le	jour	me	du	re	etc.
Coups :	un, un, un	un,	un,	un	un, un, un,	un, un, un	etc.

Une foule d'airs connus offriraient la même observation à faire, et prouveraient que la musique admet la division de l'unité, en *trois fractions égale* aussi volontiers qu'en *deux*, comme nous l'avons vu plus haut. Le retour périodique

Deuxième partie

premier tiers sera marqué par la *percussion simultanée des deux mains à plat*; le second et le troisième tiers recevront, chacun, pour indice, un coup de la *main droite seule*, frappant à poing fermé. Le premier tiers sera désigné par la syllabe *ta*, le second par la syllabe *té*, le troisième par la syllabe *ti* (ces syllabes ont pour terminaison les trois premières voyelles).

Quant aux prolongations, celle qui affectera le *premier tiers* se nommera *a* (au lieu de *ta*) celle du *second tiers* *é* (au lieu de *té*), celle du *troisième tiers* *i* (au lieu de *ti*), et nous aurons, pour liste générale des arrangements de sons et de prolongations, composant les trois tiers de chaque unité, les sept combinaisons suivantes, à la suite desquelles je mets les formes qui les exprimeront pour l'œil :

1° Son, son, son, { ta té ti ; 2° prolongation, son, son { a te ti ; 3° son, prolongation, son { ta é ti

4° son, son, prolong { ta té i ; 5° prolong, prolong, son, { a é ti ; 6° prolong, son, prolong { a té i

7° , son, prolongation, prolong. { ta é i ; cette dernière coupe, quelque claire qu'elle soit, sera par un motif d'économie de temps, ramenée à la forme plus expéditive , qui s'appellera *ta, é, i*, comme celle qu'elle abrège. On voit que la même forme s'appelle *ta, é*, dans le système *binaire*, où elle représente, pour un même son, une durée de deux moitiés, et *ta, é, i*, dans le système ternaire, où elle représente, pour un même son, une durée de *trois tiers*, comme égale à celle de deux moitiés.

Par des raisons analogues à celles qui ont été données plus haut, (ch, ch, ch) sera réduit à { ch, ch, ch, et a, é, i, à { a, é, i ; le point s'appelant *ch*, toutes les fois qu'il sera la prolongation d'un silence.

Voici maintenant la liste de toutes les combinaisons d'une même unité, dans son morcellement *par tiers*, sous le rapport des sons, des prolongations et des silences.

Formes :										
pour la voix :	ta, te, ti ;	a, té, ti ;	ta, é, ti ;	ta, té, i ;	a, é, ti ;	a, té, i ;	ta, é, i ;	a, é, i ;	ch, te, ti ;	ta, ch, ti
pour les mains :	deux, droite, droite,	deux, droite, droite.	deux, droite, droite,	deux, droite, droite,	deux, droite, droite	deux, droite, droite	deux, droite, droite	deux, droite, droite	deux, droite, droite	deux, droite, droite

8e.

Deuxième partie.

Former :

pour la voix : tâ, té ch ; ch, ch, ti ; ch, té, ch ; tâ. ch, ch ; a, ch, ti ; a, té, ch ; ch, té, i ; ta é, ch,

pour les mains : deux droite droite ; deux droite droite ; deux droite droite ; deux droite droite ; deux droite droite ; deux droite droite ; deux droite droite ; deux droite droite

Former :

pour les voix : a, é, ch ; a, ch, ch ; ch, ch, ch ;

pour les mains : deux droite droite ; deux droite droite ; deux droite droite

On se souviendra que, dans cette nomenclature, toutes les coupes commençant par un point sont dénommées comme elles doivent l'être, si elles viennent après une coupe terminée par un son ou par une prolongation de son. Si elles suivent une coupe terminée par un silence, le point initial devient ch, aussi bien que les points qui peuvent le suivre jusqu'au premier signe de son qu'on rencontrera, à la suite des points exprimant des prolongations de silences.

Exercices à faire, dans tous les sens indiqués, page 5.

Sons et Prolongations. — Sons et Silences. — Sons, prolongations et Silences

Exercice sur la totalité des coupes précédentes (Système Ternaire).

Deuxième Partie

Souche Binaire (sous division binaire).

L'oreille, dans son arithmétique ne va pas *directement* au delà de *deux* ou de *trois* individualités. Aussi, dès qu'elle perçoit un plus grand nombre de faits consécutifs, elle les réunit en groupes dont le nombre n'excède jamais *deux* ou *trois*, et dont chacun n'a dans sa compréhension, que *deux* ou *trois* individualités fractionnaires, ou deux ou trois groupes secondaires, composés chacun, de *deux* ou *trois* portions et ainsi de suite, le nombre des groupes secondaires, tertiaires &c. n'étant jamais que de deux ou de trois, dans la dépendance du groupe immédiatement supérieur. Quand une unité se partage entre quatre sons d'inégale durée, on regarde les quatre sons comme *deux groupes de deux sons*, parmi lesquels chacun dépend d'une des deux moitiés de l'unité, ainsi que le montre la figure suivante :

Souche: binon:

Au lieu de mettre les deux groupes secondaires dans la dépendance des deux moitiés de ♫, nous pourrons les placer directement sous le trait diviseur et nous aurons :

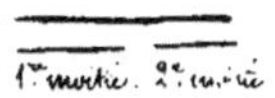

unité

1re moitié. 2e moitié

Et, dans la dépendance de chaque moitié les deux fractions égales, ou quarts, dans lesquels elle se partage)

unité
moitiés
1r quart. 2e quart. 3e quart. 4e quart.

Il faut maintenant créer des mots pour exprimer chacun de ces quatre quarts. On voit, dès l'abord, que le *premier quart* commence au même moment que la première moitié ; son nom devra donc être *ta* ; que la première moitié absorbant deux quarts ; la seconde moitié commence, quand on frappe le *troisième quart*, dont le nom, par cette raison, devra être *té*. Le second quart dépendant de la moitié *ta*, aura pour voyelle caractéristique *a*, et le quatrième quart devra être indiqué par la voyelle *é*, puisqu'il fait partie de la moitié *é* ; la lettre *f*, ou, pour mieux dire, l'articulation *fe*, tombant sur *a* et sur *é*, avertira qu'il s'agit d'une fraction de la durée qui est une sous-division de *ta*, ou de *té*, suivant la finale qui frappera l'oreille. Nous aurons donc, pour l'unité divisée en quarts,

{ La forme : . . . 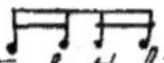
{ et les Syllabes : tà, fa, té, fé.

Quant aux mouvements de main, ils resteront ce qu'ils étaient, pour ♫, c'est-à-dire, qu'on frappera des deux mains, à la fois en commençant l'unité, et de la *main droite seule*, en *abordant le troisième quart*, ou, ce qui revient au même, la seconde moitié.

On voit que les deux quarts nommés *fa*, *fé*, ne sont signalés par aucun mouvement

Deuxième Partie.

spécial des mains et que la voix seule, *en parlant*, indique l'apparition de ces quarts.

Voici, au surplus, le Tableau de ces diverses opérations :

Forme :	♪	♪	♪	♪	On s'exercera d'attacher à faire entendre les quatre coups à des distances bien égales, en donnant à la syllabe *ta* un peu plus d'intensité (mais non de durée) qu'à chacune des trois autres.
Pour la voix :	ta,	fa,	té,	fé ;	
Pour les mains :	(deux)	(rien)	(droite)	(rien)	

Le point de prolongation étant employé comme précédemment, avec la signification (comme durée) que lui assigne la place qu'il occupe sous le trait secondaire, nous pourrons déduire, de la coupe qui précède les noms et les battements de toutes celles qui en dérivent. On a vu que le point a, pour nom, la voyelle, moins la consonne qui y est jointe, quand il s'agit d'une fraction correspondant à un son nouvellement articulé et non prolongé. Ces remarques feront comprendre les noms et les battements des coupes qui suivent :

Formes :	♪	♪	♪	·	mais, dans cette forme, le troisième quart se prolongeant pendant le quatrième, on entend continuellement la seconde moitié ; cette forme peut donc se simplifier comme il suit :	ta, fa, té, é	Au lieu de faire sentir les deux syllabes distinctes té-é, on se contentera de prolonger la voyelle finale de *té*.
Pour la voix :	ta,	fa,	té,	é ;			
Pour les mains :	(deux)	(rien)	(droite)	(rien)			

Forme :	♪	·	♪	♪	Mais, dans cette forme, le premier quart se prolongeant pendant le second, on entend continuellement la première moitié, cette forme peut donc se simplifier comme il suit :	ta a, té, fé ;	Au lieu de faire sentir les deux syllabes *ta a*, on se contentera de prolonger la voyelle finale de la première moitié, *ta*.
Pour la voix :	ta,	a,	té,	fé,			
Pour les mains :	(deux)	(rien)	(droite)	(rien)			

Les formes des divisions de l'unité où se montrent des *quarts* vont être exposées, dans leurs rapports avec les mots qui doivent leur correspondre. On a vu que les mouvements de main n'ont rien qui diffère de ceux du ♪♪, c'est-à-dire, qu'on frappe à plat des deux mains, quand arrive la première moitié de l'unité, et de la main droite seule fermée, au moment où commence la seconde moitié, je me dispenserai donc d'écrire le frappé de chacune des coupes qui vont suivre :

Deuxième Partie.

Tableau de toutes les coupes contenant des quarts, soit en son, soit en silence, soit en prolongation.

ta fa té fé	tā é fé	tā fa ch fé	ch fa té fé	tā ch ch fé	tā té ch	ch ch fé	ch fa ch
a fa té fé	a é fé	ta fa té ch	ch fa té ch	ta ch té ch	ta é ch	ch té ch	ta ch té
ta fa é fé	tā fa té	ta fa é ch	ch fa ch fé	a ch té fé	a ch fé	ta fa ch	ta ch ch
a fa é fé	a fa té	a fa ch fé	ch fa té ch	a ch ch fé	a té ch	a fa ch	a ch té
ta té fé	ta fa é	a fa té ch	ch fa é ch	a ch té ch	a é ch	ch fa té	a ch ch
a té fé	a fa é	a fa é ch	tā ch té fé	ta ch fé	ch té fé	ch fa é	Total, 4''

Toutes ces coupes ne sont pas employées dans la pratique; mais j'ai voulu en tracer le Tableau complet, pour montrer si elles se rencontraient il serait facile de les comprendre, de les nommer et de les frapper. Les exercices qui vont suivre ne comprendront que celles qui se présentent habituellement, ou du moins quelquefois.

Exercices.

Sons et Prolongations.

Sons, prolongations et silences.

Deuxième Partie

Souche ternaire, sous division binaire

Souche

Sous divis.

Les développements qui précèdent nous permettent de réduire à une expression fort simple l'exposition des morcellements qui fractionnent les trois tiers de l'unité, ou seulement l'un des tiers, en deux parties égales (son, prolongation, ou silence), qui correspondront à des sixièmes d'unité. Ici, on n'aura que trois coups à frapper, comme pour la souche savoir : les deux mains à plat, qui commencera l'unité ; la main droite seule, fermée, quand arrivera la fraction correspondant au commencement du second tiers, et la même main seule fermée, quand arrivera la fraction correspondant au commencement du dernier tiers, ce que montre la figure suivante, qui comprend aussi le nom et les battements mesurés :

Forme :

Pour la voix : ta, fa, té, fé, ti, fi.

Pour les mains : (deux) (rien) (droite) (rien) (droite) (rien)

Cette forme donnera naissance aux suivantes, dont j'écris au-dessous la simplification.

Formes déduites de

ta, fa, té, fi, ti, i ; ta, fa, té, é, ti, fi ; ta, a, té, fé, …

Leur simplification

ta, fa, té, fé, ti ; ta, fa, té, ti, fi ; ta, té, f…

Formes déduites de

ta, a, té, é, ti, fi ; ta, a, té, fé, ti, i ; ta, fa, té, é, ti, i.

Leur simplification.

ta, té, ti, fi ; ta, té, fé, ti ; ta, fa, té, ti.

En nommant les coups simplifiés, les mots ta, té, ti, devront être prononcés d'une manière un peu traînante, pour remplir toute la position affectée aux sixièmes de prolongation que les coups déduites de désignent par les voyelles a, é, i.

Exercices (sons) :

Deuxième Partie

Les coupes précédentes suffisent pour fournir la dénomination de toutes les variantes qui [illegible] admettraient des simplifications, des prolongations ou des silences. Quiconque aura compris [illegible] ce qui précède saura *nommer* et *frapper* toutes les coupes du Tableau d'exercices qui suit.

Nota.) Dans ce tableau le nombre des coupes à insérer se trouve trop considérable, pour qu'on [illegible] puisse essayer de renfermer en un seul cadre, interrogé dans tous les sens, toutes les combinaisons deux à deux des coupes qu'on y présentera, comme cela s'est pratiqué dans tous les tableaux précédents ; néanmoins, si on l'étudie plusieurs fois dans les deux directions [illegible] indiquées page 5, on aura fait une somme d'applications suffisante pour n'être arrêté par aucune coupe déduite de

Exercices (Sons, prolongations et silences) :

Souche Binaire (Sous division ternaire) :

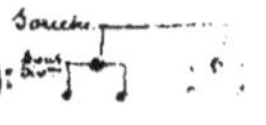

Si chacune des deux moitiés de l'unité se morcelle en trois parties égales, nous obtien[illegible] la forme dont le nom seul est à créer, le frappé étant le même que ce[illegible] et de , c'est-à-dire, que les *deux mains* frappent *à plat*, au commen[illegible] de l'unité, et que la droite seule frappe à poing fermé, au moment où arrive celui des sixièmes qui commence la seconde moitié, ce qui nous donnera la réunion des exercices suivants :

Deuxième Partie

Forme :
Pour la voix : ta, ra, la, té, ré, lé ;
pour les mains : (Deux) (rien) (rien) (Droite) (rien) (rien)

On Doit avoir trouvé, Dans la pratique De tout ce qui précède, le moyen D'appliquer facilement les noms convenables aux coupes Déduites De cette forme modèle.

Forme :
pour la voix : ta, ra, la, té ; ta, té,
pour les mains : (Deux) (rien) (rien) (Droite) (Deux) (Droite)

J'en supprime Donc le Détail général, et je crois pouvoir me borner aux Deux principales qui mettront Dans la voie, pour tout le reste :

Exercices (Sur les coupes qu'on emploie Dans la pratique) :

Ce Tableau, étudié sous Deux faces, Donnera Deux fois toutes les combinaisons, deux à deux, Des coupes qu'il renferme.

Souche Ternaire (Sous division ternaire).

Souche :
Sous-Division :

Le Tableau qui précède fait pressentir le nom et le frappé Des formes que vous obtiendrez, s'il m'est permis de ne point ajouter De Développement à la nomenclature que je vais en Donner, pour les Coupes où il n'entre ni prolongations ni silences.

Forme :
Pour la voix : ta, ra, la, té, re, lé, ti, ri, li ; ta, ra, la, té, ré, lé, ti ; ta, ra, la, té, ti, ri, li ; ta, té, ré, lé, ti,
Pour les mains : Deux (rien) (rien) Droite (rien) (rien) Droite (rien) (rien) Deux (rien) (rien) Droite (rien) (rien) Droite Deux (rien) (rien) Droite Droite (rien) (rien) Deux Droite (rien) (rien) Droite

Forme :
pour la voix : ta, té, ti, ri, li ; ta, té, ré, lé ; ti ; ta, ra, la, té, ti.
pour les mains : Deux Droite Droite (rien) (rien) Deux Droite (rien) (rien) Droite Deux (rien) (rien) Droite Droite

Deuxième Partie

Exercices.

Les silences et les prolongations que la pratique emploie dans cette coupe sont assez rares, je n'en offrirai qu'un certain nombre, dont le Tableau suivant contiendra tirées les combinaisons deux à deux.

Mélange, dans la même unité, de sous-divisions binaires et ternaires.

La pratique faite sur tous les exercices précédens a considérablement simplifié ma tâche, puisque, sans rien changer au nom et au frappé de chaque moitié ou de chaque tiers, il suffit de traiter cette sous-division comme on l'a fait, pour la souche qui l'a fournie,

Deuxième Partie

...régulièrement. Dans les Exemples suivants :

Cette première moitié vient de ta, fa, té, fé.

Cette seconde moitié vient de ta, ra, la, té, ré, lé.

Cette première moitié vient de ta, ra, la, té, ré, lé.

Cette seconde moitié vient de ta, fa, té, fé.

Ce premier tiers vient de ta, fa, té, fé, ti, fi ;

Ce second tiers vient de ta, fa, té, fé, ti, fi.

Ce troisième tiers vient de ta, ra, la, té, ré, lé, ti, ri, li.

Ce premier tiers vient de ta, fa, té, fé, ti, fi.

Ce second tiers vient de ta, ra, la, té, ré, lé, ti, ri, li.

Ce troisième tiers vient de ta, fa, té, fé, ti, fi.

Ce premier tiers vient de ta, ra, la, té, ré, lé, ti, ri, li.

Ce second tiers vient de ta, fa, té, fé, ti, fi.

Ce troisième tiers vient de ta, fa, té, fé, ti, fi.

on dira donc

ta, fa, té, ré, lé. ta, ra, la, té, fé. ta, fa, té, fé, ti, ri, li. ta, fa, té, ré, lé, ti, fi. ta, ra, la, té, fé, ti, fi.

Dans l'emploi des coupes à sous divisions mixtes, on emploie rarement les prolongations et les silences. On trouverait facilement le nom qui convient à ces circonstances, s'il s'en présentait quelques unes. Notre pratique peut se borner à des exercices faits sur des coupes sans prolongations et sans silences.

Exercices (souche binaire, sous-division mixte).

Deuxième Partie.

Exercices (Souche ternaire, sous division mixte) :

Sous-divisions plus détaillées que les précédentes.

(Souche binaire.)

Si chacun des quatre quarts de l'unité est divisé en deux parties, on aura besoin d'un troisième trait, pour indiquer cette extension donné au morcellement de l'unité, ce qui produira pour recouvrir les *huit huitièmes*, la combinaison de traits :

Souche ————————
Sous-division primaire ——— ———
Sous-division secondaire — — — —

Souche : . . . . Division de l'unité
Sous-division primaire . . Division des moitiés
Sous-division secondaire . . Divisions des quarts

jamais, comme il est facile de le voir, les traits superposés ne peuvent être entr'eux égaux en longueur ; plus les fractions qu'ils indiquent sont longues, plus ils ont développement. Ce serait donc une grande faute, dans le Système de Galin, que d'écrire quatre quarts , au lieu de , et huit huitièmes, , au lieu de . Il faut que, *toujours*, la forme de la coupe rappelle la *génération des fractions*, condition que l'écriture du rhythme telle que Galin l'a faite, remplit seule complètement. Nous verrons, dans la quatrième Partie, combien l'écriture usuelle a d'inconvénients, sous le rapport de la clarté, et du choix philosophique des signes.

Il est évident, d'après ce qui a été fait jusqu'à présent, que la même syllabe doit désigner les fractions qui correspondent au commencement de celle qui en est l'origine ; que la voyelle *a* doit terminer les fractions de la première moitié, celles de la seconde moitié devant avoir, pour voyelle, é. Par suite de ces lois rationnelles, nous aurons pour les huitièmes les spécifications qui suivent:

Forme:								
pour la voix:	ta za	fa	na	té	zé	fé	né
pour les mains:	coup. (rien)	(rien)	(rien)	(droite)	(rien)	(rien)	(rien)

D'où nous tirerons les figures et les noms, pour lesquels je supprime les indications de frappé qui arrivent avec le commencement de chaque moitié. Cette nomenclature, pour être complète, exigerait plusieurs pages (le nombre des variétés de cette coupe, sans l'emploi des silences, s'élevant à 240). Il y a, dans ce que j'ai choisi, les élémens de toutes les solutions.

taza fa na té — ta tézé féné — taza fana téfé — tafa — tézé féné — tazafana téféné

ta fa na tézé fé né — ta za fa na té zé fé — ta za fa tézé fé né — ta fa na té fé né — ta za fa — té zé fé

(*) ta na té né — ta té fé né — ta za fa té fé — ta fa té né.(*)

(*) Pour bien rhythmer les coupes dans lesquelles se présente un point de prolongation, sous un triple trait, il est bon de doubler la consonne du huitième qui suit le point, et de dire: ta-nna, té-nné, la consonne intercalée remplissant alors la portion de durée qui correspond au point.

Coupes à triple trait du système ternaire.

A l'aspect seul des coupes génératrices auxquelles je me borne, on comprendra ce qu'il faudrait faire pour dénommer convenablement toutes les autres qui peuvent en être déduites, et qui sans l'emploi des silences, sont au nombre de 4032.

ta za fa na té zé fé né ti zi fi ni ta za fa té zé fé ti zi fi tafana téféné ti fi ni tanaténé ti ni

Comme plus haut, on doublera les consonnes de na, né, ni, et on nommera cette coupe: ta-nna, té-nné, ti-nni.

tara fa na té ti ta téré fé né té ta té tiri fi ni

Simplification des coupes à triple trait.

Il deviendra facile de s'affranchir de l'Étude de l'emploi de la langue des durées à triple trait, si on remarque qu'elles ne sont que des accouplements sous un trait unique qui les embrasse, de deux coupes ou de trois dont l'une, au moins, est à deux traits. Pour rendre ceci évident, plaçons au-dessous de la coupe à simplifier la même coupe dont le trait supérieur ne sera qu'une ligne éteinte, laissant dominer les traits secondaires, sur lesquels il s'agit d'appeler l'attention.

Les formes

ne sont que des accouplements deux à deux des formes

On pourra donc réduire à la nomenclature des coupes à double trait celles de cette espèce qui se présentent avec trois traits superposés; seulement, les mots de la langue des formes à deux traits devront être prononcés *deux fois plus vite* puisqu'on aura deux accouplements à nommer, pendant la durée d'une seule unité.

Les formes

ne sont que des accouplements trois à trois des formes

Deuxième Partie.

On pourra donc réduire à la nomenclature des coupes à double trait celles de cette espèce qui se présentent avec trois traits superposés ; seulement les mots de la langue des formes à deux traits devront être prononcés *trois fois plus vite*, puisqu'on aura trois accouplements à nommer, pendant la durée d'une seule unité.

On procéderait d'une manière semblable, si les coupes dérivées de la souche binaire avaient quatre traits ; on nommerait *quatre fois plus vite* les coupes accouplées *quatre à quatre* ; et *six fois plus vite* celles que le trait supérieur réunirait *six à six*, si on en rencontrait et qu'on voulût les simplifier.

Complément des coupes à triple trait.

Cette portion de mon Travail va au delà des nécessités de la pratique, et n'en placée ici que sous un point de vue purement théorique. Je ne l'aurais pas ajoutée , sans la crainte de voir quelque spéculateur combler cette lacune volontaire, et revendiquer la gloire d'avoir ajouté au système de Galin un développement sur l'inutilité duquel il n'y aura qu'un voix, parmi ceux qui pensent que de la complication n'est pas de la science. Aux coupes à triple trait que j'ai données, je joins donc, comme curiosité, celles qu'on va lire. Quant à la langue des durées, j'abandonne de grand cœur le mérite de l'invention à celui qui aura appliqué des syllabes à ces coupes, au moyen des articulations suivantes dont je n'ai pas fait usage : s, m, ch, k, p, d, gn, ille (l mouillée), j, gue, v, le.

Souche binaire

douzièmes (tiers de moitiés de moitiés.) 4032 variétés. *douzièmes* (moitiés de tiers de moitiés). 4032 vari[étés]

dixhuitièmes (tiers de tiers de moitiés). 258,048 variétés. La coupe que nous avons nommée *taza* [...] *tézé féné*, donne des *huitièmes* qui sont moitiés de moitiés de moitiés.

Souche ternaire.

dixhuitièmes (tiers de moitiés de tiers). 261,632 variétés. *dixhuitièmes* (moitiés de tiers de tiers) 26[...] v[...]

Deuxième Partie

Vingt-Septièmes (tiers de tiers de tiers) 134,217,216 variétés. La Coupe que nous avons nommée *tara fana, tézé, féné, tiri fini*, donne des douzièmes qui sont des moitiés de moitiés de tiers.

Modification des mouvemens de Main, employés pour le frappé des morcellemens de l'unité

Quand on aura au moyen des conditions établies pour le frappé, qu'indiquent les mots *deux droite*, acquis une assez grande habitude de frapper, à des intervalles donnés, en *Ouvrant la main droite* en même temps que la gauche, ou en la *fermant* seule, on pourra supprimer tout mouvement de la main gauche, et frapper seulement avec la droite qui, selon le cas, tombera *à plat* ou *fermée*.

Pendant quelque temps, on pratiquera de cette manière, après quoi on se contentera de marquer le commencement des unités, comme on le fait, dans la pratique usuelle, au moyen de mouvemens dont la direction indiquera le rang de l'unité qu'on abordera, parmi celles qui sont réunies au nombre de *deux*, de *trois* ou de *quatre*, entre deux barres verticales qui comprennent ce qu'on appelle une *mesure*.

Ces mouvemens, faits avec la main ou avec le pied, devront n'avoir rien qui ressemble à de la mollesse ou à de l'hésitation; mais ils devront être opérés d'une manière nette et même un peu brusque, qui porte rapidement la main ou le pied dans la direction qu'il doit atteindre, de telle sorte que la main ou le pied se déplaçant [illegible] séjourner pendant le temps voulu [illegible] chaque déplacement.

Il faudra [illegible] ou au pied [illegible] distances trop différentes [illegible]

Avec ces précautions on pourra [illegible] combinaisons composées [illegible] coupes différentes [illegible] unités.

[illegible] ordinairement *battre* [illegible] *temps* [illegible] entendons par unités [illegible] *unités* [illegible]

Deuxième Partie

[illegible] chaque temps ou unité.

Mesure à deux temps — 1er temps, 2e temps
Mesure à trois temps — 1er temps, 2e temps, 3e temps
Mesure à 4 temps — 1er temps, 2e temps, 3e temps, 4e temps

Entre chacun de ces temps, on peut rencontrer un des effets de durée qui, sans l'emploi des signes de silence, et sans dépasser les doubles traits s'élèvent au nombre de 1098 variantes de l'unité, nombre qui s'accroît dans une proportion presqu'incroyable, si on admet les silences et les triples traits; mais qui n'a rien d'effrayant, pour celui qui a vu que les 37 coupes du Chronomériste de Galin, si elles sont bien comprises, et suffisamment pratiquées, permettent de tout exécuter avec précision et, pour ainsi dire, sans le moindre embarras, pourvu que le vice des signes usuels ne rende pas la pensée du compositeur si obscure qu'il faille, comme je le montrerai plus tard, un calcul minutieux, pour transformer l'écriture usuelle en signes intelligibles.

Détermination de la durée de l'unité, au moyen du Chronomètre (*)

On peut indiquer, au moyen d'une expression numérique, la durée exacte demandée pour chaque unité, si on sait combien de ces unités frappées à distance égale, seraient nécessaires pour que leurs battements successifs exigeassent une minute, ou, ce qui revient au même, combien chaque unité dure de centièmes de seconde (60e partie de la minute). Les instruments appelés métronomes donnent la première de ces indications, mais leur prix assez élevé en rend l'acquisition difficile pour beaucoup de personnes. Voici, pour celles qui voudraient obtenir, à peu de frais, une mesure exacte du temps, les données nécessaires pour construire un Chronomètre d'une grande exactitude.

Sur une planche d'environ trois pieds huit pouces de hauteur, sur trois pouces et demi de largeur, et d'une épaisseur arbitraire, on fixera une petite équerre en tôle ou en cuivre, formant un angle droit avec la planche dont elle occupera le milieu, à trois pouces du sommet, et percée à son extrémité libre, d'un petit trou destiné à donner passage à un fil de soie. La branche libre de cette équerre devra avoir environ deux pouces de saillie, par

(*) Voyez la note de la page 1 de cette partie.

Deuxième partie

rapport au milieu de la planche, et le trou doit être comme, je l'ai dit, à l'extrémité de cette saillie.

On tracera, soit sur la planche dans toute sa longueur, soit sur le papier dont on l'aura recouverte, trois colonnes parallèles d'environ quatre lignes de largeur chacune, et contiguës, celle du milieu occupant le milieu de la planche. A partir du point où le coude de l'Equerre doit joindre la planche on tracera sur la colonne du milieu, une division par centimètres, le No. 1 étant à 1 centimètre du coude, le No. 2 à deux centimtres, et ainsi de suite, jusqu'au No. 100 qui donnera 100 centimètres ou 1 mètre pour la longueur totale de l'échelle du milieu.

La colonne de gauche destinée à mesurer les centièmes de seconde recevra les marques dont je donnerai tout à l'heure la série; celle de droite dont j'offrirai aussi les divisions graduées, exprimées en chiffres, sera affectée à la détermination du nombre d'unités qui s'écouleraient dans l'espace d'une minute.

Ces divisions effectuées, on fera passer par le trou de l'équerre un fil de soie d'environ quatre pieds et demi de longueur, et on suspendra à chacun de ses bouts une balle de plomb, d'un calibre ordinaire, après avoir préalablement fait passer le fil de soie qui traverse l'équerre, dans un piton fixé au côté gauche de la planche, dans son épaisseur, et destiné à maintenir près du mur la balle formant contrepoids à celle qui devra osciller devant les échelles graduées.

Le Chronomètre ainsi obtenu sera placé contre un mur dans une position dont il sera facile de déterminer l'aplomb, à l'aide du fil passé dans l'equerre.

Distance du Coude.	Centièmes de secondes.	Distance du Coude.	Centièmes de secondes.	Distance du Coude.	Centièmes de secondes.	Distance du Coude.	Centièmes de secondes.	Distance du Coude.	Centièmes de secondes.	Distance du Coude.	Centièmes de secondes.	Distance du Coude.
0, mètre 0100	23	0, 0526	36	0, 1288	49	0, 2387	62	0, 3821	75	0, 5592	88	0, 7698
0, 0121	24	0, 0573	37	0, 1361	50	0, 2485	63	0, 3946	76	0, 5742	89	0, 7879
0, 0144	25	0, 0622	38	0, 1436	51	0, 2586	64	0, 4072	77	0, 5895	90	0, 8052
0, 0169	26	0, 0672	39	0, 1512	52	0, 2688	65	0, 4200	78	0, 6048	91	0, 8332
0, 0195	27	0, 0725	40	0, 1591	53	0, 2792	66	0, 4330	79	0, 6204	92	0, 8414
0, 0224	28	0, 0780	41	0, 1671	54	0, 2899	67	0, 4462	80	0, 6362	93	0, 8599
0, 0255	29	0, 0836	42	0, 1754	55	0, 3007	68	0, 4597	81	0, 6522	94	0, 8783
0, 0288	30	0, 0895	43	0, 1839	56	0, 3118	69	0, 4734	82	0, 6684	95	0, 8971
0, 0322	31	0, 0956	44	0, 1925	57	0, 3229	70	0, 4871	83	0, 6848	96	0, 9161
0, 0359	32	0, 1018	45	0, 2013	58	0, 3344	71	0, 5011	84	0, 7014	97	0, 9353
0, 0398	33	0, 1083	46	0, 2104	59	0, 3461	72	0, 5154	85	0, 7182	98	0, 9547
0, 0439	34	0, 1150	47	0, 2196	60	0, 3579	73	0, 5298	86	0, 7352	99	0, 9743
0, 0481	35	0, 1218	48	0, 2291	61	0, 3699	74	0, 5444	87	0, 7524	100	0, 9940

J'ai calculé ces chiffres ainsi que ceux du tableau suivant, d'après la longueur du pendule, à la latitude de Paris, en tenant compte de la [illegible] qui existe entre cette longueur et celle du pendule à l'équateur. Cette Théorie, moins la totalité des Chiffres, est dans l'ouvrage de Galmi[?]. Je [illegible] ici les chiffres pour un Chronomètre donnant 30 oscillations par minute, et dont l'échelle devrait avoir près de quatre mètres de longueur.

[illegible] Partie

[illegible] à partir du [illegible]

Battements par minute	Distance du Coude	Battements par minute	Distance du Coude	Battements par minute	Distance du Coude	Battements par minute	Distance du Coude	Battements par minute	Distance du Coude	Battements par minute	Distance du Coude
60	[illegible]	[illegible]	0, 5593	100	0, 3579	120	0, 2285	140	0, 1826	200	0, 0895
[illegible]	[illegible]	[illegible]	[illegible]	101	0, 3508	121	0, 2244	141	0, 1799	210	0, 0812
[illegible]	[illegible]	[illegible]	5322	102	0, 3440	122	0, 2404	142	0, 1775	220	0, 0743
[illegible]	[illegible]	[illegible]	5199	103	0, 3373	123	0, 2365	143	0, 1750	230	0, 0677
[illegible]	[illegible]	[illegible]	0, 5072	104	0, 3308	124	0, 2327	144	0, 1726	240	0, 0623
[illegible]	[illegible]	85	0, 4955	105	0, 3246	125	0, 2291	145	0, 1702	250	0, 0573
66	[illegible]	86	0, 4858	106	0, 3183	126	0, 2255	146	0, 1678	260	0, 0529
[illegible]	[illegible]	87	0, 4728	107	0, 3126	127	0, 2219	147	0, 1656	270	0, 0491
[illegible]	[illegible]	88	0, 4621	108	0, 3068	128	0, 2182	148	0, 1633	280	0, 0458
[illegible]	[illegible]	89	0, 4518	109	0, 3012	129	0, 2150	149	0, 1612	290	0, 0426
[illegible]	[illegible]	90	0, 4418	110	0, 2957	130	0, 2117	150	0, 1591	300	0, 0,398
[illegible]	[illegible]	91	0, 4312	111	0, 2905	131	0, 2087	155	0, 1490	350	0, 0289
[illegible]	[illegible]	92	0, 4227	112	0, 2852	132	0, 2054	160	0, 1398	400	0, 0224
[illegible]	[illegible]	[illegible]	0, 4138	113	0, 2803	133	0, 2023	165	0, 1314	500	0, 0,145
[illegible]	[illegible]	[illegible]	0, 4050	114	0, 2754	134	0, 1988	170	0, 1239	600	0, 0100
[illegible]	[illegible]	[illegible]	[illegible]	[illegible]	0, 2707	135	[illegible]	175	0, 1168		
[illegible]	[illegible]	[illegible]	[illegible]	[illegible]	0, 2660	136	[illegible]	180	0, 1105		
[illegible]	[illegible]	[illegible]	[illegible]	117	2615	137	0, 1900	185	0, 1046		
[illegible]	[illegible]	[illegible]	[illegible]	118	0, 2567	138	0, 1874	190	0, 0992		
[illegible]	[illegible]	[illegible]	[illegible]	[illegible]	[illegible]	139	[illegible]	195	0, 0946		

[illegible] que [illegible] les Durées, je parlerai de l'usage [illegible]

[illegible] ation.

[illegible] et les terminaisons entières ; [illegible]

[illegible] leurs prolongations ; silences [illegible]

[illegible] 3,31 doivent être [illegible] de [illegible]

[illegible] substituera [illegible]

[illegible] pratique de commencer [illegible]

[illegible] longtemps.

Fin de la deuxième partie

Troisième Partie !

Rapport entre les signes usuels d'intonation et ceux de Galin.

Au lieu d'indiquer le nom des sons par une *forme fixe*, l'écriture ordinaire de la musique emploie la *position* sur cinq lignes parallèles qu'elle nomme *portée*, et sur les interlignes blancs compris entre ces lignes. Des conventions que j'exposerai tout à l'heure font connaître le nom des lignes et des interlignes ; supposons, pour le moment, que la ligne la plus basse porte le nom d'*ut*, nous aurons, pour les points noirs placés sur la portée, les noms suivants :

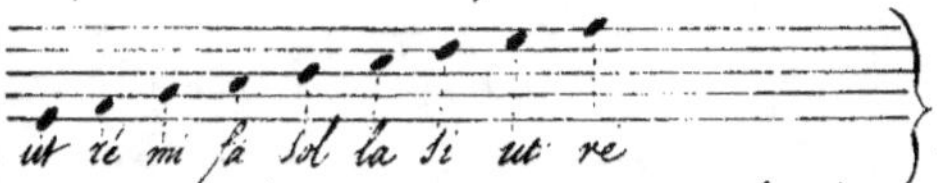

ut ré mi fa sol la si ut re

Nous trouverons ici l'occasion d'appliquer les observations faites, dans la première partie page 3, sur les moyens de déduire plus facilement, de la place connue du mot *ut*, le nom des autres lignes et interlignes, que nous continuerons d'appeler **barreaux noirs** et **barreaux blancs**, et pour lesquels nous conserverons aussi le numérotage employé, 1re Partie, page 7, en nommant les barreaux noirs de bas en haut : N° 1. N° 3, N° 5, N° 7. et N° 9. et les barreaux blancs, pris dans le même sens, N° 2. N° 4, N° 6, et N° 8.

Si on voulait indiquer des sons plus graves et d'autres plus élevés que ceux de l'exemple précédent on aurait besoin d'une échelle plus étendue, qui recevrait un supplément de barreaux au-dessus et au-dessous de la portée. Mais plus les lignes superposées deviendraient nombreuses, plus il serait difficile de calculer rapidement les distances des signes des sons. Pour éviter ces inconvénients on est convenu de supposer, au-dessus et au-dessous de la portée, des lignes fictives qui n'acquièrent de la matérialité qu'autant qu'elles rencontrent un signe qu'elles doivent traverser ou autant qu'elles passent soit au-dessous soit au-dessus d'un signe placé sur un barreau fictif, noir ou blanc.

Dans le premier des exemples qui vont suivre, je représenterai par des points les lignes fictives, et j'en transformerai en traits continus la partie qu'il faudra rendre réelle, pour déterminer le nom du son, au-dessous ou au-dessus de la portée.

Troisième Partie

1er exemple avec les lignes fictives réalisées partiellement

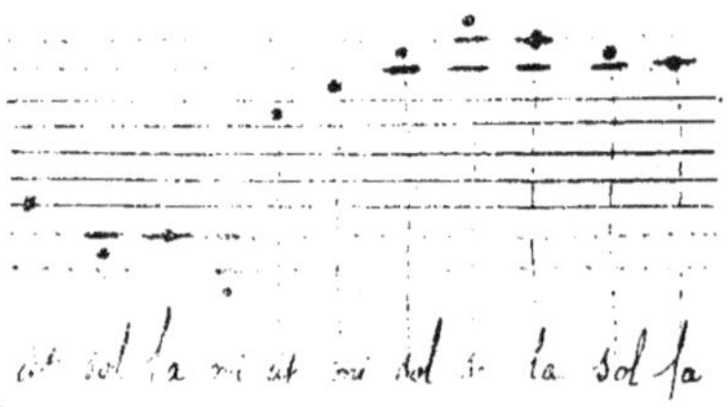

ut sol la mi ut mi sol si la sol fa

2e exemple avec la réalisation partielle, et apparition discrète des lignes fictives

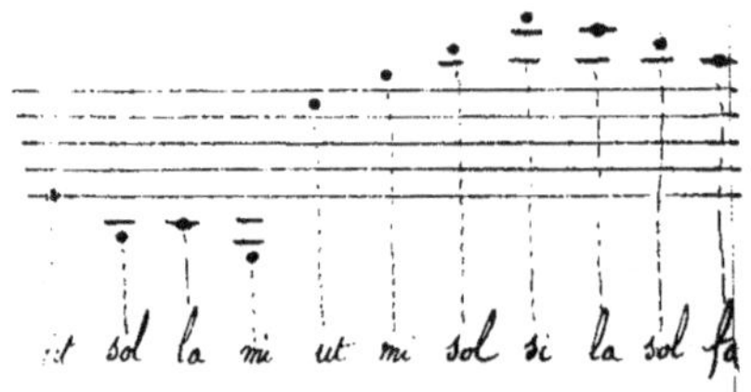

ut sol la mi ut mi sol si la sol fa

La notation usuelle nomme les barreaux à l'aide d'une indication qui donne, pour terme de comparaison trois mots différens, *fa*, *ut*, *sol*, représentés par les caractères suivans : 1° 𝄢 *fa*, 2° 𝄡 ou 𝄡, *ut* ; 3° 𝄞 *sol* ; ces caractères, placés au commencement d'une portée, indiquent qu'il faut donner le nom indiqué par le signe qu'on rencontre, au barreau noir que traverse la portion *pleine* des signes suivans, où j'ai remplacé par des *points* la partie du signe-*clef* qui ne sert pas à nommer les barreaux.

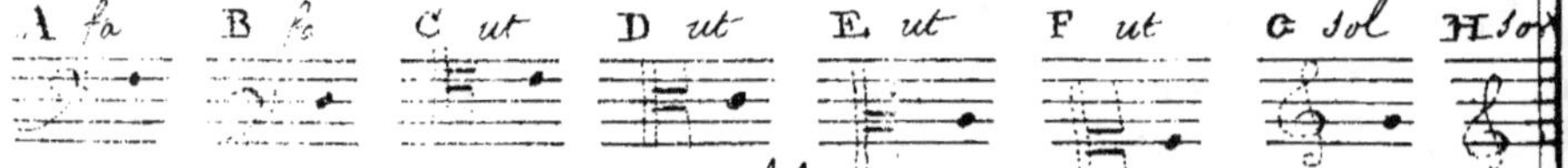

A fa B fa C ut D ut E ut F ut G sol H sol

Chacun de ces signes se nomme *Clef*, et reçoit pour complément de désignation le nom qu'il fait attribuer au barreau traversé par la portion pleine de sa forme. Ainsi, dans l'exemple précédent, on appelle les clefs auxquelles renvoient les lettres majuscules :

A clef de fa sur la 4e ligne	D clef d'ut sur la 3e ligne.	G clef de sol sur la 2e ligne
B clef de fa sur la 3e ligne	E clef d'ut sur la 2e ligne	H clef de sol sur la 1re ligne
C clef d'ut sur la 4e ligne.	F clef d'ut sur la 1re ligne	

Les clefs ont été imaginées pour désigner certaines qualités de son produites par les instruments dans des conditions données ; elles ont été, pendant longtemps, l'indication de la [illegible] sur laquelle chaque morceau était écrit ; elles ont de plus, entre elles, [illegible]

Troisième Partie.

Que sur le Clavier d'un Piano, à partir de la touche blanche qui précède le premier groupe de trois touches noires sur la gauche, on frappe la quinzième touche blanche, le son qui suivra l'ébranlement de cette touche est celui qu'on désigne par la clef de fa. Qu'on frappe ensuite la dix-neuvième touche blanche on obtiendra la qualité de son que demande la clef d'ut ; enfin, la vingt-troisième touche blanche donnera le son précis qu'on appelle Sol. (Il est bien entendu que le piano sur lequel on fait ces recherches est supposé dans les conditions de tension et de longueur de cordes qui donnent ces résultats absolus.)

Voici une figure qui rend à cette expérience plus intelligible.

Clavier du Piano

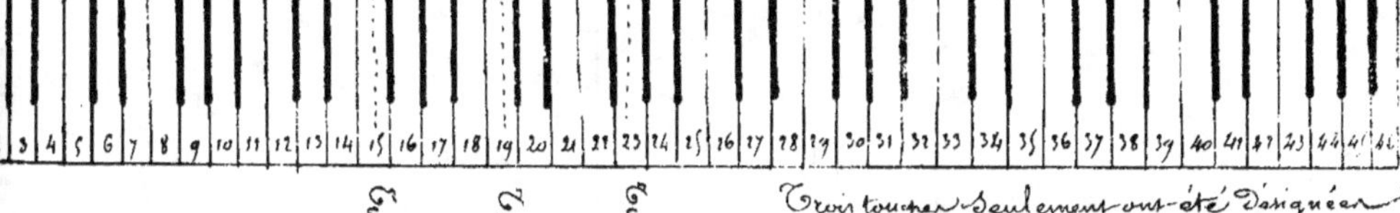

Touche de la clef de fa.

Touche de la Clef d'ut

Touche de la Clef de Sol.

On voit que le son indiqué par chacune de ces clefs est distant d'une Quinte, de celui que désigne la clef immédiatement supérieure ou inférieure, chaque touche blanche donnant, de gauche à droite, un son de plus en plus élevé, parmi ceux de l'Échelle majeure.

Trois touches seulement ont été désignées par des clefs ; on aurait pu créer des indices analogues, pour le ré, le mi, le la et le si ; une notion qui aurait aujourd'hui pour elle les défenseurs de ce qui est ancien, contre ce qui est raisonnable, si on avait eu autrefois la malheureuse idée de multiplier le nombre des énigmes, au lieu de chercher à ramener tout à la plus grande simplicité possible.

Classification des voix.

Certaines voix d'hommes produisent des sons très graves ; d'autres peuvent en émettre d'aigus. Une différence analogue se présente parmi les voix de femmes. [illegible]

[illegible] Partie

[illegible] qui les classent en catégories, et que j'avais mettre en rapport avec une échelle supposée [illegible] du ut qui correspond à la 9e touche blanche du Piano. L'étendue de chaque voix est telle que la donne **Choron** (Méthode d'harmonie et de Composition par Albrechtsberger, Tome 1er p. [illegible]). Quand il donne deux limites, l'une pour le bas et l'autre pour le haut de la voix, j'ai toujours [illegible] le son le plus grave, dans l'indication de la limite du bas, et le plus élevé, pour la limite à l'aigu.

Basse [illegible] limites (grave et aiguë). — ut, 19e
Baryton, ou concordant. — Limites (grave et aiguë). — mi, 21e
Tenor ou taille. — Limites (grave et aiguë). — ut, 12e — sol, 23e
Alto, ou haute contre. — Limites (grave et aiguë). — mi, 14e — re, 25e

Contralto. — limites (grave et aiguë). — sol, 16e — ré, 27e
Second dessus, ou mezzo soprano. — limites (graves et aiguës). — si, 18e — fa, 29e
Premier dessus, ou soprano 1er. — limites (graves et aiguës). — ré, 20e — la, 31e

Voix que Choron appelle de contre-haut-dessus; Soprano qui monte sans limites.

[illegible] Voix d'hommes — **Voix de Femmes**

[illegible] cinq lignes pleines, [illegible] un des barreaux noirs [illegible] du Piano attribue une clef. [illegible] signalés par deux ou trois clefs, [illegible] par une forme ponctuée les [illegible]

[illegible] nécessaire pour exprimer

Troisième Partie

les signes des sons que peut faire entendre une des espèces de voix, on avait besoin de recourir souvent à la réalisation des lignes fictives pour les sons plus hauts ou plus bas que ceux qu'exprime la portée, chaque clef a été, pendant longtems, affectée à l'indication de la voix spéciale pour laquelle le compositeur avait voulu écrire. Voici la reproduction de l'échelle précédente, en lignes ponctuées, parmi lesquelles il sera facile de distinguer les cinq lignes qui empruntent une portée à l'échelle générale :

la
sol
fa
mi
ré
ut
si
la
sol
fa
mi
ré
ut
si
la
sol
fa
mi
ré
ut
si
la
sol
8e touche fa

Basse | Baryton | Ténor | alto | contralto | soprano 2e | soprano 1er | Contre haut dessus

Voix d'hommes — Voix de femmes

Une clef [illegible]
pour en déduire le son [illegible]
Son a donné [illegible]

résulte qu'en prenant les signes musicaux dans le sens où leur donnent les adversaires de Galin, tous ceux qui, en dehors de notre doctrine, chantent sur toutes les clefs, sont en contravention aux lois qui ont institué ces signes, toutes les fois qu'il s'agit d'une clef qui n'est pas celle qui donne la portée de leur voix. Ils s'excuseront, en disant qu'ils transposent ; je le leur accorde ; mais alors, pourquoi nous faire un crime de pratiquer ce à quoi tous sont obligés, pour sept clefs sur huit ? Ce n'est point la seule inconséquence dont on puisse convaincre des opposants qui n'ont à choisir, pour excuser leurs arguments, qu'entre l'ignorance ou la mauvaise foi, alternative dans laquelle chacun prendra la part qu'il voudra se faire.

Pour nous, le son absolu est regardé comme une impossibilité ; il ne reste effectivement (et encore est-ce seulement un à peu-près) que dans la mémoire d'un très petit nombre, et à la suite d'une immense pratique ; ce n'est donc point sur cette base qu'on doit établir l'enseignement, mais sur celle des rapports invariables qui existent entre les degrés respectifs de l'échelle d'une tonalité soit majeure, soit mineure.

Détermination de la Tonalité dans la notation usuelle.

Les conventions de l'Écriture musicale laissent toujours sur un même barreau un son absolu et ses deux remplaçants (en plus ou en moins). Seulement elles placent avant les signes des sons élevés (par rapport à la gamme d'Ut) le caractère suivant, #, qu'on appelle dièze, et, avant les signes des sons abaissés, le caractère, ♭, qu'on nomme bémol. Elles forment un langage rationnel pour parler, et souverainement absurde pour chanter ; ainsi, dans l'exemple suivant :

Pour :			
on nomme en chantant	sol,	sol,	sol
on nomme en parlant	sol bémol,	sol,	sol dièze

Donc quand on saura la place de sol, on connaîtra celle de sol # et de sol ♭ ; La place de ut sera la même que celle de ut ♭ et de ut #.

Il en sera de même pour toutes les autres notes. Comme place, la tonique mineure relative est toujours sur un barreau de la même couleur que celui de la tonique majeure, et immédiatement au dessous, comme le montrent les exemples suivants où un gros point indiquera la tonique majeure, et un point moindre, la tonique mineure.

7.

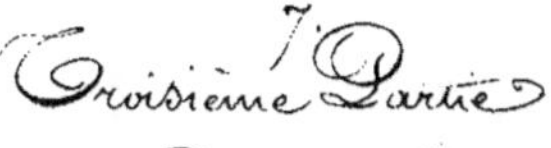

Troisième Partie

Tonique majeure, Au No. 1. | Tonique majeure, Au No. 2. | Tonique majeure, Au No. 3. | Tonique majeure, Au No. 4. | Tonique majeure, Au No. 5. | Tonique majeure, Au No. 6. | Tonique majeure, au No. 7.

On peut donc se contenter de la recherche de la Tonalité majeure, qui donnera toujours la place du *mineur relatif*. Ceci deviendra bientôt plus évident encore.

Quand on traduit en chiffres les signes usuels d'intonation, quels sons demandent des points au dessus ou au dessous de leurs chiffres ?

On peut, par une inspection rapide du morceau à traduire, voir si le nombre de sons employés au dessus de la Tonique est plus ou moins considérable que celui des sons inférieurs, et pointer, par rapport à la Tonique, en dessus ou en dessous, selon le cas, les chiffres reproduits le moins souvent. A défaut de cet examen, qui fera toujours placer convenablement les points, on peut établir les généralités suivantes :

Pour toutes les clefs de sol et d'ut, et pour celle de fa (sur la 3e ligne), toute tonique au No. 6, ou au dessus, doit, dans la traduction, être *pointée en dessus* ; les sons inférieurs seront exempts de points, jusqu'à l'octave grave de la tonique, après quoi viendront des points en dessous. Pour les mêmes clefs, toute Tonique *au dessous du No. 6 sera exempte de points* ; au dessous de cette tonique, viendront les points inférieurs. Les points en dessous ne commenceront à paraître qu'avec l'octave aiguë et avec les sons plus élevés qu'elle.

Pour la clef de fa, 4e ligne, *on pointera en dessus toute tonique* qui sera *plus élevée* que le No. 7, et on écrira sans points les sons inférieurs à cette tonique, jusqu'à son octave grave, au dessous de laquelle viendront les points inférieurs. – Toute Tonique, au No. 7, ou plus bas, sera exempte de points qui ne deviendront nécessaires, au dessus des chiffres, qu'à partir de l'octave aiguë de la Tonique, les sons au dessous de la Tonique non pointée recevant, dans leur traduction, des points au dessous des chiffres. Voici quelques exemples avec leur traduction.

Deuxième Partie

Pour les clefs de sol et d'ut et de fa (3e Ligne)

Tonique au n° 6. Tonique au n° 1. Tonique au n° 5

Traduction: 1 3 3 5 1 . 1 5 1 1 7 . 1 5 3 6 4

Pour la clef de fa (4e ligne).

Tonique au n° 1. Tonique au n° 3. Tonique au n° 6.

1 5 3 1 7 1 1 5 3 5 1 1 1 3 5 5 1

De l'Armure des Clefs.

Les ♯ et les ♭ sont destinés à indiquer par les changements qu'ils apportent dans les sons de la gamme d'ut, les déplacements de tonalité. Pour suivre les lois de la logique, et indiquer (sur les barreaux) les sons absolus, il faudrait que chaque fois qu'il y a modification en plus ou en moins à l'égard d'un son, l'avertissement en fût donné par un signe spécial, et que, si on voulait indiquer, par exemple, les gammes de mi et de la ♭, on appliquât le signe du ♯ ou du ♭ à tout ce qui ne ferait plus partie des sons de la gamme d'ut; et qu'on procédât comme il suit:

Gamme de mi. Gamme de la ♭.

Traduction: 3 4 5 6 7 1 2 3 Traduction: 6 7 1 2 3 4 5 6

Mais, avec cette manière d'employer les ♯ et les ♭, on aurait rendu presque insurmontables les difficultés de la lecture musicale, et, sous prétexte d'économie, on a manqué de moyens et à l'esprit de faire plus aisément le calcul des distances, opération que chacun ferait avec rapidité, de tous les accidents étant ainsi répartis dans l'écriture, et rencontrant chaque fois qu'on trouverait un son étranger à la gamme d'ut. On [illegible] que dans la gamme de mi, on doit toujours rencontrer un fa ♯, un ut ♯, un sol [illegible] ♯, [illegible] qu'une note dans les barreaux nommés (fa, ut, sol, ré), [illegible] sol [illegible] les ♯ qui doivent affecter chaque

Troisième Partie

[illegible] d'une manière permanente, [illegible] nous devrons dispenser de les répéter pour chaque note diésée par rapport à la gamme d'Ut, quand on porte la tonalité sur le Mi. Un raisonnement semblable a été fait pour les b. il en est résulté les deux simplifications suivantes.

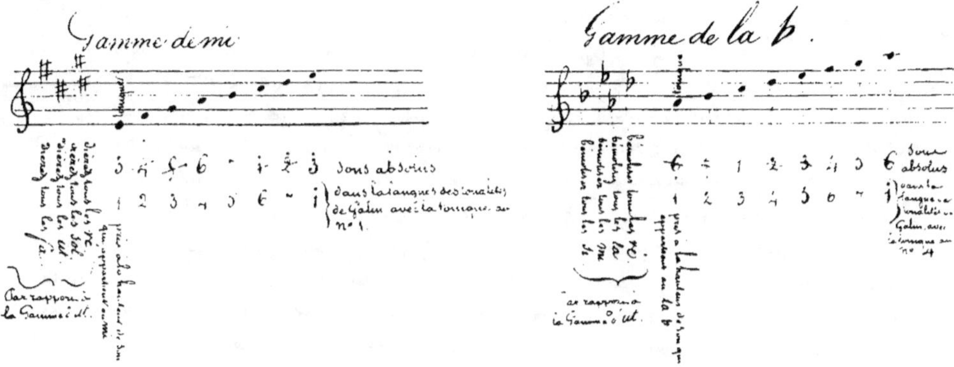

Ces exemples montrent que quand la Tonalité majeure est connue, il ne s'agit que d'attribuer le nom d'Ut au barreau tonique [illegible] à cet Ut, pour obtenir la qualité de son demandée pour tonique [illegible] à chanter dans le ton indiqué par l'armure de la clef.

Double signification d'une même armure

(indication simultanée d'une tonalité majeure et de la tonalité mineure relative)

[illegible] les gammes de Mi b majeur et d'ut majeur à celles de leurs relatifs mineurs [illegible] (et l'échelle descendante) avec les irrégularités qui leur arrivent [illegible] les accidents sur les barreaux de la portée au lieu de les grouper à la suite de la clef.

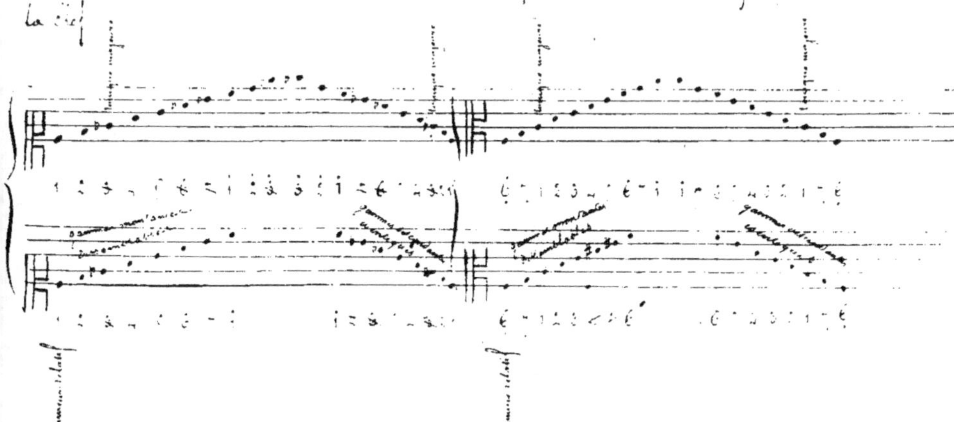

Troisième Partie

Les irrégularités de la gamme mineure présentent, en descendant, une série de sons, en tout semblable à huit sons consécutifs pris en descendant, parmi ceux de la gamme majeure relative. On en a tiré cette conséquence que la même armure peut indiquer la gamme de mi ♭ majeur ou celle d'ut mineur, et ainsi des autres gammes majeures qui n'emploient pas une armure particulière, pour désigner leur mineur relatif. Si cette raison est admise, il faudra dire qu'on aurait été fondé à indiquer la gamme d'ut mineur par un ♭ placé en permanence après la clef, sur le barreau du mi, parce que la gamme descendante d'ut mineur ne fait que ce changement à l'échelle d'ut majeur (par rapport à laquelle toutes les armures de clefs sont calculées), et qu'il eût été aussi rationnel de désigner la gamme de la mineur, par deux dièzes placés à la clef, l'un sur le barreau du fa, l'autre sur le barreau du sol, parce que cette gamme mineure, en montant, élève le fa et le sol de la gamme d'ut majeur. Que cette convention d'une seule armure pour deux tonalités soit un fait, je l'accorde ; mais qu'elle ait le sens commun, je le nie. Il y a plus ; Elle est propre à jeter de la confusion sur tout ce qui constitue la gamme mineure ; puisqu'elle présente comme une exception la sensible du mode mineur, quand elle forme une seconde mineure entre la tonique et qu'elle offre la dépression de la sensible, c'est-à-dire sa distance d'une seconde majeure par rapport à la tonique, comme l'État normal de cette gamme, ce qui est justement le contrepied de la véritable appréciation de la hiérarchie des propriétés, dans le système mineur.

Acceptons toutefois cette monstruosité, en nous souvenant que l'armure du mode mineur contient toujours, dans les conventions usuelles, un bémol de trop, ou un dièze de trop peu (La gamme d'ut mineur a de trop, à l'armure, le si ♭, et la gamme de la mineur a de trop peu le sol ♯ ; et ainsi des autres).

Dans la recherche du barreau qui doit prendre le nom d'ut, il suffit toujours de procéder comme si le ton indiqué par l'armure doit être majeur.

Toute tonique majeure, d'après Galin, doit prendre le nom d'ut ; il faut aussi donner à toute tonique mineure le nom de la. Le problème serait facile à résoudre, si la notation usuelle voulait indiquer d'une manière nette, même en conservant l'armure identique pour les deux modes, s'il s'agit du majeur ou du mineur, comme le ferait, par exemple, cette manière de désigner les modes :

3

Troisième Partie

Mais puisqu'il en est autrement, profitons d'une observation fort simple, pour montrer que le nom d'ut peut toujours, d'après l'armure, être appliqué comme si la tonalité devait être majeure; prenons un exemple dans l'armure avec un dièze, qui annonce indifféremment, dans la notation usuelle, la tonalité *majeure* sur *sol*, ou la tonalité *mineure* sur *mi*.

Si la tonalité *majeure* est sur le *sol*, cette note prendra le nom d'*ut*, et les mots correspondront aux propriétés dont les initiales sont au dessous.

Si la Tonique majeure est au N° 3, la Sous-sensible sera forcément au N° 1.

Si la Tonalité *mineure* est sur le *mi*, cette note prendra le nom de *la*, et les mots correspondront aux propriétés dont les initiales sont au dessous.

Si la Tonique mineure est au N° 1, la médiante sera forcément au N° 3.

(*) La Tonique du mode majeur se nomme *ut*; la médiante du mode mineur *relatif* se nomme aussi *ut*.

Donc, en supposant qu'on se trompe, en regardant la tonalité comme majeure, on rencontrera le nom *ut* avec une propriété de *médiante de la gamme mineure*, sur un barreau où on l'avait supposé, avec la propriété de *tonique majeure*, ce qui n'entraînera aucun changement de nom sur ce barreau. Seulement on ne tardera pas à rectifier sa première appréciation, et à reconnaître que le chant produit une impression *mineure*, et présente, en plus ou moins grand nombre, les caractères qui ont été signalés dans la 1re partie, page 56. Il suffira donc de connaître les tonalités majeures annoncées par une armure quelconque, par dièzes ou par bémols, ce qui rend facile l'emploi des formules données, dans la 1re partie page 31. Il n'est pas inutile d'en offrir quelques exemples dans des portées dont la largeur permette d'écrire les noms des barreaux dénommés par la clef, et en plaçant la solution entre la clef et l'armure.

Troisième Partie

Les quatre bémols indiquent, pour tonique majeure, la b.

Nommer ut le No. 2

Les quatre bémols indiquent, pour tonique mineure, la b.

nommez ut le No. 4.

Les quatre bémols indiquent, pour tonique majeure, la b.

Nommer ut le No. 3.

Les trois dièzes indiquent, pour tonique majeure, la.

Nommer ut le No. [illegible]

Les deux bémols indiquent, pour tonique majeure, le si b.

Nommer ut le No 3.

Les cinq dièzes indiquent, pour tonique majeure, le si.

Nommer ut le No. 5

[illegible] bémols [illegible] pour tonique majeure le mi b

Nommer ut le No 1

Les [illegible] dièzes indiquent, pour tonique majeure, le ré

Nommer ut le No [illegible]

Les six bémols indiquent, pour tonique majeure, le sol b.

Nommer ut le No 3

L'absence d'accidents indique pour tonique majeure, ut

Nommer ut le No [illegible]

L'absence d'accident, indique, pour tonique majeure, ut.

Nommer ut le No 2

L'absence d'accidents, indique, pour tonique majeure, ut.

Nommer ut le No 6.

13

Troisième Partie

Et dans tous les cas où l'armure présentera des dièzes ou des bémols, il ne faudra pas s'en préoccuper, ces dièzes et ces bémols n'ayant pour objet que de modeler sur l'échelle d'ut la tonalité qu'ils indiquent, résultat que produit, sans aucun embarras, l'attribution du mot ut au barreau qui supporte la propriété tonique (en majeur).

Du ♮ (Bécarre).

Ce caractère a une double signification qu'il importe de faire connaître. Voici les deux exemples suivants:

ré ♭ ut si ♭ la ♭ sol fa mi ♭ ♮

Le ♮ signifie: renoncez à faire subir une dépression au ré de la gamme d'ut et faites entendre ce ré qui est plus élevé que le ré ♭ demandé par la Clef.

ré # ut # la sol # fa # mi ♮

Le ♮ signifie: renoncez à donner un surcroît d'élévation au ré de la gamme d'ut, et faites entendre ce ré qui est plus bas que le ré # demandé par la Clef.

Le ♮ signifie donc, selon les cas, tantôt *plus*, et tantôt *moins*, confusion qu'on aurait évitée si facilement, en imaginant deux Caractères spéciaux, dont l'un aurait eu pour fonction d'indiquer la cessation de l'influence en *moins* d'un des ♭ de la clef, et l'autre, d'avertir que l'influence en *plus* d'un des # de la clef avait cessé d'exister. Ne pouvant réformer le mal, cherchons à en diminuer la somme.

Quand nous saurons quelles propriétés affecte chacun des # ou des ♭ groupés à la suite de la clef, la difficulté sera bien près d'être levée. Faisons cette recherche, et plaçons *au dessous* de chaque dièze ou de chaque bémol l'initiale de la propriété du barreau qu'il marque, d'après le nombre total des accidents de la même espèce, et joignons-y le nom de cette propriété, dans la gamme d'ut.

propriété: s — langue d'ut: 7

propriétés: m, s — langue d'ut: 3, 7

propriétés: ss, m, s — langue d'ut: 6, 3, 7

propriétés: sm, ss, m, s — langue d'ut: 2, 6, 3, 7

Troisième Partie

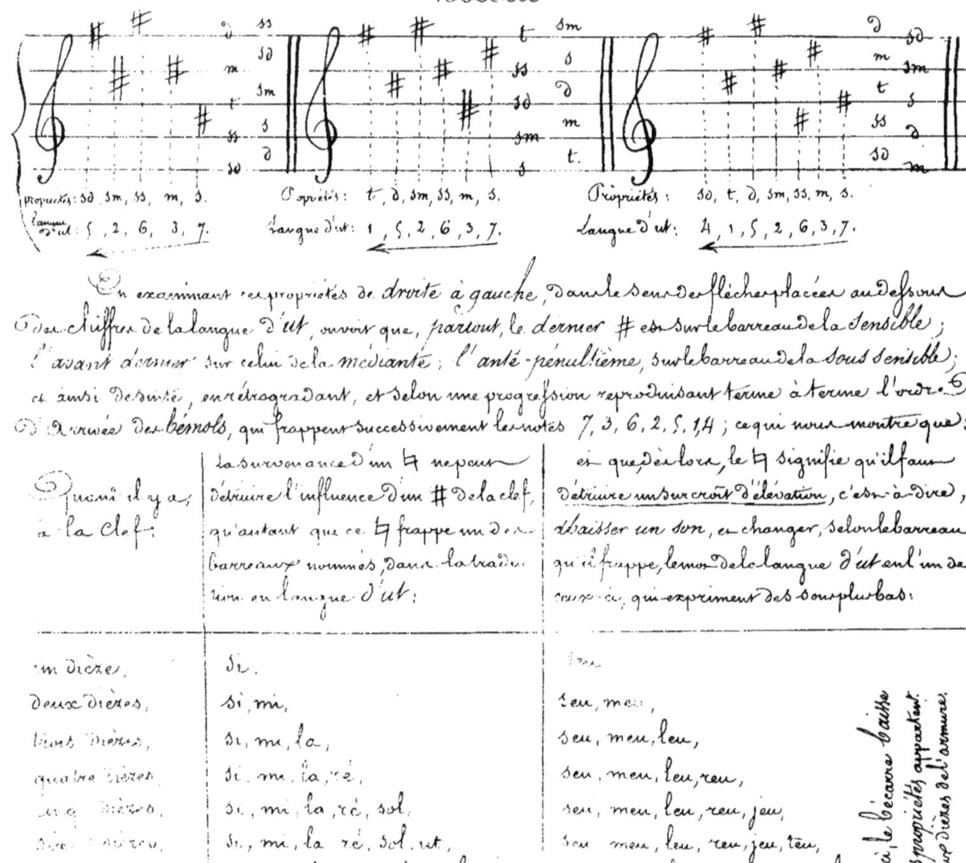

En examinant ces propriétés de *droite à gauche*, dans le sens des flèches placées au dessous des chiffres de la langue d'*ut*, on voit que, *partout*, le *dernier* # est sur le barreau de la *sensible*; l'*avant dernier* sur celui de la *médiante*; l'*anté-pénultième*, sur le barreau de la *sous sensible*; et ainsi de suite, en rétrogradant, et selon une progression reproduisant terme à terme l'ordre d'arrivée des **bémols**, qui frappent successivement les notes 7, 3, 6, 2, 5, 1, 4; ce qui nous montre que:

Quand il y a, à la clef:	la survenance d'un ♮ ne peut détruire l'influence d'un # de la clef, qu'autant que ce ♮ frappe un des barreaux nommés, dans la traduction en langue d'*ut*:	et que, dès lors, le ♮ signifie qu'il faut détruire <u>un surcroît d'élévation</u>, c'est-à-dire, abaisser un son, en changer, selon le barreau qu'il frappe, le mot de la langue d'*ut* en l'un de ceux-ci, qui expriment des sons plus bas:
un dièze,	si.	seu.
deux dièzes,	si, mi,	seu, meu,
trois dièzes,	si, mi, la,	seu, meu, leu,
quatre dièzes,	si, mi, la, ré,	seu, meu, leu, reu,
cinq dièzes,	si, mi, la, ré, sol,	seu, meu, leu, reu, jeu,
six dièzes,	si, mi, la, ré, sol, ut,	seu, meu, leu, reu, jeu, teu,
sept dièzes.	si, mi, la, ré, sol, ut, fa.	seu, meu, leu, reu, jeu, teu, feu.

Où, le bécarre baisse les propriétés appartenant aux dièzes de l'armure.

[illegible] montre que la troisième colonne de ce tableau reproduit (des portions plus ou moins [illegible]) la progression des bémols (1re partie, page 25 [illegible], page 27. baisse de [illegible] [illegible]), ce qui [illegible], en commençant un [illegible] [illegible] demande qu'on abaisse une [illegible] autant de bémols qu'il y a

Troisième Partie

de dièzes à la clef ; ces bémols donneront les mêmes propriétés, quand elles seront soumises à l'influence du bécarre.

En faisant les mêmes observations sur les barreaux frappés par les ♭ d'une armure, nous obtiendrons un résultat analogue.

Propriétés : sd. Langue d'ut : 4

Propriétés : t, sd. Langue d'ut : 1. 4.

Propriétés : d, t, sd. Langue d'ut : 5, 1, 4.

Propriétés : sm, d, t, sd. Langue d'ut : 2, 5, 1, 4.

Propriétés : ss, sm, d, t, sd. Langue d'ut : 6, 2, 5, 1, 4.

Propriétés : m, ss, sm, d, t, sd. Langue d'ut : 3, 6, 2, 5, 1, 4.

Propriétés : s, m, ss, sm, d, t, sd. Langue d'ut : 7, 3, 6, 2, 5, 1, 4.

Ces propriétés examinées de droite à gauche dans le sens des flèches, placées sous les mots de la langue d'ut, montrent que, partout, le dernier ♭ est sur le barreau de la sous-dominante ; l'avant dernier sur celui de la tonique ; l'anté-pénultième, sur le barreau de la dominante, et ainsi de suite, en rétrogradant, et selon une progression reproduisant terme à terme l'ordre d'arrivée des dièzes, en frappant des éléments les notes 4, 1, 5, 2, 6, 3, 7 ; ce qui nous montre que :

Voir le Tableau ci-contre.

Troisième Partie

Quand il y a à la Clef:	La survenance d'un ♮ ne peut détruire l'influence d'un ♭ de la clef qu'autant que ce ♮ frappe un des barreaux nommés, dans la traduction en langue d'ut:	et que, dès lors, le ♮, signifie qu'il faut détruire une dépression, c'est à dire, élever un son, et changer, selon le barreau qu'il frappe, le mot de la langue d'ut en l'un de ceux-ci, qui expriment des sons plus élevés:
un bémol,	fa,	fè,
deux bémols,	fa, ut,	fè, tè,
trois bémols,	fa, ut, sol,	fè, tè, jè,
quatre bémols,	fa, ut, sol, ré,	fè, tè, jè, rè
cinq bémols,	fa, ut, sol, ré, la,	fè, tè, jè, rè, lè,
six bémols,	fa, ut, sol, ré, la, mi,	fè, tè, jè, rè, lè, mè,
sept bémols.	fa, ut, sol, ré, la, mi, si.	fè, tè, jè, rè, lè, mè, sè.

Ici le bécarre élève les propriétés appartenant aux bémols de l'armure.

La troisième colonne reproduit, dans ce tableau, des portions plus ou moins longues de la *progression des dièzes* (1re partie, page 24; formule, page 27: *hausse des propriétés, fais tès jets, raie, laie, mets ceps*), et, pour connaître, en commençant un morceau armé de bémols à la clef, les barreaux sur lesquels le ♮ demande qu'on élève *une propriété*, il suffira de chercher, dans la série des dièzes autant de dièzes qu'il y a de bémols à la clef; ces dièzes donneront le nom des propriétés, quand elles seront soumises à l'influence du ♮.

Quand un bécarre tombera sur un des barreaux marqués d'un dièze ou d'un bémol à la clef, il modifiera momentanément l'armure de cette clef; nous lui donnerons le nom de *bécarre de désarmement*.

{ Dans une clef armée par #, le bécarre de désarmement, produit un ♭ } par rapport à
{ Dans une clef armée par ♭, le bécarre de désarmement, produit un # } la langue d'ut,

Cette contrariété de résultats appellera plus facilement notre attention, à l'aide de cette expression, où les mots riment entre eux: *Le Bécarre Contrecarre*.

La nécessité de signes remplissant la double fonction attribuée au bécarre est une conséquence de la réunion des # ou des ♭ de chaque tonalité, à la suite de la clef. Si les changements faits à la gamme d'ut avaient été indiqués pour chaque apparition d'un son étranger à cette gamme, il aurait suffi qu'une note ne portât pas de signe d'élévation ou de dépression, pour qu'on dût regarder cette note comme un des sons de la gamme d'ut, et le ♮

devenait inutile dans ce cas.

Avant d'aller plus loin, disons que tout dièze ou tout bémol placé à la clef demande l'élévation ou la dépression de la note qu'il modifie, non seulement quand elle se trouve sur le barreau où l'œil voit le # ou le b; mais encore quand il s'agit d'une des Octaves supérieures ou inférieures de cette note, sans qu'on ait besoin de répéter le # ou le b. ainsi, dans le système des sons absolus, et sans traduction en langue d'ut,

Les notes … équivalent à: 2 7 5 7 3 5 7 6 4 3

Où tous les 7, tous les 3, et tous les 6 sont bémolisés, à quelque octave qu'ils appartiennent.

Les notes … équivalent à: 7 4 2 7 6 3 5 7 2 4 7 6 4 5 5 3 7 7

Où tous les 4, tous les 1, tous les 5, tous les 2 et tous les 6 sont dièzés, à quelque octave qu'ils appartiennent.

L'influence d'un #, d'un b ou d'un ♮ reçoit une extension semblable, par rapport aux Octaves du son que cet accident modifie; mais seulement dans les limites de la mesure où il a été introduit, c'est-à-dire, entre les deux barres verticales qui indiquent le commencement et la fin de la mesure.

Exemples, dans lesquels une ligne ponctuée, terminée par une flèche, montre l'octave qui subit l'influence de l'accident dont le signe n'est pas reproduit pour cette octave:

6 5 6 6 5 6 3

1 7 6 1 4 6 6 7 6 4

Sans traduction: 5 4 3 5 1 3 4 6 5
en langue d'ut: 1 7 6 1 4 6 7 2 1

Sans traduction: 7 6 7 2 4 7 6 7
en langue d'ut: 5 4 5 7 2 5 4 5

Établissons donc, comme règle générale, qu'un accident, à moins d'une contre-indication, modifie de la même manière, en plus ou en moins, toutes les notes qui (à une ou plusieurs octaves, au dessus ou au dessous de celle qu'il affecte) portent le même nom que cette note frappée d'un accident.

La règle qui limite aux bornes de la mesure l'influence d'un accident reçoit quelquefois

Troisième Partie

une exception, quand la dernière note de cette mesure, étant frappée d'un accident, doit avec la même modification, commencer la mesure suivante. Dans ce cas, on supprime souvent l'accident au commencement de la mesure où la rigueur de la règle l'exigerait. Exemples:

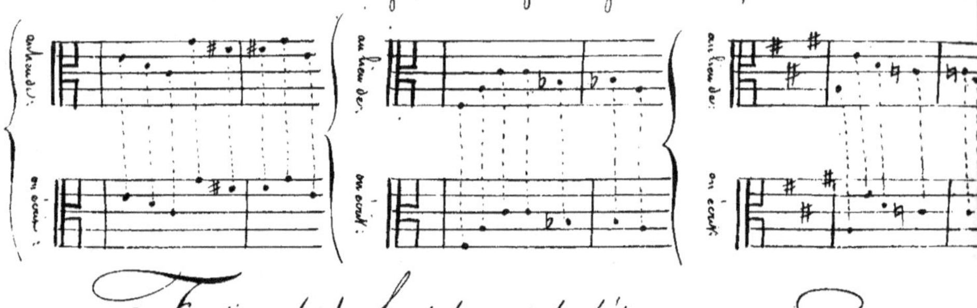

Fonctions du ♮, hors du cas de désarmement.

L'Emploi le plus ordinaire du bécarre est de neutraliser l'influence d'un # ou d'un ♭ sur une des notes de la mesure où il se rencontre, lorsque cette note occupe le barreau sur lequel on trouve ♮.

Dans ces circonstances, le ♮, malgré sa double signification, n'offre presque jamais un embarras sérieux, parceque, venant après un accident qui suppose que le compositeur pourra cesser de vouloir l'élévation ou la dépression indiquée, il trouve l'intelligence préparée à cesser de faire une modification qu'on sait devoir n'être que passagère. Joignez à cela l'usage où l'on est de ne pas étendre l'influence d'un accident au delà d'une mesure, sans le répéter, il est évident que dans presque tous les cas, le bécarre occupera la même mesure que le signe d'élévation ou de dépression qu'il neutralise, soit sur le même barreau, soit à l'une de ses octaves. Exemples

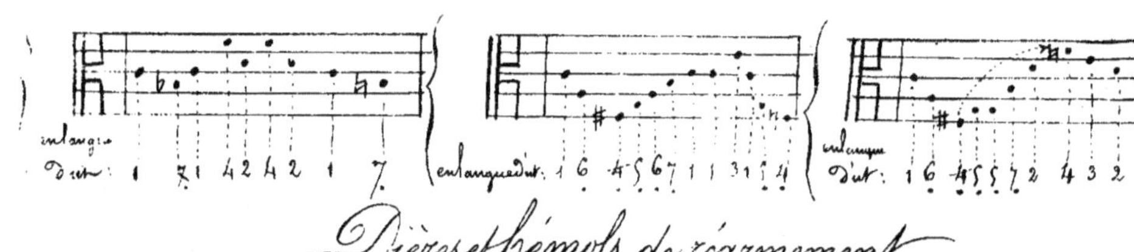

Dièzes et bémols de réarmement.

Lorsqu'un bécarre a momentanément supprimé un des # ou un des ♭ de la clef, si on

Troisième Partie

indiquer, dans la même mesure, le rétablissement de l'influence neutralisée on écrit de nouveau le signe (# ou ♭) que le ♮ avait proscrit. Alors le # ou le ♭ ne demande pas qu'on élève ou qu'on abaisse, par rapport à l'armure, le son affecté du # ou du ♭; mais qu'on cesse de pratiquer l'innovation qu'avait introduite le ♮, c'est-à-dire, qu'on nomme le barreau où reparaît le # ou le ♭, comme on le faisait avant l'apparition du ♮. Ces # et ces ♭ rétablissant l'armure dans l'intégralité altérée par le ♮, je les appelle pour cela # ou ♭ de réarmement.

On peut savoir dès le commencement d'un morceau, quels sont les # ou les ♭ de réarmement qu'on peut rencontrer, et qui n'exigent pas un autre son ni un autre mot que ce qu'on chantait avant de trouver un ♮. La recherche s'en fait comme celle des ♮ de désarmement pages 14 et 16, c'est-à-dire que pour savoir combien de dièzes de réarmement rétabliront à l'état normal, par rapport à la tonique de début, une propriété abaissée par le ♮, il faut prendre dans la série des ♭ (seu, meu, leu, reu, jeu, teu, feu) autant de syllabes, à partir de seu, qu'il y a de # à la clef, et savoir qu'on devra appeler si le barreau que le ♮ aura fait nommer seu; mi, le barreau que le ♮ aura fait nommer meu, et ainsi des autres.

Pour connaître, dès le commencement d'un morceau armé par ♭, les ♭ de réarmement qui rétabliront à l'état normal par rapport à la tonique de début, une propriété élevée par le ♮, il faut prendre, dans la série des # (fè, tè, jè, rè, lè, mè, sè), autant de syllabes, à partir de fè, qu'il y a de bémols à la clef, et savoir qu'on devra appeler fa, le barreau que le ♮ aura fait nommer fè; ut, le barreau que le ♮ aura fait nommer tè, et ainsi des autres.

Les dièzes de réarmement demanderont les mots: | 1er exemple: si, mi, la | 2e exemple: si | 3e exemple: si, mi, la, ré, sol

Sur les barreaux que les ♮ de désarmement auront fait nommer: | seu, meu, leu. | seu | seu, meu, leu, reu, jeu.

On se rappellera, pour ces exemples, et pour les suivants, que ces énoncés si, mi, la, etc commencent par la syllabe du barreau du dernier accident; qu'elles donnent, en second lieu, le barreau de l'avant-dernier accident, etc, comme le montrent les lignes ponctuées du 1er Exemple, où le si conduit au dernier #, le la au premier et ainsi des autres.

Les ♭ de réarmement demanderont les mots: | fa, ut, sol | fa | fa, ut, sol, ré, la

Sur les barreaux que les ♮ de désarmement auront fait nommer: | fè, tè, jè. | fè. | fè, tè, jè, rè, lè

Troisième Partie

C'est-à-dire que quand une armure est ramenée à la langue d'ut,

les ♯ de réarmement / les ♭ de réarmement } demandent les mots [illegible] élévation ni abaissement.

les ♮ désarmant des ♯ demandent des mots d'abaissement, / les ♮ désarmant des ♭ demandent des mots d'élévation } Donc, comme on l'a déjà vu, en désarmant, le bécarre contrecarre.

Dièzes, bémols ou bécarres, écrits sans nécessité, ou dont la portée sur laquelle ils se trouvent ne présente pas la justification.

L'influence dans la même mesure, d'un accident sur tous les sons du même nom que celui qu'il modifie, s'étend même aux sons émis, par d'autres voix que celle qui est chargée de chanter sur la portée où se présente l'accident, et si ces voix doivent faire entendre un autre son, à la vue du barreau qui supporte ailleurs le mot frappé de l'accident, on croit nécessaire d'avertir que l'influence de la modification a cessé d'exister. Ainsi, dans un fragment de Robert le Diable, Bertram et Robert chantent ensemble les sons dont j'écris seulement les signes d'intonation, pour continuer de ne point préoccuper le lecteur de caractères de durée complètement étrangers à l'objet qui nous occupe. Je placerai, au dessous de chaque point sa traduction dans la langue de Ré, ton effectif du morceau.

Robert. A B C

Sons absolus. 6 3 2 4 [illegible] 5 ♯3 2

Bertrand. a

Sons absolus. 4 1 7 6 [illegible] 6 3 2 + 7

En comparant la mesure B de la portée sur laquelle chante Robert, à la mesure b de la portée attribuée à Bertram, on voit que le bécarre qui modifie la 6e note de la mesure B indique la neutralisation de l'influence du [illegible] qui modifie la 1re note de la mesure b, le compositeur ayant voulu [illegible] il fallait faire entendre le SOL du diapason, au lieu du SOL♯ [illegible] au commencement [illegible] Quand les parties d'un morceau d'ensemble sont ainsi [illegible] de même que [illegible] accompagnement, on peut comp[illegible] [illegible] B [illegible], comme cela arrive fréquemment, [illegible] graveur, reproduit [illegible] séparément des accidents dont l'explic[illegible]

Troisième Partie

ne peut être donnée que par la *partition* (réunion, par superposition, de toutes les parties qui doivent exé[cuter] à la fois un même morceau) le motif de l'apparition de l'accident n'étant pas renfermé dans la portion *isolée* qu'on a sous les yeux, on serait embarrassé par ce signe que rien n['y] justifierait ; on en jugera, par la reproduction *séparée* du chant de Robert.

A B C

6 3 2 1 7 4 3 2 1 5 4 3 2

N'ayant égard qu'à cette portée, il est aisé de voir que le ton de *ré* ne comportant que deux dièzes, le *fa* et le *ut*, le compositeur a eu raison d'indiquer par un ♯ l'élévation du *la* qui n'est point dièzé à la clef, dans le ton de *ré*. Mais pourquoi le ♮ sur le *sol*, qui n'étant point dièzé à la clef, et ne l'étant pas non plus accidentellement, dans la mesure B, semble n'avoir pas besoin de cette indication que le lecteur de la *partie séparée* se croit fondé à regarder comme un pléonasme, parce qu'il y voit une répétition sans nécessité.

Quelquefois encore, le compositeur, voulant empêcher l'exécutant de continuer à donner les sons d'une modulation solidement assise, croit devoir indiquer, après plusieurs mesures, par des accidents qui neutralisent ceux qu'a produits le changement de Tonalité, qu'il faut résister à la tendance vers la nouvelle tonique passagèrement obtenue.

Dans tous ces cas, il est bon de connaître par rapport au ton du début :

1° Quels sont les ♮ de *désarmement*, qui feront des ♯, sur les barreaux armés de ♭ et qui devront être regardés comme des ♭ sur les barreaux armés de dièzes (Voyez pages 13 et 14).

2° Quels sont les ♯ ou les ♭ de *réarmement* qu'il faudra regarder comme destinés *seulement* à indiquer que l'influence d'un ♮ antérieur a cessé d'exister, et aussi comme n'exigeant alors aucun changement du nom du barreau, réduit à la langue d'*ut*, selon l'armure de la Clef (Voyez, pages 15 et 16).

3° Enfin, quels sont les ♮ qu'on devra regarder comme *pouvant être supprimés*, dans les *parties séparées*, parce que le ♯ ou le ♭ qui les rend nécessaires n'y ayant point paru, ce ♮ n'est pas rendu indispensable. Ces sortes de ♮ sont, sans exception, **tous ceux qui n'appartiennent pas à la liste de ♮ de désarmement.**

Ainsi, avant d'aborder l'étude d'un morceau, on devra se *préparer* à toutes les rencontres, par les raisonnements suivants :

[illegible]

Dans la [illegible] à la langue [illegible].

[illegible]	Les ♮ [illegible] seront nommés [illegible] arriveront	Les # [illegible] seront nommés les [illegible] arriveront	Les ♭ [illegible] seront nommés les barreaux [illegible] arriveront	Les ♮ à regarder comme non avenus, si on n'aperçoit pas antérieurement les ♭ qu'ils modifient, ser[illegible]
un dièze	7	7		[illegible] qui sur les barreaux indiqués par chacune des indications à côté, [illegible] pas d'autres notes que s'ils n'avaient point été écrits.
deux dièzes	7 3	7 3		
trois dièzes	7 3 6	7 3 6		
quatre dièzes	7 3 6 2	7 3 6 2		
cinq dièzes	7 3 6 2 5	7 3 6 2 5		
six dièzes	7 3 6 2 5 1	7 3 6 2 5 1		
sept dièzes	7 3 6 2 5 1 4	7 3 6 2 5 1 4		
un bémol	4		4	
deux bémols	4 1		4 1	
trois bémols	4 1 5		4 1 5	
quatre bémols	4 1 5 2		4 1 5 2	
cinq bémols	4 1 5 2 6		4 1 5 2 6	
six bémols	4 1 5 2 6 3		4 1 5 2 6 3	
sept bémols	4 1 5 2 6 3 7		4 1 5 2 6 3 7	

[illegible] le # accidentel [illegible], signifiera : élever la note [illegible] le barreau dièzé ; le ♭ accidentel signifiera abaisser la note placée sur le [illegible] bémolisé.

Changement d'armure dans le courant d'un morceau [illegible] même base et réciproquement :

[illegible]

[illegible]

Troisième Partie

pour un majeur et pour son mineur *relatif*, qui est en même temps le mineur même base par rapport à une autre tonalité majeure. Toutefois acceptons cette convention déraisonnable, puisqu'elle est établie, et voyons quelle différence existe entre les armures du majeur et celles du mineur même base, et vice versâ. En suivant la direction des flèches, ⟶ ⟵, on verra ce double rapport.

Résumé.

1° l'addition de trois ♭ à l'armure, ou la suppression de trois #, indiquent le mineur même base.

2° l'addition de trois # à l'armure, ou la suppression de trois ♭, indiquent le majeur même base.

Les tonalités ré majeur et ré mineur, ainsi que sol majeur et sol mineur, rentrent dans la règle générale, si on fait attention à la preuve donnée, 1re partie page 30, de l'identité qu'il y a entre la perte d'un # et l'acquisition d'un ♭, et réciproquement. Ceci devient plus évident encore, si on considère la manière suivante dont plusieurs auteurs se servent pour indiquer le passage d'une tonalité à la même base, dans le mode opposé.

ré majeur — ré mineur — trois dépressions.
sol majeur — sol mineur — trois dépressions.
ré mineur — ré majeur — trois élévations.
sol mineur — sol majeur — trois élévations.

Un changement de mots est souvent utile, dans le passage du majeur au mineur même base, et réciproquement.

Troisième Partie

on est obligé, si on ne change pas les mots, d'appliquer la langue d'ut mineur beaucoup moins facile, dans son emploi, que celle qui prend le mot la pour expression de la tonique mineure.

Par une raison analogue, si un chant commence en mineur, avec le nom la, donné à sa tonique, passe au majeur de la même base, on est obligé, si on ne change pas les mots, d'appliquer la langue de la majeur, incomparablement plus difficile que celle d'ut majeur.

Pour éviter ces inconvénients, on donnera au dernier son de la tonalité qu'on abandonnera, le nom qui conviendra à la propriété sous laquelle il se présentera dans la tonalité qu'on devra aborder. Le plus souvent, la note à nommer autrement, sans en changer le son, est la tonique, la dominante ou la sous médiante; mais je n'en donne pas moins la nature du changement de nom à opérer, dans le passage de l'un des modes à l'autre, la base étant la même, quelque puisse être le barreau de transition.

	Du majeur au mineur même base.	Du mineur au majeur même base.
Si le dernier son de la Tonique à échanger est nommé en langue d'ut	1 2 3 4 5 6 7	6 7 1 2 3 4 5
Nommez-le :	la si ut ré mi fa sol	ut ré mi fa sol la si

D'où voir que, pour changer les noms { du majeur en mineur, même base, il faut les baisser } d'une tierce.
{ du mineur au majeur même base, il faut les élever. }

Exemples, dans lesquels j'ai retranché à dessein les signes de durées, comme pour toute cette partie :

A

Fragment de l'air : Je crois bien que si j'voulions m'aire

Langue d'ut maj : 2 3 | 1 1 1 4 | 2 3 | 1/6 ||

Langue de la min : 6 6 6 | 1 7 6 | 7 7 7 7 | 2 1 7 | 1 1 1 | 3 6 |

5 6 7 1 | 7 | 7 7 7 1 | 6 5 | 6 6 6 7 1 | 6 6 7 1 2 | 3 | 7 7 7 1 | 6 5 | 6 6 7 1 | 6 6 5 | 1/6 ||

Langue d'ut maj : 1 2 3 4 | 5 5 etc.

Troisième Partie

Troisième Partie.

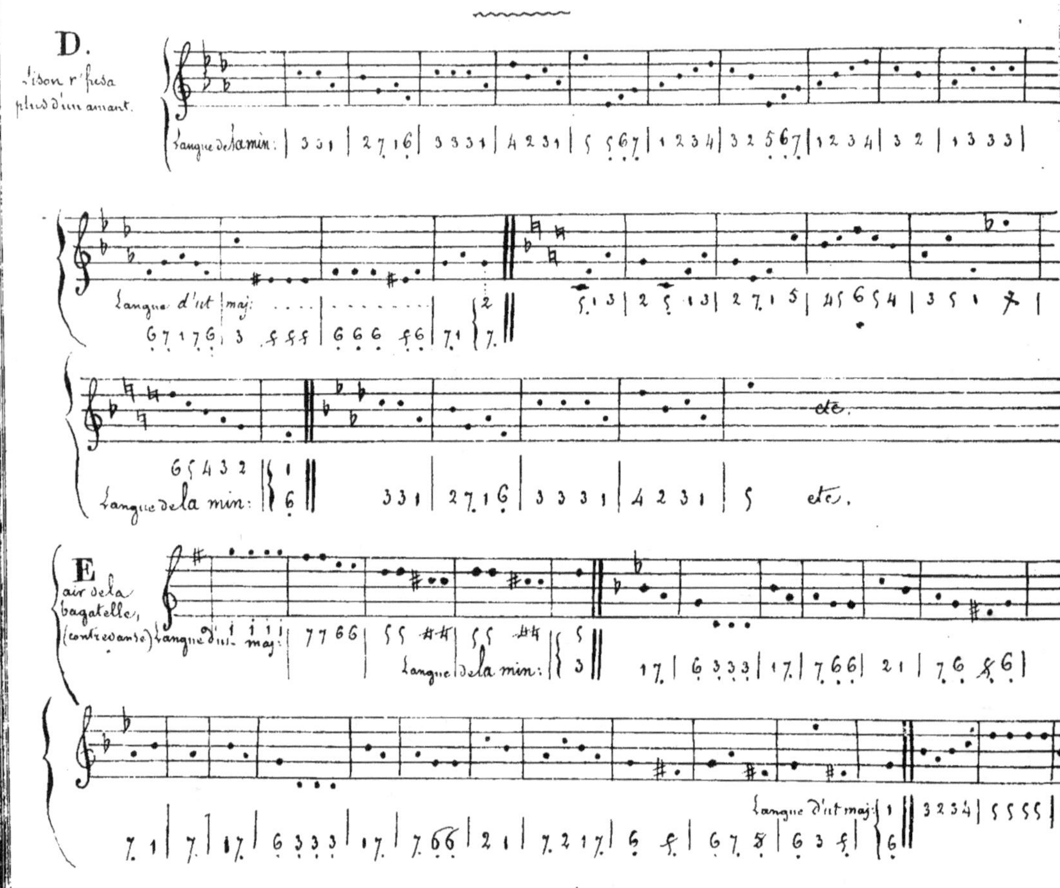

Ces changemens de noms sont d'autant plus faciles à opérer, que presque toujours la dernière note de la tonalité qui m'abandonne est d'une durée assez longue, et que l'accompagnement fait entendre très fréquemment, entre les deux tonalités, une ritournelle ou des accords qui font entrer dans l'oreille le changement de mode.

Troisième Partie.

Précautions à prendre à l'égard de la sensible, dans ces échanges de langues entre les deux modes de même base.

{ La Véritable sensible de la tonique **ut** mineur est **si**; la sensible abaissée est **seu**.
{ La Véritable sensible de la tonique **la** mineur est **jè**; la sensible abaissée est **sol**.

Donc, quand on changera la langue d'*ut mineur* en langue de *la mineur*, il faudra nommer le *si*, **jè**, tandis qu'on nommera le *seu*, **sol** (voyez l'explication plus bas, exemple **F** mesures 10, 11 et 16).

Réciproquement, si, dans des cas assez rares, on avait à convertir la langue de *la mineur* en langue d'*ut mineur*, il faudrait, au lieu de *jè*, dire **si**, et, au lieu de **sol**, prononcer *seu*.

Changement de mode, sans changement d'armure.

Quand la modulation du majeur au mineur même base, et réciproquement, est de courte durée, très souvent, au lieu de changer l'armure, on conserve celle qui est établie, et on frappe des accidents convenables chaque note qui, dans la modulation, n'appartient pas à la tonalité de début. Dans ce cas, aussitôt qu'on a reconnu le barreau sur lequel ces accidents portent la tonalité, il n'y a qu'à changer le nom de la dernière note appartenant au mode qu'on abandonne, ainsi que je l'ai fait précédemment. En voici un exemple, dans lequel je suivrai la même marche que dans ceux que j'ai marqués ci-dessus des lettres **A, B, C, D, E**. Il reproduit en entier l'air appelé *Contredanse de l'Été*, tel que le donne le recueil intitulé *la Clef du Caveau*; cet ouvrage m'a fourni les fragments dont j'ai présenté seulement l'intonation, sans les signes de durée, pour tous les fragments mineurs.

Troisième Partie

On comprendra mieux l'avantage du changement de langue, pour faciliter l'intonation dans ces sortes de passages.

Cet exemple montre l'utilité de plusieurs des observations déjà faites. On y trouve :

1°. La véritable sensible du mineur même base (mesures 10, 14 et 16.)

2°. La sensible abaissée (mesure 12).

3°. L'emploi d'un ♮ pour neutraliser un accident survenu dans une mesure antérieure (mesure 17)

4°. Un accident tout à fait inutile (mesure 24), puisqu'il indique la neutralisation d'une influence qui a cessé d'exister depuis la seizième mesure.

Troisième Partie.

Diatonique Chromatique et enharmonique.

On donne à la Gamme 1 2 3 4 5 6 7 i le nom de gamme <u>diatonique</u>, c'est-à-dire, d'après l'étymologie, gamme qui monte selon une progression établie par tons, et pourtant le langage usuel admet deux demi-tons, parmi les <u>tons</u> de l'échelle.

Ce mot demi ton a été appliqué à la distance qui sépare 3 de 4 aussi bien qu'à celle qui existe entre 4 et 4̸; mais, pour distinguer ces demi-tons, on a donné le nom de demi-ton diatonique à 34, qui se trouve dans la gamme appelée <u>diatonique</u>; tandis que l'intervalle 44̸ a pris le nom de demi-ton chromatique, d'un mot grec qui signifie couleur, parce qu'autre fois une <u>couleur</u> différente était employée pour les signes de certaines altérations de sons. Aujourd'hui le mot chromatique a perdu le sens qu'on lui attachait, et n'est plus qu'un mot de fantaisie, signifiant la différence entre deux sons dont le nom générique est le même, l'un appartenant à l'échelle d'<u>ut</u>, l'autre étant frappé du # ou du ♭.

Echelle par demi-tons (langage usuel).

La lettre d, entre deux sons, voudra dire: demi-ton diatonique. La lettre c signifiera demi-ton chromatique.

Par dièzes { 1 1̸ 2 2̸ 3 4 4̸ 5 5̸ 6 6̸ 7 i ; Par bémols { 1 2̸ 2 3̸ 3 4 5̸ 5 6̸ 6 7̸ 7 i

On appelle en<u>harmonie</u>, mot dont l'explication satisfaisante me semble peu facile à donner, la succession de deux sons séparés par un intervalle moindre que ce qu'on appelle <u>demi ton</u>, comme le passage de 4̸ à 5̸, de 1̸ à 2̸, de 5̸ à 6̸, de 6̸ à 7̸, de 2̸ à 3̸ etc. et réciproquement.

Dans mon opinion ce passage rigoureusement exécuté avec la voix est impraticable parce qu'une trop grande distance sépare la première tonalité de la

Troisième Partie

~~~

-prouvent 1, dans les déplacements par quintes ascendantes de celle où on rencontre 2 dans les transports de tonalité de quinte en quinte en descendant, pour que l'oreille puisse admettre l'une de ces tonalités sans intermédiaire, à la suite de l'autre, on en jugera par le tableau suivant, des tonalités majeures, de quinte en quinte, à partir d'ut —

1 4 3 6 3 7 4 1 5 2 6 3 7 4 1

1re tonalité, en descendant de quinte, où se rencontre le 2.

1re tonalité, en montant de quinte, où se rencontre le 1.

Il y aura toujours au moins six quintes de distance, entre deux tonalités majeures qui amèneront deux sons à distance enharmonique; or les transitions immédiates du majeur au majeur ne sont acceptées par l'oreille qu'autant qu'elles ne dépassent pas une quinte au dessus ou au dessous de la tonique qu'on abandonne, parce que cette transition conserve un son commun dans l'accord de chaque tonalité, et n'altère qu'un des barreaux de la tonalité de départ.

Cependant, on rencontre fréquemment, dans la musique moderne, des transitions qui sembleraient inconcevables, si on n'en donnait pas l'explication, et si on ne montrait pas qu'elles ne sont réellement pas des transitions, mais des espèces d'escamotages, dans lesquels un même son prend un autre nom que celui sous lequel on vient de l'entendre.

Pour bien comprendre ceci, il faut savoir que l'impossibilité, ou du moins l'extrême difficulté de construire des pianos donnant d'une manière distincte les sons 1 2, 2 3, 4 5, 5 6, 6 7 etc. a fait imaginer de prendre des sons intermédiaires qui, tenant le milieu entre chacun des accouplements 1 2, 2 3, 4 5, 5 6, 6 7 etc., puissent, à volonté, tenir lieu de l'un ou de l'autre, ainsi que le montre le tableau suivant, dans lequel les sons placés au dessous les uns des autres sont donnés par la même touche (blanche ou noire) du piano.

1 2 2 3 4 4 5 5 6 6 7 1
~~~

Troisième Partie

Par suite de cette transaction entre ce qui est et ce que devrait être, il arrive souvent qu'un compositeur s'étant éloigné de la Tonalité d'ut (prise pour exemple) [illegible] des quintes en montant, suppose que la sixième quinte au dessus de la tonique devient subitement la sixième quinte au dessous, comme on le voit, dans le tableau suivant.

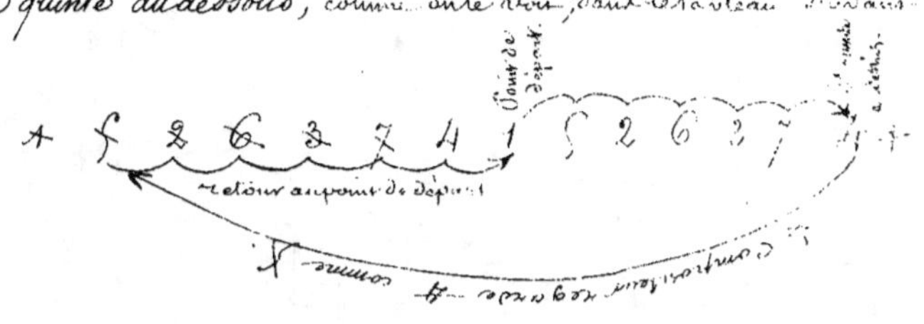

Le Compositeur profitant de la disposition du clavier du piano dit

Je peux considérer la gamme :	4	5	6	7	1	2	3	4
Comme n'étant que la gamme :	5	6	7	1	2	3	4	5

dont tous les sons, que cette distribution montre l'un au dessus de l'autre, exigent absolument les mêmes touches du clavier ; alors, au lieu de me regarder comme étant dans la tonalité de 4 je supposerai que ma tonique est 5, et, me trouvant, par cette supposition à six quintes au dessous d'ut, je paraîtrai résoudre ce problème impossible, de retrouver en montant toujours de quinte en quinte, un point de départ dont ces déplacements successifs sembleraient devoir m'éloigner de plus en plus.

Ces observations rendront intelligibles [illegible] de tonalité qui se rencontrent fréquemment, même dans [illegible] celle de Meyerbeer, intitulée Rachel à Nephtali [illegible] remarquables que je dois en reproduire en entier [illegible] les diverses langues, et les indications de déplacement [illegible] comparant on puisse se convaincre de la [illegible] à la langue typique, soit majeure, soit mineure [illegible] intéressant [illegible]

Troisième Partie

Les modulations des mesures 13, 14, 21 et 22 ne présentent pas assez d'éléments indicateurs pour être déterminées sans le secours de l'accompagnement.

Troisième Partie.

(a) Le second ♮ de la mesure 28 n'est justifié, dans l'original, par aucun accident ♯ ou ♭ introduit sur ce barreau, ni dans le chant ni dans l'accompagnement. L'auteur a voulu, sans doute, (inviter) à résister à l'impression de cette phrase 2 2 4 1 3 qui, pouvant porter la tonalité sur le RE, exigerait le ♯ qu'il a proscrit, par l'emploi du ♮ avant le *fa*. On voit ici un exemple de l'application de la règle établie plus haut, page 20, et que je reproduis en ces termes : « tout ♮ dont la justification ne se trouvera pas dans l'apparition d'un accident antérieur devra être regardé comme non écrit.

(b) Ce signe ✕ ou celui-ci ♯♯, qu'on nomme *double dièze* demande qu'on ajoute encore à l'élévation d'un son absolu déjà diézé à la clef. Le signe ♯, reparaissant sur le même barreau, agit sur le double dièze comme le ♮ à l'égard du ♯, et indique la cessation de l'influence du ✕ ou du ♯♯.

Le signe ♭♭ ou ♭♭ qu'on nomme *double bémol* demande qu'on déprime encore un son absolu déjà bémolisé à la clef. Le signe ♭ reparaissant sur le même barreau agit sur le double bémol comme le ♮ à l'égard du ♭ et indique la cessation de l'influence du ♭♭ ou du ♭♭.

(c) mesures 30 et 31 exemples d'une série de sons faisant partie d'une gamme appelée *chromatique*.

Dans la réduction à une langue unique dont le premier effet est d'employer des noms de propriétés qui chassent les ♯ et les ♭ de l'armure, il est évident que le *double dièze* ne sera pour nous qu'un des dièzes simples, *fé, té, jè, rè, lé, mè, sè*, et que le *double bémol* recevra pour nom celui du simple bémol du barreau qu'il modifiera, c'est-à-dire, selon le cas, *seu, meu, leu, reu, jeu, teu, feu*.

Ajoutons 1°, que des morceaux de ce genre trouveraient bien peu de chanteurs capables de les déchiffrer sans instrument, 2°, que les transitions sont souvent données par l'accompagnement appelé au secours d'une impression nouvelle que, sans cela, le chanteur ne pourrait peut-être pas se donner de lui-même ; 3°. Qu'on laisse quelque temps pour se préparer au changement en offrant, à celui qui chante, la faculté de prolonger à sa volonté la note de transition.

Quoiqu'il en soit on peut dire que si, dans toute la musique vocale, un tel abus de la science des Combinaisons était commis constamment, on convertirait l'art en une série d'énigmes qui en rendraient la pratique inaccessible à tous ceux qui ne seraient pas doués d'une intelligence musicale aussi développée que celle de l'auteur des *huguenots*, et ces débauches de science sont d'autant moins de mérite, qu'un théoricien même peu avancé pourra, s'il lui en prend fantaisie, compliquer de la même manière la plus simple mélodie, en en faire un problème tellement embrouillé, que les plus forts lecteurs ne seront pas toujours certains de démêler nettement, à la première inspection, les idées qu'on aura dénaturées de cette manière.

Troisième partie

De semblables déplacements de Tonalité se font quelquefois, sans que l'armure soit changée. En voici un exemple pris dans l'air de *Zampa*, air dont la grâce séduisante. Je transcris seulement la portion à analyser. La langue du ton effectif, et la réduction à la langue typique, d'après Galin, seront encore employées.

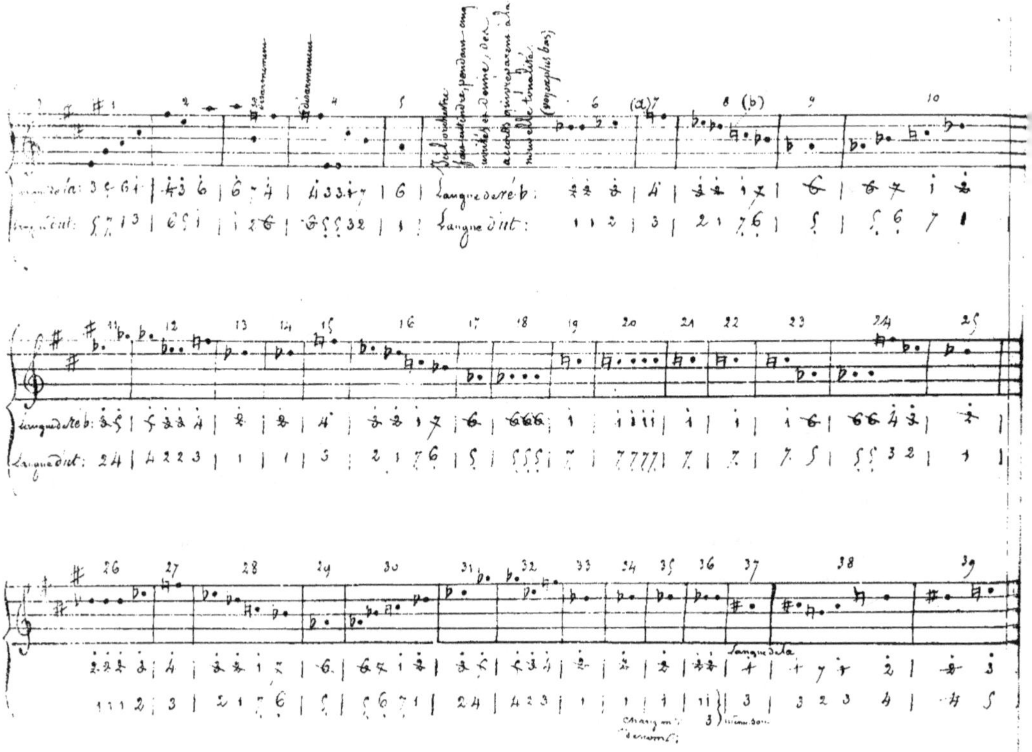

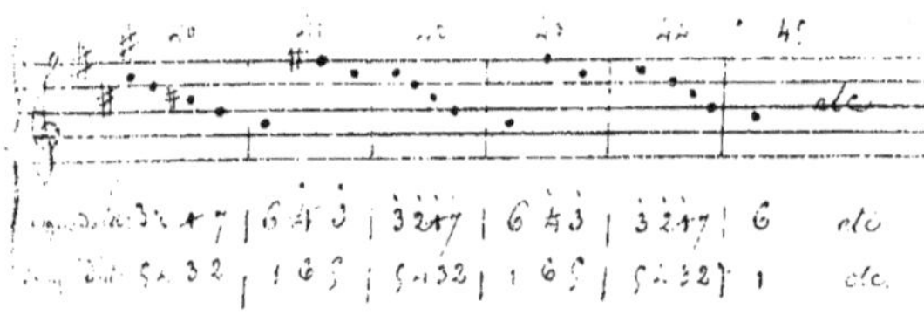

Langue de la: 3 5 6 1 | 4 3 6 | 6 7 4 | 4 3 3 2 7 | 6 | Langue de ré b: 2 2 3 | 4 | 3 2 1 7 | 6 | 6 7 1 2

Langue d'ut: 5 7 1 3 | 6 5 1 | 1 2 6 | 3 5 5 3 2 | 1 | Langue d'ut: 1 1 2 | 3 | 2 1 7 6 | 5 | 5 6 7 1

(Ici l'orchestre fait entendre, pendant cinq mesures, des unissons de donne, des accords qui préparent à la nouvelle tonalité.)

Langue de ré b: 3 5 | 5 3 3 4 | 2 | 2 | 4 | 3 2 1 7 | 6 | 6 6 6 | 1 | 1 1 1 1 | 1 | 1 | 1 6 | 6 6 4 3 | 2 |

Langue d'ut: 2 4 | 4 2 2 3 | 1 | 1 | 3 | 2 1 7 6 | 5 | 5 5 5 | 7 | 7 7 7 7 | 7 | 7 | 7 5 | 5 5 3 2 | 1 |

2 2 2 3 | 4 | 3 2 1 7 | 6 | 6 7 1 2 | 3 5 | 4 3 4 | 2 | 2 | 2 | 2 2 | Langue de la: 4 | 4 7 1 | 2 | 2 3

1 1 1 2 | 3 | 2 1 7 6 | 5 | 5 6 7 1 | 2 4 | 4 2 3 | 1 | 1 | 1 | 1 1 | 3 | 3 2 3 | 4 | 4 5

Changement de nom; 3) même son

Langue de la: 3 2 1 7 | 6 4 3 | 3 2 1 7 | 6 4 3 | 3 2 1 7 | 6 etc.

Langue d'ut: 5 4 3 2 | 1 6 5 | 5 4 3 2 | 1 6 5 | 5 4 3 2 | 1 etc.

(a) Ce ♮ n'est de déplacement que si on le rapporte à l'armure à laquelle il donne un démenti. Si on voulait mettre à l'armure les cinq bémols qui constituent le ton de ré b, il deviendrait tout à fait inutile.

(b) Même observation que pour le ♮ de la mesure numérotée 7.

Troisième Partie

Comment l'accompagnement conduit-il ce morceau de *la* en *ré b*? La réduction de l'accompagnement va nous le montrer. Près des signes usuels, je placerai leur signification en chiffres, pour rendre l'analyse plus facile.

Hérold a suivi ici la filiation régulière des tonalités, et la mesure qui porte plus haut le No. 6 n'est point difficile à saisir quand on reçoit de l'accompagnement l'impression de tonalité résultant de la percussion, deux fois reproduite, des sons simultanés 2 4 6, notés de l'accord de *ré b*, et de la succession des sons de l'accord 4 6 2 6 4 2, entre ces deux accords. Chaque transition est amenée, comme on voit, par un seul accord qui est :

(c) accord de tonique, ton de *la* majeur.
(d) accord de tonique, ton de *la* mineur.
(e) accord de 7e. de dominante ton de *fa* majeur.
(f.) accord de 7e. de dominante, ton de *fa* mineur.
(g) accord de tonique, ton de *ré b* majeur.

La transition, comme je l'ai dit, est régulière ; elle suit une route praticable d'après l'enchaînement des tonalités offert, 1re partie, page 47. Voici la série de ces tonalités, rangées par quintes, je n'y tracerai que les lignes de déviation correspondant à celles qu'a suivies l'auteur de *Zampa*.

Tonalités majeures : + 5 2 6 3 7 4 1 5 2 6 3 7 4 + (point de départ)

Tonalités mineures : [illegible] 2 7 4 1 5 2 6 3 7 4 + 5 2 6

Le passage enharmonique de [illegible] de la 36e à la 37e mesure [illegible] qu'une difficulté de mots, le 2 du piano étant donné par la même touche que le +, il en résulte que c'est un même son qui, pris dans la 36e mesure, [illegible] de tonique [illegible]

Troisième Partie

sous une propriété de médiante, sans égard pour la diversité des barreaux qui présentent à différentes hauteurs, les signes de ces sons identiques sur le piano. L'Orchestre vient au secours du chanteur en frappant à la fois, pendant toute la 37e mesure, les sons 36+ (accord de la majeur dont le ♯ qui n'est ici autre chose que le 2 du piano, est la médiante), et en faisant entendre au dessus de cet accord, la succession des sons 36+3+6, c'est-à-dire les notes séparées de l'accord, en montant et en descendant.

J'ai dû donner un assez grand développement à ces analyses, pour montrer quelle importance il faut attacher à toutes les formules qui contiennent les éléments des solutions de théorie.

L'air de *Zampa* aurait été beaucoup plus intelligible si, au lieu de conserver par l'armure l'apparence de la tonalité sur le *la majeur* (bien que pendant 30 mesures consécutives, tous les sons de la gamme de *la* soient contredits par une indication explicite), on avait écrit, dans la partition :

Manière d'écrire qui, sans créer aucune difficulté, présentait la détermination de Tonalité sous un aspect plus clair, et produisait l'économie de tous les ♭ ou ♮ qui parsèment avec une telle profusion les mesures du No. 6 au No. 36, et d'ailleurs parmi la multiplicité desquels il serait fort difficile, si l'auteur avait voulu abandonner passagèrement la tonalité <u>ré</u> ♭ pour quelqu'une de celles qui en dérivent, de déterminer lesquels des ♭ introduits feraient partie du nouveau ton, ou conduiraient à un de ses aboutissants.

Sans vouloir traiter ici la question de la différence qui existe ou qui n'existe pas entre ce qu'on nomme les *demi tons* 4♯, ♯5, 55, 55 etc, remarquons qu'il faut nécessairement <u>ou que ces demi tons soient égaux</u> ou qu'ils <u>different entr'eux</u>, et que de cette alternative résultent les conséquences suivantes :

Si ces *demi tons sont égaux entr'eux*, il y a de trop, dans la langue musicale, tous les *noms* des ♯ ou tous les *noms* des ♭, et l'entharmonie n'est qu'une autre appellation de sons *identiques*.

Si les *demi tons sont inegaux entr'eux* le piano emploie à tort la même touche noire pour 4 et 5, pour 6 et 7 etc, et la même touche blanche pour 3 et 4, pour 1 et 7 etc; et alors qu'est-ce que <u>l'entharmonie</u>, sinon des sons *differens* qu'on prétend exprimer avec les vibrations

Troisième Partie

d'une même corde dont la longueur et la tension ne varient pas, problème insoluble, si l'on fait jamais.

La Notation de Galin est-elle applicable à la musique instrumentale ?

Galin, page 239 de son ouvrage, a répondu par la négative, et je suis complètement de son avis. Aux raisons qu'il donne afin d'établir la différence des fonctions des signes pour l'instrumentiste et pour le vocaliste, je crois qu'aucune objection sérieuse ne peut être opposée, et je me bornerai à rendre sensible, par quelques exemples, la diversité d'influence des signes 1° sur les doigts, agents d'une sorte de mécanisme dont les conditions peuvent être matériellement écrites ; 2° sur l'esprit qui n'a pour guide que des considérations prises dans le domaine de l'intelligence. Reprenons le clavier du Piano, et donnons aux touches, blanches ou noires, des numéros consécutifs, à partir du fa le plus grave de la voix humaine.

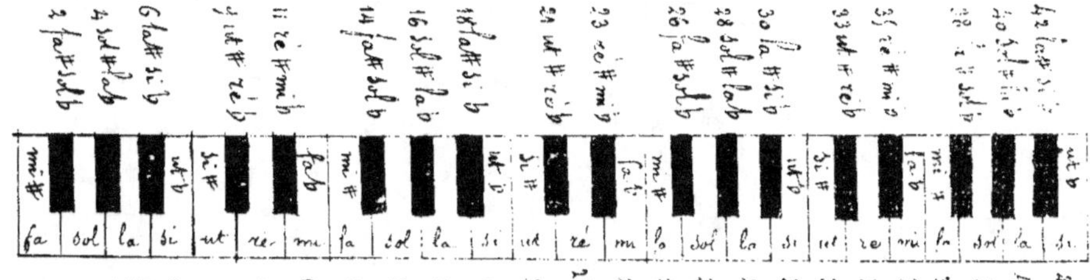

{ Pour le Chanteur, les points sur les portées représentent des rapports de propriétés ;
{ Pour l'instrumentiste, les mêmes points appellent les doigts sur des touches déterminées.

(Je prends [illegible] desquels la détermination [illegible] dans certains [illegible]).

Pour le Tableau

Aimé Paris

Troisième Partie

Ainsi les mêmes points signifieront :

En parcourant de la sorte toutes les armures et toutes les tonalités, nous verrions qu'un même point

Troisième Partie

ne peut conduire le doigt que sur *Trois touches* différentes, tandis qu'il peut être le signe de *sept propriétés* distinctes. Prenons pour Exemple chacun des sept points qui, sur la clef de sol correspondent au nom des sept notes:

Les points noirs

[...]manderont les touches Nos:	23, 24, 25	24, 25, 26	26, 27, 28	28, 29, 30	30, 31, 32	31, 32, 33.	33, 34, 35
Selon qu'ils représenteront les sons absolus:	mi♭, mi, mi#,	fa♭, fa, fa#,	sol♭, sol, sol#,	la♭, la, la#	si♭, si, si#,	ut♭, ut, ut#.	ré♭, ré, ré#

Pourvu que l'armure par # exclut, dès le premier abord, l'ébranlement des touches de ♭ que ne réclamera par une indication spéciale, sans hésitation possible, et que la même exclusion a lieu dans les armures par ♭, pour les touches de #; qu'on s'accoutume promptement à négliger, selon les armures, les touches noires ou blanches qui ne sont pas de la tonalité indiquée par l'armure.

Il est très remarquable que, pour les personnes qui touchent du piano, la même hauteur sur la portée varie à la main gauche *autrement qu'à la droite*, et réveille d'autres noms de sons absolus. Par exemple:

[...]main droite à la vue de:

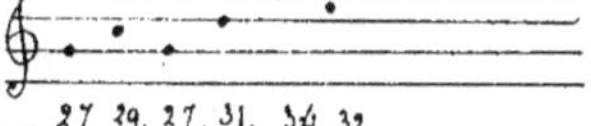

[...]attaquera les touches: 27, 29. 27, 31, 34, 32

[...]onnant les sons absolus: sol, la, sol, si, ré, ut.

[...]main gauche, à la vue de

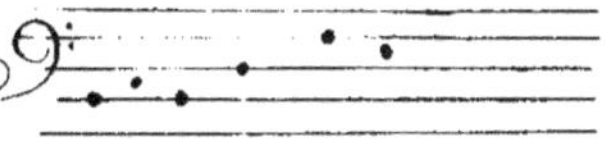

[...]aquera les touches ...... 7, 8, 7, 10, 13, 12.

[...]donnant les sons absolus: si, ut, si, ré, fa, mi.

De la possibilité démontrée par l'exemple de tous les pianistes, habiles ou médiocres, d'obéir de deux manières à une même indication (abstraction faite de la clef qu'on ne regarde pas, quand on est au milieu de la ligne), nous pouvons tirer cette conséquence, dont l'expérience a prouvé la justesse, pour tous ceux de mes élèves qui ont essayé d'en faire l'application, qu'à la vue des trois lignes qui composent le Chant et l'accompagnement, (pour le piano) d'un morceau quelconque, on pourra faire *à la fois trois opérations distinctes*:

1°. la main droite prendra <u>ré</u>, sur le barreau où la gauche prendra <u>fa</u>, et ainsi de suite.

2°. la main gauche prendra <u>sol</u>, sur le barreau où la droite prendra <u>mi</u>, et ainsi de suite.

3°. La voix nommera chaque barreau du nom de la propriété, sans égard pour l'appellation dérivée

Troisième Partie

De la Clef de sol ou de la clef de fa. Exemple tiré du Retour de la Tyrolienne (Mme Malibran)

Chant

Langue d'ut: ut, mi sol ut sol mi re re ut re mi ut sol ut mi sol re sol si re sol

Piano main droite

Langue de Si b: 2 7 4 2 7 4 | 2 7 4 2 7 4 | 3 6 4 1 6 4 | 2 7 4 2 7 4 | 2 7 4 2 7 4 | 1 6 4 1 6 4

Piano main gauche

Langue de Si b.

7 7 7 7 7 7 4 6 6 7 7 7 7 7 7 4 6 6

7 7 7 7 7 7 4 4 4 7 7 7 7 7 7 4 4 4

Puisque l'acte intellectuel de la découverte de l'intonation sous le signe écrit est essentiellement différent de l'exécution presque mécanique des certaines indications écrites, pourquoi n'emploierait-on pas simultanément deux systèmes de caractères destinés à diriger, l'un les opérations de l'esprit, l'autre les mouvements des doigts, comme on le voit dans l'exemple ci-dessus [illegible] exemple où la partie vocale seule est écrite avec ses durées, la notation usuelle, sous le rapport de la division du temps, ne pouvant être abordée dans cette portion de notre travail. Il est donc possible d'espérer que [illegible] viendra, où le choix des signes sera déterminé par la fonction qu'ils auront à remplir, et qu'on cessera de s'obstiner à [illegible] les instruments [illegible] dont le doigté peut être exprimé par [illegible] des chiffres, [illegible] intellectuel qui met en jeu l'organe vocal [illegible] de signes d'invention humaine. [illegible] chiffres [illegible] autre [illegible] l'instrumentation, le [illegible] fragment qui [illegible]

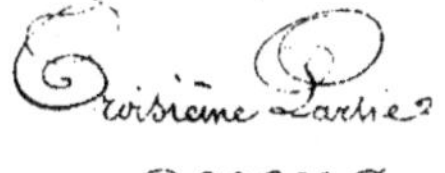

Chant : 1 3 5 | 1 . 53 | 2 2.1 2.3 | 1 .5 | 1 3 5 | 2 57 25 | etc

Piano — main droite : etc

main gauche : etc

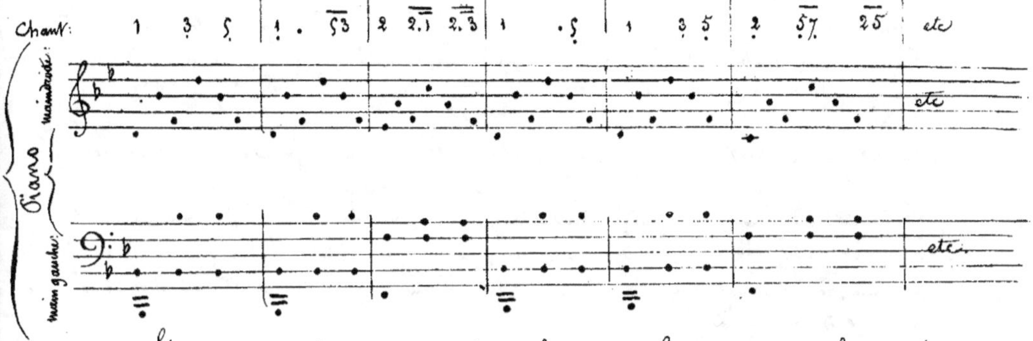

L'opposition systématique pourrait seule contester les avantages de la portée, dans un assez grand nombre de cas ; mais, par cela même que nous ne refusons point d'avouer que tout ce qui a été fait avant Galin n'est pas complètement vicieux, on voudra bien (surtout si nous en donnons la preuve), nous accorder que le système ancien de représentation des distances entre les sons, est bien loin d'être irréprochable. Exemples :

Tierce majeure ; tierce mineure. Tierce majeure, tierce mineure.

Le <u>même écartement, pour l'œil</u>, rappelle donc à l'esprit des intervalles de deux espèces, ce qui force à **penser** malgré le signe écrit, et non à l'aide de ce signe.

Il y a plus de 60 ans qu'on a proposé, dans l'Encyclopédie, une portée de sept lignes qui aurait sur celle de cinq lignes l'avantage de distinguer nettement les intervalles majeurs de ceux qui, portant le même nom, seraient mineurs, en employant des *écartements* différents pour ces intervalles homonymes.

Ce qui donnerait :

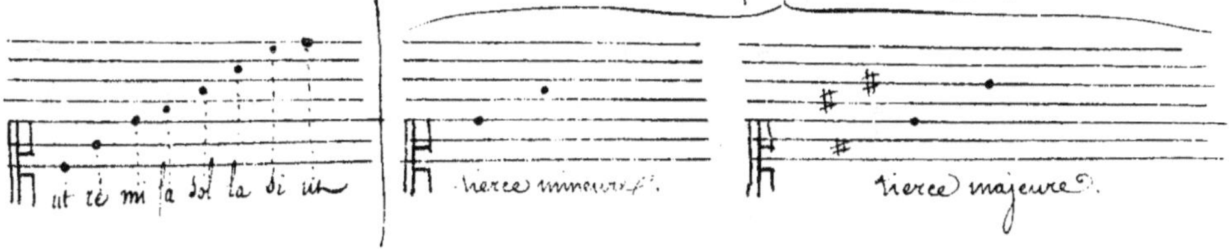

ut ré mi fa sol la si ut — tierce mineure. — tierce majeure.

Troisième Partie.

Si l'œil serait averti des différences, et le souvenir de l'armure serait perpétuellement rappelé par les déplacements des points correspondant aux sons absolus de la Gamme d'ut. Cependant une telle portée, quoique bien préférable à la nôtre laisserait encore à désirer, puisqu'elle aurait le même barreau, pour 3 et 4 ; 1 et 7 ; pour 4 et 5 ; pour 6 et 7, etc.

Corrélation des armures par # et par ♭, dans la détermination des tonalités.

Au lieu de grouper les accidents près de la Clef dans les exemples suivants, disséminons les sur les barreaux qu'ils affectent, afin de rendre les comparaisons plus faciles. Je supprimerai la tonique aiguë qui, reproduisant souvent le # ou le ♭ de la tonique grave, forcerait à une abstraction, pour retrancher ce double emploi.

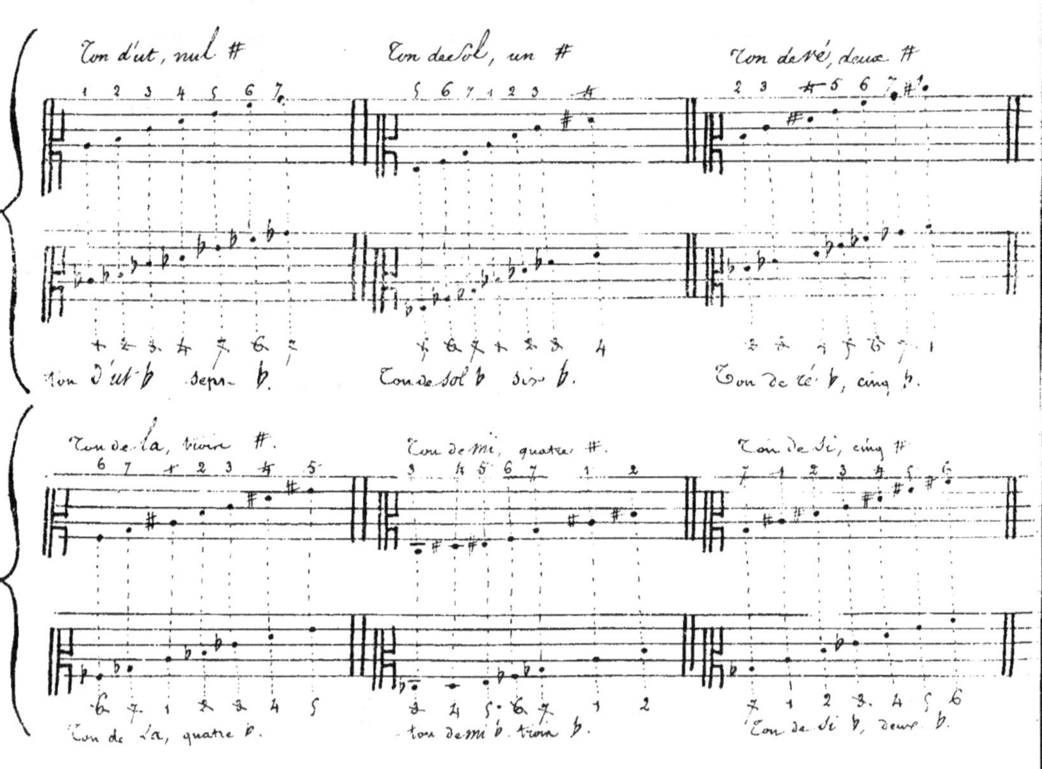

Troisième partie

Le Barreau tonique (sauf l'élévation du son absolu) est donc le même

avec :

nul	#	ou	sept	b
un	#	ou	six	b
deux	#	ou	cinq	b
trois	#	ou	quatre	b
quatre	#	ou	trois	b
Cinq	#	ou	deux	b
Six	#	ou	un	b
Sept	#	ou	nul	b

et réciproquement.

La somme des # et [illegible] qui placent [illegible] sur le même barreau [illegible] nombre sept [illegible] complet.

Les sons frappés de # dans l'armure par # [illegible] exceptés [illegible] l'armure par b.
Les sons frappés du b, dans l'armure par b [illegible] exceptés dans l'armure [illegible].

Cette correspondance peut être utile [illegible] pour baisser ou hausser de ce qu'on appelle [illegible] que cette modification rendrait plus facile pour le [illegible].

Troisième Partie

La portée présente, sur la notation de Galin, l'avantage de dispenser des points ; mais on pourrait faire disparaître cet inconvénient, au moyen de l'emploi simultané des lettres et des Chiffres, pour représenter les diverses octaves que caractérisent, soit les points en dessus ou en dessous, soit l'absence de points. On prendrait, je suppose :

Pour l'octave grave,	Pour l'octave aiguë,	Pour l'octave sur-aiguë.
t r m f j l s	1 2 3 4 5 6 7.	u, e, i, a, o æ y
le t de ut. le r de ré le m de mi le f de fa le j (*) le l de la le s de si		l'u de ut l'e de ré (consonnantes) l'i de mi l'a de fa l'o de sol — on peut écrire æ, y, au lieu de si, toujours de l'æ de la, et d'une autre lettre.

(*) Le j est pris, pour éviter, à l'égard de Sol la double interprétation de S qui représente déjà le si.

Avec ces conventions, { Au lieu de : 1 7̣ 1 3 2 3 4 6 5 7 2̇ 7 5 4 3
on aurait : 1 s 1 3 2 3 4 6 5 7 e 7 5 4 3.

Je ne sais si cette idée se rencontre dans quelque ouvrage antérieur. Je ne me souviens pas de l'avoir vue, et je suis prêt à la restituer à celui qui l'aurait imprimée avant moi.

Fin de la Troisième Partie.

Quatrième Partie.

Rapport des signes usuels à ceux de Galin.

Toutes les indications qui peuvent suivre la Clef et son armure, au commencement d'un morceau quelconque de musique, se réduisent à des termes fort simples. Elles signifient :

une Unité, ou deux unités, ou trois unités, ou quatre unités,	pouvant présenter chacune les diverses formes de la Souche binaire, ♫, et de ses subdivisions binaires (♬♬), ternaires (♬♬) ou mixtes, (♬♬).	ou une unité, ou deux unités, ou trois unités, ou quatre unités,	pouvant présenter chacune les diverses formes de la Souche ternaire, ♫, et de ses subdivisions binaires (♬♬♬), ternaires (♬♬♬) ou mixtes (♬♬♬).

Ces accouplements un à un, deux à deux, trois à trois, ou quatre à quatre, des trente-sept coupes génératrices de Galin, ont fourni à ceux qui ont établi les conventions musicales en les signes rhythmiques, l'occasion de fouler aux pieds, à chaque instant toutes les lois de la logique la moins difficile à comprendre. Si un Mathématicien commençait un livre relatif à la Science des nombres, par les énonciations suivantes :

Dans l'écriture des idées de nombre,

Un même chiffre représentera les nombres : quatre, deux, $\frac{8}{3}$ ou $\frac{4}{3}$;
un même chiffre (autre que le précédent) représentera : deux, un, $\frac{4}{3}$ ou $\frac{2}{3}$;
un même chiffre (autre que le précédent) représentera ; deux, un, $1/2$, $4/3$, $2/3$ ou $1/3$;
un même chiffre (autre que le précédent) représentera : un, $1/2$, $1/4$, $2/3$, $1/3$, ou $1/6$;
un même chiffre (autre que le précédent) représentera : $1/2$, $1/4$, $1/8$, $1/3$, $1/6$ ou $1/12$;

Lith. Lage Bordeaux.

C'est-à-dire.

Quatrième Partie.

C'est-à-dire : une même idée numérique aura plusieurs signes, savoir :

deux, trois signes différens,	1/3, trois signes différens,
un, trois signes différens,	1/2, trois signes différens,
4/3, trois signes différens,	1/4, deux signes différens,
2/3, trois signes différens.	1/6, deux signes différens,

On aurait dit, avec raison : c'est là le comble de l'absurdité ; un tel système de signes ralentira la marche des esprits les plus actifs, et opposera des obstacles insurmontables aux intelligences moins heureuses.

C'est là, point pour point, ce qui a été fait pour la musique, sous le rapport des signes de durées, on en verra plus bas la preuve. Heureusement, nos études antérieures nous permettront de diminuer l'embarras de caractères si mal choisis, en nous faisant une espèce de dictionnaire, dans lequel l'énigme du système usuel sera expliquée, à l'aide de la forme rationnelle créée par Galin.

Les caractères rhythmiques de la musique ordinaire ont reçu des noms qui ne se rapportent presque jamais à des idées de nombre, et qui, souvent, lorsqu'on a voulu se rapprocher de la langue numérique, présentent les plus grossiers contre-sens. Voici ces noms :

Carrée. ronde. blanche. noire. croche.	noms tirés de Formes, ou de Couleurs qui ne réveillent aucune idée de nombre, et qui se rapportent à la tête de la note.	Pause. demi-pause. Soupir.	noms qui ne représentent aucune idée précise à l'esprit, car la pause n'ayant pas de signification déterminée, la demi-pause est la moitié de quelque chose qu'on ne précise pas.
ou double croche. ou triple croche. ou quadruple croche. ainsi de suite.	noms de multiples, pour exprimer des fractions. Le nom triple, multiple de trois, indique une division sous-double. Ces noms dérivent des appendices de la queue de la note.	demi-soupir. Quart de soupir. demi-quart de soupir. Seizième de soupir.	Ici la langue numérique des fractions est suivie avec une régularité qui aurait dû montrer le ridicule des dénominations employées pour les signes

Tout ce qui s'applique à : comme durée d'intonation
s'applique aussi à : comme durée de silence.

Pour les formes les crochets dont le nombre a donné le nom à la forme écrite, sont remplacés très-souvent par des lignes horizontales ou obliques, superposées en nombre égal à celui des Crochets dénominateurs. Ainsi, dans certaines circonstances,

au lieu de : , ou , ou ; ; , ou , ou ; ; etc.

On écrit : , ou , ou ; , ou , ou ; ; etc.

Quatrième Partie

Les usages de la notation ordinaire n'admettent pas les fractionnement des traits superposés, comme chez Galin.

forme
cette écri-
ricieuse

═══, au lieu de ══ ══, ou de ═ ═ ═

═══, au lieu de ══ ══ de ═ ═ ═, de ═ ═ ═ ═, ou de ═ ═ ═ ═ ═ ═

La raison qui détermine le plus souvent, dans la musique vocale, à isoler les notes, ou à les grouper, sous un ou plusieurs traits horizontaux, selon la fraction qu'elles représentent, tient à l'intention d'indiquer, par la forme des groupes, le nombre de notes qui varient successivement l'inflexion d'une seule syllabe des paroles. Prenons pour exemple le commencement d'un morceau de Panseron.

l'om bre des cend de nos mon ta gnes

Les deux notes qui sont au dessus de la syllabe ta, sous un trait oblique, ta signifient que les deux sons qu'elles représentent doivent être donnés successivement à cette syllabe, tandis que les notes isolées représentent l'inflexion à donner à chacune des syllabes au dessus desquelles elles se trouvent, comme l'indiquent les points de conduite placés entre les notes et les syllabes.

Cette manière d'employer, par une double appréciation, les traits de jonction à indiquer *à la fois la durée et la correspondance avec les paroles*, ne peut servir, quand il ne s'agit pas de durées qui admettent, pour leur expression soit les *crochets*, soit les *traits*. On se sert alors d'une ligne courbe qui embrasse toutes les notes qui indiquent des inflexions diverses, pour une même syllabe. Le même morceau nous en offre un exemple:

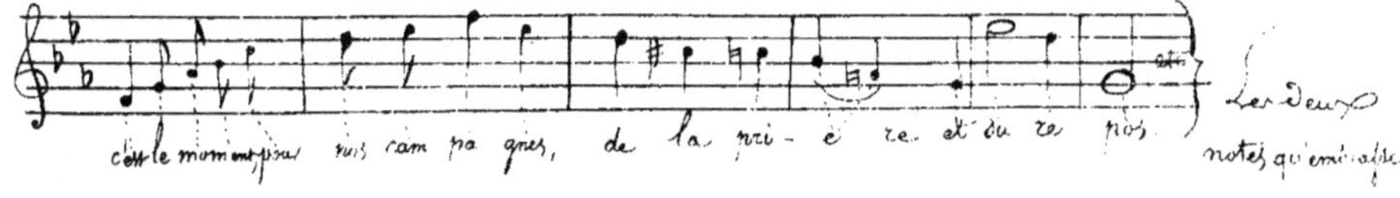

Les deux notes qu'embrasse

Quatrième Partie

une courbe, au dessus de la syllabe è, du mot prière, doivent être entonnées sur cette seule syllabe.

On rencontre très fréquemment l'emploi simultané de la courbe de liaison et des groupes de notes ; le premier exemple (copié comme celui qui précède, sur l'album Panseron (1838), montre, sur la seconde syllabe du mot **montagnes**, un accouplemen[t] de deux notes *groupées par le trait supérieur et réunies, en même temps, par la cou[rbe]* pléonasme évident, que n'excuse pas sa reproduction multipliée dans la notation usuell[e].

Il y a une foule de circonstances où il est impossible d'indiquer seulemen[t] *par les traits d'accouplement*, le nombre et la somme des fractions d'inflexion différentes qui correspondent à une même syllabe. Dès lors, il valait mieux reno[ncer] à morceler la représentation des fractions dépendantes de la même unité, afin d'affe[cter] seulement à la courbe la fonction qui consiste à montrer les <u>variations</u> <u>du nomb[re]</u> des notes, *par rapport à une même syllabe*. Cette mauvaise économie dans le nombre des signes rend beaucoup moins facile la détermination du rhythme d[e] la musique vocale. On jugera, par le Tableau suivant, des formes que le syst[ème] de disjonction des groupes ou le changement de direction des queues de no[tes] peut amener pour une seule coupe qui serait toujours, chez Galin, ♫♫, et à laquelle la courbe de jonction ne pourrait ajouter aucun embarras, dans les ca[s] suivants : ♫♫, ♫♫, ♫♫, ♫♫, ♫♫, ♫♫, ♫♫, les seuls admissibles, quan[d] les inflexions diverses d'une même syllabe n'excèdent point *quatre quarts*.

Tableau des Formes possibles d'une même unité, dans les cas où ♬♬♬♬ est égal à ♫♫ :

Quatrième Partie

On voit que les conventions de la musique ordinaire peuvent donner 128 formes différentes à un même effet de rythme que Galin représente, dans tous les cas par [rhythm figure].

Quant à la coupe [rhythm figure],

Cette coupe de Galin étant la coupe [rhythm figure], deux fois écrite sous un trait supérieur

Quatrième Partie

elle admettrait donc 128 fois 128 variétés, ou 16384 formes diverses pour un même effet de rhythme.

Toutefois, comme nous ne pouvons réformer l'abus des signes, contentons-nous de les signaler, et voyons comment doivent s'apprécier les caractères de la notation usuelle, dans les divers cas où on a diversifié soit leur signification individuelle, soit la quantité dans laquelle ils peuvent entrer entre deux barres verticales qui comprennent ce qu'on appelle une mesure.

Les Caractères destinés à indiquer l'espèce de mesure (le nombre et la division binaire ou ternaire des unités comprises entre deux barres verticales) sont placés après la clef et l'armure du commencement des morceaux, et ce qu'ils indiquent doit être exécuté, jusqu'à ce qu'un autre signe de mesure se présente. En voici la nomenclature, et la signification.

Signe de mesure:	Signification		Signe de mesure:	Signification:	
CƆ CC, $\frac{4}{2}$, C,	quatre unités,	dont la 1re division est binaire.	$\frac{12}{8}$, $\frac{12}{4}$, $\frac{12}{16}$	quatre unités,	dont la 1re division est ternaire.
$\frac{3}{2}$, 3, $\frac{3}{4}$,	trois unités,		$\frac{9}{8}$, $\frac{9}{4}$, $\frac{9}{16}$	trois unités,	
¢, 2, $\frac{2}{4}$, $\frac{4}{8}$	deux unités,		$\frac{6}{8}$, $\frac{6}{4}$, $\frac{6}{16}$	deux unités,	
$\frac{2}{8}$,	une unité,		$\frac{3}{8}$, $\frac{3}{16}$	une unité,	

Nota. Dans tous les rapprochements qui vont suivre, entre les signes usuels et ceux de Galin, je n'emploierai la portée de cinq lignes que quand il sera utile de déterminer la hauteur du signe, comme pour la pause et la demi pause, ou de tenir compte de la succession de deux notes sur le même barreau, pour déterminer les durées.

Division binaire. Mesure à quatre temps, marquée C.

Cette mesure a servi d'origine à toutes les indications dont j'ai donné plus haut la liste. Il est bon de voir combien de notes de la même espèce sont nécessaires pour la compléter. Exemples:

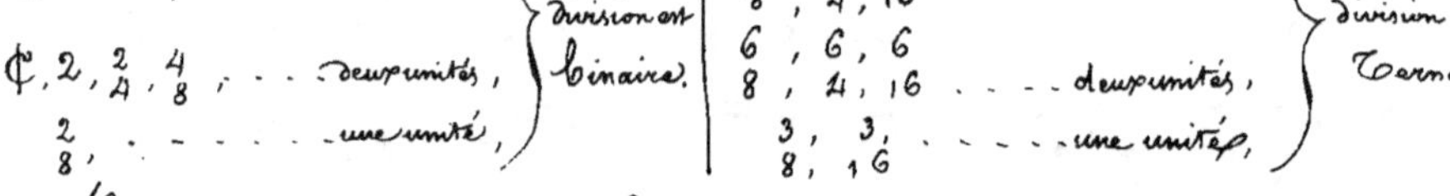

C | une note, | deux notes, | quatre notes, | huit notes, | Seize notes.

Quatrième Partie

Ainsi	Signifie : mesure présentant entre deux barres verticales :	des signes qui complètent la mesure modèle C, — quand, ils y sont au nombre de :	C'est-à-dire	
4/2 (Synonyme de CC) et de C⊃	quatre	deux	quatre	
3/2	trois	deux	deux	
3/4 (Synonyme de 3)	trois	quatre	trois	
2/2 (Synonyme de 2 ou de ₵)	deux	deux	deux	
2/4	deux	quatre	deux	
4/8	quatre	huit	quatre	
2/8	deux	huit	deux	

On a tout rapporté, comme il est facile de le voir, à un modèle unique, sous le rapport de la forme des Caractères; mais la Signification de ces caractères ne reste pas la même que dans la mesure modèle, ce qui m'oblige à présenter des exemples de transformation de ces diverses mesures en coupes de Galin.

…en CC, / …alin.		Galin emploie un trait de plus que la notation usuelle.
…C, / …alin		nombre égal de Traits.

Quatrième Partie

3/2, Galin		un trait de plus, chez Galin
3/4, ou 3, Galin		Nombre égal de Traits.
2/2, ou 2, ou ₵, Galin		un trait de plus chez Galin.
2/4, ou 4/8, Galin		nombre égal de Traits.
2/8, Galin	Dans cette mesure, fort rarement employée, on n'ira guères au delà des notes à triple trait,	un trait de moins chez Galin.

Signification générale du point, dans la notation usuelle.

Le point indique toujours une prolongation égale à la moitié de la durée du signe qui le précède immédiatement, que ce signe soit une note, un point, ou une de ses formes de silence. Il résulte de cette convention de graves inconvénients que je signalerai quand il en sera temps.

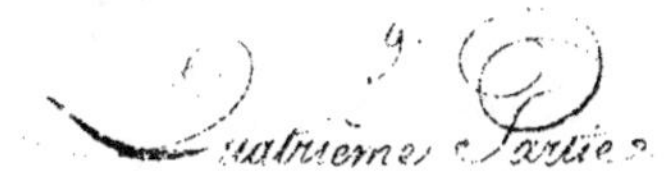

Quatrième Partie

Dans le tableau que je vais donner des diverses significations (par rapport à l'unité) de chacun des signes de durée, soit en intonation, soit en silence, j'exprimerai par des ... sous les traits diviseurs, toute la portion qui ne correspondra pas au signe de notation usuelle que je voudrai faire comprendre, comme fraction de temps. ainsi ♩ * indiquera que le signe usuel correspond à la première moitié de l'unité ; * ♩ au contraire, signifiera qu'il s'agit de la seconde moitié. Par la même raison, ♩* * voudra dire : premier quart ; *♩ *, second quart ; * ♩ *, troisième quart ; * * ♩, quatrième quart, et ainsi de suite, pour les huitièmes d'unité, et les autres fractions, quelles qu'elles soient. Pour les coupes à triple trait, je me bornerai à présenter la forme du huitième qui commencera l'unité, laissant au lecteur le soin de procéder par analogie avec ce qui aura été pratiqué pour les quarts.

	Signes usuels	𝅝	𝅗𝅥	♩	♪	𝅘𝅥𝅯	𝅘𝅥𝅱	(pause)	(demi-pause)	(soupir)	(demi-soupir)	(quart de soupir)	(huitième de soupir)
4/2, 3/2, 2/2, C, Ↄ, 2, ¢ (d)	en signes de Galin (a)	deux unités ♩ •	unité ♩	moitié ♩ * * ♩	quart ♩ * * * ♩ * * ♩ * * * ♩	huitième ♩ * * * etc	seizième ♩ * * * * etc	(Voyez la note (b))	unité (Voyez la note (c))	moitié 0 * * 0	quart 0 * * * 0 * * 0 * * * 0	huitième 0 * * * etc	seizième 0 * * * * etc
3, 3, 4 / 4 8	en signes de Galin (a)	quatre unités ♩ • • •	deux unités ♩ •	unité ♩	moitié ♩ * * ♩	quart ♩ * * * ♩ * * ♩ * . . .	huitième ♩ * * * etc	(Voyez la note (b))	(Voyez la note (c))	unité 0	moitié 0 * * 0	quart 0 * * * 0 * * 0 * * * 0	huitième 0 * * * etc
2 / 8	en signes de Galin (a)			deux unités ♩ •	unité ♩	moitié ♩ * * ♩	quart ♩ * * * ♩ * etc	(Voyez la note (b))		deux unités 0 •	unité 0	moitié 0 * * 0	quart 0 * * * 0 * etc

(a) Les formes données en signes de Galin subissent des modifications, quand la notation usuelle contient ce qu'on appelle des syncopes. Il en sera question tout à l'heure.

(b) Le signe (pause) a un sens absolu, il veut dire : silence pendant la totalité d'une

Quatrième Partie

mesure [illegible] telle que soit l'espèce de mesure à quatre, à trois, à deux, ou à un temps.

(C) Le signe [illegible] signifie dans les mesures marquées ₵, C, $\frac{2}{2}$, ou 2 silence pendant la moitié de la mesure. Dans les mesures C, $\frac{4}{4}$, [illegible] sa signification est : silence pendant une unité. On ne l'emploie pas dans les mesures d'une autre espèce.

Remarque sur la mesure marquée ₵, $\frac{2}{2}$ ou 2

Il y a très peu de cas où on sera forcé de battre cette mesure à deux temps. Presque toujours on fera bien de lui attribuer les principes de réduction établis pour la mesure marquée [illegible] la regarder comme n'étant que cette mesure.

Résumé du Tableau qui précède.

On voit que l'unité de Galin a pour signe usuel tantôt [illegible] tantôt [illegible] tantôt [illegible], dans le système de la division binaire, et que le signe d'unité a seul besoin d'être connu pour déterminer tous les autres, qui sont par rapport à lui, dans le rapport uniforme de multiplication ou de division successive par deux.

Exemples de transformation dans les différentes mesures à division binaire.

(Je place en premier lieu les indications de mesure les plus usitées).

Signes usuels

Signes de Galin

Signes usuels

Signes de Galin

Dans les mesures marquées soit $\frac{3}{4}$ ou 3 soit $\frac{3}{8}$ ou [illegible] l'expression des signes usuels est la

Quatrième Partie

même, à cela près que les mesures ne contiennent alors que *trois* ou *deux* unités.

B { Signes usuels. / Signes de Galin.

{ Signes usuels. / Signes de Galin. etc.

En comparant ces deux exemples où tout est semblable, pour les signes de Galin, on voit que les appréciations de l'exemple B, *signes usuels*, consistent à donner à chaque caractère une signification qui n'exprime, en durée, que la moitié de ce qui est attribué aux mêmes formes usuelles, dans l'exemple A.

Quand on connaît la signification de CC (égal à $\frac{4}{4}$) on sait évaluer les autres mesures dont le dénominateur (le chiffre inférieur) est 2, en remarquant que $\frac{3}{2}$ comprend seulement trois unités par mesure, et que C (ou $\frac{2}{2}$, ou 2) n'en contient que 2. On se souviendra de la remarque faite plus haut, (note d, page 10).

Impossibilité de l'Emploi du point de prolongation dans certains cas.

La convention qui attribue au point la propriété d'indiquer une prolongation égale à la moitié de la durée exprimée par le signe qui précède est inapplicable toutes les fois qu'il s'agit de prolonger d'une quantité [illegible] à celle qu'exprime le signe précédent, et, au contraire, toutes les fois que la prolongation n'est [illegible] que la moitié. [illegible] mauvais emploi [illegible] convenables [illegible] et on craint [illegible] l'expression [illegible] du signe d'effet [illegible] une portée [illegible]

Quatrième Partie

en Chiffres d'après Galin.

Il ne faut chercher, dans cette phrase musicale aucune intention mélodique. Elle n'est qu'un exemple d'emploi de signes.

A le bien prendre, la Courbe de jonction, seule ou suivie d'une autre, quand elle embrasse des notes *placées sur le même carreau*, noir ou blanc, remplit la même fonction que plus haut, page 3, puisqu'elle indique la somme d'intonation que doit recevoir *une même syllabe*. Toutefois, il importe de remarquer que lorsqu'on chante, en prononçant le nom des notes sans égard aux paroles on peut regarder comme inutiles les courbes qui embrassent des signes d'intonation placés à différentes hauteurs, tandis qu'alors même, il faut toujours *tenir compte de la courbe qui réunit deux ou plusieurs notes placées sur le même carreau*, parce qu'il ne faut, dans ce cas, prononcer qu'une fois le nom de la note, en prolongeant, sans saccades la voyelle qui termine ce nom. Exemples

Des Syncopes

(Système binaire).

Ici encore, à chaque instant, une idée facile à percevoir et à exprimer est souvent rendue extrêmement compliquée par le vice du signe adopté parce qu'il faut faire

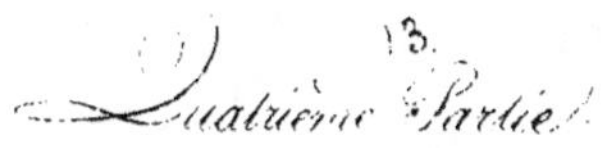

avec rapidité un calcul assez délicat, pour saisir la pensée du compositeur. Ce calcul devient nécessaire toutes les fois qu'un signe est précédé d'un nombre impair de fractions d'un double inférieur à l'espèce de durée qu'il exprime. Ce nombre impair, faisant commencer sur une des fractions secondaires, ou *faibles* de l'unité, un son qui se prolonge sur une fraction principale, ou *forte*, de cette unité ou de la suivante, il en résulte le *partage d'un son entre deux portions de deux unités successives*, partage qui prend le nom de *syncope*, dans la langue de la musique usuelle.

Éclaircissons d'abord ce que nous entendons par la portion *forte* et par la portion *faible* d'une unité, ou d'une de ses fractions.

fort, faible — fort, très faible, moitié fort — fort, très faible, faible, très faible — fort, très faible, faible, très faible, moitié fort, très faible

Il y a syncope, quand un son

Commence	et se prolonge
sur le :	sur le :
faible ...	... fort
très faible ..	... fort
très faible ..	moitié fort
très faible	... faible
moitié fort ..	... fort

c'est à dire quand un son, après la portée sur laquelle il commence arrive à une portion plus forte que celle de son début.

Ce qui a été dit d'une seule unité s'applique aux mesures ou *collections d'unités*. Voici le degré de force des temps (ou unités), dans les diverses mesures :

à quatre temps :				à trois temps :			à deux temps :	
1er temps,	2e temps,	3e temps,	4e temps	1er temps,	2e temps,	3e temps,	1er temps,	2e temps
fort,	faible,	moitié fort,	faible.	fort,	faible,	moitié fort	fort,	faible.

Syncopes qui ne fractionnent pas l'unité.

Je prendrai partout la mesure à quatre temps, C pour modèle, parce qu'elle comprend tout ce qui s'applique aux autres, sous le rapport [illegible])

Quatrième Partie

d'abord comment la décomposition de la note syncopée, en fractions de l'espèce de celle qui amène la syncope, rend l'appréciation plus facile.

Syncopes de la blanche, 𝅗𝅥.

Si la syncope est produite par une noire (unité, dans la mesure C), la blanche 𝅗𝅥, doit être regardée comme une suite de deux noires sur le même barreau,  réunies par une courbe qui indique un son d'une unité se prolongeant pendant une autre unité.

Si la syncope est produite par une croche (demi unité, dans la mesure C), la blanche, 𝅗𝅥, doit être regardée comme une suite de quatre croches sur le même barreau,  réunies par une courbe qui indique un son d'une demi-unité se prolongeant pendant trois autres moitiés.

Si la syncope est produite par une double croche (quart d'unité dans la mesure C), la blanche, 𝅗𝅥, doit être regardée comme une suite de huit doubles croches, sur le même barreau, 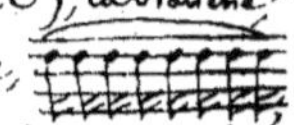 réunies par une courbe qui indique un son d'un quart d'unité, se prolongeant pendant sept autres quarts.

Syncopes de la noire, 𝅘𝅥

Si la syncope est produite par une croche, (demi unité, dans la mesure C), la noire 𝅘𝅥, doit être regardée comme une suite de deux croches sur un même barreau, , réunies par une courbe qui indique un son d'une demi unité, se prolongeant pendant une autre moitié.

Si la syncope est produite par une double croche, (quart d'unité dans la mesure C), la noire, 𝅘𝅥 doit être regardée comme une suite de quatre doubles croches, sur un même barreau , réunies par une courbe qui indique un son d'un quart d'unité, se prolongeant pendant trois autres quarts.

Syncope de la croche, 𝅘𝅥𝅮.

Cette syncope, quand elle est produite par une double croche (quart d'unité, dans la mesure C) doit faire considérer la croche (demi-unité, dans la mesure C)

Quatrième Partie

comme une suite de deux doubles croches sur un même barreau, [figure musicale], réunies par une courbe qui indique un son de un quart d'unité se prolongeant pendant un autre quart,

Application de ces décompositions.

Dans la traduction des syncopes en coupes de Galin, partout où, au lieu des formes compactes [figures musicales], on emploie des successions de figures exprimant des fractions de l'espèce de celle qui produit la syncope, la première seulement de ces fractions sera réunie au trait-diviseur, par une ligne verticale ; les autres seront représentées par des points de prolongation placés sous des traits simples ou doubles, selon l'espèce de la fraction de durée qu'ils représenteront. Quand le nombre de ces points appellera une simplification dans l'écriture, je placerai la coupe simplifiée au-dessous de celle qui présentera moins d'économie dans le tracé. La courbe ⌒ indiquera la décomposition de la forme compacte.

Formes usuelles : C

Transformation :

Coupes à simplifier :

Coupes simplifiées :

Formes usuelles : C

Transformation

Coupes à simplifier :

Coupes simplifiées :

Observation

les formes [illegible]

C ne peut pr[illegible]

[illegible] que [illegible]

que dix [illegible]

la syncope [illegible]

alors la [illegible]

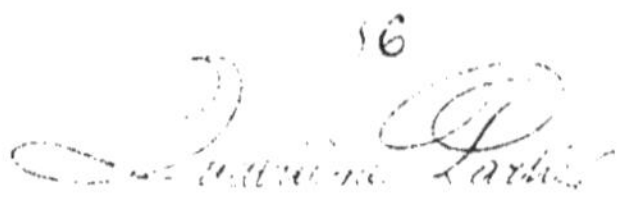

Quatrième Partie

Syncopes d'une blanche par une noire ou par son équivalent.

Formes usuelles : C
Formes de Galin :
Nom de la syncope : ta é a é — ta é a é — ta é a é — ta é a é — ta é a é

Dans tous ces cas, la forme appelée *blanche* est syncopée par la forme nommée *noire*, ou par des formes exprimant des fractions de son ou de silence dont la somme donne juste la durée d'une *noire*. Partout, eu égard à cette circonstance, le nom de la blanche syncopée par une noire est té, a, é, a ; cette espèce de syncope n'offre presque pas de difficulté.

Syncopes d'une blanche par une croche ou par son équivalent.

Formes usuelles : C
Formes de Galin :
Nom de la syncope : té a é a — té a é a — té a é a — té a é a — té a é a

Quand la *blanche* est syncopée par une croche ou par trois croches, ou par des signes quelconques (d'intonation ou de silence) dont la somme égalera *juste* une croche ou trois croches, le nom de la syncope est toujours té, a, é, a. On sait que deux doubles croches, 𝅘𝅥𝅯𝅘𝅥𝅯, un demi soupir, 𝄾, un point après une noire 𝅘𝅥·, équivalent à une croche. Dès lors, tous les accouplemens de 𝅘𝅥𝅮, 𝅘𝅥𝅯, 𝄾, 𝄿, ·, qui donneront pour somme totale *une* ou *trois croches*, produiront une syncope sur la blanche qui les précèderont. Leur nombre est trop considérable pour que j'en donne ici le tableau, les exemples qui précèdent suffisent pour faire comprendre le nom de la blanche syncopée dans tous les cas analogues.

Syncope d'une *blanche* précédée d'une double croche ou de son équivalent.

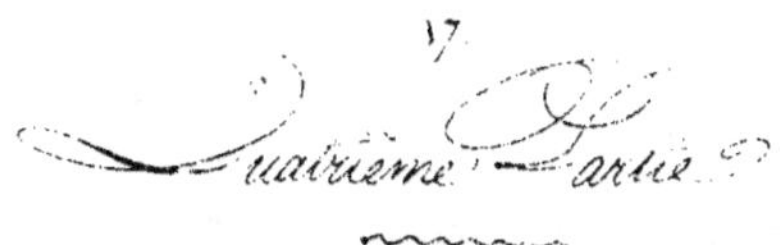

Syncopes d'une blanche précédée d'une double croche ou de son équivalent

Formes usuelles : C
Formes de Galin :
Nom de la Syncope : fa é a é a — fé a é a é — fé a é a é — fé a é a é

La blanche syncopée par une double croche a donc deux noms, selon qu'elle est précédée d'une double croche, ou de trois, ou de l'équivalent de ces figures de durée.

- après une double croche ou son équivalent, la blanche syncopée se nomme : fa é a é a.
- après trois doubles croches ou leur équivalent, la blanche syncopée se nomme : fé a é a é.

Syncope de la noire, par une, trois ou cinq croches (c'est-à-dire par un nombre impair de croches ou par leur équivalent).

Formes usuelles : C
Formes de Galin :
Nom de la Syncope : té a — té a — té a — té a — té a

Formes usuelles : C
Formes de Galin :
Nom de la Syncope : té a — té a

Le nom de la Syncope produite sur une noire, par un nombre impair de croches, ou par leur équivalent, est toujours té, a.

Syncope de la noire, par une double croche, par trois, ou cinq, ou sept, ou neuf, ou onze doubles croches (c'est-à-dire par un nombre impair de doubles

Quatrième Partie

croches ou par leur équivalent).

Formes usuelles: C
Formes de Galin:
Nom de la Syncope: fa é … fé a

La noire syncopée par une double croche a deux noms. Elle s'appelle:
Quand elle tombe sur le 2e quart, fa, é, a;
Quand elle tombe sur le 4e quart, fé, a, é.

Syncope de la croche, précédée d'un nombre impair de doubles croches (ou de leur équivalent).

Formes usuelles: C
Formes de Galin:
Nom de la Syncope: fa é … fé a

La croche syncopée par la double croche a deux noms. Elle s'appelle:
Quand elle tombe sur le 2e quart: fa, é;
Quand elle tombe sur le 4e quart fé, a.

Ces résultats de la décomposition du rhythme sont utiles à conserver [illegible] pour les assujetir à l'application de notre emploi de formules.

Toutes les fois qu'une prolongation ne sera pas d'une unité complète, le nom de la syncope sera terminé par ch, qui avertira que la voyelle finale de ce nom ne correspond qu'à un quart. Ainsi nous aurons la nomenclature suivante:

A. blanche syncopée par une noire . . . . ta, é, a, é.
B. blanche syncopée par une croche . . . . ta, a, é, a.
C. blanche syncopée par une double croche, en commençant au { deuxième quart de l'unité . . . . . fa, é, a, é, ta, ch. / quatrième quart de l'unité . . . . . fé, a, é, a, té, ch.

D. Noire syncopée par une croche . . . . te, a.
E. Noire syncopée par une double croche, en commençant au { deuxième quart de l'unité . . . fa, é, ach. / quatrième quart de l'unité . . . fé, a, é, ch.

F. Croche syncopée par une double croche, en commençant au { deuxième quart de l'unité . . . . fa, é, ch. / quatrième quart de l'unité . . . . fé, a, ch.

Traduisons l'idée de blanche par celle de femme (à vêtements blancs); noire aura

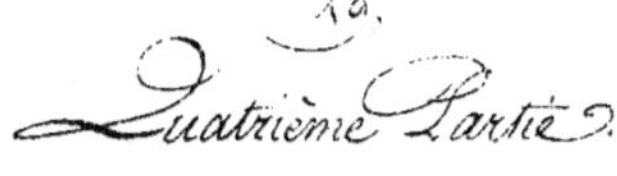

Quatrième Partie

pour traduction, nègre ; nous représenterons croche par boiteux ; enfin, syncope sera pris dans le sens de spasme nerveux causé par une impression pénible. Il ne s'agit plus que de personnifier la réunion de toutes ces circonstances.

A. Blanche syncopée par une noire, Créole (femme effrayée par les Noirs, lors des massacres de St Domingue).

B. Blanche syncopée par une croche, Mme de Montespan (femme contrariée par le reste du crédit de Mlle de la Vallière, qui était boiteuse).

C. Blanche syncopée par une double croche, La Brinvilliers (femme effrayée des instruments à doubles crochets rassemblés dans la salle où elle fut mise à la question).

D. Noire syncopée par une croche, Bastonnade (punition après laquelle les Nègres étaient irrités de voir boiter celui qui l'avait subie).

E. Noire syncopée par une double croche, Pendaison (supplice qui effrayait les noirs, en leur montrant leurs compagnons de captivité suspendus aux doubles branches d'une potence).

F. Croche syncopée par une double croche. Amputation (homme destiné à être boiteux, et effrayé des instruments à crochets et à double tranchant qui composent la trousse de l'opérateur).

Dans les formules qui vont suivre, il ne faudra compter que la consonne du commencement de la traduction du nom de chaque coupe, toutes les autres parties de la syncope ayant pour expression des voyelles sans consonnes, a, é, sauf la dernière, qui est une fois ta et une fois té (formule C).

Formules.

a. A la riche Créole l'esclave insurgé disait : je ne serai plus prisonnier derrière ta haie : ah ! hé !

b. Mme de Montespan disait, en pensant à Mlle de Lavallière, je l'emporterai du roi, malgré tes ah ! et ha !

c. La Brinvilliers mérita le nom odieux que dans la mythologie Pasiphaé a, et tache (et une flétrissure) ; qu'elle soit mise à la question de l'eau, jusqu'à ce qu'elle ait fait ah ! et hâtez chut (et hâtez vous de lui imposer silence) !

d. Bastonnade, que tu recevras, esclave insoumis, malgré tes ah !

e. Pendaison que mérite, aux yeux du planteur, l'esclave rebelle qui crie : Vive …

Quatrième Partie

« et tâche ! pour que le mal soit enfin (à celui pour qui j'ai tant fait ah !) échu. »

f. Amputation, pendant laquelle le chirurgien dit tour à tour à la scie et au malade : Va et chut ; à la scie : Va ! et au patient, chut ; plus tard il n'y aura plus le mal que maintenant fais tâche.

Remarque. Il s'en faut bien que toutes ces syncopes soient toujours écrites comme je l'ai fait et employées dans la pratique. Elles seraient une difficulté insurmontable pour la plupart des exécutants. Je vais offrir des exemples de ce qui se présente le plus souvent, après avoir fait observer que toutes les fois qu'une syncope est faite sur une noire suivie immédiatement d'autres noires, la forme et le nom de toutes les noires consécutives sont absolument semblables.

Formes usuelles : C
Formes de Galin :
Nom de la Syncope : té à à — té a — té a — té a — té a té a

Formes usuelles : C
Formes de Galin :
Nom de la Syncope : té a té a téa — fa è — fé a fa è fe a fa è

Cette dernière mesure montre que des croches consécutivement syncopées perdent et reprennent alternativement le nom de la syncope de début.

Signes usuels des durées (Système ternaire).

Dans l'intervalle du premier des quatre temps d'une mesure au premier des quatre temps de la mesure suivante, si l'unité (ou le temps) est constamment divisée en tiers, on entendra douze sons dont chacun aura la durée d'un tiers d'unité, comme il suit :

1er temps	2e temps	3e temps	4e temps
1er tiers, 2e tiers, 3e tiers	1er tiers, 2e tiers, 3e tiers	1er tiers, 2e tiers, 3e tiers	1er tiers, 2e tiers, 3e tiers

et on aura ainsi, par mesure de quatre temps, douze tiers, auxquels il s'agira d'appliquer des signes distinctifs. Il ne fallait, pour éviter les embarras, que se souvenir

Quatrième Partie

de la différence et de l'incommensurabilité des nombres *deux* et *trois*. Au lieu de donner aux *tiers* une autre forme qu'aux *moitiés*, comme le commandait le bon sens ceux qui ont créé le système musical sont convenus de représenter ces *deux espèces de fractions par un même signe*, en avertissant, au moyen d'une indication aussi ridicule que cette convention, que le signe du mot *moitié* n'était plus que le signe du mot *tiers*. La croche ♪ qui, dans la mesure C, signifie *une demie*, a été prise pour un tiers et en comparant la forme des mesures composées de huit moitiés à celle qui offre douze tiers on en a tiré un nom qui indique un supplément de signes; mais qui n'exprime pas l'agrégation *trois par trois* des signes que précédemment on groupait *deux par deux*, quand ils signifiaient des *moitiés*.

Mesure à quatre temps (division binaire de chaque temps):	1er temps, 2e temps, 3e temps, 4e temps ♪♪ ♪♪ ♪♪ ♪♪ *huit* croches par mesure.	Mesure à quatre temps (division ternaire de chaque temps):	1er temps 2e temps 3e temps 4e temps. ♪♪♪ ♪♪♪ ♪♪♪ ♪♪♪ *douze* croches par mesure.

La mesure à quatre temps ternaires exigeant, quand elle contient douze sons égaux en durée, *douze* des signes dont la mesure à quatre temps binaires n'exige que *huit*, on a créé le nom mesure à *douze huit*, qui signifie: mesure contenant *douze* croches au lieu des *huit* de la mesure C. Mais cette indication fait connaître seulement le *nombre* des croches, et non *la manière de les grouper*. Elle est donc comme je le disais, souverainement absurde si elle a la prétention de représenter *complètement* l'idée dont elle est devenue le signe. Il résulte de cette convention bizarre, qu'un *même signe* doit être apprécié *différemment*;

Savoir:	𝅝	𝅗𝅥	♩ ou 𝄽	♪ ou 𝄾	𝅘𝅥𝅯 ou 𝄿	𝅘𝅥𝅰 ou 𝅀
dans la mesure C:	quatre unités;	deux unités;	une unité;	une demie;	un quart;	un seizième.
dans la mesure $\frac{12}{8}$:	deux unités et 2/3;	une unité et 1/3;	2/3;	1/3;	1/6;	1/12.

De là, l'impossibilité de représenter *par un caractère unique* la durée de *quatre* unités, de *deux* ou d'*une*, comme dans la mesure C, et la nécessité de recourir au *point* de *prolongation* pour indiquer l'espèce de durée qu'il faut observer sur un son qui occupe un nombre quelconque d'unités, *sans fractions*.

Pour *quatre unités ternaires sur un seul son*, ne représentant que deux unités

[illegible]uatrième Partie

[illegible] tiers ou huit tiers, il s'en faut de la moitié de huit tiers, c'est-à-dire de quatre [illegible] que le signe O corresponde à l'idée qu'on veut exprimer. Adjoint donc au signe de [illegible] tiers, ou à O le point de prolongation qui se trouve, par bonheur, pouvoir représenter, après [illegible] la prolongation de quatre tiers, nécessaire pour compléter les douze tiers, en l'on [illegible] pour remplir la mesure $\frac{12}{8}$ par la durée d'un seul son, cette forme, O •, qui sans [illegible] disparaître non plus que celles qui vont suivre, un seul des inconvénients signalés [illegible] pour ρ, ρ, et ρ, en cas de syncope, rendrait ces inconvénients beaucoup plus graves, en cas de syncopes de O •, dans la mesure $\frac{12}{4}$.

Pour *deux unités ternaires sur un seul son*, à ρ, qui signifie *quatre tiers*, on ajoute, à l'aide du point de prolongation, les deux tiers qui manquent, et on a cette forme ρ•

Pour une *unité ternaire, sur un seul son*, à ρ, qui signifie *deux tiers*, on ajoute, à l'aide du point de prolongation, le tiers qui manque, et on a cette forme : ρ•

Je peux maintenant présenter le Tableau des mesures ternaires en rapport avec celles de Galin, en classant dans la même catégorie les formes, soit anciennes, soit encore usitées, dont la signification est la même, et en ne présentant la transformation en chiffres de Galin qu'une seule fois, au dessous de celle des mesures usuelles qu'on emploie le plus fréquemment. La courbe indiquera des notes sur le même barreau.

12/4 · 12/16 · 12/8 · Galin
9/4 · 9/16 · 9/8 · Galin
6/4 · 6/16 · 6/8 · Galin

Quatrième Partie

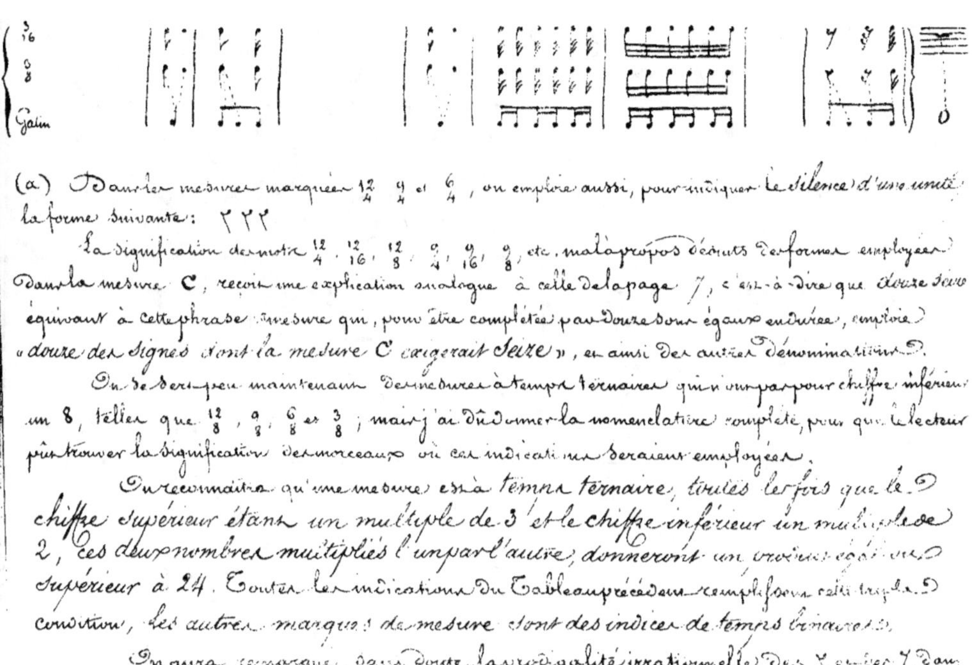

(a) Dans les mesures marquées $\frac{12}{4}$, $\frac{9}{4}$ et $\frac{6}{4}$, on emploie aussi, pour indiquer le silence d'une unité la forme suivante : [illegible]

La signification des mots $\frac{12}{4}$, $\frac{12}{16}$, $\frac{12}{8}$, $\frac{9}{4}$, $\frac{9}{16}$, $\frac{9}{8}$, etc. mal à propos décrits des formes employées dans la mesure C, reçoit une explication analogue à celle de la page 7, c'est-à-dire que douze seize équivaut à cette phrase « mesure qui, pour être complétée par douze sons égaux en durée, emploie douze des signes dont la mesure C exigerait seize », et ainsi des autres dénominations.

On se sert peu maintenant des mesures à temps ternaires qui n'ont pas pour chiffre inférieur un 8, telles que $\frac{12}{8}$, $\frac{9}{8}$, $\frac{6}{8}$ et $\frac{3}{8}$; mais j'ai dû donner la nomenclature complète, pour que le lecteur pût trouver la signification des morceaux où ces indications seraient employées.

On reconnaîtra qu'une mesure est à temps ternaire, toutes les fois que le chiffre supérieur étant un multiple de 3 et le chiffre inférieur un multiple de 2, ces deux nombres multipliés l'un par l'autre, donneront un produit égal ou supérieur à 24. Toutes les indications du Tableau précédent remplissent cette triple condition, les autres marques de mesure sont des indices de temps binaires.

On aura remarqué, sans doute, la prodigalité irrationnelle des [illegible] et des 7, dans les coupes du système ternaire.

Syncopes du système Ternaire

Ce qui a été dit à l'égard du système binaire, simplifiera beaucoup l'explication des Syncopes du système ternaire, dans lequel, par rapport à l'unité, toutes les formes restent sauf [illegible] et [illegible] signifient entiers de moins que dans la mesure C. La décomposition sera la même, c'est-à-dire que la blanche, [illegible], se décomposera en

[illegible] ou [illegible] ou [illegible]

Il en sera de même pour la [illegible] ; seulement ses signes de décomposition se

Quatrième Partie

groupes trois à trois.

Pour éviter de multiplier les fragments de portée dans les exemples qui vont suivre, la courbe ⌒, marquera les signes destinés à indiquer une prolongation, quand ils sont sur le même barreau que celui qui les précède. Les syncopes que je présenterai dans la mesure $\frac{12}{8}$ reçoivent leur application dans les mesures $\frac{9}{8}$ $\frac{6}{8}$ et $\frac{3}{8}$, pour les durées que ces mesures peuvent admettre.

Syncopes qui n'exigent qu'un trait diviseur (système ternaire).

Formes usuelles. Transformation. Formes de Galin. $\frac{12}{8}$

Formes usuelles. Transformation. Formes de Galin. $\frac{12}{8}$

Formes usuelles. Transformation. Galin { Coupes à simplifier. Coupes simplifiées. $\frac{12}{8}$

Formes usuelles. Transformation. Galin { Coupes à simplifier. Coupes simplifiées. $\frac{12}{8}$

Rien n'est plus propre que ces exemples à montrer les vices de la notation usuelle. La dernière mesure surtout présente, sous trois formes identiques, quatre idées totalement différentes. Les partisans de la routine objecteront, sans doute, qu'un tel arrangement de signes ne se rencontre pas dans la pratique; (a) je conviens que les compositeurs s'en abstiennent; mais l'usage a consacré d'autres formes non moins réprouvées par le bon sens, et tel musicien qui acceptera, sans murmurer, la notation $\frac{6}{8}$ trouvera mal écrite la suivante $\frac{6}{8}$ qui signifie exactement la même chose.

(a.) Ce jet de rhythme au lieu d'être représenté par trois blanches, comme je l'ai montré, aurait pour expression: $\frac{12}{8}$ ou formes, qui sans être aussi obscures, sont loin d'être satisfaisantes, et masquent encore la pensée rhythmique, de manière à la rendre assez difficile à saisir par ceux qui n'ont pas acquis une grande habitude de lire la musique.

Quatrième Partie

Ce serait donc se révolter contre une écriture vicieuse, en se fondant sur ce qu'au lieu de l'employer on en pratique une autre aussi mauvaise.

Il serait facile de multiplier les exemples de diverses manières d'embrouiller une même idée. Chez Galin le même effet rhythmique n'a et ne peut avoir qu'une forme, la question de préférence, aux yeux des hommes raisonnables, est tranchée par ce seul fait...

Syncopes exigeant des traits diviseurs superposés.
(Système ternaire)

Il est extrêmement rare, dans l'emploi du système ternaire, qu'on rencontre des syncopes convertissant un tiers en deux sixièmes appartenant à deux portions de temps l'une faible, l'autre plus forte. Ce n'est guères que sur des tiers que s'opèrent ces syncopes, et si je présente d'autres exemples, c'est pour montrer avec plus d'évidence l'absence de tout esprit d'analyse, dans les conventions graphiques appliquées au système ternaire.

Formes usuelles : $\frac{12}{8}$

Transformation :

Coupes à simplifier :

Coupes simplifiées :

Les noms des Syncopes du système ternaire, quand elles n'exigent qu'un trait diviseur, seraient : . . . . Pour ♩. , Pour ♩ , Pour ♪. , Pour ♪

	Pour ♩.	Pour ♩	Pour ♪.	Pour ♪
Quand la Syncope arrive sur le 2ème tiers de l'unité :	té, i, a, é, i, a ;	té, i, a, é ;	té, i, a ;	té, i.
quand la syncope arrive sur le troisième tiers de l'unité	ti, a, é, i, a, é ;	ti, a, é, i ;	ti, a, é ;	ti, a.
	Six tiers ;	Quatre tiers ;	trois tiers ;	Deux tiers.

C'est-à-dire qu'il faudra, pour chaque forme syncopée, prononcer, avec la consonne, le nom du tiers sur lequel elle arrive, et nommer à la suite de ce tiers, autant de voyelles sans consonnes, (dans la succession continue, a, é, i, a, é, i, a, é, i etc.) qu'il reste de tiers à exprimer, savoir cinq, pour ♩. ; trois, pour ♩ ; deux, pour ♪. ; et une, pour ♪

Quatrième Partie.

observation qui dispensera des formules qu'il serait facile de créer pour associer les noms dont j'ai donné la liste aux circonstances qui en prescrivent l'emploi.

En résumé, à l'égard des syncopes binaires et ternaires, du moment où on trouve écrit

Pour représentation des idées: | 1 3 · 1 1 | | 1 5̣ · 1 · 3 · 2 | | 1 5̣ · 1 · 3 2

les formes:

beaucoup plus fréquemment que les formes moins vicieuses, quoique déjà fort mauvaises.

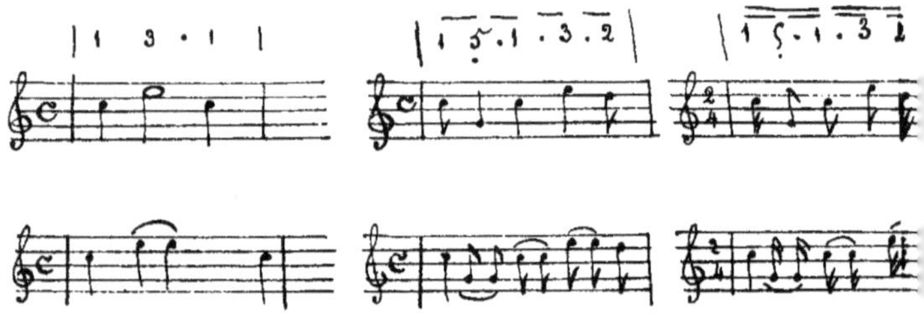

Il y a seulement, dans les difficultés d'écriture que j'ai mises en relief, la conséquence plus nettement manifestée des inconvénients d'un système graphique aussi défectueux que celui des durées, dans la notation usuelle.

Quand on aura fait ces réflexions, on se demandera comment M. Edouard J... qui a connu Galin, et qui a prétendu faire une amélioration, a pu, dans sa *notation monogrammique*, imaginer de se conformer aux conventions monstrueuses de l'usage, en donnant à ses caractères (qui, *dans aucun cas*, ne font autre chose que ce que pourraient faire beaucoup mieux les chiffres) une tête *pleine*, pour représenter la *noire* ♩, et une tête *vide*, pour figurer la *blanche* 𝅗𝅥; suivant ainsi, dans toutes ses aberrations, un mode d'écriture que les musiciens ordinaires, qui n'en connaissent pas d'autre, peuvent être excusables de ne pas trouver aussi opposé aux lois de la raison, qu'il l'est réellement (mais qu'on n'a pas le droit de reproduire *avec tous ses défauts*, quand on a pu le comparer à une autre écriture *parfaite de tout point*.

Deux rhythmes différents dans la même mesure.

On trouve fréquemment, dans la musique de piano, une indication différente, pour ce qui doit être exécuté par chacune des deux mains. Le Compositeur semble demander à *la main gauche* de diviser *binairement* l'unité, et, à *la main droite*, d'opérer une

Quatrième Partie

division ternaire. Ce n'est là qu'une puérilité de la Science musicale. Il en est du rhythme comme de l'intonation; l'intelligence peut admettre la substitution, même très brusque, d'un rhythme à un autre; mais elle ne perçoit pas plus *deux rhythmes divers en même temps*, qu'elle ne subit à la fois *deux impressions différentes de tonalité*. Aussi, quand deux rhythmes l'un binaire, l'autre ternaire, sont écrits pour les deux mains, il y en a toujours un qui force l'autre à se transformer, en dépit du signe écrit. Autrement, on aurait un effet, *exécutable à la rigueur*; mais qui, contredisant à chaque instant les prévisions rhythmiques, en amenant une fraction binaire, à l'endroit où la symétrie en réclamerait une ternaire, et réciproquement, deviendrait bientôt insupportable autant pour celui qui le produirait que pour ses auditeurs. Ceci peut se prouver par une démonstration sans réplique, qui sert à résoudre ce problème: *que résultera-t-il de la production exacte et simultanée d'une même unité divisée par une main en deux parties égales, et par l'autre en trois portions pareillement égales?*

Il est évident que la division de l'unité en six parties égales *trois par trois*, c'est-à-dire, ♫♫♫ ♫♫♫, donnera des fractions absolument semblables, *comme durée*, à la division de l'unité en six parties égales, groupées deux par deux, c'est-à-dire, à ♫♫ ♫♫ ♫♫; donc ♫♫♫ verra commencer ses trois tiers avec la première, la troisième, et la *Cinquième* des portions égales de ♫♫♫♫♫♫*, comme le montre l'exemple ci-joint.

*Puis que ♫ verra commencer ses deux moitiés avec la première et la quatrième portions égales de ♫♫♫♫♫♫.

♫♫♫ ♫♫♫ offrant les mêmes fractions que ♫♫ ♫♫ ♫♫, rapportons pour un moment les deux unités de ♫ à cette dernière coupe, et faisons-les correspondre à la *première* et à la *quatrième* fraction, comme dans ♫♫♫ ♫♫♫; nous pourrons ainsi comparer ♫ à ♫♫♫, au moyen de cette mesure commune.

1re sixième — 4e sixième — 1re sixième — 3e sixième — 5e sixième

Ce qui prouve que, dans la production *simultanée* de ♫ et de ♫♫♫, on doit entendre *quatre* percussions différentes, comme on le voit ici:

Les quatre percussions tombent sur la *première*, la troisième, la quatrième et la *Cinquième* des portions égales de ♫♫♫♫♫♫.

C'est-à-dire aux époques de la durée exprimées par la coupe ♩♫♩; mais l'*effet* entendu sera bien différent de celui que nous connaissons, sous le nom de *ta té fé ti*. On en jugera, par

Quatrième Partie

La gradation de force des diverses portions de [notation musicale] et de [notation musicale], que je vais superposer ; ainsi que [notation musicale] et [notation musicale] :

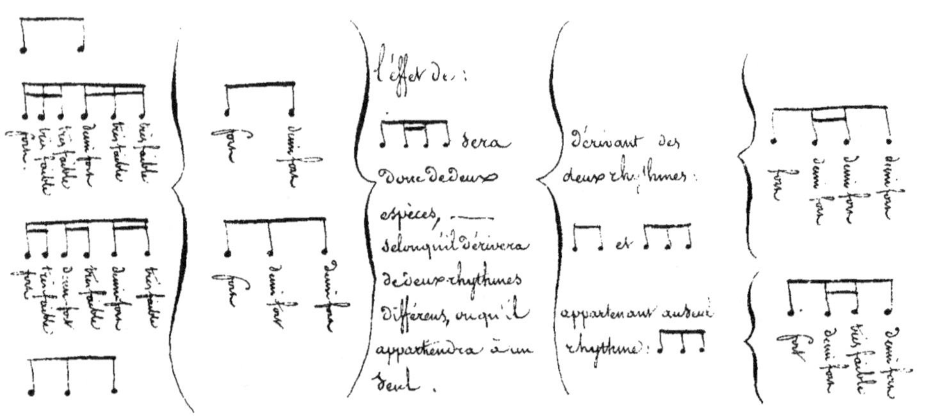

L'effet est possible, comme je viens de le montrer ; mais il changerait en un véritable supplice l'audition du morceau où il serait employé. Aussi l'instinct des exécutans suffit-il toujours pour les porter à désobéir aux intimations d'une écriture absurde. alors, rencontrant, pour les deux mains, les rhythmes suivans :

main droite : C	3 3 3 [notation musicale]	on exécute comme s'il y avait :	12/8 [notation musicale]
main gauche : C	[notation musicale]		12/8 [notation musicale]

C'est-à-dire que pour la main gauche on regarde, dans chaque unité, la *première moitié* comme *deux tiers*, et la *seconde moitié* comme *un tiers* seulement, ce qui fait confondre en un même coup les deux percussions de la main gauche avec la première et la troisième des percussions de la main droite, quand celle-ci frappe sur les trois tiers successivement.

Au moyen de ces observations, et si on se souvient, *qu'une même unité* ne peut être, dans la pensée du *même exécutant*, *à la fois binairement et ternairement divisée*, on aura le moyen de reconnaître les effets de rhythme qu'expriment des formes très défectueuses de la notation usuelle.

Quatrième Partie.

Je vais examiner un certain nombre d'exemples tirés des opéras de Rossini, exemples dans lesquels il est souvent indispensable de consulter le rhythme d'une des parties concertantes, pour déterminer, dans l'autre, l'accouplement rhythmique des signes mal groupés par ... Dans ces exemples, Ch signifiera : partie écrite pour le chant ; P. partie écrite pour le piano ; D, main droite ; G, main gauche. On comprendra sans peine que mes critiques ne portent que sur l'écriture et que je peux la trouver détestable, sans rien enlever au mérite de l'auteur de tant de chefs-d'œuvres.

Signification soit du Chiffre 3, au dessus d'un groupe de notes soit de l'accouplement ternaire des signes de fractions binaires, sans autre indication en chiffres.

A

Celui qui chantera ce fragment en s'accompagnant, et qui ne modifiera pas les successions ternaires que donne la main droite, pour chaque unité, sera obligé d'exécuter ce fragment, comme il suit : ch | $\int$ 3. $\overline{313}$ $\int$ 4. $\overline{427}$ | 1

Dans les autres analyses rhythmiques, je supposerai toujours l'intention de rendre le rhythme du Chant conforme à celui de l'accompagnement, ou réciproquement, la même personne étant chargée de produire le Chant et l'accompagnement.

Quatrième Partie.

Dans la mesure C, se produit une habitude de Rossini, l'absence d'indication de l'accomplissement ternaire des notes de la partie de chant. Il faut dans cette mesure, ne pas tenir compte des signes de l'accompagnement, et exécuter les deux parties comme il suit :

ch	c 423	425	312	315	ou dans la traduction	ch	756	751	643	641
P.G	7·5	2·5	1·5	3·5		PG	3·1	5·1	4·1	6·1

Comme il ne s'agit ici que de *Rhythme*, quand je rencontrerai des accompagnements à modifier, sous ce rapport, je les écrirai en langue d'*Ut*, quoique, dans l'exécution, les doigts soient obligés de penser (on comprendra cette expression malgré sa bizarrerie) dans la langue du ton indiqué par la clef. Cette traduction de la portion instrumentale a l'avantage de montrer les rapports harmoniques du chant et de l'accompagnement.

L'accompagnement ne frappe dans la mesure b, que les origines de temps, et non leurs décompositions. De là, le chant, dans cette mesure, doit être exécuté comme il suit :

ch | 1 313 535 151 3. 4 2. 3 | 1.

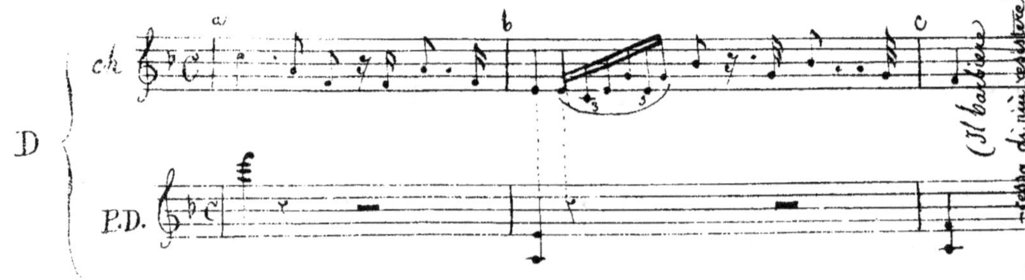

Quatrième Partie

La répétition du Chiffre 3 dans la mesure b, ne laisse aucune incertitude [illegible] l'exécuter ainsi:

ch | 7. 757 272 40.2 4..2 |

E

Voici la réduction de ce fragment à l'homogénéité de rhythme, pour le chant et pour l'accompagnement:

	a		b					
ch.	5351	0123	3454	4232	6717	5	0	5 . 5
P.D.	315 315	315 315	2	7	5	275	275	275

On voit que le Chiffre 3 a, dans la mesure b, une signification bien différente de celle que lui attribue la mesure a.

Signification des autres chiffres, tels que 5, 6, 7, 9, 10, 13 etc au dessus ou au dessous des accumulemens de notes.

Ces Chiffres, quand ils sont des nombres premiers (divisibles seulement par eux-mêmes ou par le nombre 1), demandent une chose impossible, la division de l'unité ne pouvant être faite exactement à l'aide de l'oreille que par les nombres 2, 3, et par ceux qui sont obtenus en multipliant une plus ou moins grande quantité de fois ces deux nombres par eux-mêmes, ou l'un par l'autre, tels que seraient 4, 6, 8, 12, 18, 24, 27 etc.

Quatrième Partie

Quand on trouve un groupe de cinq sons présentés comme égaux et comme équivalant soit à une unité, soit à une de ses fractions, on est forcé de considérer ce groupe de cinq comme formé de la réunion de deux groupes l'un de deux notes, l'autre de trois.

Il est beaucoup plus ordinaire de convertir un rhythme binaire en un rhythme ternaire, que de faire l'opération inverse. On ne trouve presque jamais, dans les mesures $\frac{12}{8}$, $\frac{9}{8}$, $\frac{6}{8}$ ou $\frac{3}{8}$ etc. des temps binaires substitués à des temps ternaires, tandis que la musique fourmille d'exemples de temps ternaires succédant à des temps binaires. Cette observation est d'une haute importance, pour deviner la manière dont il faut exécuter les temps (ou les fractions de temps) composés de 5, 7, 10, 11 ou 13 notes et plus. Les premiers accouplements devront être binaires, jusqu'au moment où il ne restera plus qu'une somme de notes représentant un multiple du nombre 3, c'est-à-dire, 3, 6, 9, 12, 15 etc., qu'on groupera ternairement.

F

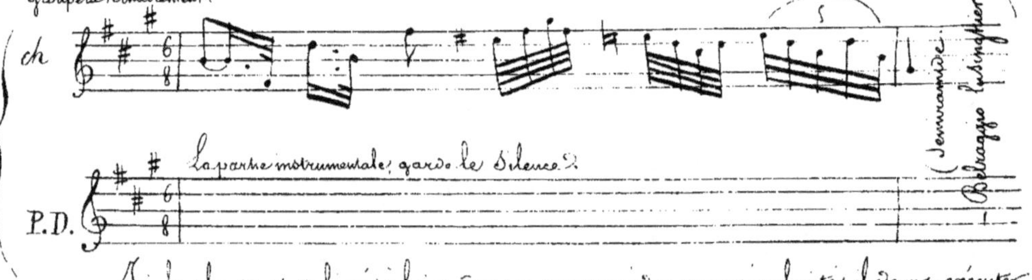

ch

P.D.

La partie instrumentale garde le silence.

(Semiramide) Bel raggio lusinghier.

Ici, le chanteur est livré à lui même, et pour procéder avec régularité, il devra exécuter comme l'indique la traduction suivante:

ch. | 2 . . 6 4 . 2   6 5676 5434   54 342 |

G

ch

P.D.

(Otello) Assisa a piè d'un salice.

Le Chant doit être conforme à la notation que voici:

ch | 7 . . 1   232123   4 . 6 | 6 5 |

Quatrième Partie

Quatrième Partie.

L'Accompagnement de la mesure *a* vient de produire une impression de rhythme ternaire qui subsistera pendant la mesure *b*, et en fera décomposer ternairement la première unité. Voici la traduction de cette mesure *b* :

ch. | b 313 535 1765 432176 5. 0 1 213 |

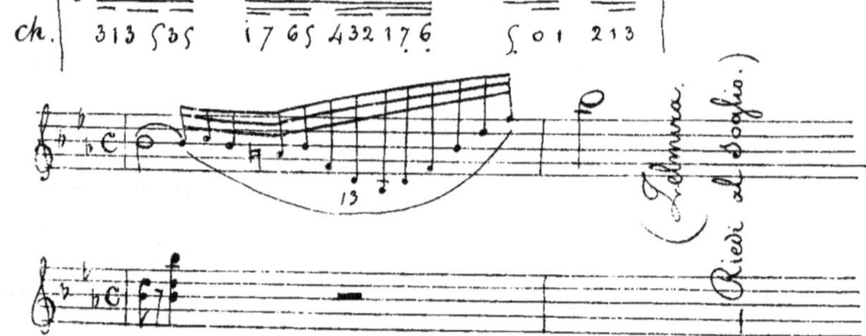

Les treize sons correspondant à la seconde moitié seront partagés comme le montre la traduction, de manière à ne pas interrompre la coupe binaire des unités. Il faudra, pour cela, donner à la prolongation de la blanche plus de durée que ne l'indique la triple croche qui paraît devoir en déterminer la durée.

ch. | 5 . . 65 #5 27 5.7 2572 |

En procédant autrement, on n'aurait pas la progression de durées égales, ou d'accélération qui se pratique dans presque tous les cas analogues. Il faudrait, pour les deux dernières unités,

Quatrième Partie

ou .654 527. 572 572, qui diminueraient la rapidité, en faisant succéder des sixièmes à des huitièmes, ou .6545 275.72 572 qui placeraient une sous-division ternaire entre des sous-divisions binaires, ou tout autre arrangement hétéroclite.

Groupes désignés par le chiffre 6.

Cette indication demande à être traitée à part. Elle doit son obscurité à la mauvaise distribution des traits diviseurs qui ne donnent qu'une seule forme, ♪♪♪♪♪♪, aux deux idées rythmiques si différentes, ♪♪♪ ♪♪♪ et ♪♪ ♪♪ ♪♪. La règle la plus générale est de regarder l'accouplement ♪♪♪♪♪♪ comme représentant ♪♪♪♪♪♪, et c'est très souvent la nature de l'accompagnement qui demande cette appréciation; mais il est d'autres cas où il faut grouper trois par trois les notes réunies par une courbe et marquées du chiffre 6. Quelquefois aussi, cette indication exige qu'on modifie l'accompagnement, si on veut rendre homogène le rythme des deux parties. Les exemples suivants montreront l'application différente que réclame la nature de chaque passage.

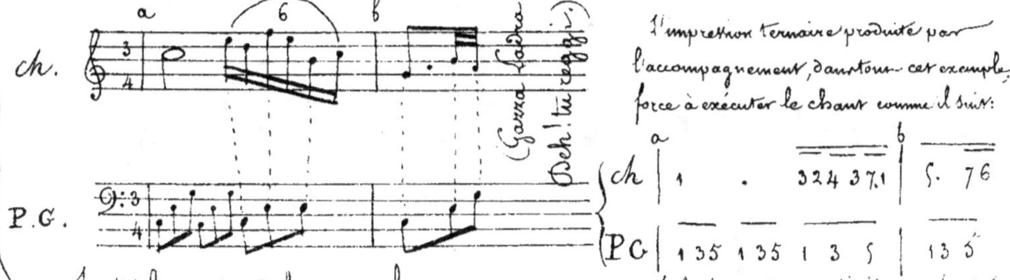

Les triples croches de la mesure b ne correspondent, en réalité, qu'à des sixièmes d'unité et non aux huitièmes qu'elles semblent indiquer, dans ce passage.

Quatrième Partie

La division immédiate des tiers donnant des sixièmes, ceux-ci divisés binairement, donneraient chacun deux douzièmes, c'est-à-dire, quatre notes, pour un tiers. Les 6 notes qui tombent sur le 3e tiers de la mesure a, si on les groupait deux par deux, dérangeraient la symétrie des coups principaux, parmi les fractions, coups que je marquerai par une étoile * au dessous de la note qui les recevra, dans les rapprochements suivants, qui montreront les rapports réciproques de ces divisions.

tiers :

Sixièmes (moitiés de tiers) :

Douzièmes (moitiés de moitiés de tiers)

deux tiers pour un seul son, et le troisième, divisé à triple trait, donneraient : , le dernier groupe présentant deux coups principaux. Si le groupe de six notes de la mesure a était décomposé ainsi : , on trouverait trois coups principaux, au lieu des deux qu'offrirait la décomposition

qui correspond ainsi, par ces deux coups, aux divisions de , condition que ne remplirait pas . Il y a donc deux raisons de préférence, pour écrire le passage précédent :

5 . 654 565 3 0. i | i

O

Ch. — a — b — c — (Barbiere) — Una voce poco fa :

P.D.

Le motif que j'ai donné pour l'exemple N, devrait déterminer à exécuter les six notes qui terminent la mesure a, , pour conserver le même nombre de coups principaux que dans la division en quarts ; Mais ici, à moins d'admettre une inconséquence impardonnable dans la manière d'écrire de Rossini, il faut, du moment où il emploie deux signes spéciaux regarder son intention comme différente, dans deux passages aussi rapprochés que ceux des mesures a et b. On exécutera donc :

Quatrième Partie

ch: | 6 06 654321 | 77 0576 617 721 | 1 ; le silence de l'accompagnement ne permettant pas de se déterminer par les raisons de concordance que j'ai exposées plus haut.

Dans cet exemple, où l'accompagnement est ternaire, et qui doit répartir six notes entre les deux (derniers) tiers, il me semble impossible d'éviter le cliquetis anti-rhythmique dont j'ai parlé page 28, si on exécute autrement (que) comme il suit :

ch | 3 6 023 432 1 012 321 7 071 217 | 3, les triples croches, malgré leur apparence, n'étant que des neuvièmes d'unité, au lieu des huitièmes que cette forme semble demander.

A moins de modifier le chant ou l'accompagnement, il faut ici reconnaître l'impossibilité d'assujétir les deux parties à un même rhythme selon celui de ces deux partis auquel on s'arrêtera, en modifiant l'accompagnement et en rendant ternaire le groupe qui commence la mesure b dans le chant, on aura

ch.	1	432176	5	22	312	345	54	432	3
P.D.	303	.	0	2020	3.0	3.0	40	4.0	3
	151	.	5	7.5. 7.5.	1.5.	1.5.	25	2.5.	1

Quatrième Partie

en respectant l'accompagt. on aura les mauvaises concordances de rhythme			ternaire			ternaire	tern.		tern.		
	Ch.	1	432176	5	22	312	345	54	432	3
	P.D.	30 / 15	3 0 / 1 5	20 / 75	20 / 75	30 / 15	30 / 15	40 / 25	40 / 25	3 / 1
			binaire			binaire	bin.		bin.		

Je crois que le Chant doit être modifié, dans la mesure a, et l'accompagnement, pour la mesure b, si on veut obtenir la concordance de rhythme, et qu'il faudrait :

Ch	1	432176	5	22	312	345	54	432	3
P.D.	3 0 / 1 5	3 0 / 1 5	2 0 / 7 5	2 0 / 7 5	3 · 0 / 1 · 5	3 · 0 / 1 · 5	40 / 25	4 · 0 / 2 · 5	3 / 1

Je sais que quand deux personnes sont chargées, l'une de l'accompagnement, l'autre du chant, ces modifications de Rhythme peuvent ne pas être faites ; mais c'est parce qu'alors il y a deux intelligences distinctes, dont chacune pense à sa manière, et que les différences de rhythme se manifestent sur des durées si brèves que l'oreille n'a pas, pour ainsi dire, le temps d'en être choquée. Cela ne fait pas que la même personne puisse penser et exécuter à la fois deux rhythmes différens, comme semblent le demander les exemples que j'ai rassemblés pour traiter cette question.

R

a b

Ch.

P.D.

(Barbiere. Ecco ridente il cielo.)

Je crois qu'ici les triples croches ne donnent qu'une notation d'à peu-près, et que si on en admet l'accompagnement comme composé de successions de [notes] qui convertissent le $\frac{2}{4}$ en un véritable $\frac{6}{8}$ (deux unités ternaires par mesure), il faudra, mal-

Quatrième Partie

l'indication 2/4, si on exécute à la fois l'accompagnement et le chant, modifier comme il suit la partie vocale :

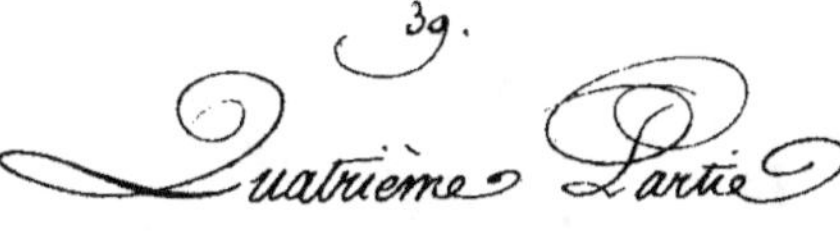

Pour montrer la difficulté de faire coïncider avec l'accompagnement le groupe de six, formant les deux dernières unités de la mesure b, et devant évidemment être partagé en deux groupes de trois notes, nous n'avons qu'à écrire les notes de l'accompagnement de manière à leur faire présenter douze douzièmes, au lieu de quatre quarts, en nous servant, pour cela, de points de prolongation qui marqueront avec netteté chacune des fractions parmi lesquelles il s'agit de déterminer celles qui correspondent à chacun des tiers du groupe de six.

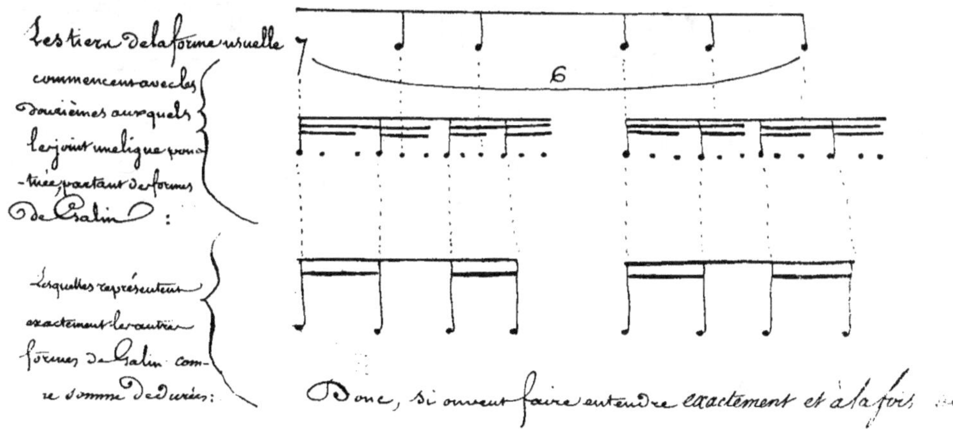

Donc, si on veut faire entendre exactement et à la fois ...

Quatrième Partie

quarts et des tiers, l'oreille percevra la succession baroque des coups suivants, d'une unité partagée en douzièmes, mais dans laquelle l'ordre des coups forts et faibles sera changé de manière à rendre ce rhythme méconnaissable, comme on le voit dans l'exemple qui suit :

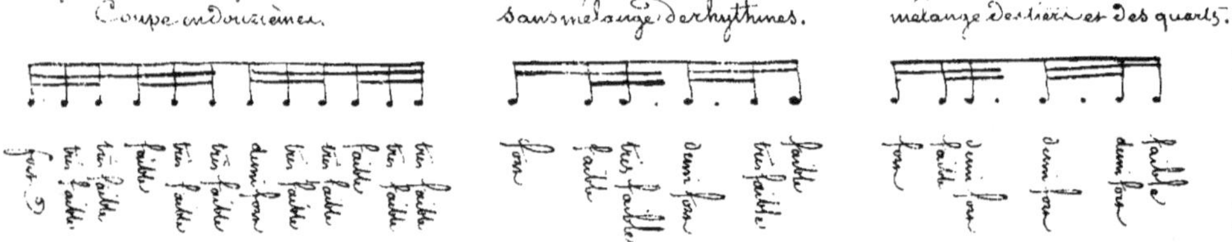

Coupe en douzièmes. — Sans mélange de rhythmes. — Mélange des tiers et des quarts.

fort, très faible, très faible, faible, très faible, très faible, demi fort, très faible, très faible, faible, très faible, très faible — fort, faible, très faible, demi fort, très faible, faible — fort, faible, demi fort, demi fort, faible, demi fort

Heureusement pour ceux qui écoutent de la musique notée comme dans l'exemple S, l'exécutant qui produit, à la fois le chant et l'accompagnement est obligé de ramener à l'unité de rhythme les passages où l'ensemble avait pris à tâche de s'en écarter. Je ne vois guères d'autre moyen, pour exécuter le passage dont je m'occupe, que d'accompagner la mesure b, comme il suit :

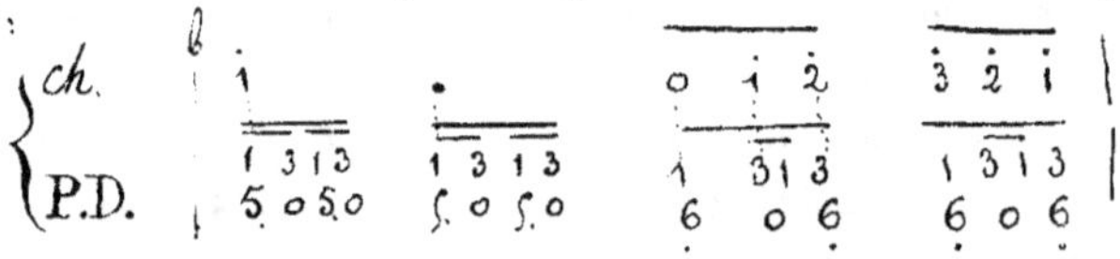

	b			
Ch.	1	.	0 1 2	3 2 1
P.D.	1 3 1 3 5 0 5 0	1 3 1 3 5 0 5 0	1 3 1 3 6 0 6	1 3 1 3 6 0 6

T. — Ch — a — b — c

P. D.

La concordance à établir entre le rhythme ternaire de l'accompagnement et la partie de chant, exige qu'en s'accompagnant on exécute ainsi ce passage :

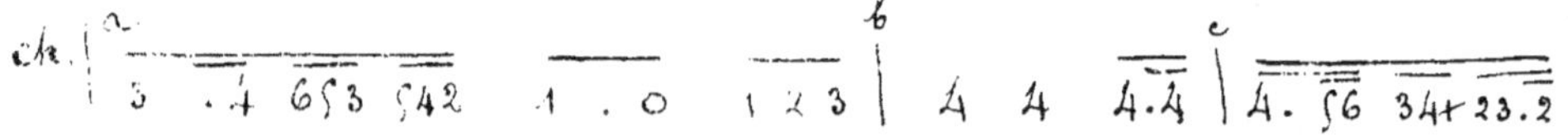

Ch. | a 3 . 4 6 5 3 5 4 2 1 . 0 1 2 3 | b 4 4 4 . 4 | c 4 . 5 6 3 4 + 2 3 . 2

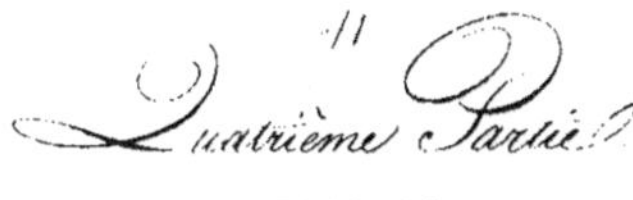

Quatrième Partie

Une objection sera faite à cette critique de l'écriture usuelle. « Tous ces accouplements, dira-t-on, n'arrêtent pas les musiciens *exercés*. Ils voient sur le champ ce qu'il faut faire, et ils décomposent par instinct les groupes qu'ils rencontrent. » À cela je répondrai qu'une écriture est mauvaise, du moment où pour être facilement comprise, ou plutôt *devinée*, elle exige qu'on joigne une immense pratique à une organisation musicale fort développée. Avec un motif comme celui que je combats, il n'y aurait pas de raison pour s'élever contre l'obscurité de l'écriture Chinoise, parce qu'après soixante ans un lettré commence à lire passablement les trois quarts des mots de la langue de Confucius.

Du point d'orgue, 𝄐 appelé aussi point de repos, d'arrêt ou de suspension.

Dans un cours de musique élémentaire, on pourrait, à la rigueur, s'abstenir de parler du point d'orgue, indication qui se rattache soit à l'exécution instrumentale, soit au chant perfectionné. Toutefois, comme il indique une modification des lois du rhythme, je vais faire connaître les diverses significations de ce caractère. On lui donne, selon le cas, les noms indiqués par l'intitulé qui précède. Il veut dire, tantôt qu'on doit prolonger à sa volonté le son ou le silence au-dessus ou au-dessous duquel il se trouve, sans ajouter aucun autre son à ceux que demandent les notes *écrites*, tantôt qu'on peut, entre ce son et celui que demande la note suivante, intercaler des notes dont le choix et le rhythme dépendent du goût du chanteur; tantôt que le son marqué du point d'orgue doit être attaqué comme s'il était marqué du signe d'une durée très brève. Expliquons ces conventions, dans le sens que leur donnent les *Principes élémentaires de musique* adoptés par le Conservatoire.

1° 𝄐 signifie: *Prolongez à votre fantaisie; mais sans addition de sons étrangers à la notation.* Quand ce caractère modifie un son qui dure au moins deux unités, et qui, suivi d'un silence, représente dans le chant l'effet que produit dans un vers, la chute sur un son *masculin*.

Exemples du Conservatoire, copiés textuellement:

Le signe 𝄐 se nomme alors point de repos.

On verra plus loin un emploi semblable du 𝄐 sur le dernier des signes de plusieurs mesures consécutives de silences.

2° 𝄐 signifie: *Prolongez autant que vous le voudrez, et ajoutez, si cela vous convient, quelques traits entre la note que modifie ce caractère et la suivante*; c'est-à-dire, quand la fin de la phrase musicale (avant le silence, frappé pareillement d'un point de repos qui permet d'en prolonger arbitrairement

Quatrième Partie

la Durée) représente, dans le chant, l'effet produit à la fin d'un vers par la résolution sur une rime féminine.

Exemples du Conservatoire, copiés textuellement.

Dans ce cas, le signe 𝄐 conserve le nom de *Point de repos*. Il sera bientôt question des *petites notes* que renferment ces exemples.

3° 𝄐 signifie, quand la phrase musicale se termine (avant un silence frappé d'un 𝄐) sur un son qui ne dure pas plus d'une unité : *attaquez nettement, et abandonnez aussitôt après, la note désignée par le* 𝄐 *sans égard* pour son signe de durée.

Exemples du Conservatoire, copiés textuellement.

Le 𝄐 reçoit ici le nom de *point d'arrêt* ou de *suspension*.

4° 𝄐 Qui prend le nom de *point d'orgue* ou *point final*, remplit le même office que dans le n° 2°, à cette différence près, qu'il reçoit pour terminaison, non pas seulement une simple note, mais ce qu'on appelle, en Italie, la *cadenza* (*La chute de la phrase musicale*), et en France le *trille*, dont je parlerai tout à l'heure, et dont le signe, placé au dessus de la note est : **tr**.

Exemples du conservatoire, copiés textuellement.

Pour être raisonnable, il fallait créer au moins trois signes distincts, au lieu d'un seul 𝄐. Quand on chante en s'accompagnant, on est maître de sa prolongation ; quand deux personnes différentes exécutent le chant et l'accompagnement, c'est à l'accompagnateur ou au chef d'orchestre à se régler sur la marche du chanteur, pour que la reprise de l'instrumentation ait lieu au moment convenable. On s'entend à cet égard, lors des répétitions, pour déterminer la nature et la durée des altérations que doit subir la marche régulière de la mesure.

Quelquefois le compositeur laisse au goût du chanteur le soin de créer la mélodie et le rhythme ou

Quatrième Partie

point d'orgue ou de repos quelquefois il indique explicitement la manière [illegible] que ce signe laisse à la disposition de l'exécutant. Dans ce cas, il se sert à volonté de notes ou plus grosses ou moindres que celles du chant mesuré, qu'il distribue en groupes et qu'il se contente de réunir sous un, deux ou trois traits qui les recouvrent en totalité.

Dans la mesure b, les 27 notes qui composent le trait de chant peuvent être, selon le goût du chanteur, partagées en six groupes de quatre notes et un groupe de trois, ou bien en neuf groupes de trois, ce qui donnera :

1er accouplement : ch. | 5676 7121 2343 4565 7654 3454 342 4 .3 | 1. }
2e accouplement : ch. | 567 671 212 343 456 576 543 454 342 4 .3 | 1. }

Le nombre des variantes rythmiques pourrait être beaucoup plus considérable.

Ici, dans la mesure b, les 22 notes qui sont entre les deux points d'orgue peuvent être groupées de plusieurs manières ; je n'en indiquerai que deux.

1er accouplement : ch. | 5 .67 1765 1765 3217 6543 2176 5. 67 | 1 .

2e accouplement : ch | 5 .67 1765 1765 32 765 432 176 5. 67. | 1 .

Quatrième Partie.

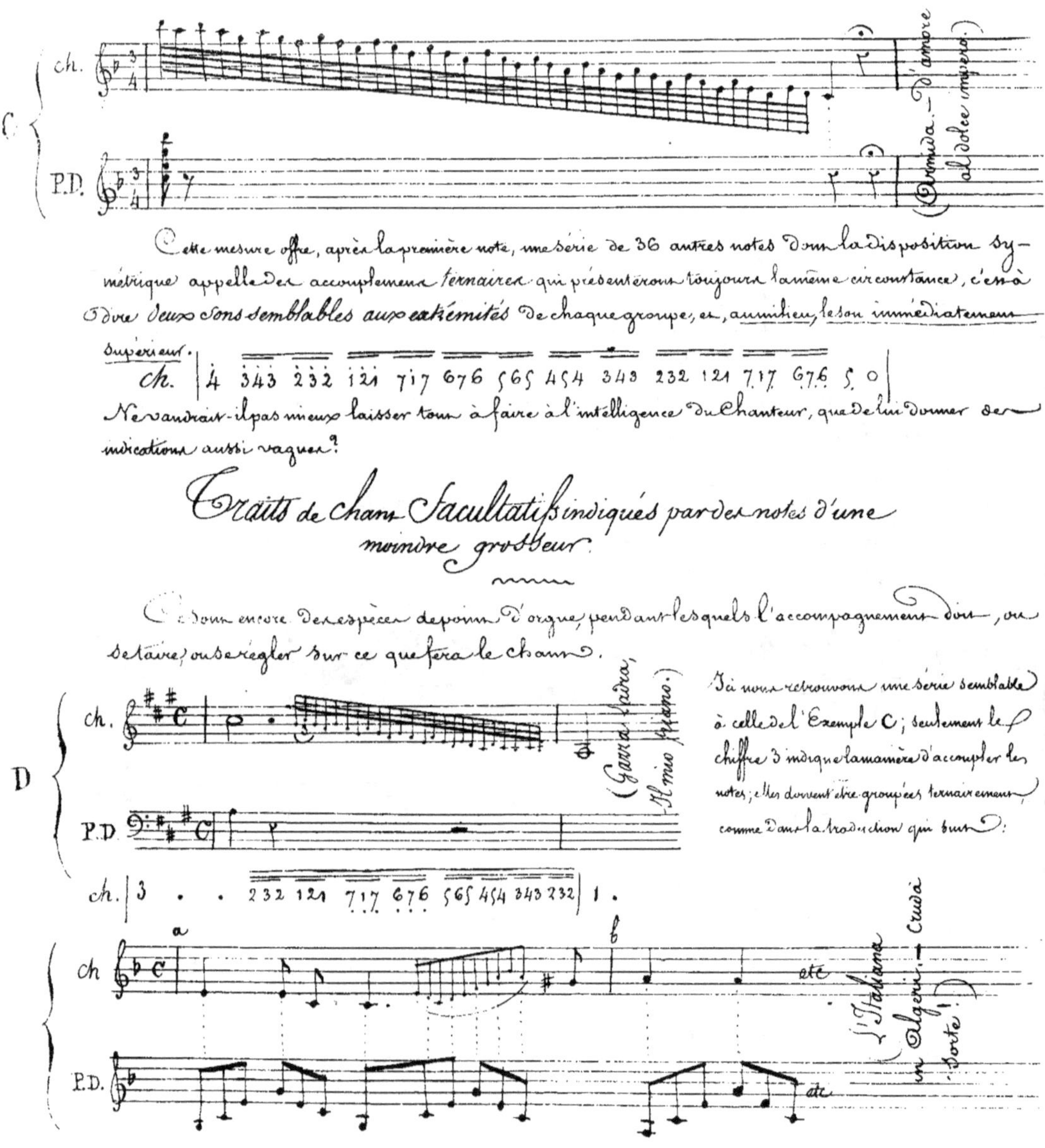

Cette mesure offre, après la première note, une série de 36 autres notes dont la disposition symétrique appelle des accouplemens ternaires qui présenteront toujours la même circonstance, c'est à dire deux sons semblables aux extrémités de chaque groupe, et, au milieu, le son immédiatement supérieur.

ch. | 4 343 232 121 717 676 565 454 343 232 121 717 676 5 0 |

Ne vaudrait-il pas mieux laisser tout à faire à l'intelligence du Chanteur, que de lui donner des indications aussi vagues?

Traits de chant facultatifs indiqués par des notes d'une moindre grosseur.

Ce sont encore des espèces de points d'orgue, pendant lesquels l'accompagnement doit, ou se taire, ou se régler sur ce que fera le chant.

Ici nous retrouvons une série semblable à celle de l'Exemple C; seulement le chiffre 3 indique la manière d'accoupler les notes; elles doivent être groupées ternairement, comme dans la traduction qui suit:

ch. | 3 . . 232 121 717 676 565 454 343 232 | 1 .

Quatrième Partie

Si le chanteur veut exécuter le trait indiqué par le compositeur, l'accompagnement [illegible] marche, et les deux parties feront entendre :

ch. | 7 7 .5 5 . .76 567 123 4327 | 3 3

P.D. | 457 275 4 5 7 2 7 5 351 315

Des petites notes, ou notes d'agrément.

C'est encore sous le rapport exclusif de la durée que je m'occupe de cet objet, laissant aux traités de chant proprement dit les conseils relatifs au degré de force que réclame chaque espèce de note.

Un assez grand nombre de solfèges disent, en termes exprès, que les *petites notes ne comptent pas dans la mesure*. Cela ne peut avoir de sens qu'autant qu'on les néglige, pour s'en tenir aux notes plus grosses ; mais, du moment où on produit, quelque rapidement que ce soit, les effets sonores représentés par ces petites notes, elles *tiennent une place* aux dépens de la durée attribuée aux autres.

Ces signes de petites notes, quand on veut en tenir compte, sont des énigmes dont il faut donner la clef.

(Morlacchi. — Gianni di Parigi. — Il mio destin.)

La petite note prend ordinairement, pour sa durée, la moitié de celle qui est attribuée à la note suivante, quand elle n'en est éloignée que d'*une seconde majeure ou mineure*, et le passage est exécuté comme il suit :

| 0 . . 57 | + 2 0 72 | 34 04 |

(Rossini. — L'Ita[illegible]. — Elena in algeri. — Solfeggi amor)

L'emprunt de la petite note, sur la durée de celle qui suit, est dans les mêmes proportions que plus haut, [illegible] et la [illegible] du [illegible] être :

| 5 . [illegible] 24 32 | 53

On nomme la petite note *appoggiatura* [illegible] doit *appuyer* sur cette note, comme on appuie en lisant des vers sur la [illegible] syllabe d'une rime féminine. L'appoggiatura de l'exemple [illegible] précédé d'*une note* de [illegible] l'appoggiatura est toujours [illegible]

C'

Quatrième Partie

exemple d'appogiatura préparée, pris dans le même morceau.

C

La traduction obligée sera :

| 5̲4̲3̲2̲ 4̲2̲3̲2̲ 1̲7̲1̲6̲ | 6 5 0 |

Il importe peu, comme on le voit, que la forme de la petite note soit ♪ ou ♪.

Quand la petite note est modifiée par un trait transversal ascendant, ou quand elle est une double croche, ♪, (cette indique toujours une durée très brève, prise aux dépens de celle de la note suivante. Rossini, dans l'air de l'Italiana in Algeri, commençant par Cruda sorte nous fournira l'exemple suivant.

D

dont la traduction sera :

| 65 . . 54 . . 43 . . 32 . .

Effet qui se produit par un coup de gosier sur la petite note, et non par une articulation de syllabe ou de nom de noté, incompatible avec la rapidité de cet effet. Cette remarque s'applique aux traits d'agilité, si communs aujourd'hui dans la musique vocale.

La durée de la petite note est toujours semblable à celle de l'exemple précédent, quand, éloignée de plus d'une seconde de la grande note qui la suit, elle indique l'espèce d'élan vocal qu'on nomme en italien portamento, et, en français, port de voix.

Les petites notes sont quelquefois au nombre de deux ou même plus. Les exemples qui suivent montreront la manière de les traduire.

E

ces deux fragments sont extraits de l'air (Cruda sorte, d'où est tiré le précédent.

Traduction :

E | 0 . . 21 7.1 | 123 . . 1 121 7.1 | 123 . .

F

F 3.3 | 4 04 3 03 | 24320 .

G

a b c d

Dans ce passage, extrait du même

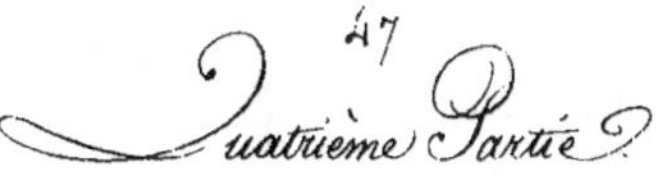

morceau de Morlacchi que l'Exemple **A**, les deux petites notes de la mesure d, [illegible] la précédente un groupe dont les extrémités sont semblables et dont le [illegible] qu'une distance de seconde par rapport aux deux notes entre lesquelles [illegible] aurons à faire l'application de la règle qui veut que, dans ce cas, la durée des deux petites no[illegible] soit prise sur la note précédente, au lieu d'être empruntée à la note suivante, comme [illegible] b demande qu'on le fasse. Voici la traduction de ce fragment, remarquable par [illegible] de petites notes qu'il contient:

a, b, c, d

0 5 | 5 .3 1.2 | 5 7 6 5 . 0 5 | 1 .2 3 5 4 6 2 | 1 2 1 7.0 |

Quand les petites notes sont plus nombreuses, on prend leur durée sur celle de la note qui les suit, ou sur celle du groupe qui vient après elle, et qu'on réduit dans une propor-tion convenable. Je n'en citerai qu'un exemple, tiré de l'air *Non temer*, dans le [illegible] II de Rossini.

Traduction:

1 . . 1 | 4 . 5 6 7 6 5 6 7 i |

Du Gruppetto (en Français, petit groupe).

Voici encore une preuve du mauvais emploi des signes. Trois notes consécutives [illegible] les limites ne peuvent pas excéder une tierce mineure (soit en montant, soit en descendant [illegible]) sont présentées comme devant se trouver au commencement d'une mesure ou d'un [illegible] temps.

Malgré cette indication, il faut que le chanteur fasse rétroagir les signes, et que [illegible] des trois sons appelés *gruppetto* soit prise sur la mesure ou sur le temps qui précède. (Voyez la méthode du chant du conservatoire, page 56.) Les exemples suivants [illegible] méthodes de chant de Garaudé, et d'Andrade, montreront comment [illegible] transporter sur le temps précédent, les trois notes du *Gruppetto*

B

Quatrième Partie

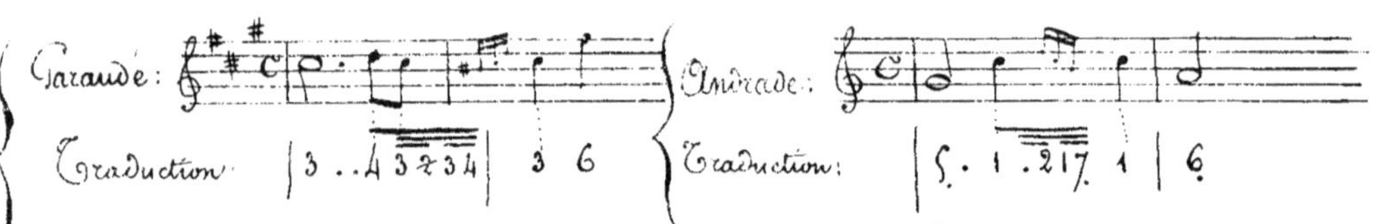

Une autre espèce de Gruppetto est indiquée par le signe abréviatif, ~, qui exprime assez bien le dessin de l'addition que reçoit le nombre des notes d'un ou de deux temps, aux dépens de ce qui, dans la musique écrite, précède ou suit ce supplément d'effets mélodiques. En effet l'addition commence en montant d'une seconde ; elle descend ensuite de deux secondes, et remonte d'une seconde, ce qui remet le chant à la hauteur où il était, avant l'exécution du trait intercalé. Quelques exemples, pris dans la méthode de chant de Parandé, feront voir à quelle modification de rhythme et d'intonation se rapporte le Gruppetto marqué ~. On remarquera qu'il ne faut pas descendre de plus d'une seconde mineure au dessous du son qui précède le gruppetto.

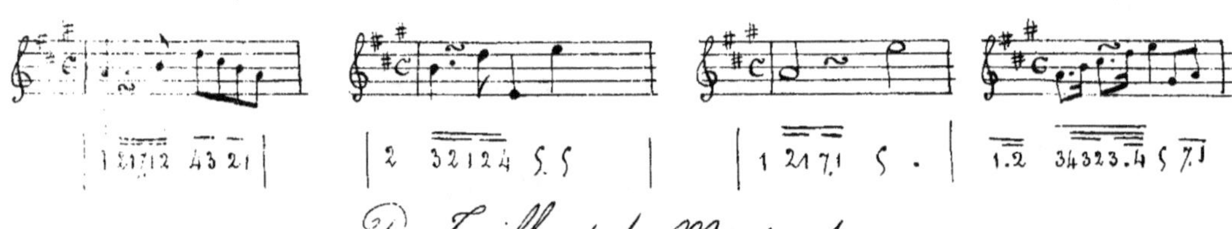

Du Trille et du Mordant.

Les modifications qu'indiquent ces deux signes : *tr* (trille) et *w* (mordant), et qui consistent à frapper rapidement et avec égalité la note qui en est marquée, contre le son immédiatement supérieur ou inférieur, bien qu'elles se rattachent à la durée, ne peuvent point être traitées ici, parce que les variantes de durée qu'exige leur production, selon les cas différents dépendent d'exercices de gosier totalement étrangers à ce qui se pratique dans un cours élémentaire, et parce qu'on ne peut, à cet égard être utilement dirigé que par les maîtres de chant qui, imbus de bonnes traditions, peuvent joindre l'exemple au précepte et en évitant les écueils pour diriger le chant au lieu de donner à leurs élèves pour terme de comparaison le timbre trop aigre du violon, ou la vibration décroissante des cordes du piano

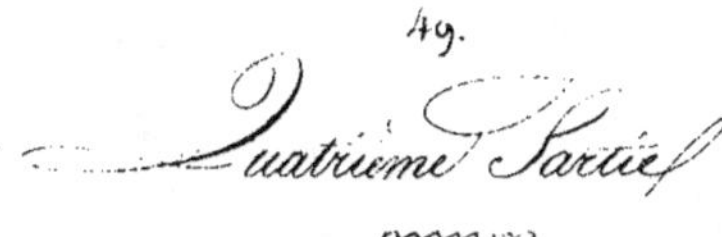

Notes détachées et Piquées.

Souvent pour indiquer qu'une note seule au milieu de plusieurs autres, doit être attaquée d'une manière sèche, afin d'être bien séparée de celles qui la suivent, on met au dessus une sorte d'accent vertical, ꞌ, que les musiciens appellent point alongé. Lorsque plusieurs notes consécutives doivent être séparées par une intermittence nettement accusée, on place au dessus ou au dessous de la tête de chacune de ces notes, un point qui indique l'intention du Compositeur. Un exemple emprunté à la méthode de chant de Garaudé va me servir à faire comprendre le sens des durées ainsi modifiées.

Le piqué, marqué par des points ronds, est plus doux que le détaché, marqué par des points alongés; la distinction de ces nuances n'est pas ce qu'il importe de remarquer ici, l'effet rhythmique est le même, et ces points, ronds ou alongés, ont pour nous une signification semblable.

Indication du silence à observer pendant plusieurs mesures.

Il est souvent utile pour indiquer, dans les parties imprimées ou copiées séparément, pendant combien de mesures une voix ou un instrument doit se taire. pour cela, on a imaginé des signes en dehors du système numérique auquel il était si facile d'emprunter de bonnes indications, et, en acceptant le mot pause, pour synonyme du mot mesure, on a eu :

Quatrième Partie

Il est évident que l'emploi presque général du nom de nombre au-dessus de ces grotesques accouplements de barres verticales en révèle l'insuffisance, et qu'on aurait obtenu un meilleur résultat, en imaginant un chiffre général de silence pendant les mesures entières, signe qui aurait indiqué, par le nombre dont il aurait été surmonté, la quantité de mesures à observer.

Quand un point d'orgue se trouve, dans les autres parties, sur une des mesures pendant lesquelles un exécutant doit se taire, on marque le point d'orgue sur le signe isolé de la mesure correspondant (parmi celles qui se succèdent en silence) à celle où arrive le point d'orgue, dans le chant ou dans l'instrumentation. Supposons que pendant 37 mesures de silences que devra observer un chanteur ou un instrumentiste, il y ait, dans les autres parties, trois points d'orgue, l'un sur la 10e, l'autre sur la 19e, et le dernier sur la 31e mesure ; on écrira comme il suit :

ce qui forme un total de 37 mesures.

Du mouvement, ou de la durée absolue des mesures.

Dans tout ce qui précède, j'ai considéré les rapports des signes de durée, abstraction faite du plus ou du moins de lenteur dans les unités nécessaires pour compléter chaque espèce de mesure. Il est temps d'indiquer les moyens par lesquels on détermine habituellement le degré de rapidité qu'il faut donner à l'exécution des divers morceaux de musique, indépendamment de l'expression qu'on donne, en augmentant ou en diminuant l'énergie des causes de la production des sons de la voix ou des instruments.

Les musiciens (et le nombre en est fort limité) qui ont adopté l'usage du métronome ont marqué le mouvement de leurs morceaux, en indiquant l'espèce et la quantité des signes de durée qui doivent être exprimés par des sons ou passés en silence dans l'espace d'une minute. Mais ici encore la confusion s'est établie, et au lieu de convenir que la marque métronomique représenterait toujours le nombre des unités à faire entendre dans une mesure, on a employé des formes variées qui multiplient, sans nécessité, les synonymes. Exemple : dans le système binaire, mesures C, 3 ou $\frac{3}{4}$, C. 2, $\frac{2}{4}$,

L'indication : métr. 𝅗𝅥 = 36, signifie : il faut par minute . . . . . . 36 𝅗𝅥 ou 72 ♩ ou 144 ♪

L'indication : métr. ♩ = 72, signifie : il faut, par minute : . . . . . . 36 𝅗𝅥 ou 72 ♩ ou 144 ♪

L'indication : métr. ♪ = 144 signifie : il faut, par minute : . . . . . . 36 𝅗𝅥 ou 72 ♩ ou 144 ♪

Quatrième Partie

Dans le système Ternaire, mesures $\frac{12}{8}, \frac{9}{8}, \frac{6}{8}, \frac{3}{8}$.

l'indication : métr. 𝅗𝅥. 24, signifie : il faut, par minute : 24 𝅗𝅥. ou 48 ♩. ou 144 ♪
l'indication : métr. ♩. 48, signifie : il faut, par minute : 24 𝅗𝅥. ou 48 ♩. ou 144 ♪
l'indication : métr. ♪ 144, signifie : il faut, par minute : 24 𝅗𝅥. ou 48 ♩. ou 144 ♪

Quelle raison y avait-il de ne pas prendre pour élémens de détermination les 𝅘𝅥𝅯 ou les 𝅘𝅥𝅱, en doublant ou en quadruplant les nombres qui expriment les déterminations en ♪ ? Quoiqu'il en soit, on connaît maintenant le sens des indices que portent, au commencement, un certain nombre de morceaux de musique moderne.

Les anciens compositeurs, dépourvus d'instruments de précision qui pussent servir à déterminer exactement la durée de chaque unité, ont institué des à peu-près exprimés en termes italiens fort vagues dans leur signification numérique. La nomenclature ne pourra jamais en être donnée d'une manière complète, le nombre de ces pitoyables équivalens des idées de durée, ne pouvant être soustrait à l'action de certains esprits inventifs qui en multiplient les combinaisons, ou qui en augmentent la liste en terminant des mots français par la syllabe mente, comme je l'ai vu sur des morceaux où un Cisalpin avait écrit : vedette : légèremente. voici les principaux :

Noms affectés à la détermination du mouvement, et leurs abréviations.

Adagio, doucement.
Affettuoso, entre andante et adagio.
Allegretto, moins vif que l'allegro (abréviation all^tto).
Allegro, gai. (abréviation all^o).
Amoroso, tendrement, passionnément.
Andante, gracieusement : bien marqué (abrév. and^te)
Andantino, un peu moins vif que l'andante (abrév. and^no)
Furioso, avec impétuosité.
Giocoso, avec gaîté.
Grazioso, gracieusement.
Grave, avec lenteur dans le mouvement.
Lagrimoso, plaintif.
Lamentabile, plaintif.
Languido, avec langueur.
Larghetto, un peu moins lent que le largo.
Largo, le plus lent de tous les mouvemens.
Lento, le plus lent de tous les mouvemens.
Maestoso, donne un caractère de grandeur.
Moderato, mouvement moyen entre le lent et le gai (ab. mod^to)
Presto, vite.
Prestissimo, très vite.
Vivace, gai et animé (abrév. viv.)

Noms qui modifient les précédens, ou qui indiquent des

Quatrième Partie

nuances, dans l'expression :

Agitato, en saccadant un peu le chant.
A piacere, à volonté (en latin ad libitum)
Assai, beaucoup.
Brioso, avec gaîté et éclat.
Comodo, sans forcer le mouvement.
Con brio, avec gaîté et éclat
Con fuoco, avec éclat
Con moto, ajoute un degré de gaîté au mouvement
Crescendo, en augmentant de force (abrév. cres.)
Decrescendo, ou diminuendo, diminuez de force (abr. decres ou dimin.)
Dolce, doux (abrév. dol.)
forte, fort (abrév. F)
fortissimo, très fort (abrév. FF.)
marcato, bien marqué.
Mesto, tristement.
Mezza voce, à demi voix (abrév. m.v.)
Mezzo forte, à demi jeu. (abrév. m F)
Molto, beaucoup.
Mosso beaucoup.
Pastorale, dans le genre pastoral.
Piacevole, d'une manière agréable.
Pianissimo, Très doux (abrév. PP.)
Piano, doucement. (abrév. P)
Rallentando, en ralentissant. (abrév. (ral.)
Rinforzando, enflez le son subitement (abrév. rinf. ou fz.)
Risoluto, d'une manière résolue.
Semplice, d'une manière simple.
Siciliano, Mélodie Sicilienne. (abrév. sicil.)
Smanioso, d'une manière furieuse.
Smorzando, en laissant mourir le son. (abrév. smorz.)
Solo, une voix seule.
Sostenuto, soutenu.
Sotto voce, à demi voix.
Spiritoso, avec esprit.
Stringendo, aller plus vite, peu à peu. (abrév. string.)
Tempo di minuetto (Voyez plus bas).
Tempo giusto (Voyez plus bas).
Tutti, Toutes les voix ou tous les instruments.
Vigoroso. avec vigueur.

Je me suis fait un devoir de conserver l'explication française de ces mots telle que je l'ai trouvée dans les ouvrages qui la donnent. J'ai cru mieux faire voir, de la sorte, combien de pareilles explications laissent d'incertitude dans l'esprit. Seulement j'ai supprimé quelques développements, plus détaillés, qui répandent des ténèbres sur ce qu'il s'agit d'éclaircir. Quel service nous rendra le Théoricien qui nous dit : « le Grave ne diffère point du Largo ; mais il exige une plus « grande gravité dans l'exécution ! » Quelle admirable définition que celle-ci : « Le tempo giusto est un « mouvement dont une grande pratique peut seule nous donner une juste idée. » ! et celle-ci : « « Le Tempo di minuetto est un mouvement plutôt andante dans les ballets et plus vif dans la musique « instrumentale ! » Tout cela est trait pour trait, la réponse au quare opium facit dormire de Molière.

Mais ce qui a le mieux montré l'insuffisance de ces indications, est la détermination —

Quatrième Partie

métronomique ajoutée par quelques auteurs aux mots italiens qui caractérisaient plusieurs de leurs ouvrages publiés avant la vulgarisation de l'instrument de Maëlzel. Je transcris ici un tableau fort curieux contenu dans une notice sur le métronome de Maëlzel. On y verra que le même mot Italien, dans une mesure semblable n'a pas la même signification pour tous les compositeurs; mais, bien plus, que ce mode d'indication du mouvement est si défectueux, que le même auteur a quelquefois exprimé par le même mot des idées dont le rapport excède celui de un à deux.

Compositeur.	mouvement.	marque.	mesure	Compositeur	mouvement.	Marque.	mesure
Paer	allegro moderato	𝅗𝅥 = 50	C	Cramer	Moderato	♩ = 116	2/4
Paer	allegro moderato	𝅗𝅥 = 80	C	Cramer	Allegro non tanto	♩ = 138	2/4
Clémenti	Allegro	𝅗𝅥 = 54	C	Cramer	Presto	♩ = 138	2/4
Chérubini	Allegro	𝅗𝅥 = 112	C	Cramer	Moderato	♩ = 50	2/4
Clémenti	Allegro	𝅗𝅥 = 50	C	Cramer	Moderato	♩ = 126	2/4
Chérubini	Allegro	𝅗𝅥 = 126	C	Viotti	Andante	♩. = 17	3/8
Cherubini	Allegro	𝅗𝅥 = 72	C	Berton	Andante	♩. = 51	3/8
Méhul	Allegro moderato	𝅗𝅥 = 72	C	Nicolo	Andantino	♩. = 52	6/8
Spontini	Presto	𝅗𝅥 = 72	C	Catel	Andantino	♩. = 126	6/8
Beethoven	Presto	𝅗𝅥 = 152	C	Paer	Andante	♩. = 50	6/8
Méhul	Allegro moderato	𝅗𝅥 = 88	C	Berton	Andante	♩. = 100	6/8
Spontini	Presto	𝅗𝅥 = 88	C	Cramer	piuttosto moderato	♩. = 92	6/8
Beethoven	Presto	𝅗𝅥 = 176	C	Cramer	allegro agitato	♩. = 66	6/8
Berton	Allegro molto	𝅗𝅥 = 176	C	Paer	Andante	♩. = 40	6/8
Méhul	Allegro	𝅗𝅥 = 96	C	Paer	Lento	♩. = 40	6/8
Clémenti	Presto	𝅗𝅥 = 96	C	Paer	Andante	♩. = 37	6/8
Beethoven	Presto	𝅗𝅥 = 224	C	Berton	Andante	♩. = 100	6/8
Chérubini	Andantino	♩ = 76	2/4				
Chérubini	Andantino	♩ = 104	2/4				
Cramer	Moderato	♩ = 63.	2/4				

En présence de ces fluctuations que n'ont pas su éviter tant de musiciens d'un mérite supérieur, on comprend qu'il est impossible de donner autre chose que des approximations, pour déterminer la signification numérique des mots italiens. J'emprunte encore à la notice dont j'ai parlé, les limites de leur signification, en prenant uniformément, pour accessoire du nombre métronomique,

Quatrième Partie

le signe de l'unité non divisée, selon l'espèce de la mesure. Je conserve les mots français, Anglais, allemands et italiens offerts par le Tableau dont je change la forme.

Italien	allemand.	Anglais.	Français	mesure C, ¢, $\frac{2}{4}$	mesure $\frac{3}{4}$	mesure $\frac{6}{8}$ $\frac{9}{8}$ $\frac{12}{8}$	mesure $\frac{3}{8}$
Lento.	langsam.	Slow.	lent.	de 25 𝅗𝅥 à 60 𝅗𝅥	de 25 𝅗𝅥 à 60 𝅗𝅥	de 17 𝅗𝅥 à 50 𝅗𝅥	de 17 𝅗𝅥. à 33 𝅗𝅥.
Moderato.	gemaessigt.	moderate.	modéré.	de 60 𝅗𝅥 à 140 𝅗𝅥	de 60 𝅗𝅥 à 150 𝅗𝅥	de 50 𝅗𝅥. à 100 𝅗𝅥.	de 33 𝅗𝅥. à 50 𝅗𝅥.
Presto.	Geschwind.	Quick.	vite.	de 140 𝅗𝅥 à 400 𝅗𝅥	de 150 𝅗𝅥 à 420 𝅗𝅥	de 100 𝅗𝅥. à 240 𝅗𝅥.	de 50 𝅗𝅥. à 120 𝅗𝅥.

Il est surprenant que l'usage du métronome soit aussi peu répandu. La plus forte objection, peut-être, à élever contre un changement des signes de la notation ordinaire est l'universalité de leur adoption. Quoique ne sachant pas l'Espagnol, nous comprendrons de la musique faite à Madrid, et les œuvres de nos compositeurs seront exécutées en Espagne par des musiciens qui n'auront jamais étudié le Français. Eh bien! la langue des chiffres est plus généralement connue que celle des notes, et le nombre 72 réveillera la même idée de quantité à New-york, à Vienne, à Londres à Rome, à St Pétersbourg, à Paris etc. Pourtant, on verra longtemps encore d'estimables amphions qui, n'ayant jamais lu ni le Tasse, ni l'Arioste, ni Virgile, croiraient que tout serait bouleversé, si on renonçait à l'emploi des mots italiens, *andante*, *adagio*, etc. ou du latin *ad libitum*, pour les remplacer par des signes numériques présentant, sans ambiguïté les types rhythmiques nécessaires pour ne point travestir la pensée du compositeur.

Quand la marque métronomique ou *chronométrique*, ce qui est synonyme, sera exprimée par un nombre inférieur au plus petit de ceux que portera l'instrument diviseur du temps, on aura un moyen fort simple de remédier à l'insuffisance. Ce sera de compter, par unité:

Dans la mesure à division binaire, *deux* oscillations de la balle élevée au <u>double</u> du numéro trop faible pour avoir trouvé place dans l'Echelle; et,

Dans la mesure à division ternaire, de compter *trois* oscillations de la balle élevée au *triple* du nombre trop faible. Exemples:

Si vous rencontrez:	Comptez.
en C, en $\frac{3}{4}$, ou $\frac{2}{4}$: 𝅗𝅥 = 18,	deux oscillations de la balle élevée au N° 36, *double* de 18. pour le métronome. ou quatre oscillations de la balle élevée au N° 72 *quadruple* de 18, pour le chronomètre de Galin qui ne descend qu'au N° 60.
en $\frac{12}{8}$, $\frac{9}{8}$, $\frac{6}{8}$ ou $\frac{3}{8}$: 𝅗𝅥. = 21,	trois oscillations de la balle élevée au N° 63, *triple* de 21.

Quatrième Partie

Identité des mesures $\frac{3}{4}$ et $\frac{3}{8}$.

Les compositeurs écrivent la même idée de deux façons différentes, selon qu'ils habitent la France, ou l'Allemagne. Telle valse qui, de l'autre côté du Rhin, se représenterait sous la forme d'une mesure à $\frac{3}{4}$, sera écrite en $\frac{3}{8}$, à Paris. L'invention du métronome ou du Chronomètre permet de voir sur le champ qu'on produit le même Rhythme quand on frappe, par mesures, trois unités dont chacune dure quarante centièmes de seconde, ou les trois tiers d'une unité qui a pour durée totale, une seconde et vingt centièmes, somme égale aux cent vingt centièmes de seconde que donnera la succession de trois unités durant chacune quarante centième de seconde. La Valse de Robin des Bois pourrait être écrite indifféremment des deux manières suivantes :

Les deux espèces de mesure, $\frac{3}{4}$, et $\frac{3}{8}$ étant très fréquemment employées, on acquiert promptement l'habitude de lire avec facilité l'une et l'autre. Toutefois, il y a pour le $\frac{3}{4}$, une raison de préférence, l'économie de traits diviseurs qu'elle présente. On devrait donc l'employer à la place du $\frac{3}{8}$.

Exemples de signes de durée compliqués ou simplifiés à tort.

Quelques auteurs semblent se plaire à imaginer des raffinements d'écriture qui, sans rien ajouter au mérite de leurs ouvrages, diminuent considérablement le nombre de personnes qui peuvent les lire et les exécuter facilement. Rossini semble s'être appliqué à donner des preuves de ce que j'avance, tantôt en écrivant des durées fort lentes, avec des signes qui paraissent demander une grande rapidité, tantôt en employant, pour des durées fort brèves, des caractères dont l'emploi habituel se rapporte à une vitesse beaucoup moins grande. Son opéra du Comte Ory,

Quatrième Partie

…ne fournit le moyen de justifier ce reproche, et d'indiquer à l'exécutant la manière d'envisager ces sortes d'énigmes, pour y trouver les idées de rythme qu'on percevrait sans effort si l'auteur ne leur avait pas donné une forme aussi éloignée de ce qu'on rencontre dans la pratique journalière. Je prends mes exemples dans cet opéra, parce que la marque métronomique, *en chiffres*, s'y trouve avec les indications vagues des mots italiens, et qu'il sera possible d'établir mes comparaisons sur des données positives. Voici les premières mesures de l'air: *en proie à la tristesse*.

Andante. Métr: ♪ = 100.

Il est évident que cet air n'est que la réunion, en une seule mesure, $\frac{6}{8}$, de deux mesures $\frac{3}{8}$ qui donneraient chacune trois mouvemens pour marquer le rythme, c'est à dire six mouvemens pour l'équivalent d'une mesure $\frac{6}{8}$ telle qu'on la voit ici, et pour laquelle il n'y a, dans la manière usuelle de battre la mesure, que deux mouvemens qui indiquent les divisions de la mesure. Écrivons la première ligne avec le signe du $\frac{3}{8}$, et déjà la difficulté d'une division exacte sera beaucoup moins grande. Les lettres de la mesure $\frac{6}{8}$ conserveront leur place et viendront alors de deux en deux mesures.

Andante, Métr: ♪ = 100

Maintenant, si nous faisons attention qu'une mesure $\frac{3}{8}$ n'est pas autre chose qu'une mesure $\frac{3}{4}$, nous pourrons écrire le fragment qui précède, de manière à diminuer la profusion de traits superposés que présenterait le $\frac{3}{8}$ dans les mesures *g* et *h*.

Andante. Métr: ♩ = 100.

Quatrième Partie

En présence d'une évaluation chiffrée, il est impossible de méconnaître la similitude complète des rhythmes et de mélodie exprimées de ces trois manières.

Une recherche non moins fâcheuse de signes diamétralement opposés à ceux dont j'ai signalé l'abus va se montrer dans un autre morceau du même opéra. L'air : *Venez amis, retirons-nous* est écrit comme il suit :

Allegro spiritoso. 𝅗𝅥 = 120.

La rapidité de ce mouvement est telle qu'il serait fort difficile de battre les quatre temps indiqués par le signe C, et on peut affirmer que, sur mille musiciens exercés qui, sans connaître la partition du Comte Ory entendraient exécuter ce morceau, il n'en est pas un seul qui ne fût frappé de l'impression très énergique d'une mesure à deux temps d'un rhythme précipité, et, qui, ayant à écrire cet air, à l'aide de ses seuls souvenirs, ne le notât comme il suit, sauf la marque métronomique, la vitesse absolue ne pouvant pas plus rester exactement dans la mémoire que le son rigoureusement absolu.

Allegro spiritoso. Métr: ♩ = 240.

Quand on rencontre de semblables métamorphoses, il faut se tenir prêt à voir, dans ce qui est, ce qui devrait être, en même temps qu'on regrette que des hommes de génie aient emprunté à des artifices d'écriture le moyen de rendre impraticable, pour beaucoup d'exécutants, ce qui n'était que difficile, et fort épineux ce qui pouvait être abordé sans crainte et franchement exécuté.

Le moindre ouvrier en romances pourrait, en suivant cette marche, faire, de l'air le plus simple, un problème fort ardu de lecture musicale, sans que l'emploi des triples ou des quadruples croches pût dissimuler la pauvreté de ses compositions. L'Écriture, non plus que la parole, n'a pas (pour) mission de s'évertuer à déguiser la pensée.

Par suite des raisons qui viennent d'être données, quand on rencontrera une mesure $\frac{2}{4}$ d'un mouvement lent, on pourra regarder les ♪ comme des ♩, les 𝅘𝅥𝅯 comme des ♪, les 𝅘𝅥𝅰 comme des 𝅘𝅥𝅯 et battre la mesure à quatre temps, soit mentalement soit à l'aide de mouvements effectués comme dans la mesure marquée C.

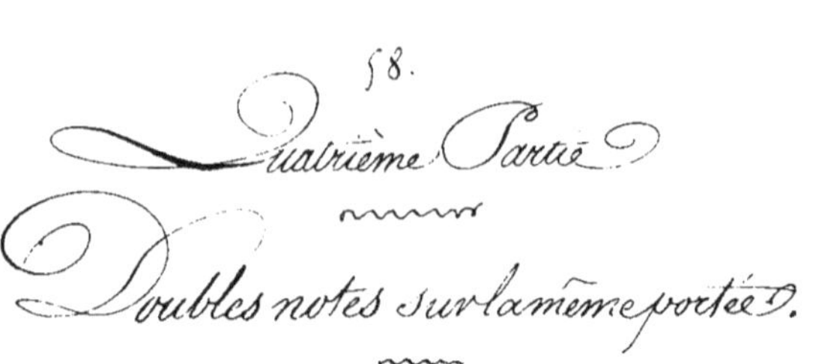

Quatrième Partie

Doubles notes sur la même portée.

Souvent, pour économiser l'espace, on réunit sur une seule portée le chant de deux espèces de voix, comme dans ce fragment des *Huguenots* (page 370 de la partition) :

Il faut avoir lu beaucoup de Musique pour démêler rapidement, dans cette confusion de notes, ce qui appartient à chaque voix, et, sans une grande habitude, on n'arrive qu'avec peine à ce résultat.

Dans cette manière d'écrire, la direction des queues des notes est pour beaucoup. Les ♩ ♩ ♪ ♬ isolées, dont la queue suit une direction descendante appartiennent à la voix basse ; les ♩ ♩ ♪ ♬, isolées, dont la queue se dirige vers le haut indiquent ce que doit chanter la voix la plus élevée, parmi les deux dont le chant est écrit sur la même portée. Les notes à double queue indiquent le même son pour les deux voix. Dans les accouplements superposés, ou dans les juxta-positions à queue unique ou sans queue, comme :

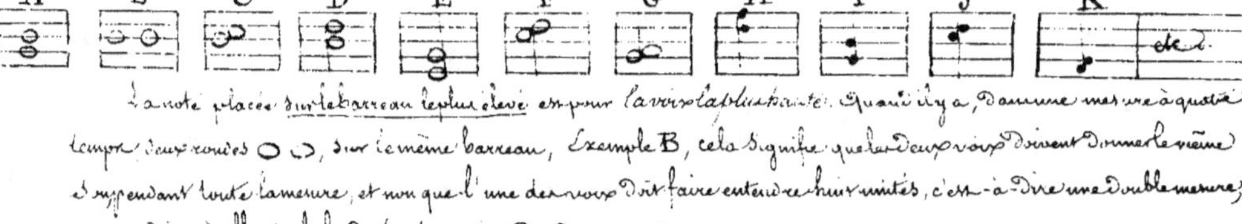

La note placée sur le barreau le plus élevé est pour la voix la plus haute. Quand il y a, dans une mesure à quatre temps, deux rondes ○ ○, sur le même barreau, Exemple B, cela signifie que les deux voix doivent donner le même son pendant toute la mesure, et non que l'une des voix doit faire entendre huit unités, c'est-à-dire une double mesure, pour produire à elle seule la durée successive des deux rondes.

Les silences s'évaluent, pour chaque voix, plutôt par la connaissance de la durée des notes écrites, que par l'examen individuel des signes qui obligent à se taire.

On comprendra mieux la complication d'une pareille écriture, en comparant, dans l'exemple ci-dessous, la portée à double voix avec deux autres portées simples placées au-dessous et au-dessus d'elle, pour recevoir chacune la portion de notes qui s'adresse à chaque voix. Des points de jonction montreront comment se partagent les caractères de la portée à doubles notes.

Quatrième Partie

Signes Spéciaux.

Les nuances de l'intonation sont indiquées ordinairement par les mots italiens ou par leurs abréviations, dont la liste se trouve plus haut (page 51).

Ce signe, nommé *Guidon* placé à la fin d'une portée, sur un des barreaux blancs ou noirs, veut dire que la portée suivante commencera par une note placée *sur le même barreau que le Guidon*.

< Demande que le son, commencé faiblement, prenne de plus en plus d'intensité.

> Signifie le contraire, et demande que la force du son diminue progressivement.

< > est la réunion des nuances qui précèdent, et marque la progression, d'abord croissante, puis décroissante d'un même son, ou des notes qui composent un trait de chant ou d'instrument.

N.S est l'abréviation de l'Italien *Volti subito* qui signifie *tournez vite*.

D.C. Abréviation de l'Italien *da capo*, renvoie au commencement du morceau.

fin Ce signe placé dans le courant d'un morceau, avertit que, quand on rencontrera le signe de renvoi qui le précède, on devra reprendre le chant au renvoi indiqué, d'où on continuera jusqu'au mot fin qui, cette seconde fois, marquera l'endroit où on devra s'arrêter, tandis que, la première fois, il ne doit être regardé que comme un avertissement.

bis Veut dire chanter *deux fois*, quel que soit le nombre de mesures à reprendre, ainsi, ce qui est entre les points superposés parallèlement aux deux lignes verticales qui commencent et qui terminent cette espèce de renvoi.

Sont autant de formes de renvoi qui ramènent l'exécutant au point où il a rencontré une première fois un signe *pareil à celui qui se reproduit, parmi ceux que je présente en marge*.

Le Caprice des copistes crée souvent des signes de renvoi en dehors des conventions reçues.

Ces signes appelés barres de reprise, demandent qu'on chante deux fois ce qui est compris entre les points superposés, quel que soit le nombre de mesures à reprendre de la sorte.

Il y a ici ce qu'on appelle une double reprise, c'est à dire, qu'après avoir chanté *deux fois* les mesures qui se trouvent entre la première barre de reprise suivie de deux points superposés, et la seconde qui a des points de chaque côté, il faut chanter deux fois ce qui est entre la barre de reprise doublement escortée de points et la barre suivante qui n'en présente que d'un seul côté.

Quand on rencontre cette barre, avant d'en avoir vu une présentant les points comme il suit, ||: on reprend à partir du commencement du morceau.

1re fois 2e fois Signifie quand vous arriverez à la barre de reprise que précèdent les points superposés, vous reprendrez à partir de la barre de reprise précédente, et lors de cette *deuxième exécution* vous ne chanterez pas la portion comprise sous l'indication 1re fois, mais vous substituerez à cette portion les notes comprises sous l'indication 2e fois.

Quatrième Partie

Les deux airs suivants sont écrits de manière à donner des exemples de ces divers renvois. Je marquerai, dans la reproduction développée, ce qui correspondra à chaque indication abréviative, et j'y joindrai les lettres des mesures correspondantes.

Notation abrégée de la Valse intitulé la hongroise:

a b c 1re fois d 2e fois e Fin f g h i

Le même air, sans abréviations.

a b c d a b c e f g h i

a renvoi b c e

Comme on le voit, ce qui est compris sous l'indication 1re fois, ne se chante que lorsqu'on arrive, pour la première fois à la barre de reprise. Lors de la répétition, ou quand on est ramené, par le renvoi, à la terminaison du chant, on passe ce qui est sous les mots : 1re fois.

Air des matines de Frère Jacques, avec abréviations. (Les lettres indiquent les seconds temps des mesures).

a b c d

On voit que la barre de reprise peut se trouver au milieu d'une mesure, dans ce cas elle ne compte pas comme limite de la périodicité rhythmique, mais seulement comme indication de renvoi.

Le même air, sans abréviations.

a a b b c c d d

Fin de la quatrième partie.

Charpente des Formules, et renvoi aux pages [illegible]

Un, une ; [illegible] ; trame ; cafard ; cinq sols ; Sylla, Cécile (page 2). 1re partie.
Eut mis Sosie ? la farine (4).
Soleil, vassaux outrés Rem l'assit seul là (14).
Montre, Scie eût mieux fait.
Fièvre, falot eut mis Sosie.
Digestion, moi seul rêve à cirer la hutte.
Carte géographique, vas-y.
Cartes à jouer, si mie l'a résolu, mie l'a résolu, va !
Colère, l'ami son rêve a eu ; moi cirer la hutte, sole !
Caprice, si fait.
Sixte pape, résidu là ferez salin.
Sixte enfant, mi-août, la faim, six sols.
Pâques, famille eut de Scies.
Dimanche, reçu fin là, sauf à murer [illegible] seul.
Vois Fanfan rin, quand cancan [illegible] (21).
Hausse, fais tes jets, raie laie, mets cèpes (27).
Baisse, sement, l'heureux jeté veux,
armure déesse, saurez, l'ami, si fois [illegible] (31).
Armure bien molle, fait sement l'heure, je le.
Mine, abaisser, Tircis (35).
Myrrhe, dômes élevés.
Le gentil enfant disait-il (39).
Grande route, Jaffa mit lits, rit-il (45).
Chemin de traverse, ta mage [illegible]
Tét, s'il l'a fait, rira (49).
Rets mis
Mets faits.
Faix, ci-gît l'ami fait raja.
Jets, lilas faits.
Lait Scie.
Travaux forcés, muid.
Révérend, fi !
Monsieur, gîte y sort, moi ! muid !

Jésus, muid.
Livres, moi ty fis muid.
Saint, moi ! fat ! fi ! gît muid, [illegible]
Rat, fêtait, chée fait-là (51)
Mosment seul œufs, me [illegible] œufs.
Fan, [illegible], fait la hutte.
Japhet, sol ciré.
Lacs jette effet, latte est mu.
Scie, sement, serez faits.
[illegible] le ment, hutte ment sol, cela (52).
[illegible] setait, [illegible], hutte [illegible]
[illegible] fait rare, [illegible]
Muid seule jete veux, mont joues suent, [illegible]
Fils, seul heureux, fait le hue ; muré.
[illegible], J'aurais tes faits, fait la taie, [illegible]
Gin, sement fait, [illegible], famille.
Lin, jet, la hutte mis, là jet.
Scie, tel effet, ciré fait, là jet.
Mineur, si mi Scie, geint, mis [illegible] en bos [illegible] a repos, mimi monte mieux encore ... m'y fasse [illegible]
Ti en tas, les mets (58).
Ti en mât, scie.
Ti engin, seul effet.
Ti en sol, seul : ah !
Ti en lacs, serine.
Ti en fi, mets heureux.
Créole, ta hure, ah ! hé ! (3e partie [illegible])
Madame de Montespan, tes ah [illegible]
La Brinvilliers, [illegible] a attache, [illegible] hâtez chut !
Bastonnade, tes ah !
Pendaison, va en hache
Amputation, va et chut, fait [illegible]

Additions.

1re Partie, page 32, avant l'intitulé : « Mode mineur, ajoutez ce qui suit : « Toutes les Tonalités « étant égales entre elles, les compléments dont il a été parlé page 8, seront d'autant plus grands que les « intervalles à compléter seront moindres, et réciproquement. Ainsi une tierce, ayant pour complément une « sixte, on aura, selon la nature des tierces suivantes, les sixtes dont je donne le tableau en rapport avec « celui des tierces qu'elles complètent. »

Tierce majeure	Tierce mineure	Tierce augmentée	Tierce diminuée
4 6	4 6	4 6	4 6
6 4	6 4	6 4	6 4
Sixte mineure	Sixte majeure	Sixte diminuée	Sixte augmentée

« La Corrélation des compléments est donc du majeur au mineur, ou de l'augmenté au diminué, et réciproquement. »

3e Partie, page 11, à la fin de la page, ajoutez ce qui suit : « un air, sauf de très rares exceptions, « commence par une des trois notes de l'accord ; il ne peut donc y avoir d'incertitude, quand la recherche de la tonique, d'après la supposition du majeur, donne pour note initiale sol ou la ; dans le premier cas, la tonalité est majeure, sol faisant partie de l'accord 135 ; dans le second, elle est mineure, la étant « fondamentale de l'accord 613 ; il n'y a donc à hésiter que dans le cas où la note initiale serait ut ou mi, et alors la connaissance de l'accord majeur ou mineur fera bientôt reconnaître le mode. »

4e Partie, page 29, avant l'exemple B, ajoutez : « Tout ce qui va suivre, jusqu'à la page 48, est la preuve des inconvénients qu'entraînent, dans la notation usuelle, la continuité et l'égalité de longueur « des traits superposés  , manière d'écrire « plus expéditive pour le Copiste ou le graveur, mais essentiellement fâcheuse pour le lecteur. »

Rectifications.

1re partie page 48. Lisez comme il suit l'intitulé qui est au milieu de la page : « Tonalités auxquelles « convient l'élévation ou l'abaissement d'une même propriété. »

2e partie, page 14, à la suite de l'intitulé : Souche ternaire, sous division ternaire, au lieu de la figure 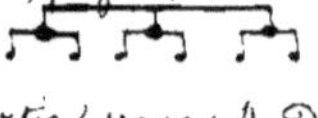 lisez 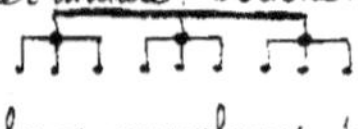

3e Partie, page 4, dans quelques exemplaires, tracer des lignes parallèles qui coupent les mots sol 9, si 11, ré 13, fa 15, la 17, ut 19, mi 21, sol 23, si 25, ré 27, fa 29, la 31, ut 33, de manière à former une échelle dont les lignes traversent la limite signée de chacune des voix.

Table des matières.

La couleur du barreau de l'ut servant à trouver plus facilement le nom des autres barreaux [illegible] différente. 4.

Table des matières.

Table des Matières.

Deuxième Partie.

Table des matières

F Voyez au bas de la page (a)

(a) à une commencé de silence, 7. — Table de toutes les manières de diviser une unité en trois tiers

Table des matières.

Troisième partie.

Voyez au bas de page.

[notation], 18. Coupes à triples traits, système ternaire, 18, — nomenclature et frappé de ...

Table des matières

Table des Matières.

Table des matières.

Quatrième partie.

Table des matières

Voir au bas de page.

La division exacte en fractions qui ne sont pas des divisions de deux ou de trois est impraticable 31

Table des Matières

Fin de la Table des quatre parties de la Théorie.

Cinquième Partie

Exercices d'intonation, avec ou sans durée, et morceaux à une voix

(Nota) Les exercices précédés des lettres N.P. sont pris dans les cahiers que ma sœur, Nanine Paris, a rédigés pour ses leçons. On devra chanter plusieurs fois, non seulement ce qui est compris entre les barres, ‖, surmontées des nos d'ordre, mais encore ce qui est entre les traits d'union. Le rhythme est arbitraire.

N.P. ‖ 1 123451 — 12341 — 1231 — 121 — 123451 — 51 ‖ 2 543215 — 54325 — 5435 — 545 — 54321

51 ‖ 3 12345 — 54321 — 123454321 — 51 ‖ 4 11 — 22 — 33 — 44 — 5 — 55 — 44 — 33 — 22 — 1 — 51 ‖ 5 121 —

123 — 321 — 1234 — 4321 — 12345 — 54321 — 51 ‖ 6 121 — 12321 — 1234321 — 123454321 — 51 ‖ 7

545 — 543 — 345 — 5432 — 2345 — 54321 — 12345 — 151 ‖ 8 545 — 54345 — 5432345 — 543212345 —

151 ‖ 9 17651 — 1761 — 171 — 17651 — 51 ‖ 10 56715 — 5675 — 565 — 5671 — 51 ‖ 11 1765 — 5671 —

1765671 — 51 ‖ 12 11 — 77 — 66 — 5 — 55 — 66 — 77 — 1 — 51 ‖ 13 171 — 176 — 671 — 1765 — 5671 — 51 ‖ 14

171 — 17671 — 1765671 — 51 ‖ 15 565 — 567 — 765 — 5671 — 1765 — 151 ‖ 16 565 — 567 — 65 — 5671765 —

151 ‖ 17 121 — 2 — 232 — 3 — 343 — 4 — 454 — 5 ‖ 18 545 — 4 — 434 — 3 — 323 — 2 — 212 — 1 ‖ 19 121 — 232 — 343 —

454 — 5 = 545 — 434 — 323 — 212 — 1 ‖ 20 171 — 7 — 767 — 6 — 656 — 5 = 565 — 676 — 7 — 717 — 1 ‖ 21 171 —

767 — 656 — 5 = 565 — 676 — 717 — 1 ‖ 22 123 — 13 — 345 — 35 — 135 = 543 — 53 — 321 — 31 — 531 ‖ 23

12345 — 5671 — 1765 — 54321 ‖ 24 12345671 — 17654321 ‖ 25 123456717654321 — 12345671 — [illegible] ‖ 26

123 — 13 — 123 — 2 — 234 — 24 — 234 — 3 — 345 — 35 ‖ 27 543 — 53 — 543 — 4 — 432 — 42 — 432 — 3 —

321 — 31 ‖ 28 176 — 16 — 176 — 7 — 765 — 75 — 1 ‖ 29 567 — 57 — 567 — 6 — 671 — 61 — 1765 — 51 ‖ 30 [illegible]

Cinquième Partie

57 — 671 — 61 — 712 — 72 — 123 — 13 — 234 — 24 — 345 — 35 ‖ 31 543 — 53 — 432 — 42 — 321 — 31 — 217 —

27 — 176 — 16 — 765 — 75 ‖ 32 57 — 61 — 72 — 13 — 24 — 35 ‖ 33 53 — 42 — 31 — 27 — 16 — 75 — 1 ‖ 34 5135 1 — 5135 —

513 — 51 — 15315 — 1531 — 153 — 15 — 11 ‖ 35 515 — 513 — 315 — 5135 — 5315 — 51351 — 15315 — 1 ‖ 36 515 —

51315 — 5135315 — 51351 5315 — 1 ‖ 37 151 — 153 — 351 — 1531 — 1351 — 15315 — 51351 — 1 ‖ 38 151 —

15351 — 1531351 — 15315 1351 — 1 ‖ 39 5724 — 572 — 57 — 51 = 5724 — 4275 — 427 — 42 — 171 ‖ 40 575 —

572 — 275 — 5724 — 4275 — 151 ‖ 41 575 — 57275 — 5724275 — 151 ‖ 42 5724 — 424 — 427 — 724 —

4275 — 5724 — 2171 ‖ 43 5724 — 424 — 42724 — 4275724 — 2171 ‖ 44 135 — 15 — 125 — 532 — 52 — 51 ‖ 45

1234 — 14 — 4321 — 41 — 4 ‖

Carrés d'exercices, pour l'étude des successions d'accords. Nous trouverons une grande économie de temps et de place à répartir entre les neuf cases d'un carré les arrangements de notes à étudier dans leurs diverses combinaisons. En interrogeant ces carrés dans huit directions, partant chacune d'un des quatre coins du carré, et se dirigeant dans le sens des deux côtés adjacents à chaque angle, on aura les huit itinéraires que voici:

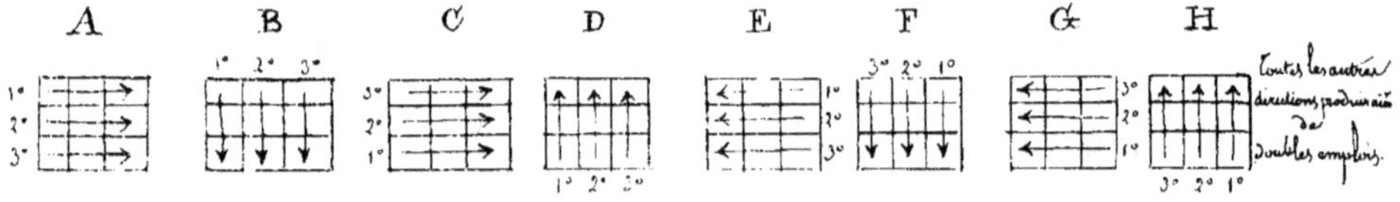

On retrouve ici une application de ce qui a été indiqué, page 5 de la 2e partie; seulement le nombre des lignes et des colonnes de chaque carré d'exercice est bien moins considérable.

Le nombre des exercices pourra être doublé, si on le fait, d'abord en lisant de gauche à droite les notes contenues dans chaque case, puis en recommençant à parcourir les mêmes cases, pour lire les mêmes

Cinquième Partie

notes de droite à gauche. Après avoir interrogé les neuf cases dans le sens indiqué par chaque arrangement, on terminera par le son qui, dans l'intitulé de chaque carré, suit le mot, *finale*.

L'Exemple suivant va montrer tout ce qu'on trouve dans un seul carré d'exercice, envisagé sous les huit aspects qui précèdent, avec la lecture des notes faite dans les deux sens dont j'ai parlé.

	En lisant dans chaque case, de gauche à droite.	En lisant, dans chaque case, de droite à gauche:
A	135 | 7.25 | 135 | 146 | 135 | 527. | 135 | 641 | 135 | 1	531 | 527. | 531 | 641 | 531 | 7.25 | 531 | 146 | 531 | 1
B	135 | 146 | 135 | 7.25 | 135 | 641 | 135 | 527. | 135 | 1	531 | 641 | 531 | 527. | 531 | 146 | 531 | 7.25 | 531 | 1
C	135 | 641 | 135 | 146 | 135 | 527. | 135 | 7.25 | 135 | 1	531 | 146 | 531 | 641 | 531 | 7.25 | 531 | 527. | 531 | 1
D	135 | 146 | 135 | 641 | 135 | 7.25 | 135 | 527. | 135 | 1	531 | 641 | 531 | 146 | 531 | 527. | 531 | 7.25 | 531 | 1
E	135 | 7.25 | 135 | 527. | 135 | 146 | 135 | 641 | 135 | 1	531 | 527. | 531 | 7.25 | 531 | 641 | 531 | 146 | 531 | 1
F	135 | 527. | 135 | 7.25 | 135 | 641 | 135 | 146 | 135 | 1	531 | 7.25 | 531 | 527. | 531 | 146 | 531 | 641 | 531 | 1
G	135 | 641 | 135 | 527. | 135 | 146 | 135 | 7.25 | 135 | 1	531 | 146 | 531 | 7.25 | 531 | 641 | 531 | 527. | 531 | 1
H	135 | 527. | 135 | 641 | 135 | 7.25 | 135 | 146 | 135 | 1	531 | 7.25 | 531 | 146 | 531 | 527. | 531 | 641 | 531 | 1

…nale, ut.

5	725	135
6	135	527.
5	641	135

On pourra donc faire beaucoup de pratique, en interrogeant de la même manière les carrés qui suivent, parmi lesquels je place celui qui vient d'être décomposé, afin de donner le tableau complet de chacune des combinaisons que je voudrai faire étudier.

On fera bien d'assujétir ces exercices à un rhythme ternaire, et de compter chaque arrangement comme le suivant:

135 | 725 | 135 | 146 | 135 | 527 | 135 | 527 | 135 | 641 | 135 | 1

Catalogue des combinaisons d'accords offertes comme exercice.

L'accord placé au milieu des neuf cases et reproduit aux quatre coins sera appelé *accord Central*. Chaque accord central sera énoncé avant celui dont les trois chiffres, considérés comme des nombres, et à l'*État direct* donneront un nombre plus fort que celui de l'Accord central qu'il s'agira de classer. Ainsi l'accord central 461 dont les trois chiffres formeraient le nombre *quatre cent soixante un* sera classé après l'accord central 246 qui donne le nombre inférieur, *deux cent quarante six*, et avant l'accord central 613, dans lequel les conventions de l'Arithmétique font trouver le nombre plus fort, six cent treize.

La même loi de Classification sera suivie à l'égard des accords combinés avec l'accord central.

Les lettres majuscules renvoient à celles qui servent plus bas, à numéroter les intitulés.

Accord central:	combiné avec:	
135	135 et 613	Z
	357 et 461	E
	357, 461, 572 et 613	N
	357 et 572	C
	357 et 613	F
	461 et 572	A
	461 et 613	D
	572 et 613	B
	5724 et 7246	M

accord central:	combiné avec:	
135	135 et 357	AA
	5724 et 7246	AD
246 —	572 et 613	AB
246 —	572 et 6+3	R
357 —	613 et 72+	U
461 —	135 et 724	Q
572 —	135 et 246	P
572 —	135 et 246	AC

accord central:	combiné avec:	
613	135 et 246	J
	135, 246, 357 et 461	O.
	135 et 357	K
	135 et 461	G
	135 et 6+3	T
	246 et 357	L
	246 et 461	H
	357 et 461	I
	3572 et 5724	Y
6+3 —	46+ et 613	X
72+ —	357 et 46+	V
724 —	357 et 461	S

Plusieurs de ces accords étant la reproduction de rapports semblables, dans des gammes différentes, je renverrai au type primitif, majeur ou mineur, tout ce qui sera la même idée sous des mots différens.

(Voir ci-après.)

Cinquième Partie.

Types des Accords majeurs P, Q, R, et S.

A. L'accord majeur de tonique, entre les accords majeurs de dominante et de sous-dominante.

Finale, ut.

135	725	135
146	135	527
135	641	135

351	257	351
461	351	752
351	164	351

513	572	513
614	513	275
513	416	513

153	752	153
164	153	257
153	461	153

315	275	315
416	315	572
315	614	315

531	527	531
641	531	725
531	146	531

513	572	513
614	513	275
513	416	513

135	725	135
146	135	527
135	641	135

351	257	351
461	351	752
351	164	351

A L'accord majeur de Tonique, entre l'accord majeur de dominante et l'accord mineur de sous-sensible.

Finale, ut.

135	725	135
136	135	527
135	631	135

351	257	351
361	351	752
351	163	351

513	572	513
613	513	275
513	316	513

153	752	153
163	153	257
153	361	153

315	275	315
316	315	572
315	613	315

531	527	531
631	531	725
531	136	531

513	572	513
613	513	275
513	316	513

135	725	135
136	135	527
135	631	135

351	257	351
361	351	752
351	163	351

C. L'accord majeur de tonique, entre l'accord majeur de Dominante et l'accord mineur de médiante.

Finale, ut.

135	725	135
735	135	527
135	537	135

351	257	351
357	351	752
351	753	351

513	572	513
573	513	275
513	375	513

153	752	153
753	153	257
153	357	153

315	275	315
375	315	572
315	573	315

531	527	531
537	531	725
531	735	531

513	572	513
573	513	275
513	735	513

135	725	135
735	135	527
135	537	135

351	257	351
357	351	752
351	753	351

D L'accord majeur de tonique, entre l'accord majeur de sous-dominante, et l'accord mineur de sous-sensible. *Finale, ut.*

135	146	135
136	135	641
135	631	135

351	461	351
361	351	164
351	163	351

513	614	513
613	513	416
513	316	513

153	164	153
163	153	461
153	361	153

315	416	315
316	315	614
315	613	315

531	641	531
631	531	146
531	136	531

513	614	513
613	513	416
513	316	513

135	146	135
136	135	641
135	631	135

351	461	351
361	351	164
351	163	351

Cinquième Partie

F. L'accord majeur de tonique entre l'accord majeur de Sous-dominante et l'accord mineur de médiante.

Finale, Ut.

135	146	135
735	135	641
135	537	135

351	461	351
357	351	164
351	753	351

513	614	513
573	513	416
513	375	513

153	164	153
753	153	461
153	357	153

315	416	315
375	315	614
315	573	315

531	641	531
537	531	146
531	735	531

513	614	513
573	513	416
513	375	513

135	146	135
735	135	641
135	537	135

351	461	351
357	351	164
351	753	351

F' L'accord majeur de tonique entre les accords mineurs de médiante et de sous-sensible.

Finale, Ut.

135	[illegible]	135
[illegible]	[illegible]	[illegible]
[illegible]	[illegible]	135

351	357	351
361	351	753
351	163	351

513	573	513
613	513	315
513	316	513

[illegible]	[illegible]	153
163	[illegible]	[illegible]
[illegible]	[illegible]	[illegible]

315	375	315
316	315	573
315	613	315

531	537	513
631	531	735
513	136	531

[illegible]	[illegible]	316
613	513	275
613	216	513

135	735	135
[illegible]	135	537
[illegible]	631	135

[illegible]	[illegible]	351
[illegible]	351	753
[illegible]	163	[illegible]

G L'accord mineur de la sensible entre les accords majeurs de tonique et de sous-dominante.

Dans les combinaisons qui représentent des accords, j'ai joint les dénominations par rapport à la gamme majeure. Elles devraient changer si on considérait l'accord 613 comme l'accord tonique de la gamme mineure de La. 135 deviendrait l'accord majeur de médiante, et 461 celui de sous-dominante.

Finale, La.

613	513	613
614	613	315
613	416	613

136	135	136
146	136	531
136	641	135

361	351	361
461	361	153
361	164	361

631	531	631
641	631	135
631	146	631

163	153	163
164	163	351
163	461	163

316	315	316
416	316	513
316	614	316

361	351	361
461	361	153
361	164	361

613	513	613
614	613	315
613	416	613

136	135	136
146	136	531
136	641	136

H L'accord mineur de sous-sensible entre l'accord majeur de sous-dominante et l'accord mineur de sous-médiante.

Finale, La.

613	614	613
624	613	416
613	426	613

136	146	136
246	136	641
136	642	136

361	461	361
462	361	164
361	264	361

631	641	631
642	631	146
631	246	631

163	164	163
164	163	461
163	462	163

316	416	316
426	316	614
316	624	316

361	461	361
462	361	164
361	264	361

613	614	613
624	613	416
613	426	613

136	146	136
246	136	641
136	642	136

Cinquième Partie.

I. L'accord mineur de sous sensible, entre l'accord majeur de S-Dominante, et l'accord mineur de médiante.

Finale, La.

613	614	613
573	613	416
613	375	613

136	146	136
735	136	641
136	537	136

361	461	361
357	361	164
361	753	361

631	641	631
537	631	146
631	735	631

163	164	163
753	163	461
163	357	163

316	416	316
375	316	614
316	573	316

361	461	361
357	361	164
361	753	361

613	614	613
573	613	416
613	375	613

136	146	136
735	136	641
136	537	136

J. L'accord mineur de sous-sensible, entre l'accord majeur de tonique et l'accord mineur de sous médiante.

Finale la.

613	513	613
624	613	315
613	426	613

136	135	136
246	136	531
136	642	136

361	351	361
462	361	153
361	264	361

631	531	631
642	631	135
631	246	631

163	153	163
264	163	351
163	462	163

316	315	316
426	316	513
316	624	316

361	351	361
462	361	153
361	264	361

613	513	613
624	613	315
613	426	613

136	135	136
246	136	531
136	642	136

K. L'accord mineur de S-Sensible, entre l'accord majeur de tonique, et l'accord mineur de médiante.

Finale, La.

613	513	613
573	613	315
613	375	613

136	135	136
735	136	531
136	537	136

361	351	361
357	361	153
361	753	361

631	531	631
537	631	135
631	735	631

163	153	163
753	163	351
163	357	163

316	315	316
375	316	513
316	573	316

361	351	361
357	361	153
361	753	361

613	513	613
573	613	315
613	375	613

136	135	136
735	136	531
136	537	136

L. L'accord mineur de sous-sensible, entre les accords mineurs de médiante et de sous-médiante.

Finale, la.

613	573	613
624	613	375
613	426	613

136	735	136
246	136	537
136	642	136

361	357	361
462	361	753
361	264	361

631	537	631
642	631	735
631	246	631

163	753	163
264	163	357
163	462	163

316	375	316
416	316	573
316	624	316

361	357	361
462	361	753
361	264	361

613	573	613
624	613	375
613	426	[illegible]

136	735	136
246	136	537
136	[illegible]	[illegible]

Type des combinaisons : U, V, A B A C,

8.

Cinquième Partie.

Pour les accords suivants, je me bornerai à présenter les carrés de l'État direct et des renversemens dont les formes qui donnent naissance aux autres combinaisons, qu'on développera si on le juge convenable d'après les modèles qui précèdent, jusqu'à la lettre **L**.

Quand il y aura, dans les carrés successifs, tantôt *trois notes*, tantôt *quatre*, on adoptera le rhythme que voici :

135 | 7245 | 135 | 7246 | 135 | 5427 | 135 | 6427 | 135 | 1

Ou le suivant : 135 | 7245 | 135 | 7246 | 135 | 5427 | 135 | 6427 | 135 | 1

Il y a d'autres combinaisons rhythmiques régulières qu'on pourrait essayer ; je n'en décris point un plus grand nombre, parce que la principale utilité du rhythme dans ces exercices est d'assujétir à une production juste, dans un temps donné, les combinaisons qu'on devra entonner consécutivement.

M. L'accord majeur de Tonique, entre les deux accords de septième de dominante et de sensible.

Finale, ut.

135	7245	135
7246	135	5427
135	6427	135

351	246	351
[illegible]	351	7542
351	7642	351

351	4572	351
4572	351	2754
351	2764	351

513	5724	513
6724	513	4275
513	4276	513

Jusqu'ici chaque carré n'a fourni que des impressions empruntées à trois accords différens ; voici des carrés qui grouperont, autour de l'accord modèle, quatre autres accords :

N. L'accord majeur de tonique, combiné avec les accords majeurs de sous-dominante et de dominante, et avec les accords mineurs de médiante et de sous-sensible.

Finale, ut.

135	146	135
725	135	136
135	735	135

351	461	351
257	351	361
351	357	351

513	614	513
572	513	613
513	573	513

O. L'accord mineur de sous-sensible, combiné avec les accords majeurs de tonique et de sous-dominante, et avec les accords mineurs de médiante et de sous-médiante.

Finale, la.

613	614	613
513	613	624
613	573	613

136	146	136
135	136	246
136	735	136

361	461	361
351	361	462
361	357	361

Cinquième Partie.

Tous les exercices qui précèdent n'ont employé que des sons et des notes de la gamme d'ut. On se préparera aux changements plus complets de tonalité par l'étude des exercices suivants :

Exercices sur les langues majeures voisines de celle d'ut, de quinte en quinte en montant ou en descendant.

Dans ces exercices la phrase en langue d'ut, servant de terme de comparaison, sera écrite en caractères plus gros ; elle servira ainsi de limite entre les tonalités par dièzes et les tonalités par bémols. Les lettres A.P. sont les initiales de mon nom.

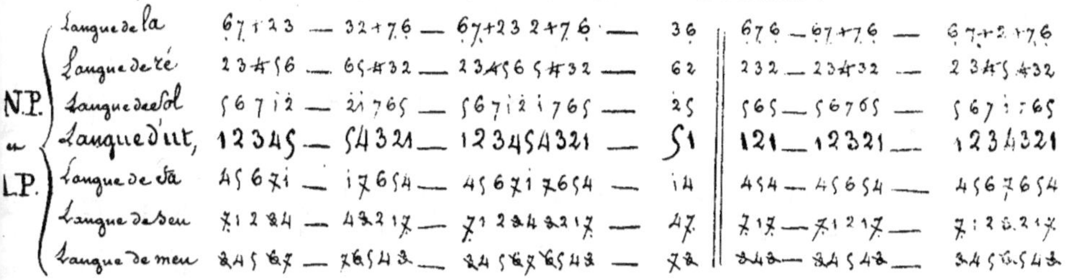

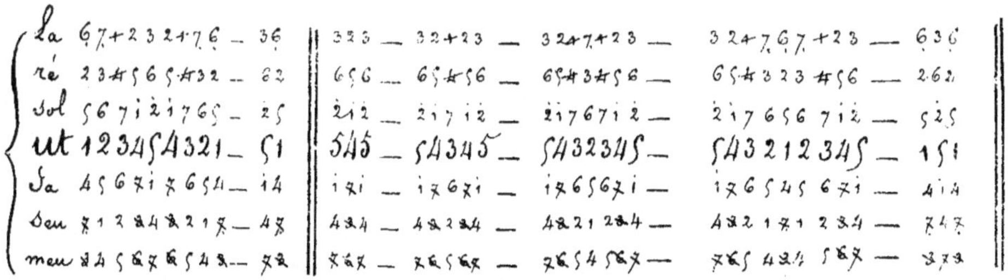

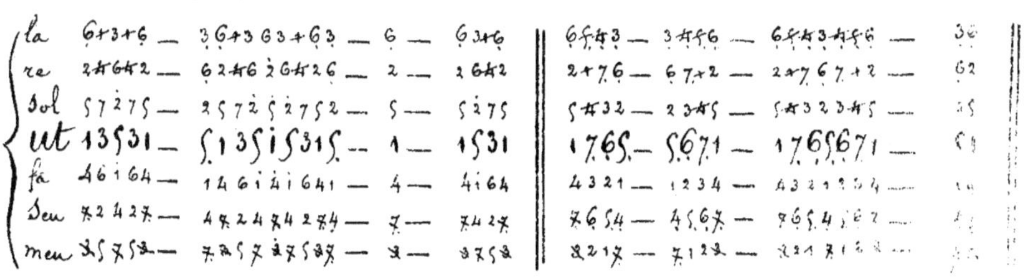

N.P. ou L.P.								
Langue de la	67+23	32+76	67+232+76	36	676	67+76	67+2+76
Langue de ré	23#56	65#32	23#565#32	62	232	23#32	23#5#32
Langue de sol	56712	21765	567121765	25	565	56765	567765
Langue d'ut	**12345**	**54321**	**123454321**	**51**	**121**	**12321**	**1234321**
Langue de fa	45671	17654	456717654	14	454	45654	4567654
Langue de seu	71234	43217	712343217	47	717	71217	7123217
Langue de meu	34567	76543	345676543	73	343	34543	3456543

La	67+232+76 — 36	323	32+23	32+7+23	32+767+23	636
ré	23#565#32 — 62	656	65#56	65#3#56	65#323#56	262
sol	5671217 65 — 25	212	21712	2176712	217656712	525
ut	**123454321 — 51**	**545**	**54345**	**5432345**	**543212345**	**151**
fa	456717654 — 14	171	17671	1765671	176545671	414
seu	712343217 — 47	434	43234	4321234	432171234	747
meu	345676543 — 73	767	76567	7654567	765434567	373

la	6+3+6	36+363+63	6	63+6	65#3	3#56	65#3#56	36
re	2#6#2	62#626#26	2	26#2	2+76	67+2	2+767+2	62
sol	57275	25725 2752	5	5275	5#32	23#5	5#323#5	25
ut	**13531**	**513515315**	**1**	**1531**	**1765**	**5671**	**1765671**	51
fa	46164	14614 1641	4	4164	4321	1234	4321234	[illegible]
seu	72427	47247 4274	7	7427	7654	4567	7654567	[illegible]
meu	35753	73573 7537	3	3753	3217	7123	3217123	[illegible]

Cinquième Partie

la	6♯6 — 6♯#♯6 — 6♯#3#♯6 — 36		3#3 — 3#♯#3 — 3#♯6♯#3 —	636
ré	2+2 — 2+7+2 — 2+7 6712 — 62		676 — 67+76 — 67+2+76 —	262
sol	5#5 — 5#3#5 — 5#323#5 — 25		232 — 23#32 — 23#5#32 —	525
ut	171 — 17671 — 1765671 — 51		565 — 56765 — 5671765 —	151
fa	434 — 43234 — 4321234 — 14		121 — 12321 — 1234321 —	414
seu	767 — 76567 — 7654567 — 47		454 — 45654 — 4567654 —	747
meu	323 — 32123 — 3217123 — 73		717 — 71217 — 7123217 —	373

Après ces exercices, on pourra étudier les successions d'accords que présentent les Carrés qui vont suivre.

P Accord tonique de la Gamme de Sol, et ses adjacens majeurs (dominante et sous dominante)

Voyez le type A

572	#62	572
513	572	2#6
572	315	572

725	62#	725
135	725	#26
725	531	725

257	2#6	257
351	257	6#2
257	153	257

Q Accord tonique de la gamme de fa, et ses adjacens majeurs (dominante et sous dominante)

Voyez le type A

461	351	461
472	461	153
461	274	461

614	513	614
724	614	315
614	427	614

146	135	1
247	146	5
146	742	1

R. Accord tonique de la gamme de ré, et ses adjacens majeurs (dominante et sous dominante).

Voyez le type A

2#6	#36	2#6
257	2#6	63#
2#6	752	2#6

#62	36#	#62
572	#62	#63
#62	275	#62

62#	6#3	62#
725	62#	3#6
62#	527	62#

S Accord tonique de la gamme de seu et ses adjacens majeurs (dominante et sous domin[ante])

Voyez le type A

724	614	724
725	724	416
724	527	724

247	146	247
257	247	641
247	752	247

472	461	4
572	472	[illegible]
472	275	4

On doit être préparé, maintenant, à entrer dans le Système mineur, à l'égard duquel on procèdera comme précédemment.

Cinquième Partie.

Exercices sur les langues mineures de la, et d'ut et sur quelques autres langues mineures. Les deux langues modèles du mineur, sont en caractères saillans.

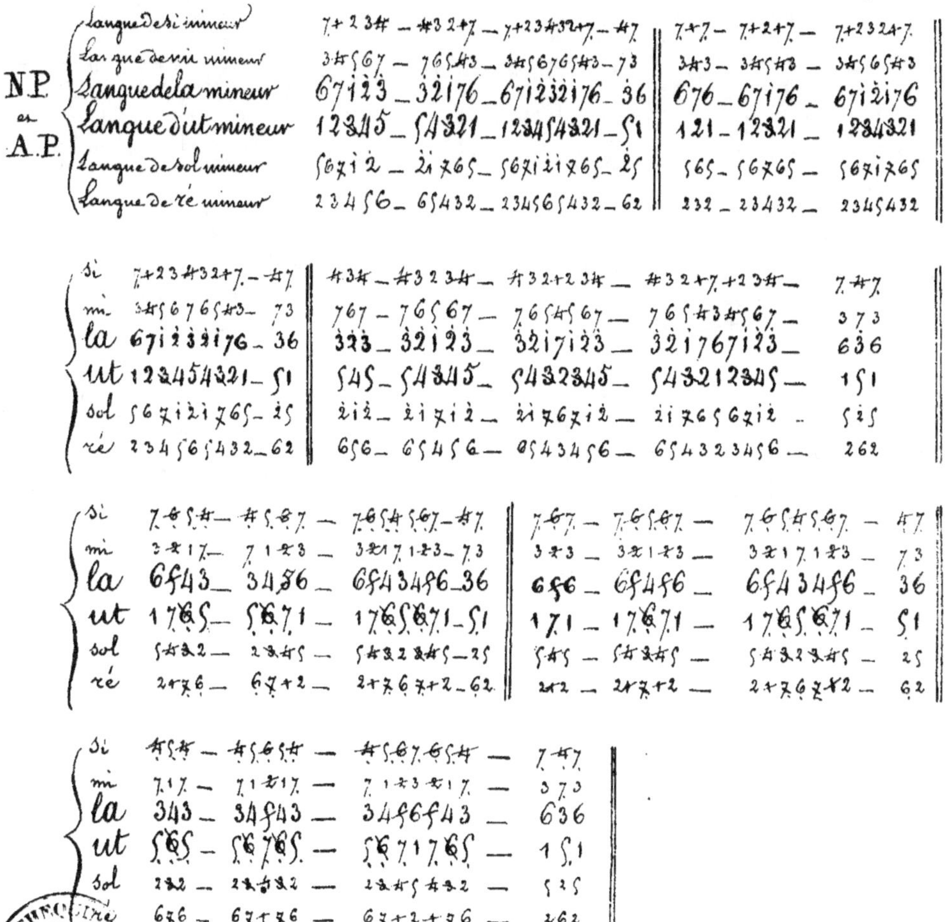

N.P. et A.P.		
Langue de si mineur	7+234̸ — 4̸32+7 — 7+234̸32+7 — 4̸7	7+7 — 7+2+7 — 7+232+7
Langue de mi mineur	34̸567 — 765̸43 — 34̸5676̸543 — 73	343 — 34̸5̸43 — 34̸565̸43
Langue de la mineur	**67123 — 32176 — 671232176 — 36**	**676 — 67176 — 671216**
Langue d'ut mineur	**12345 — 54321 — 123454321 — 51**	**121 — 12321 — 1234321**
Langue de sol mineur	567̸12 — 217̸65 — 567̸121765 — 25	565 — 567̸65 — 567̸1765
Langue de ré mineur	23456 — 65432 — 234565432 — 62	232 — 23432 — 2345432

si	7+234̸32+7 — 4̸7	4̸34̸ — 4̸3234̸ —	4̸32+234̸ —	4̸32+7+234̸ —	74̸7
mi	34̸5676̸543 — 73	767 — 76567 —	7654̸567 —	765434̸567 —	373
la	**671232176 — 36**	**323 — 32123 —**	**3217123 —**	**321767123 —**	**636**
ut	**123454321 — 51**	**545 — 54345 —**	**5432345 —**	**543212345 —**	**151**
sol	567̸121765 — 25	212 — 217̸12 —	2176712 —	2176567̸12 —	525
ré	234565432 — 62	656 — 65456 —	6543456 —	654323456 —	262

si	7654̸ — 4̸567 —	7654̸567 — 4̸7	767 — 76567 —	7654̸567 —	4̸7
mi	3217 — 7123 —	32171̸23 — 73	323 — 32123 —	3217123 —	73
la	**6543 — 3456 —**	**6543456 — 36**	**656 — 6456 —**	**6543456 —**	**36**
ut	**1765 — 5671 —**	**1765671 — 51**	**171 — 17671 —**	**1765671 —**	**51**
sol	5432 — 2345 —	5432345 — 25	545 — 54345 —	5432345 —	25
ré	2176 — 6712 —	2176712 — 62	212 — 21712 —	2176712 —	62

si	4̸54̸ — 4̸5654̸ —	4̸567654̸ —	74̸7
mi	717 — 71217 —	7123217 —	373
la	**343 — 34543 —**	**3456543 —**	**636**
ut	**565 — 56765 —**	**5671765 —**	**151**
sol	232 — 23432 —	2345432 —	525
ré	676 — 67176 —	6712176 —	262

Ces exercices devront être accompagnés et suivis de ceux que présentent les Carrés suivans.

Cinquième Partie

T. L'accord mineur de tonique entre les accords majeurs de la tonique à même base en majeur et de la tonique majeure relative.

Finale La.

Voyez le type U.

[illegible]	313	613
[illegible]	313	316
613	315	613

136	+36	+36
135	136	63+
136	531	136

361	36+	361
351	361	+63
361	153	361

U. Accord de la tonique de la gamme mineure de mi, entre les accords mineurs de la Dominante et de la sous-Dominante.

Finale, mi.

[illegible]	2#7	357
361	357	7#2
357	163	357

573	#72	573
613	573	2#4
573	316	573

735	72#	735
136	735	#27
735	631	735

V. Accord tonique de la Gamme mineure de Si, entre les accords mineurs de la Dominante et de la sous-Dominante.

Finale, Si.

Voyez le type L.

72#	6+#	72#
735	72#	+#6
72#	537	72#

2#7	+#6	2#7
357	2#7	6#+
2#7	753	2#7

#72	#6+	#72
573	#72	+6#
#72	375	#72

X. Accord tonique de la gamme majeure de la, entre les accords mineurs de la tonique à la même base, en mineur, et de la sous sensible.

Finale, la.

Type de la combinaison Z.

6+3	613	6+3
6+#	6+3	316
6+3	#+6	6+3

+36	136	+36
+#6	+36	631
+36	6#+	+36

36+	36+	36+
#6+	36+	+63
361	+6#	36+

Y. L'accord mineur de tonique entre les accords de septième de Dominante et de sensible (septième diminuée).

Finale, la.

[illegible]	5723	613
[illegible]	613	5273
[illegible]	2[illegible]5	[illegible]

36	7235	136
[illegible]	136	5827
24	5827	136

136	2387	136
2487	136	7832
136	7842	136

361	3872	361
4872	361	2783
361	2784	361

Z. L'accord tonique de la gamme majeure d'ut, entre les accords mineurs de la tonique à la même base en mineur et de la sous sensible.

Finale, ut.

Voyez le type X.

135	125	135
136	135	521
135	631	135

351	251	351
361	351	552
351	163	351

513	512	513
613	513	3.15
513	316	513

Cinquième Partie

AA. l'accord tonique de la gamme mineure d'ut, entre les accords majeurs de la tonique à la même base en majeur, et de la tonique majeure relative.

Finale ut.

AA

Voyez le type T.

135	135	135
735	135	531
135	527	135

351	351	351
357	351	153
351	752	351

512	513	512
572	512	315
512	275	512

L'accord tonique de la gamme mineure de ré entre les accords mineurs de la dominante et de la sous dominante.

AB

Finale, ré.

Voyez le type L.

246	136	246
257	246	631
246	752	246

462	361	462
572	462	163
462	257	462

624	613	624
725	624	316
624	527	624

AD. L'accord tonique de la Gamme mineure d'ut, entre les deux accords de septième de dominante, et de septième de sensible (septième diminuée).

Finale, ut.

Voyez le type V

135	7245	135
7246	135	5427
135	6427	135

351	2457	351
2467	351	7524
351	7642	351

351	4572	351
4672	351	2754
351	2764	351

512	5724	512
6724	512	4275
512	4276	512

AC. l'accord tonique de la gamme mineure de sol, entre les accords mineurs de la dominante et de la sous-dominante.

Finale, sol.

Voyez le type L.

572	462	572
513	572	264
572	315	572

725	624	725
135	725	426
725	531	725

257	246	257
351	257	642
257	153	257

On peut se faire une idée de l'économie qui résulte de cette distribution par carrés. J'en ai offert 150, contenant chacun 27 notes qui avec la finale, forment 28, et donnent, pour chaque carré, 16 manières de l'interroger, ou l'équivalent de 448 notes.

En outre douze carrés contenant alternativement trois ou quatre notes, plus la finale, donnent, pour les 16 variétés d'interrogation, un total de 512 notes par carré.

150 carrés, à raison de 448 notes chacun, donnent 67200 notes. 12 carrés à 512 notes chacun offrent 6144 notes : en somme 73344.

Les Solfèges de Rodolphe et d'Italie ne contiennent, pour l'exercice de la voix, que la moitié de ce qu'ils semblent renfermer, puisqu'une ligne sur deux est affectée à l'accompagnement instrumental.

D'après le mode de gravure adopté pour ces ouvrages, et en supposant toutes les notes aussi serrées que l'exigeraient des suites de doubles croches, on trouverait :

Solfège de Rodolphe, 8 lignes de chant, à 64 notes par ligne 512 notes par page.

Solfège d'Italie, 6 lignes de chant, à 96 notes par ligne, 576 notes par page.

La méthode de musique vocale de M. Pastou, méthode que cet auteur assure avoir créée, et que Galin soutenait être le travestissement de ses idées mal comprises ; contient, dans sa page la plus pleine (page 31), neuf lignes dont la plus chargée renferme 30 notes, ce qui donnera pour [illegible] lignes, 270 notes en supposant toutes les lignes semblables à celle qui en présente le plus grand nombre.

Le même ouvrage a trouvé le moyen de remplir une page avec 116 notes. En partant de ces évaluations, nos 162 Carrés qui, sans leurs titres, tiendraient facilement en quatre de nos pages in 4°, fourniraient:

127 pages et 2 dixièmes du Solfége d'Italie.

143 pages et 2 dixièmes du Solfége de Rodolphe.

278 pages 88 centièmes, plus remplies que la page 312 de la 6e édition de la méthode de Mr Pastou;

632 pages et deux dixièmes aussi remplies que la page 181 du même ouvrage de Mr Pastou, c'est à dire près de deux fois le volume de ce livre qui comprend 338 pages, en porté, pour prix marqué, 48 francs.

Ajoutons que ce Calcul deviendrait bien plus favorable encore à notre mode de Distribution, si, au lieu de nous borner à développer les combinaisons jusqu'à L, nous avions offerts les 84 Carrés de 27 notes et les 24 Carrés de 31 notes que pouvaient donner les touches auxquelles nous nous sommes bornés. il en serait résulté pour nous un supplément de deux pages, correspondant à:

86 pages du Solfége d'Italie. } 184 pages plus remplies que la page 312 de M. Pastou.
96 pages du Solfége de Rodolphe. } 430 pages aussi remplies que la page 181 du même auteur.

C'est à dire que nos [illegible] pages auraient pu représenter 1062 pages de la gravure employée en plus [illegible] par M. Pastou, ces 1062 pages représentant au delà de trois exemplaires complets de son livre.

Jusqu'il en soit de ces évaluations de Statistique, une étude consciencieuse des accords contenus dans les carrés qui précèdent familiarisera mes disciples avec la pratique de tous les intervalles.

Canons allemands et autres.

Le Canon est un air composé de telle sorte qu'il puisse à volonté être chanté [illegible] [illegible] voix. Quand on veut chanter un Canon de cette dernière [illegible] les [illegible] [illegible] nombre égal à celui des voix concertantes, marquent l'entrée [illegible] [illegible] qui doivent successivement commencer à la lettre A. Par exemple [illegible]

Cinquième Partie

Comprendre ce système de rentrées.

N° 1. Par Mühling (ton de sol) A 5531 | B 7.213 | C 2435 | D 5.7.1.5. || Voici comment ce canon doit être chanté

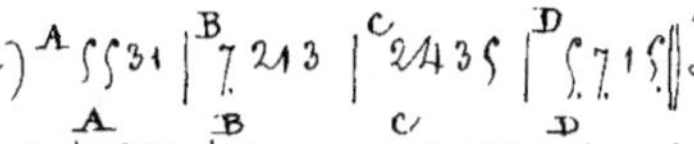

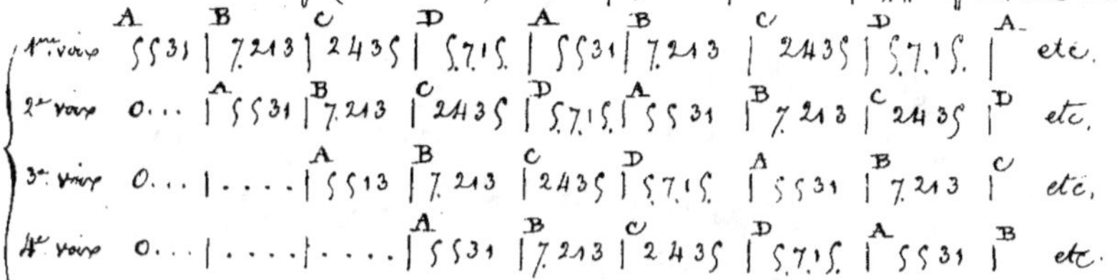

	A	B	C	D	A	B	C	D	A	
1re voix	5531	7.213	2435	5.7.1.5.	5531	7.213	2435	5.7.1.5.		etc.
2e voix	0...	A 5531	B 7.213	C 2435	D 5.7.1.5.	A 5531	B 7.213	C 2435	D	etc.
3e voix	0...	....	A 5513	B 7.213	C 2435	D 5.7.1.5.	A 5531	B 7.213	C	etc.
4e voix	0...	....	....	A 5531	B 7.213	C 2435	D 5.7.1.5.	A 5531	B	etc.

On voit que la seconde voix commence au point A, quand la première est arrivée au point B, que la 3e voix commence au point A, quand la seconde est arrivée au point B, et la première au point C, et ainsi de suite. Arrivé à la fin de l'air, chacun reprend au point A et le Canon se continue, en revenant sur lui même, jusqu'à ce qu'on le termine immédiatement avant le moment où une des voix devrait reprendre au point A.

N° 2, par Gläser, ton d'ut. i2 | 3i | 27 | i5 | B 34 | 53 | 42 | 3i | C 0. | . . | 55 | i1 | D 0. | . . | 55 | 53 ||

N° 3, par Gläser, ton d'ut. A i | 667 | i5i | B 444 | 30i | C ii2 | D 533 | 642 | 10 ||

N° 4, par Gläser, ton d'ut. A 5 | ii33 | 60.1 | 4325 | 1567 | B i3i0 | .67i | 2347 | i0i2 | C 3055 | 4043 | 2054 | 30. | D . | 50.i | 442i | 7572 | 50. ||

N° 5, par Gläser, ton d'ut. A 305 | 220 | 405 | 30.i | iii | 606 | 707 | i53 | B 110 | .56 | 750 | .i7 | 603 | 432 | 542 | 135 | C ii0 | 770 | .77 | i0. | 665 | 454 | 204 | 30. ||

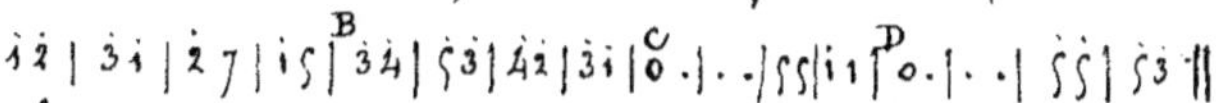

N° 6, par Kappich, ton d'ut. A 3355 | B i.2. | 3.2. | ii55 | 6.7. | i.32 | i554 | 3345 | ii27 | i0. ||

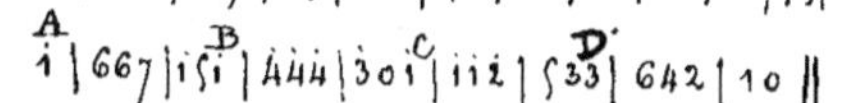

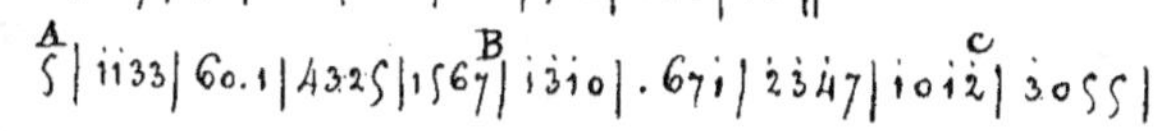

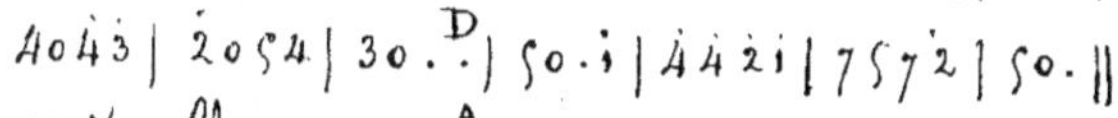

N° 7, par Kappich, ton de ré. A 5 | 6.5. | 5.i. | B i.2. | 3.i | C 3 | 4.4. | 3.i. | D 1.7. | 1.0 ||

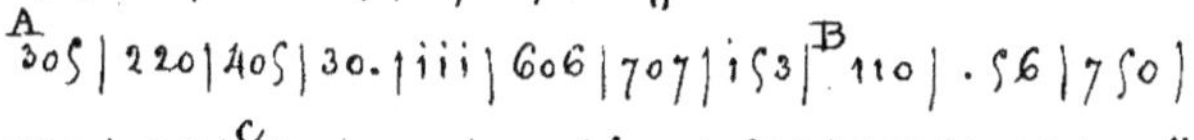

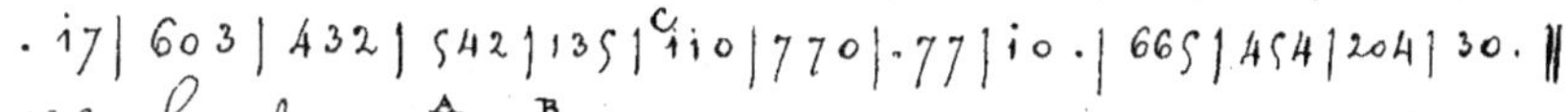

N° 8, par Kappich, ton de ré. A 1133 | 2.2. | B 31ii | i.70 | C i555 | 4.4. | D 3311 | 5.0. ||

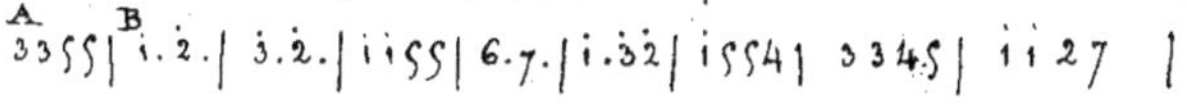

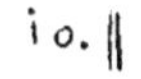

N° 9, par Gläser, ton de mi. A 1.11 | 2.2. | 3451 | 6543 | 2254 | B 3450 | .777 | i.1. | 4565 | 4432 | C 50.3 | 4.4. | 5430 | .iii | 7650 ||

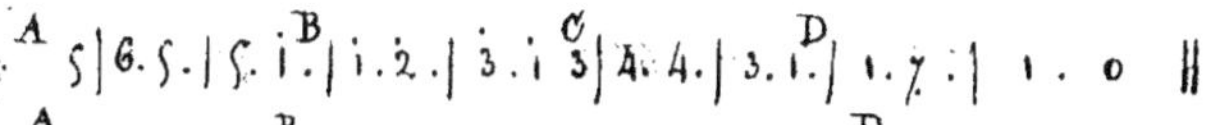

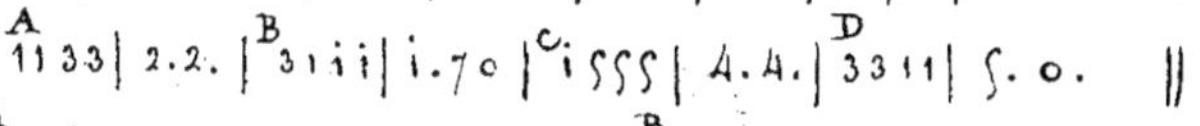

N° 10, par Bering, ton d'ut. A 5 | 5432 | B i7ii | 7654 | 3213 | C 2i76 | 543 ||

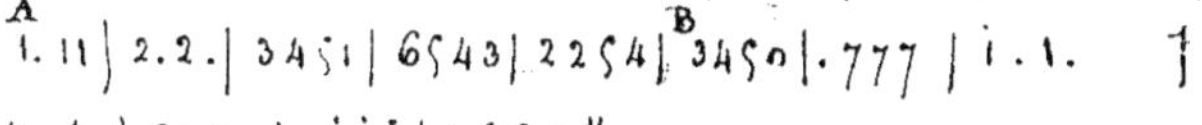

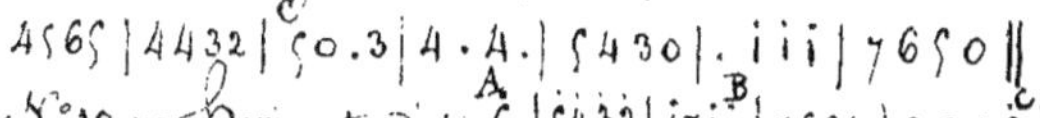

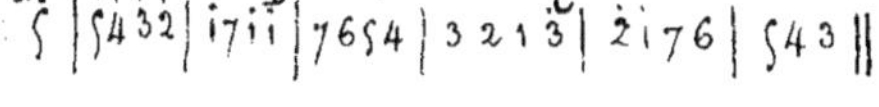

Cinquième Partie

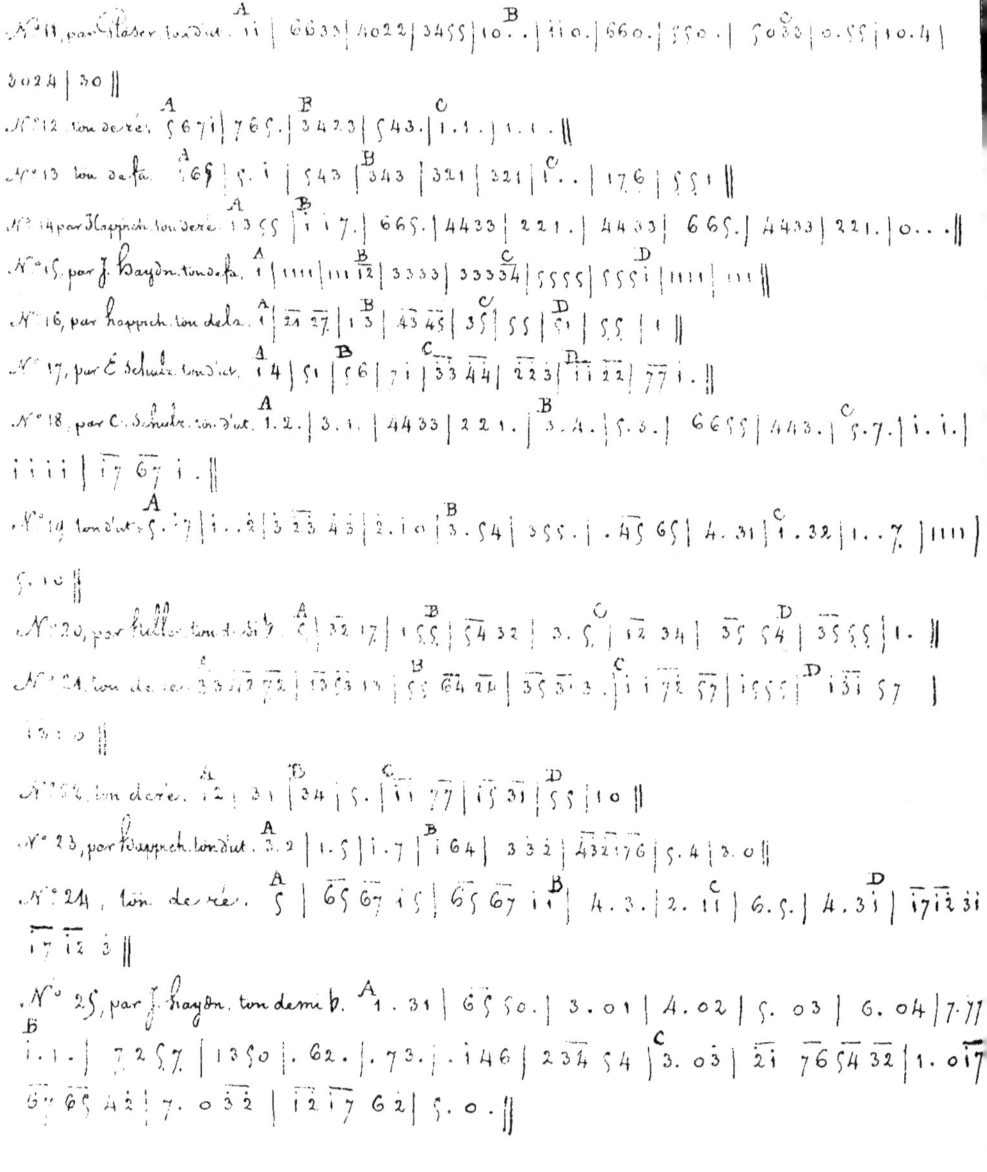

N° 11, par Gläser, ton d'ut. A 11 | 6633 | 4022 | 3455 | 10 . . | B 110 . | 660 . | 550 . | C 5033 | 0 . 55 | 10 . 4 |
3024 | 30 ||

N° 12, ton de ré. A 5671 | 765 . | B 3423 | 543 . | C 1 . 1 . | 1 . 1 . ||

N° 13, ton de fa. A 165 | 5 . 1 | 543 | B 343 | 321 | 321 | C 1 . . | 176 | 551 ||

N° 14, par Happich, ton de ré. A 1355 | B 117 . | 665 . | 4433 | 221 . | 4433 | 665 . | 4433 | 221 . | 0 . . . ||

N° 15, par J. Haydn, ton de fa. A 1 | 1111 | 11 B 12 | 3333 | 333 C 34 | 5555 | 555 D 1 | 1111 | 111 ||

N° 16, par Happich, ton de la. A 1 | 21 27 | 1 B 3 | 43 45 | C 35 | 55 | D 51 | 55 | 1 ||

N° 17, par E. Schulz, ton d'ut. A 14 | 51 | B 56 | 71 | C 33 44 | 223 | D 11 22 | 77 1 . ||

N° 18, par C. Schulz, ton d'ut. A 1 . 2 . | 3 . 1 . | 4433 | 221 . | B 3 . 4 . | 5 . 3 . | 6655 | 443 . | C 5 . 7 . | 1 . 1 . |
1111 | 17 67 1 . ||

N° 19, ton d'ut. A 5 . 7 | 1 . . 2 | 3 23 43 | 2 . 10 | B 3 . 54 | 355 . | . 45 65 | 4 . 31 | C 1 . 32 | 1 . . 7 | 1111 |
5 . 10 ||

N° 20, par Hiller, ton de si b. A 5 | 32 17 | 155 | B 54 32 | 3 . 5 | C 12 34 | 35 D 54 | 3555 | 1 . ||

N° 21, ton de ré. A 33 17 72 | 1353 13 | B 55 64 24 | 35 31 3 . | C 11 72 57 | 1555 | D 131 57 |
13 : 0 ||

N° 22, ton de ré. A 12 | 31 | B 34 | 5 . | C 11 77 | 15 31 | D 55 | 10 ||

N° 23, par Happich, ton d'ut. A 3 . 2 | 1 . 5 | 1 . 7 | B 164 | 332 | 432176 | 5 . 4 | 3 . 0 ||

N° 24, ton de ré. A 5 | 65 67 15 | 65 67 11 B | 4 . 3 . | 2 . C 11 | 6 . 5 . | 4 . 3 D 1 | 17 12 31
17 12 3 ||

N° 25, par J. Haydn, ton de mi b. A 1 . 31 | 65 50 . | 3 . 01 | 4 . 02 | 5 . 03 | 6 . 04 | 7 . 77
B 1 . 1 . | 7257 | 1350 | . 62 . | . 73 . | . 146 | 234 54 | C 3 . 03 | 21 76 54 32 | 1 . 017
57 65 42 | 7 . 032 | 12 17 62 | 5 . 0 . ||

3^e Partie

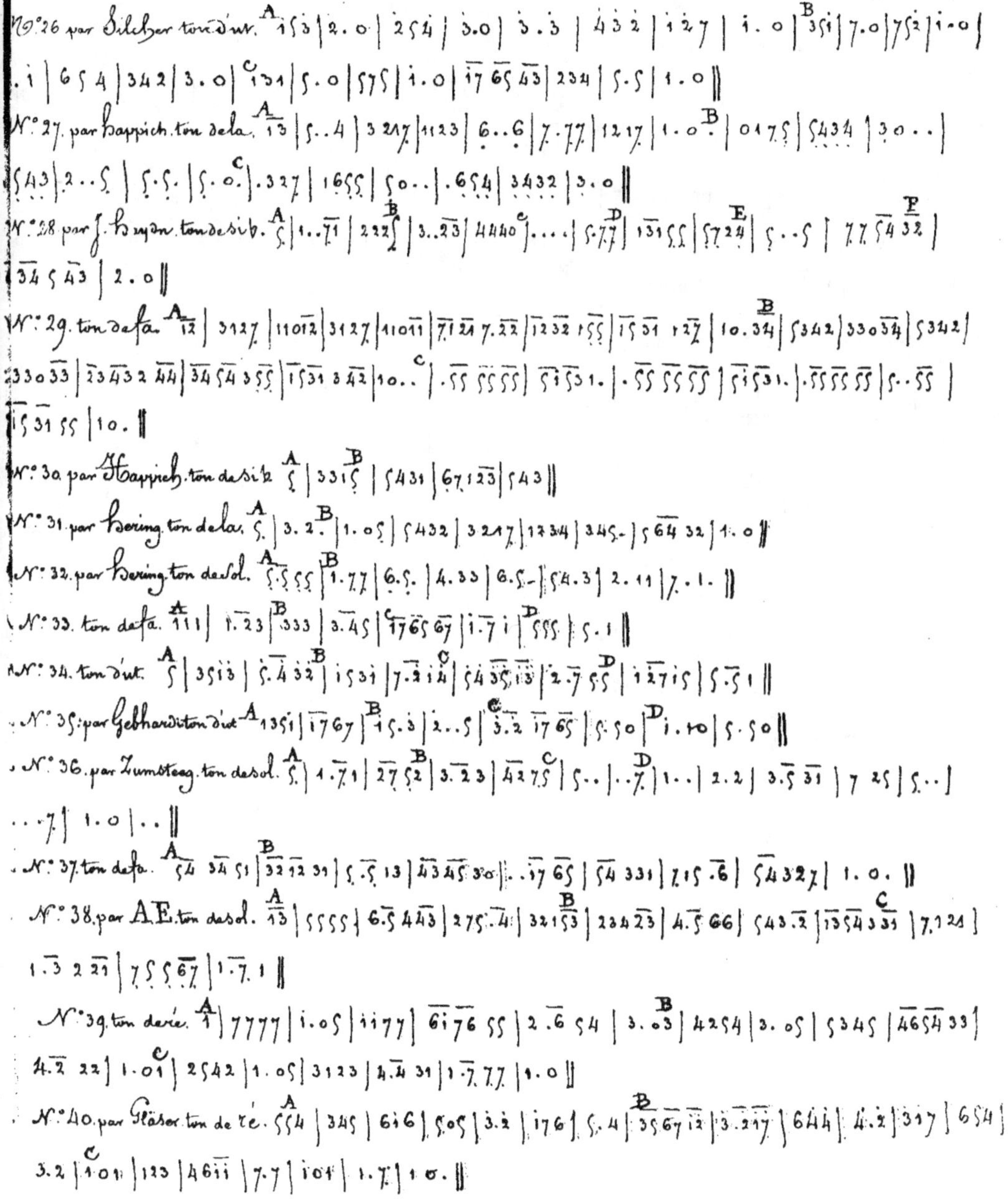

N° 26 par Silcher ton d'ut. A 153 | 2.0 | 254 | 3.0 | 3.3 | 432 | 127 | 1.0 | B 351 | 7.0 | 752 | 1.0 |
.1 | 654 | 342 | 3.0 | C 131 | 5.0 | 575 | 1.0 | 17 65 43 | 234 | 5.5 | 1.0 ||

N° 27. par Happich. ton de la. A 13 | 5..4 | 3217 | 1123 | 6..6 | 7.77 | 1217 | 1.0 B | 0175 | 5434 | 30.. |
543 | 2..5 | 5.5. | 5.0. C | .327 | 1655 | 50.. | .654 | 3432 | 3.0 ||

N° 28 par J. Haydn. ton de si b. A 5 | 1..71 | 222 B 5 | 3..23 | 4440 C | .... | 5.77 D | 13155 | 57 E 24 | 5..5 | 77 54 F 32 |
34 5 43 | 2.0 ||

N° 29. ton de fa. A 12 | 3127 | 11012 | 3127 | 11011 | 71 21 7.22 | 12 32 155 | 15 31 127 | 10. B 34 | 5342 | 33034 | 5342 |
33033 | 23 43 2 44 | 34 54 3 55 | 15 31 3 42 | 10.. C | .55 55 55 | 51 53 1. | .55 55 55 | 51 53 1. | .55 55 55 | 5..55 |
15 31 55 | 10. ||

N° 30. par Happich. ton de si b. A 5 | 331 B 5 | 5431 | 67 123 | 543 ||

N° 31. par Hering. ton de la. A 5 | 3.2. B | 1.05 | 5432 | 3217 | 1234 | 345.- | 5 64 32 | 1.0 ||

N° 32. par Hering. ton de sol. A 5.555 B | 1.77 | 6.5. | 4.33 | 6.5.- | 54.3 | 2.11 | 7.1. ||

N° 33. ton de fa. A 111 | 1.23 B | 333 | 3.45 C | 1765 67 | 1.71 D | 555 | 5.1 ||

N° 34. ton d'ut. A 5 | 3513 | 5.4 32 B | 1531 | 7.2 1 C 4 | 54 35 13 | 2.7 D 55 | 1271 5 | 5.51 ||

N° 35. par Gebhardt ton d'ut A 1351 | 1767 B | 15.3 | 2..5 C | 3.2 1765 | 5.50 D | 1.10 | 5.50 ||

N° 36. par Zumsteeg. ton de sol. A 5 | 1.71 | 27 B 52 | 3.23 | 4275 C | 5.. | ..7 D | 1.. | 2.2 | 3.5 31 | 7 25 | 5.. |
..7 | 1.0 | .. ||

N° 37. ton de fa. A 54 34 51 B | 32 12 31 | 5.5 13 | 43 45 30 | ..17 65 | 54 331 | 715 .6 | 5432 7 | 1.0. ||

N° 38. par A.E. ton de sol. A 13 | 5555 | 6.5 4 43 | 275.4 B | 321 53 | 234 23 | 4.5 66 | 543.2 C | 13 54 3 31 | 7.121 |
1.3 2 21 | 75 5 67 | 1.7.1 ||

N° 39. ton de ré. A 1 | 7777 | 1.05 | 1177 | 61 76 55 | 2.6 54 | 3. B 03 | 4254 | 3.05 | 5345 | 46 54 33 |
4.2 22 | 1.0 C 1 | 2542 | 1.05 | 3123 | 4.4 31 | 1.7.77 | 1.0 ||

N° 40. par Gläser ton de ré. A 554 | 345 | 616 | 505 | 3.2 | 176 | 5.4 B | 35 67 12 | 3.217 | 644 | 4.2 | 317 | 654 |
3.2 C | 1.01 | 123 | 4611 | 7.7 | 101 | 1.7 | 1.0. ||

5e Partie.

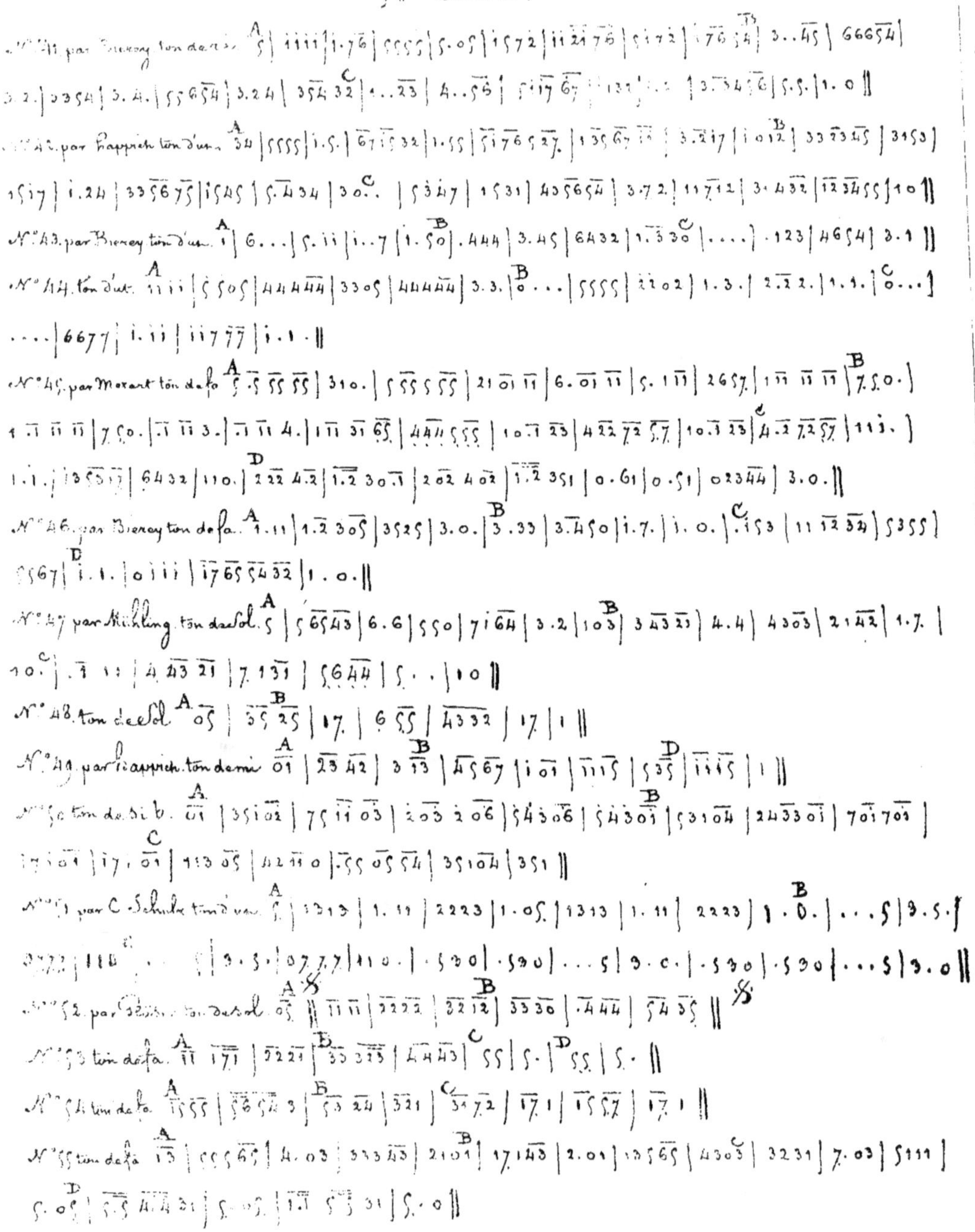

N° 41. par Bieroy ton de ré. A 5 | 1111 | 1.76 | 5555 | 5.05 | 1572 | 112176 | 5172 | 176 B 54 | 3..45 | 66654 |
3.2. | 2354 | 3.4. | 55654 | 3.24 | 354 C 32 | 1..23 | 4..56 | 51176 | 137 | ... | 3.3456 | 5.5. | 1.0 ||

N° 42. par Happich ton d'ut. A 34 | 5555 | 1.5. | 671532 | 1.55 | 5176527 | 13567 | 3.217 | 1 B 012 | 332345 | 3153 |
1517 | 1.24 | 335675 | 1545 | 5.434 | 30 C .. | 5347 | 1531 | 405654 | 3.72. | 11712 | 3.432 | 123455 | 10 ||

N° 43. par Bieroy ton d'ut. A 1 | 6... | 5.11 | 1..7 | 1. B 50 | .444 | 3.45 | 6432 | 1.33 C 0 | .... | .123 | 4654 | 3.1 ||

N° 44. ton d'ut. A 111 | 5505 | 44444 | 3305 | 44444 | 3.3. | B 0... | 5555 | 2202 | 1.3. | 2.22. | 1.1. | C 0... |
.... | 6677 | 1.11 | 11777 | 1.1. ||

N° 45. par Morant ton de fa. A 5 .5 55 55 | 310. | 555555 | 21 01 11 | 6. 01 11 | 5. 111 | 2657 | 111 11 11 | B 7.5.0. |
1 .1 11 11 | 7.50. | .1 11 3. | .1 11 4. | 111 31 65 | 444555 | 10.1 23 | 422 72 57 | 10.1 23 | C 4.2 7257 | 113. |
1.1. | 135517 | 6432 | 110. | D 222 4.2 | 1.2 30.1 | 202 402 | 1.2 351 | 0.61 | 0.51 | 02344 | 3.0. ||

N° 46. par Bieroy ton de fa. A 1.11 | 1.2 305 | 3525 | 3.0. | B 3.33 | 3.450 | 1.7. | 1.0. | C .153 | 11 12 34 | 5355 |
5567 | D 1.1. | 0111 | 17655432 | 1.0. ||

N° 47. par Kühling ton de sol. A 5 | 56543 | 6.6 | 550 | 7164 | 3.2 | B 103 | 34321 | 4.4 | 4303 | 2142 | 1.7. |
10. C | .1 11 | 4.4321 | 7.131 | 5644 | 5.. | 10 ||

N° 48. ton de sol. A 05 | 35 B 25 | 17. | 655 | 4332 | 17 | 1 ||

N° 49. par Happich ton de mi. A 01 | 2342 | 3 B 13 | 4567 | 101 | 1115 | 5 D 35 | 1115 | 1 ||

N° 50. ton de si b. A 01 | 35102 | 751103 | 203 206 | 54306 | 543 B 01 | 53104 | 243301 | 701701 |
17101 | 17. C 01 | 1305 | 42110 | .55 05 54 | 35104 | 351 ||

N° 51. par C. Schulz ton d'ut. A 5 | 1313 | 1.11 | 2223 | 1.05 | 1313 | 1.11 | 2223 | 1. B 0. | ...5 | 3.5. |
2222 | 11 C 4 ... 5 | 3.5. | 0777 | 110. | .530 | .530 | ...5 | 3.0. | .530 | .530 | ...5 | 3.0 ||

N° 52. par [illegible] ton de sol. A 05 || 1111 | 2222 | 32 B 12 | 3330 | .444 | 5435 ||

N° 53. ton de fa. A 11 171 | 2221 | B 33 333 | 4443 | C 55 | 5. | D 55 | 5. ||

N° 54. ton de fa. A 1555 | 56543 | B 53 24 | 321 | C 34 72 | 171 | 1557 | 171 ||

N° 55. ton de fa. A 13 | 55565 | 4.03 | 33343 | 21 B 01 | 17143 | 2.01 | 13565 | 430 C 3 | 3231 | 7.03 | 5111 |
5.0 D 5 | 55 44 31 | 5.05 | 1.1 55 31 | 5.0 ||

12

3e Partie

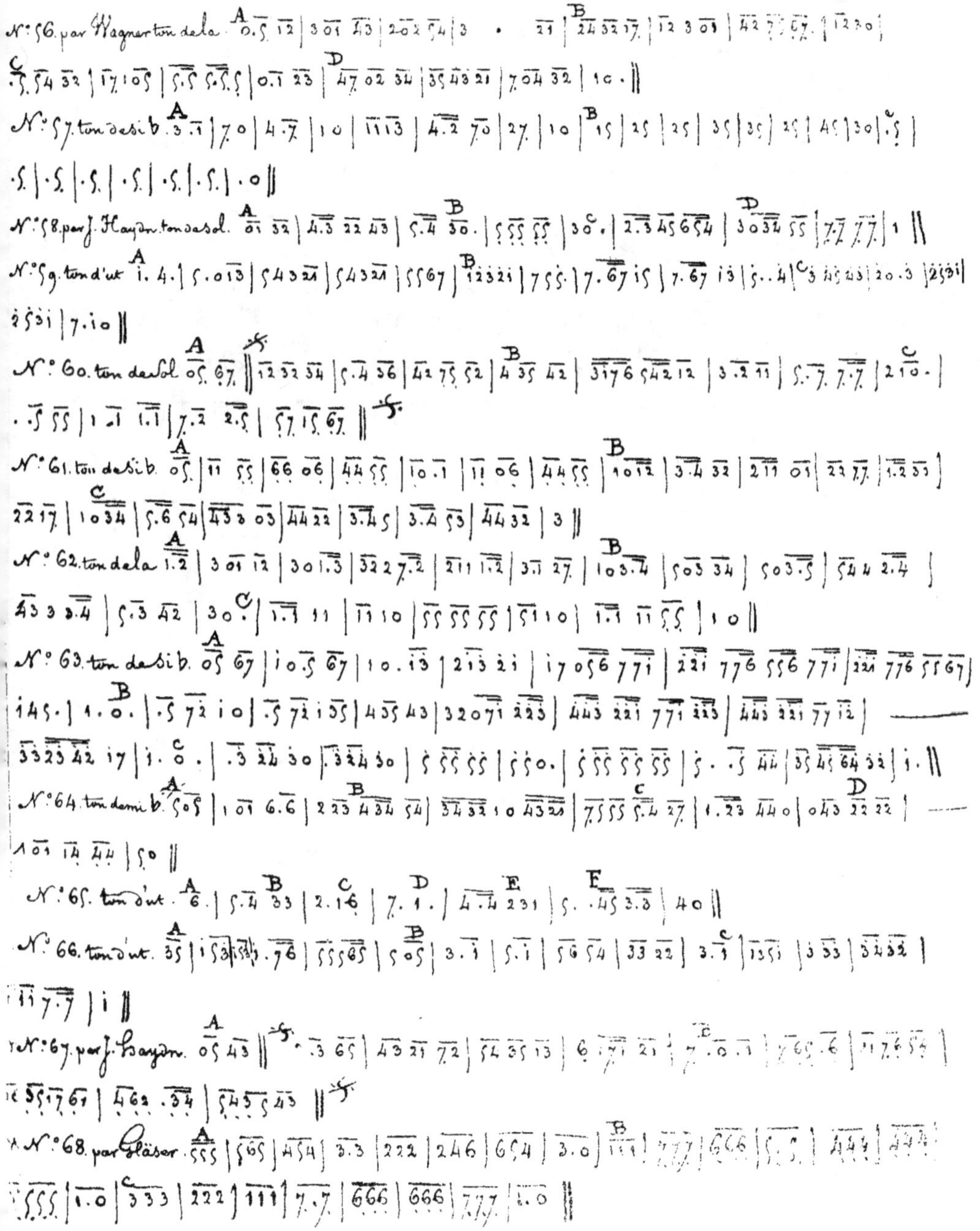

N° 56. par Wagner ton de la A 0.5 12 | 3 01 43 | 2 02 54 | 3 . 21 | B 24 32 17 | 12 3 01 | 42 7 5 67 | 12 3 0 |
C 5 54 32 | 17 1 05 | 5.5 5.5.5 | 0.1 23 | D 47 02 34 | 35 43 21 | 7 04 32 | 1 0 . ||

N° 57. ton de si b A 3.1 | 7 0 | 4.7 | 1 0 | 1113 | 4.2 70 | 27 | 1 0 | B 15 | 25 | 25 | 35 | 35 | 25 | 45 | 30 | C 5 |
.5 | .5 | .5 | .5 | .5 | .5 | .0 ||

N° 58. par J. Haydn ton de sol. A 01 32 | 4.3 22 43 | 5.4 B 30. | 555 55 | 3 C 0 . | 2.3 45 654 | D 3032 55 | 7.7 7.7 | 1 ||

N° 59. ton d'ut A 1. 4. | 5.013 | 54321 | 54321 | 5567 | B 12321 | 755. | 7.67 15 | 7.67 13 | 5..4 | C 3 4543 | 20.3 | 2531 |
2531 | 7.10 ||

N° 60. ton de sol A 05 67 || 𝄋 12 32 34 | 5.4 36 | 42 75 52 | B 4 35 42 | 3176 5 42 12 | 3.2 11 | 5.7 7.7 | 2 C 1 0 . |
. 5 55 | 1.1 1.1 | 7.2 2.5 | 57 15 67 || 𝄋

N° 61. ton de si b. A 05 | 11 55 | 66 06 | 44 55 | 10.1 | 11 06 | 44 55 | B 1012 | 3.4 32 | 211 01 | 22 77 | 1.2 33 |
22 17 | C 10 34 | 5.6 54 | 43 3 03 | 44 22 | 3.45 | 3.4 53 | 44 32 | 3 ||

N° 62. ton de la A 1.2 | 3 01 12 | 3 01.3 | 32 2 7.2 | 211 1.2 | 3.1 27 | B 10 3.4 | 5 03 34 | 5 03.5 | 544 2.4 |
43 3 3.4 | 5.3 42 | 3 0 C . | 1.1 11 | 11 1 0 | 55 55 55 | 5 1 1 0 | 1.1 11 55 | 1 0 ||

N° 63. ton de si b. A 05 67 | 1 0.5 67 | 1 0 . 13 | 213 21 | 17 056 771 | 221 776 556 771 | 221 776 5567 |
145. | 1. B 0. | .5 72 1 0 | .5 72 1 35 | 43 5 43 | 32 07 1 223 | 443 221 771 223 | 443 221 77 12 |
3323 42 17 | 1. C 0 . | .3 24 30 | .3 24 30 | 5 55 55 | 5 5 0. | 5 55 55 55 | 5. .5 44 | 35 45 64 32 | 1. ||

N° 64. ton de mi b. A 505 | 1 01 6.6 | 2 23 B 434 54 | 34 32 1 0 4321 | 7555 C 5.4 27 | 1.23 44 0 | 0 43 D 22 22 |
1 01 14 44 | 5 0 ||

N° 65. ton d'ut. A 6. | 5.4 B 33 | 2.1 C 6 | 7. D 1. | 4.4 E 231 | 5. F .45 3.3 | 4 0 ||

N° 66. ton d'ut. A 35 | 1 53 | 5 5.76 | 555 65 | 5 B 05 | 3.1 | 5.1 | 56 54 | 33 22 | 3. C 1 | 1351 | 3 33 | 3432 |
11 7.7 | 1 ||

N° 67. par J. Haydn. A 05 43 || 𝄋 .3 65 | 43 21 72 | 54 35 13 | 6 171 21 | 7 C 0.1 | 765 .6 | 17 6 54 |
55 17 61 | 4 62 .34 | 5 45 543 || 𝄋

N° 68. par Gläser A 555 | 565 | 454 | 3.3 | 222 | 246 | 654 | 3.0 | B 111 | 777 | 666 | 5.5 | 444 | 444 |
555 | 1.0 | C 333 | 222 | 111 | 7.7 | 666 | 666 | 777 | 1.0 ||

5e. Partie

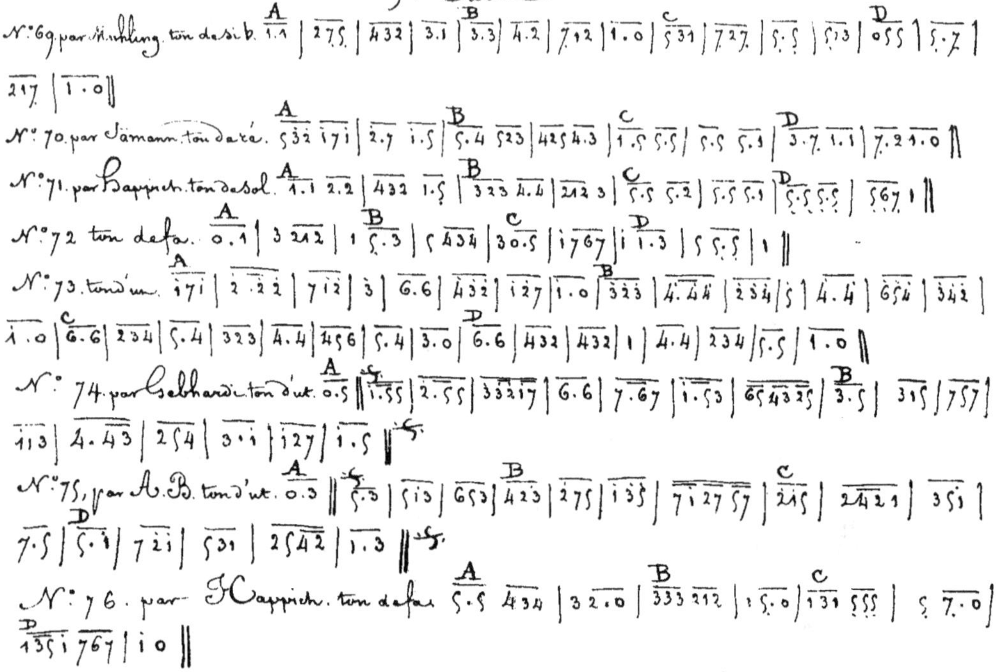

N.° 69. par Kuhling. ton de si b. A 1.1 | 275 | 432 | 3.1 | B 3.3 | 4.2 | 712 | 1.0 | C 531 | 727 | 5.5 | 513 | D 055 | 5.7 | 217 | 1.0 ||

N.° 70. par Samann. ton de ré. A 532 171 | 2.7 1.5 | B 5.4 523 | 4254.3 | C 1.5 5.5 | 5.5 5.1 | D 3.7 1.1 | 7.2 1.0 ||

N.° 71. par Kappich. ton de sol. A 1.1 2.2 | 432 1.5 | B 323 4.4 | 212 3 | C 5.5 5.2 | 5.5 5.1 | D 5.5 5.5 | 567 1 ||

N.° 72 ton de fa. A 0.1 | 3 212 | 1 B 5.3 | 5 434 | C 30.5 | 1767 | D 1 1.3 | 5 5.5 | 1 ||

N.° 73. ton d'ut. A 171 | 2 22 | 712 | 3 | 6.6 | 432 | 127 | 1.0 | B 323 | 4.44 | 234 | 5 | 4.4 | 654 | 342 | 1.0 | C 6.6 | 234 | 5.4 | 323 | 4.4 | 456 | 5.4 | 3.0 | D 6.6 | 432 | 432 | 1 | 4.4 | 234 | 5.5 | 1.0 ||

N.° 74. par Gebhardt. ton d'ut. A 0.5 || 1.55 | 2.55 | 33217 | 6.6 | 7.67 | 1.53 | 6543 25 | B 3.5 | 315 | 757 | 113 | 4.43 | 254 | 3.1 | 127 | 1.5 ||

N.° 75. par A. B. ton d'ut. A 0.3 || 5.3 | 513 | 653 | B 423 | 275 | 135 | 7127 57 | C 215 | 2421 | 351 | 7.5 | D 5.1 | 721 | 531 | 2542 | 1.3 ||

N.° 76. par J. Kappich. ton de fa. A 5.5 434 | 32.0 | B 333 212 | 1 5.0 | C 131 555 | 5 7.0 | D 1351 767 | 1 0 ||

Fin de la 5ème Partie

1re. Sixième Partie.

Chœur d'Œdipe à Colone (Sacchini). ton de fa. 80 unités par minute.

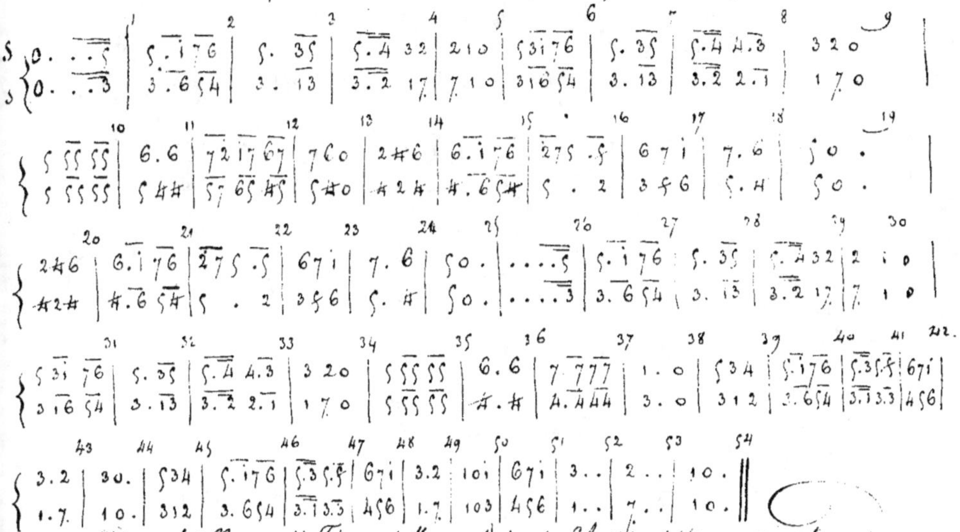

Mesures 1–9
0 . . . 5 | 5 . 1 7 6 | 5 . 3 5 | 5 . 4 3 2 | 2 1 0 | 5 3 1 7 6 | 5 . 3 5 | 5 . 4 4 . 3 | 3 2 0 |
0 . . . 3 | 3 . 6 5 4 | 3 . 1 3 | 3 . 2 1 7 | 7 1 0 | 3 1 6 5 4 | 3 . 1 3 | 3 . 2 2 . 1 | 1 7 0 |

Mesures 10–19
5 5 5 5 5 | 6 . 6 | 7 2 1 7 6 7 | 7 6 0 | 2 #4 6 | 6 . 1 7 6 | 2 7 5 . 5 | 6 7 1 | 7 . 6 | 5 0 . |
5 5 5 5 5 | 5 4 # | 5 7 6 5 4 5 | 5 #4 0 | #4 2 #4 | #4 . 6 5 #4 | 5 . 2 | 3 5 6 | 5 . #4 | 5 0 . |

Mesures 20–30
2 #4 6 | 6 . 1 7 6 | 2 7 5 . 5 | 6 7 1 | 7 . 6 | 5 0 . | . . . 5 | 5 . 1 7 6 | 5 . 3 5 | 5 . 4 3 2 | 2 1 0 |
#4 2 #4 | #4 . 6 5 #4 | 5 . 2 | 3 5 6 | 5 . #4 | 5 0 . | . . . 3 | 3 . 6 5 4 | 3 . 1 3 | 3 . 2 1 7 | 7 1 0 |

Mesures 31–42
5 3 1 7 6 | 5 . 3 5 | 5 . 4 4 . 3 | 3 2 0 | 5 5 5 5 5 | 6 . 6 | 7 7 7 7 | 1 . 0 | 5 3 4 | 5 . 1 7 6 | 5 . 3 5 . 5 | 6 7 1 |
3 1 6 5 4 | 3 . 1 3 | 3 . 2 2 . 1 | 1 7 0 | 5 5 5 5 5 | #4 . #4 | 4 . 4 4 4 | 3 . 0 | 3 1 2 | 3 . 6 5 4 | 3 . 1 3 . 3 | 4 5 6 |

Mesures 43–54
3 . 2 | 3 0 . | 5 3 4 | 5 . 1 7 6 | 5 . 3 5 . 5 | 6 7 1 | 3 . 2 | 1 0 1 | 6 7 1 | 3 . . | 2 . . | 1 0 . ||
1 . 7 | 1 0 . | 3 1 2 | 3 . 6 5 4 | 3 . 1 3 . 3 | 4 5 6 | 1 . 7 | 1 0 3 | 4 5 6 | 1 . . | 7 . . | 1 0 . ||

Duo des Nozze di Figaro (Mozart), ton de sol. 144 unités par minute.

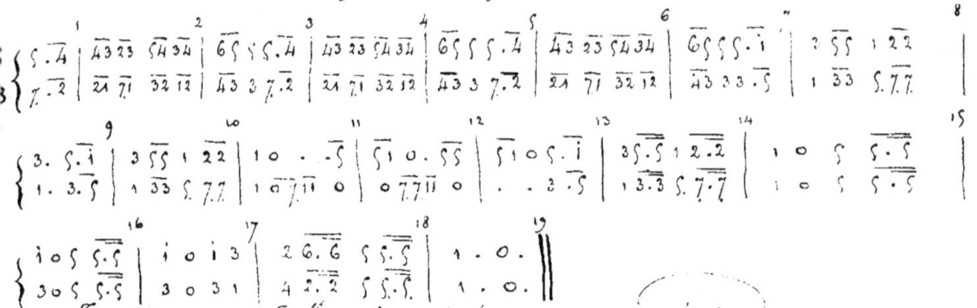

Mesures 1–8
5 . 4 | 4 3 2 3 5 4 3 4 | 6 5 5 5 . 4 | 4 3 2 3 5 4 3 4 | 6 5 5 5 . 4 | 4 3 2 3 5 4 3 4 | 6 5 5 5 . 1 | 3 5 5 1 2 2 |
7 . 2 | 2 1 7 1 3 2 1 2 | 4 3 3 7 . 2 | 2 1 7 1 3 2 1 2 | 4 3 3 7 . 2 | 2 1 7 1 3 2 1 2 | 4 3 3 3 . 5 | 1 3 3 5 . 7 7 |

Mesures 9–15
3 . 5 . 1 | 3 5 5 1 2 2 | 1 0 . . 5 | 5 1 0 . 5 5 | 5 1 0 5 . 1 | 3 5 . 5 1 2 . 2 | 1 0 5 5 . 5 |
1 . 3 . 5 | 1 3 3 5 . 7 7 | 1 0 7 1 1 0 | 0 7 7 1 1 0 | . . 3 . 5 | 1 3 . 3 5 . 7 . 7 | 1 0 5 5 . 5 |

Mesures 16–19
1 0 5 5 . 5 | 1 0 1 3 | 2 6 . 6 5 5 . 5 | 1 . 0 . ||
3 0 5 5 . 5 | 3 0 3 1 | 4 2 . 2 5 5 . 5 | 1 . 0 . ||

Tyrolienne par J. Mendel. ton de ré. 112 unités par minute.

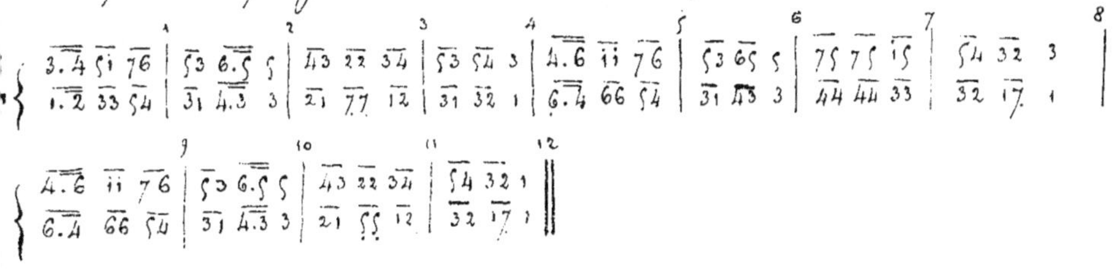

Mesures 1–8
3 . 4 5 1 7 6 | 5 3 6 . 5 5 | 4 3 2 2 3 4 | 5 3 5 4 3 | 4 . 6 1 1 7 6 | 5 3 6 5 5 | 7 5 7 5 1 5 | 5 4 3 2 3 |
1 . 2 3 3 5 4 | 3 1 4 . 3 3 | 2 1 7 7 1 2 | 3 1 3 2 1 | 6 . 4 6 6 5 4 | 3 1 4 3 3 | 4 4 4 4 3 3 | 3 2 1 7 1 |

Mesures 9–12
4 . 6 1 1 7 6 | 5 3 6 . 5 5 | 4 3 2 2 3 4 | 5 4 3 2 1 ||
6 . 4 6 6 5 4 | 3 1 4 . 3 3 | 2 1 5 5 1 2 | 3 2 1 7 1 ||

Sixième Partie

Duo par Azioli (ton de mi). 132 unités par minute.

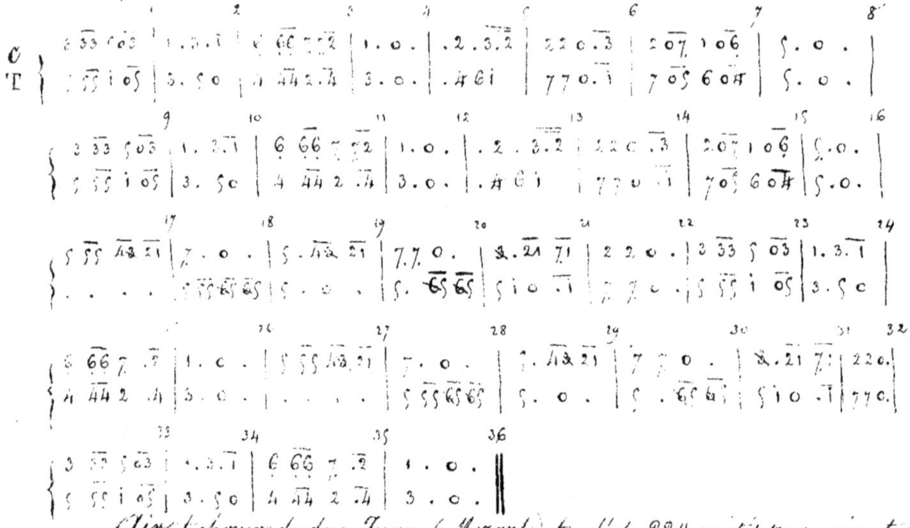

Air et chœur de don Juan (Mozart). ton d'ut. 224 unités par minute.

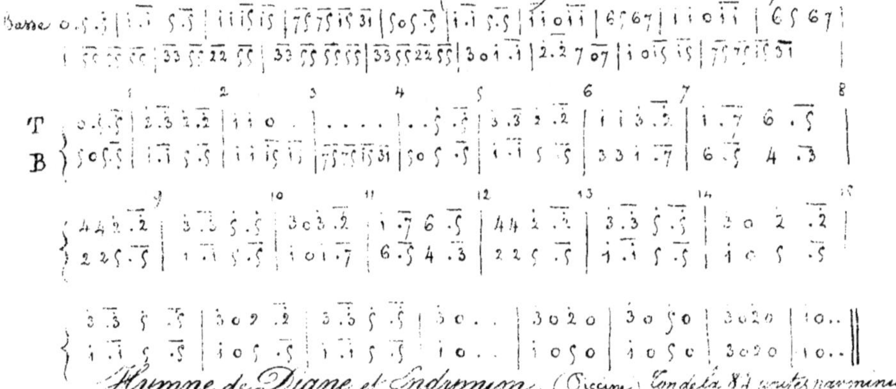

Hymne de Diane et Endymion. (Piccini) Ton de la 84 unités par minute.

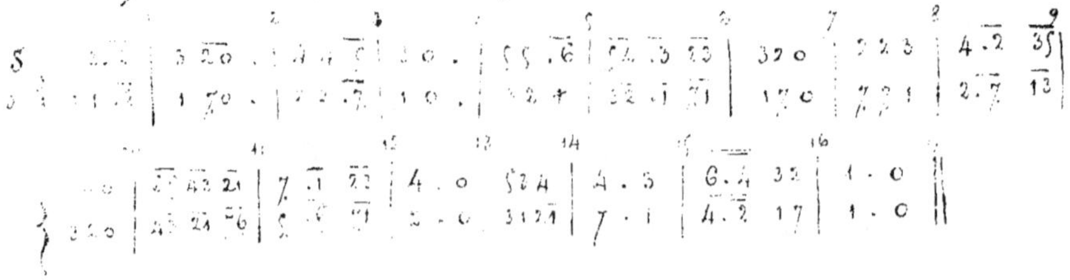

Sixième Partie

Hymne d'Iphigénie en Tauride (Gluck) ton de ré 88 unités par minute

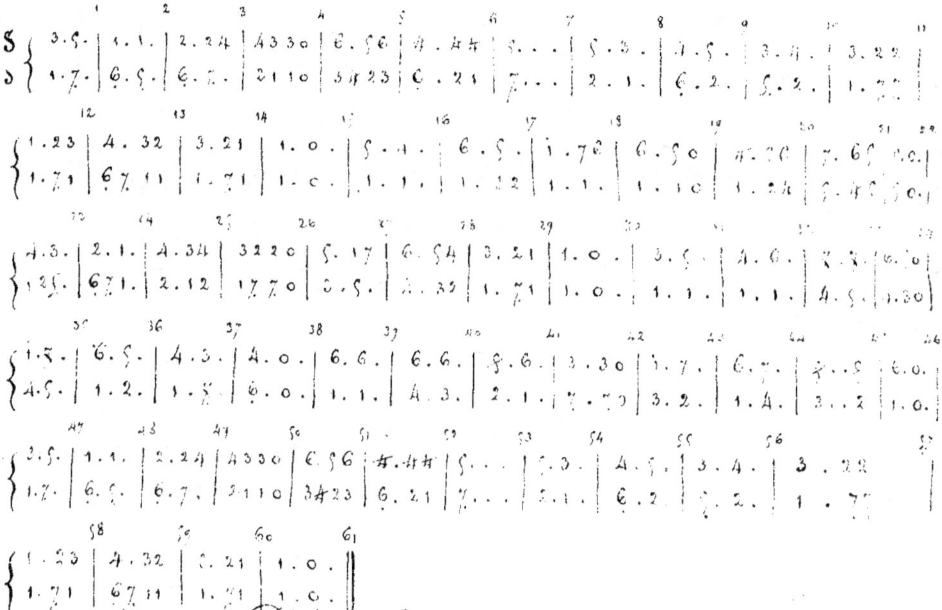

S	3.5.	1.1.	2.24	4330	6.56	4.44	5...	5.3.	4.5.	3.4.	3.22
S	1.7.	6.5.	6.7.	2110	5#23	6.21	7...	2.1.	6.2.	5.2.	1.77

1.23	4.32	3.21	1.0.	5.4.	6.5.	1.76	6.50	4.00	7.65	0.0.
1.71	6711	1.71	1.0.	1.1.	1.12	1.1.	1.10	1.24	5.45	5.0.

4.3.	2.1.	4.34	3220	5.17	6.54	3.21	1.0.	3.5.	4.6.	7.7.	6.0.
1.25.	671.	2.12	1770	3.5.	2.32	1.71	1.0.	1.1.	1.1.	4.5.	1.30

1.7.	6.5.	4.3.	4.0.	6.6.	6.6.	5.6.	3.30	1.7.	6.7.	5.5	6.0.
4.5.	1.2.	1.5.	6.0.	1.1.	4.3.	2.1.	7.70	3.2.	1.4.	3.2	1.0.

3.5.	1.1.	2.24	4330	6.56	#.44	5...	5.3.	4.5.	3.4.	3.22
1.7.	6.5.	6.7.	2110	3#23	6.21	7...	2.1.	6.2	5.2.	1.77

1.23	4.32	3.21	1.0.
1.71	6711	1.71	1.0.

Chœur de Didon (Piccini) ton d'ut 120 unités par minute

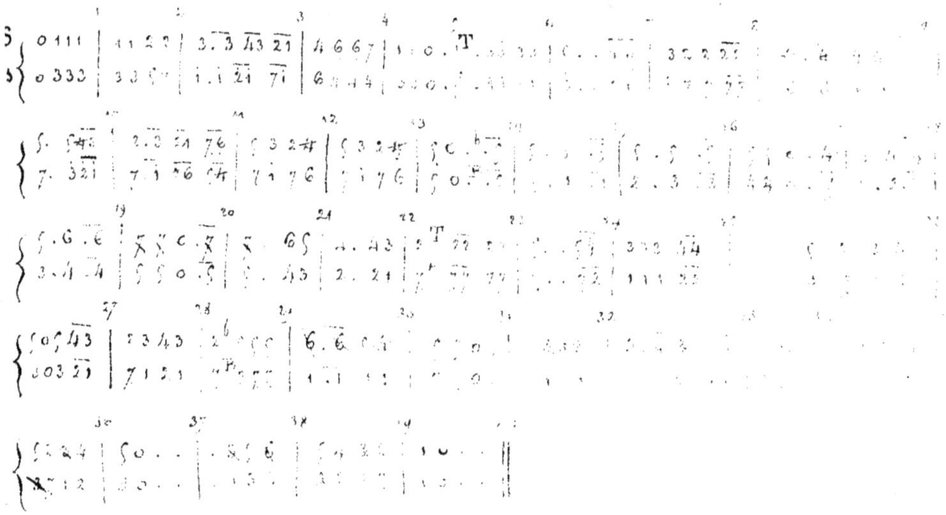

[illegible]

Sixième Partie

Duo d'Armide (Gluck) ton de si bémol. 132 unités par minute.

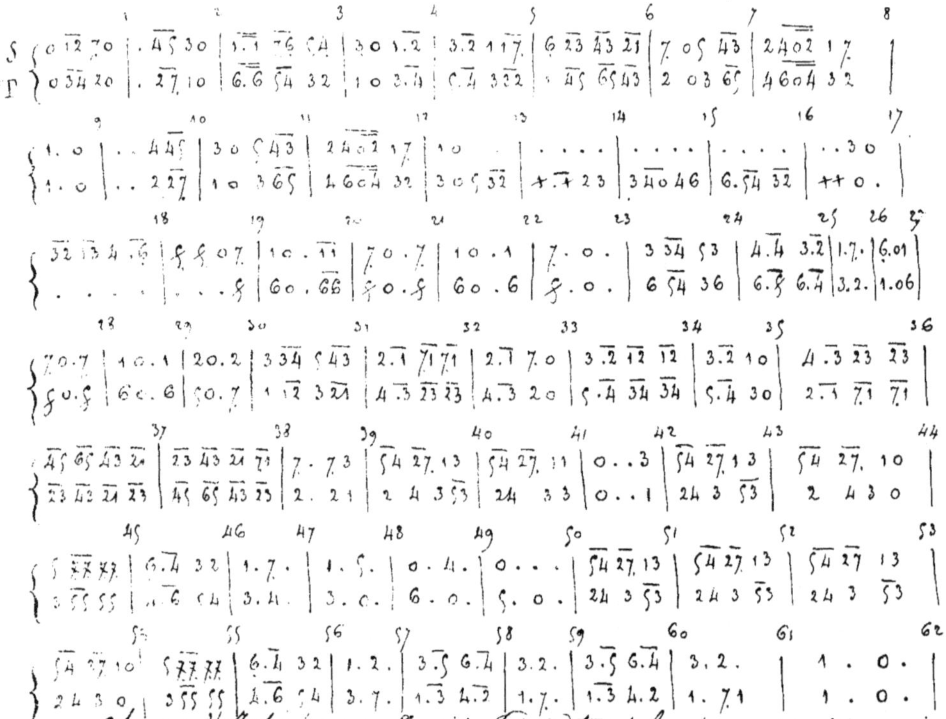

1 2 3 4 5 6 7 8

S { 0 12 70 | . 45 30 | 1.1 76 54 | 30 1.2 | 3.2 1 17 | 6 23 43 21 | 7 05 43 | 2402 1 7 |
T { 0 34 20 | . 27 10 | 6.6 54 32 | 10 3.4 | 5.4 332 | 5 45 6543 | 2 03 65 | 4604 32 |

9 10 11 12 13 14 15 16 17

{ 1 . 0 | . . 445 | 30 543 | 2402 17 | 10 . . | . . . . | . . . . | . . . . | . . 3 0 |
{ 1 . 0 | . . 227 | 10 365 | 4604 32 | 30 5 32 | ++ 23 | 3 40 46 | 6.54 32 | ++ 0 . |

18 19 20 21 22 23 24 25 26 27

{ 32 13 4 6 | 5 5 0 7 | 10 . 11 | 7 0 . 7 | 10 . 1 | 7 . 0 . | 3 34 53 | 4.4 3.2 | 1.7. | 6.01 |
{ . . . . | . . . 5 | 60 . 66 | 5 0 . 5 | 60 . 6 | 5 . 0 . | 6 54 36 | 6.5 6.4 | 3.2. | 1.06 |

28 29 30 31 32 33 34 35 36

{ 70.7 | 10.1 | 20.2 | 3 34 543 | 2.1 71 71 | 2.1 7.0 | 3.2 12 12 | 3.2 10 | 4.3 23 23 |
{ 50.5 | 60.6 | 50.7 | 1 12 3 21 | 4.3 23 23 | 4.3 20 | 5.4 34 34 | 5.4 30 | 2.1 71 71 |

37 38 39 40 41 42 43 44

{ 45 65 43 21 | 23 43 21 71 | 7 . 7 3 | 54 27 . 13 | 54 27 . 11 | 0 . . 3 | 54 27 13 | 54 27 . 10 |
{ 23 42 21 23 | 45 65 43 23 | 2 . 2 1 | 2 4 3 53 | 24 33 | 0 . . 1 | 24 3 53 | 2 4 3 0 |

45 46 47 48 49 50 51 52 53

{ 5 77 77 | 6.4 32 | 1.7. | 1.5. | 0.4. | 0 . . . | 54 27 . 13 | 54 27 13 | 54 27 13 |
{ 3 55 55 | 4 6 54 | 3.4. | 3.0. | 6.0. | 5. 0 . | 24 3 53 | 24 3 53 | 24 3 53 |

54 55 56 57 58 59 60 61 62

{ 54 27 10 | 5 77 77 | 6.4 32 | 1.2. | 3.5 6.4 | 3.2. | 3.5 6.4 | 3.2. | 1 . 0 . |
{ 24 3 0 | 3 55 55 | 4.6 54 | 3.7. | 1.3 4.2 | 1.7. | 1.3 4.2 | 1.71 | 1 . 0 . |

Chœur d'Iphigénie en Tauride (Gluck), ton de la mineur. 72 unités par minute.

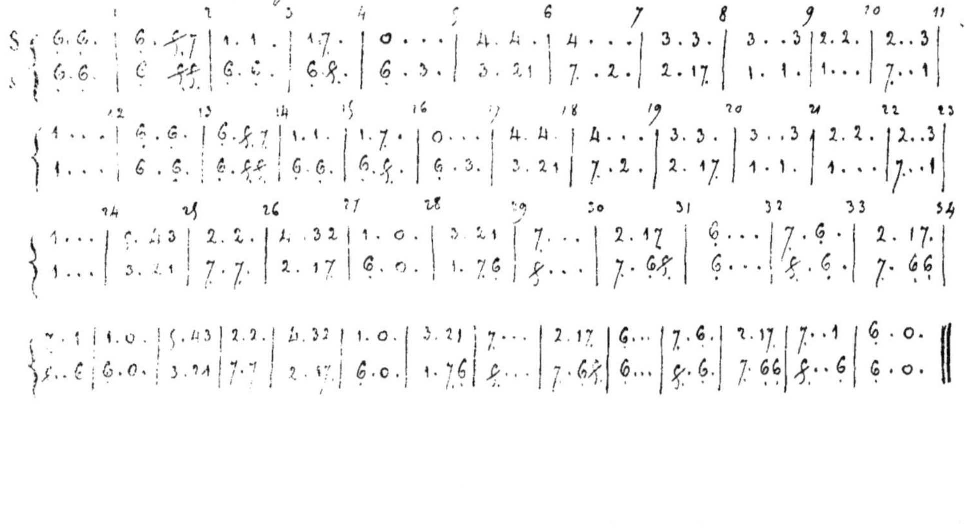

1 2 3 4 5 6 7 8 9 10 11

S { 6.6. | 6. 57 | 1.1. | 1.7. | 0 . . . | 4.4. | 4 . . . | 3.3. | 3 . . 3 | 2.2. | 2 . . 3 |
S { 6.6. | 6 55 | 6.6. | 6.5. | 6.3. | 3.21 | 7 . 2 . | 2.17 | 1.1. | 1 . . . | 7 . . 1 |

12 13 14 15 16 17 18 19 20 21 22 23

{ 1 . . . | 6.6. | 6.57 | 1.1. | 1.7. | 0 . . . | 4.4. | 4 . . . | 3.3. | 3 . . 3 | 2.2. | 2 . . 3 |
{ 1 . . . | 6.6. | 6.55 | 6.6. | 6.5. | 6.3. | 3.21 | 7.2. | 2.17 | 1.1. | 1 . . . | 7 . . 1 |

24 25 26 27 28 29 30 31 32 33 34

{ 1 . . . | 5.43 | 2.2. | 4.32 | 1.0. | 3.21 | 7 . . . | 2.17 | 6 . . . | 7.6. | 2.17. |
{ 1 . . . | 3.21 | 7.7. | 2.17 | 6.0. | 1.76 | 5 . . . | 7.65 | 6 . . . | 5.6. | 7.66 |

{ 7 . 1 | 1.0. | 5.43 | 2.2. | 4.32 | 1.0. | 3.21 | 7 . . . | 2.17 | 6 . . . | 7.6. | 2.17 | 7 . . 1 | 6.0. ||
{ 5 . . 6 | 6.0. | 3.21 | 7.7 | 2.17 | 6.0. | 1.76 | 5 . . . | 7.65 | 6 . . . | 5.6. | 7.66 | 5 . . 6 | 6.0. ||

Sixième Partie.

Duettino par Reichardt. ton de Sol. 92 unités par minute.

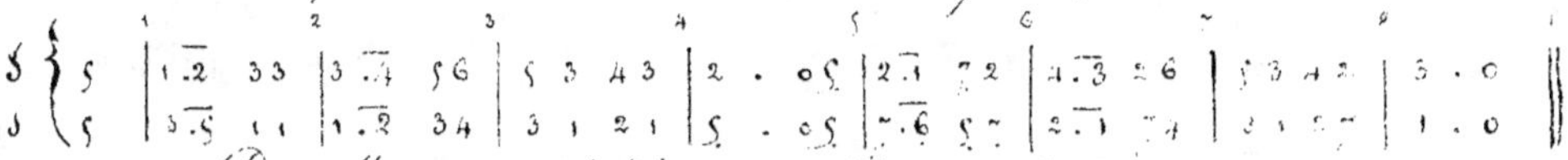

S { 5 | 1.2 33 | 3.4 56 | 5 3 4 3 | 2 . 05 | 2.1 72 | 4.3 26 | 5 3 4 2 | 3 . 0 ||
S { 5 | 3.5 11 | 1.2 34 | 3 1 2 1 | 5 . 05 | 7.6 57 | 2.1 74 | 2 1 5 7 | 1 . 0 ||

Duo allemand. ton de si b. 104 unités par minute.

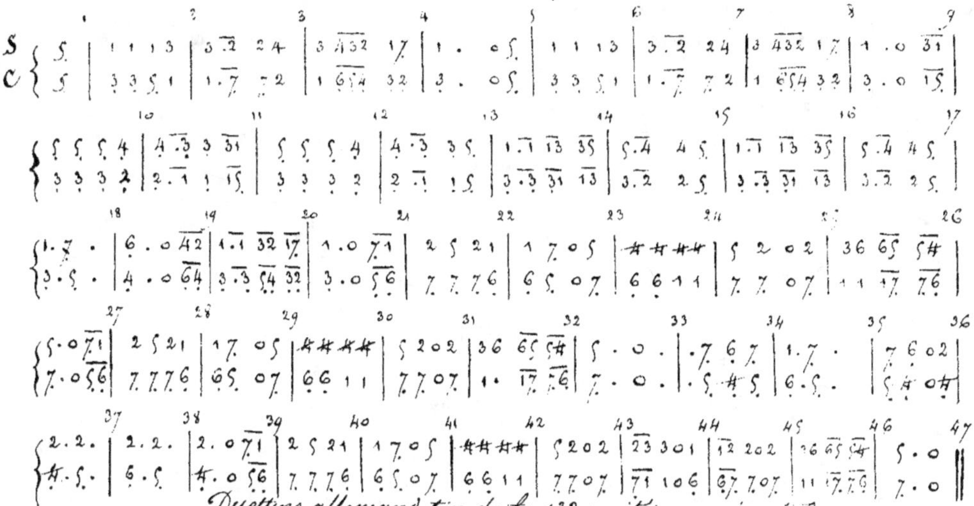

S { 5 | 1 1 1 3 | 3.2 24 | 3 432 17 | 1 . 05 | 1 1 1 3 | 3.2 24 | 3 432 17 | 1 . 0 31 |
C { 5 | 3 3 5 1 | 1.7 72 | 1 654 32 | 3 . 05 | 3 3 5 1 | 1.7 72 | 1 654 32 | 3 . 0 15 |

{ 5 5 5 4 | 4.3 3 31 | 5 5 5 4 | 4.3 35 | 1.1 13 35 | 5.4 45 | 1.1 13 35 | 5.4 45 |
{ 3 3 3 2 | 2.1 1 15 | 3 3 3 2 | 2.1 15 | 3.3 31 13 | 3.2 25 | 3.3 31 13 | 3.2 25 |

{ 1.7 . | 6 . 0 42 | 1.1 32 17 | 1 . 0 71 | 2 5 2 1 | 1 7 0 5 | #### | 5 2 0 2 | 36 65 54 |
{ 3.5 . | 4 . 0 64 | 3.3 54 32 | 3 . 0 56 | 7 7 7 6 | 6 5 0 7 | 6 6 1 1 | 7 7 0 7 | 1 1 17 76 |

{ 5 . 0 71 | 2 5 2 1 | 17 05 | #### | 5 2 0 2 | 36 65 54 | 5 . 0 . | .7 67 | 1.7 . | 7 6 0 2 |
{ 7 . 0 56 | 7 7 7 6 | 65 07 | 66 11 | 7 7 0 7 | 1 1 17 76 | 7 . 0 . | .5 #5 | 6.5 . | 5 4 0 4 |

{ 2.2. | 2.2. | 2 . 0 71 | 2 5 21 | 1 7 0 5 | #### | 5 2 0 2 | 23 301 | 12 202 | 36 65 54 | 5 . 0 ||
{ 4.5. | 6.5 | 4 . 0 56 | 7 7 7 6 | 6 5 0 7 | 6 6 1 1 | 7 7 0 7 | 71 106 | 67 707 | 11 17 76 | 7 . 0 ||

Duettino allemand. ton de fa. 132 unités par minute.

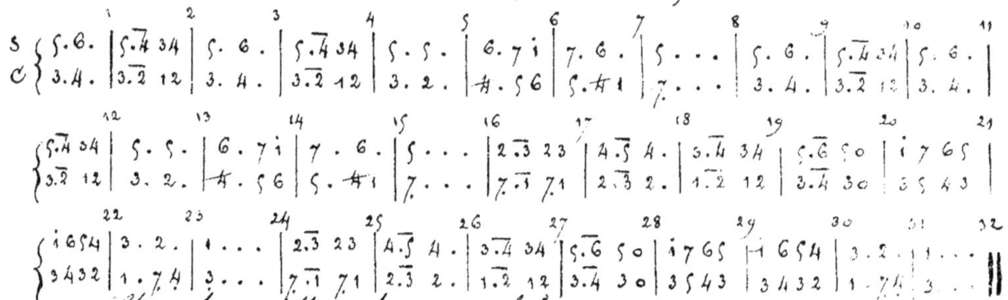

S { 5.6. | 5.4 34 | 5. 6. | 5.4 34 | 5 . 5 . | 6 . 7 1 | 7. 6. | 5 . . . | 5. 6. | 5.4 34 | 5. 6. |
C { 3.4. | 3.2 12 | 3. 4. | 3.2 12 | 3. 2. | #.56 | 5.#1 | 7 . . . | 3. 4. | 3.2 12 | 3. 4. |

{ 5.4 34 | 5. 5. | 6 . 7 1 | 7 . 6. | 5 . . . | 2.3 23 | 4.5 4. | 3.4 34 | 5.6 50 | 1 7 6 5 |
{ 3.2 12 | 3. 2. | 4 . 5 6 | 5 . #1 | 7 . . . | 7.1 71 | 2.3 2. | 1.2 12 | 3.4 30 | 3 5 4 3 |

{ 1 6 5 4 | 3 . 2 . | 1 . . . | 2.3 23 | 4.5 4. | 3.4 34 | 5.6 50 | 1 7 6 5 | 1 6 5 4 | 3 . 2 . | 1 . . . ||
{ 3 4 3 2 | 1 . 7 4 | 3 . . . | 7.1 71 | 2.3 2. | 1.2 12 | 3.4 30 | 3 5 4 3 | 3 4 3 2 | 1 . 7 4 | 3 . . . ||

Choral par Mendel. ton de Sol. 60 unités par minute.

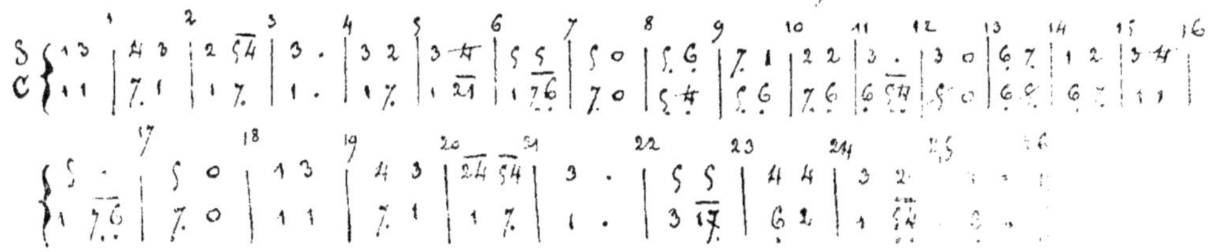

S { 1 3 | 4 3 | 2 54 | 3 . | 3 2 | 3 4 | 5 5 | 5 0 | 5 6 | 7 1 | 2 2 | 3 . | 3 0 | 6 7 | 1 2 | 3 4 |
C { 1 1 | 7 1 | 1 7 | 1 . | 1 7 | 1 21 | 1 76 | 7 0 | 5 # | 5 6 | 7 6 | 6 54 | 5 0 | 6 5 | 6 5 | 1 1 |

{ 5 . | 5 0 | 1 3 | 4 3 | 24 54 | 3 . | 5 5 | 4 4 | 3 2 | 1 . |
{ 1 76 | 7 0 | 1 1 | 7 1 | 1 7 | 1 . | 3 17 | 6 2 | 1 54 | 3 . |

Sixième Partie.

Duettino allemand ton de ré. 100 unités par minute.

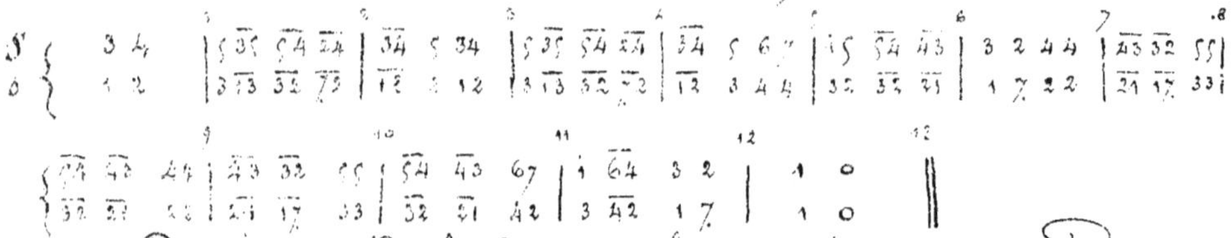

Duettino par Reichardt. ton de fa 88 unités par minute.

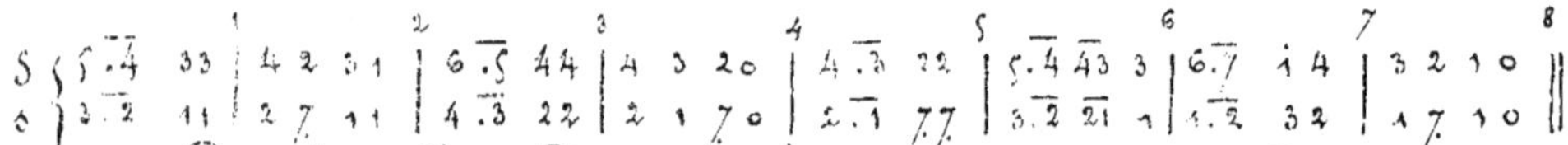

S 5.4 33 | 4 2 3 1 | 6.5 44 | 4 3 20 | 4.3 22 | 5.4 43 3 | 6.7 i 4 | 3 2 1 0 ||

s 3.2 11 | 2 7 1 1 | 4.3 22 | 2 1 7 0 | 2.1 77 | 3.2 21 1 | 1.2 32 | 1 7 1 0 ||

Duettino allemand. ton de mi b. 84 unités par minute.

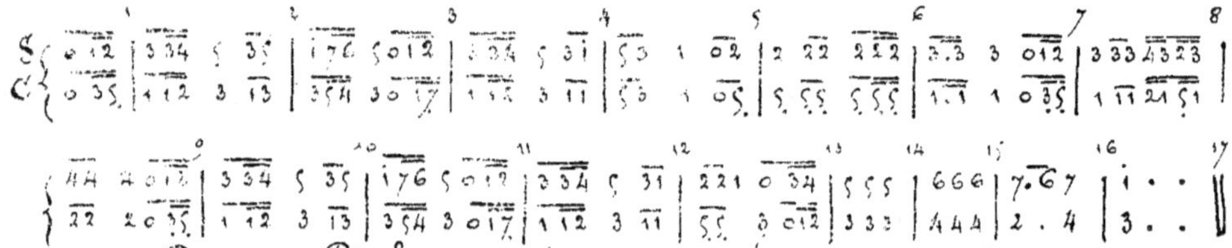

Duo par Righini. ton d'ut. 108 unités par minute.

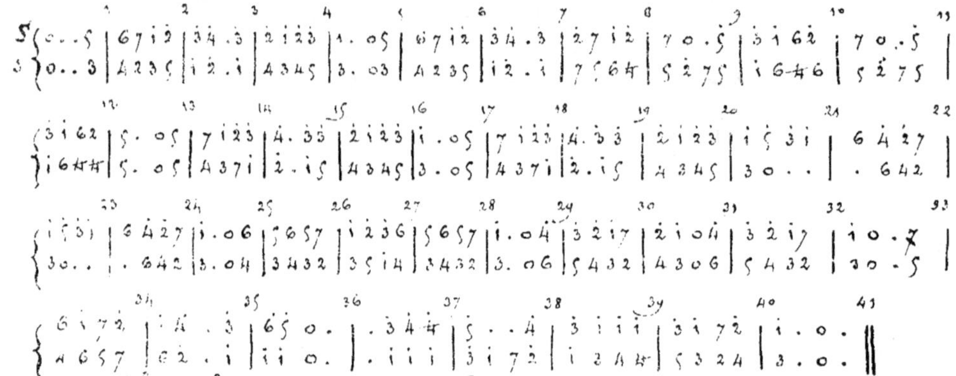

Choral allemand. ton de sol. 72 unités par minute.

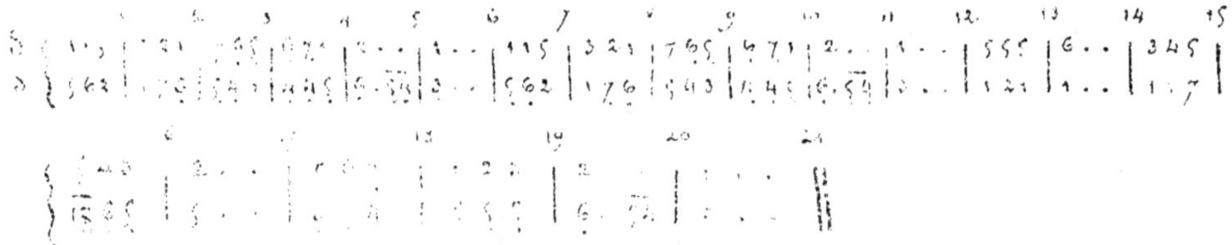

Sixième Partie.

Duettino par Naegeli. ton de Sol. 80 unités par minute.

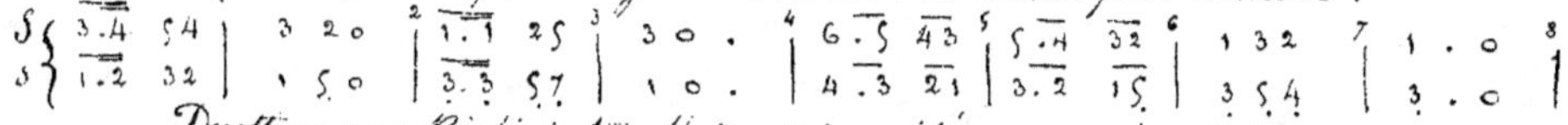

S { 3.4 54 | 3 2 0 | 1.1 25 | 3 0 . | 6.5 43 | 5.4 32 | 1 3 2 | 1 . 0 |

s { 1.2 32 | 1 5 0 | 3.3 57 | 1 0 . | 4.3 21 | 3.2 15 | 3 5 4 | 3 . 0 |

Duettino par Righini. ton d'ut. 104 unités par minute.

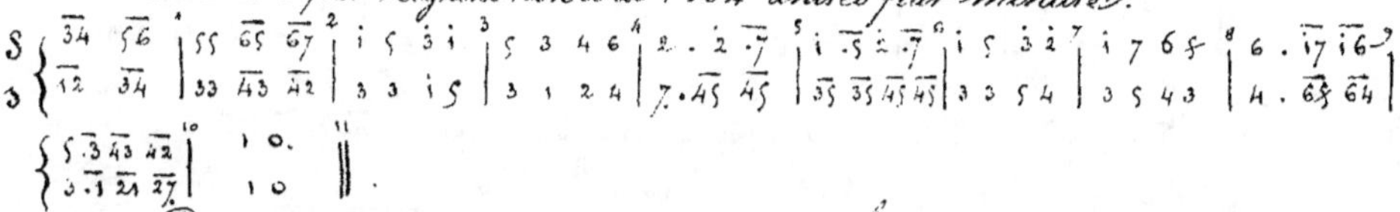

S { 34 56 | 55 65 67 | i 5 3 i | 5 3 4 6 | 2 . 2 .7 | i .5 2 .7 | i 5 3 2 | i 7 6 5 | 6 . i7 i6 |

s { 12 34 | 33 43 42 | 3 3 1 5 | 3 1 2 4 | 7.45 45 | 35 35 45 45 | 3 3 5 4 | 3 5 4 3 | 4 . 65 64 |

{ 5.3 43 42 | 1 0. ||

{ 3.1 21 27 | 1 0 ||

Duo du mariage secret (Cimarosa). ton de fa 96 unités par minute.

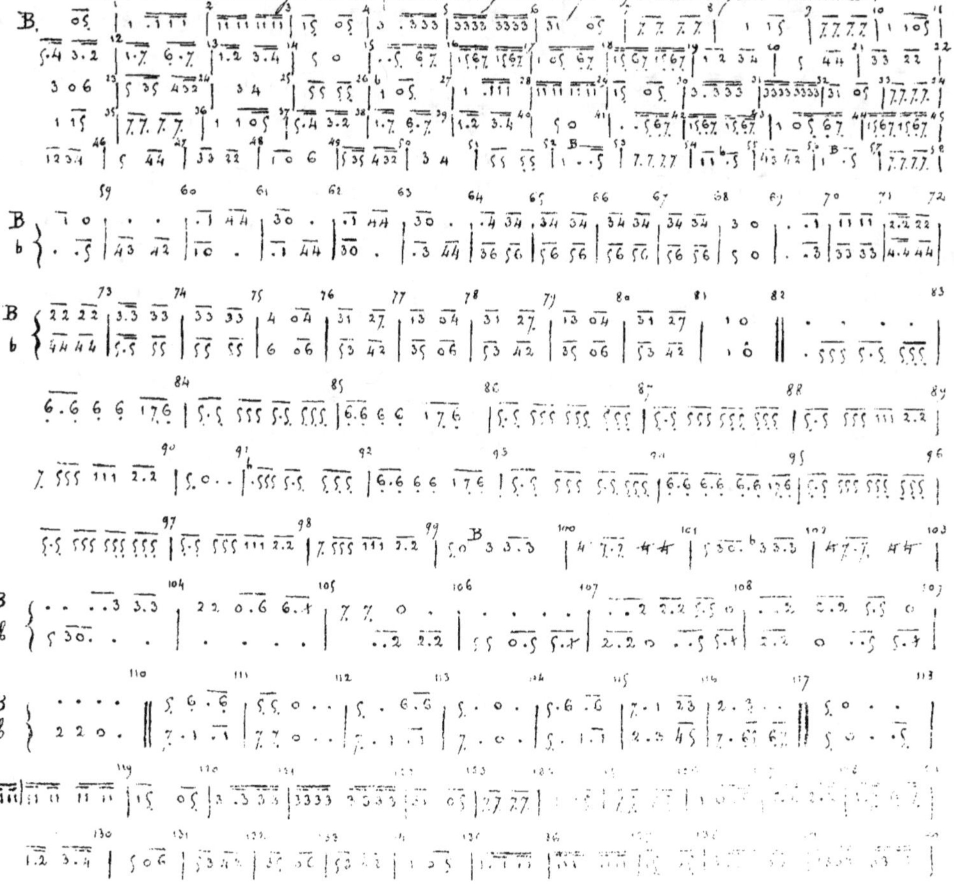

B. 05 | 1 .111 | 1111 1111 | 15 05 | 3 .333 | 3333 3333 | 31 05 | 7.7. 7.7. | 1 15 | 7.7.7.7. | 1 105 |

Sixième Partie

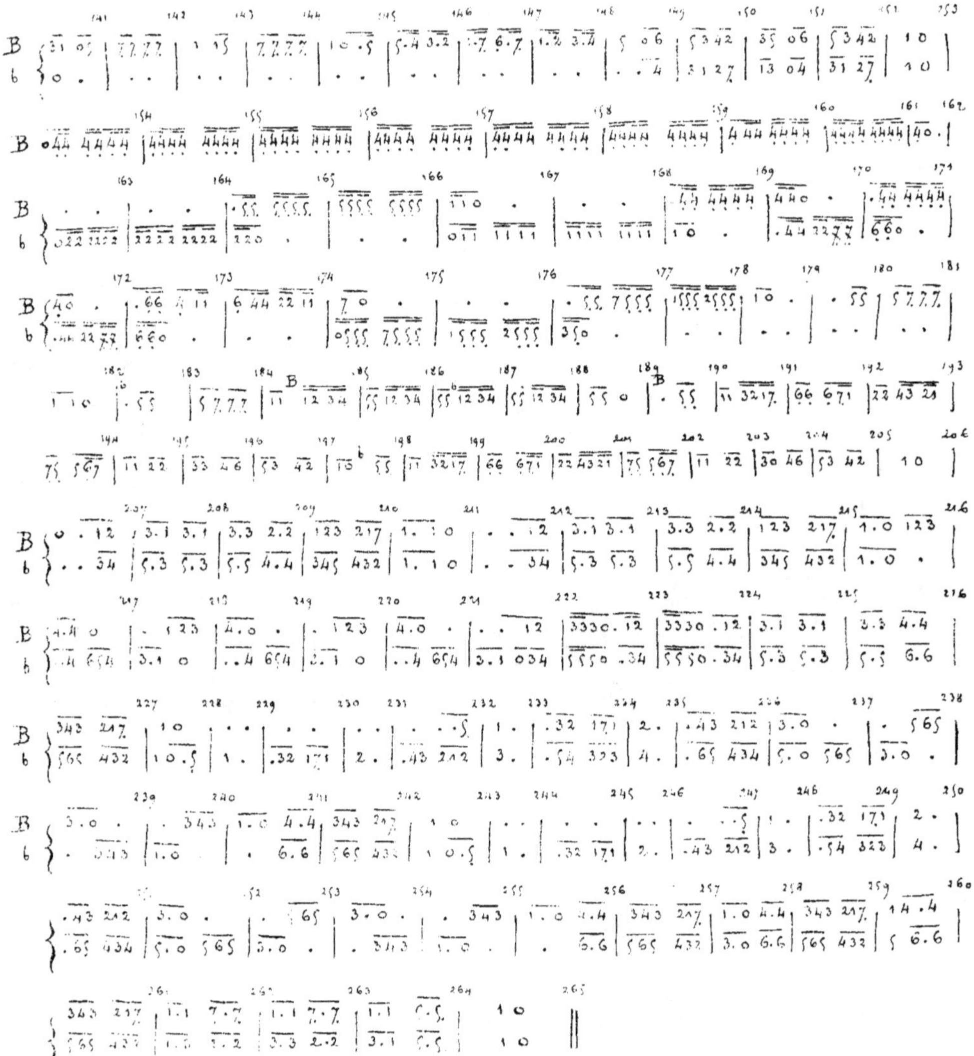

B 31 05 | 7777 | 1 15 | 7777 | 10 .5 | 5.4 3.2 | .7 6.7 | 1.2 3.4 | 5 06 | 5342 | 35 06 | 5342 | 10 |
b 0 . | . . | . . | . . | . . | . . | . . | . . | . . 4 | 3127 | 13 04 | 3127 | 10 |

B 044 4444 | 4444 4444 | 4444 4444 | 4444 4444 | 4444 4444 | 4444 4444 | 444 4444 | 4444 4444 | 40 . |

B . . | . . | .55 5555 | 5555 5555 | 110 . | . . | . . | 44 4444 | 440 . | .44 4444 |
b 022 2222 | 2222 2222 | 220 . | . . | 011 1111 | 1111 1111 | 10 . | .44 2277 | 660 . |

B 40 . | .66 411 | 644 2211 | 70 . | . . | .55 7555 | 5555 2555 | 10 . | . 55 | 5777 |
b .44 2277 | 660 . | . . | 0555 7555 | 1555 2555 | 350 . | . . | . . | . . | . . |

110 | .55 | 5777 | B 11 1234 | 55 1234 | 55 1234 | 55 1234 | 55 0 | B .55 | 11 3217 | 66 671 | 22 4321 |

75 567 | 11 22 | 33 46 | 53 42 | 15 55 | 11 3217 | 66 671 | 22 4321 | 75 567 | 11 22 | 30 46 | 53 42 | 10 |

B 0 .12 | 3.1 3.1 | 3.3 2.2 | 123 217 | 1. 10 | . .12 | 3.1 3.1 | 3.3 2.2 | 123 217 | 1.0 123 |
b . .34 | 5.3 5.3 | 5.5 4.4 | 345 432 | 1. 10 | . .34 | 5.3 5.3 | 5.5 4.4 | 345 432 | 1.0 . |

B 4.40 | . 123 | 4.0 . | . 123 | 4.0 . | . .12 | 3330 .12 | 3330 .12 | 3.1 3.1 | 3.3 4.4 |
b .4 654 | 3.10 | . .4 654 | 3.10 | . .4 654 | 3.1 034 | 5550 .34 | 5550 .34 | 5.3 5.3 | 5.5 6.6 |

B 343 217 | 10 | . . | . . | . . | . .5 | 1. | .32 171 | 2. | .43 212 | 3.0 . | . 565 |
b 565 432 | 10.5 | 1. | .32 171 | 2. | .43 212 | 3. | .54 323 | 4. | .65 434 | 5.0 565 | 3.0 . |

B 3.0 . | . 343 | 1.0 4.4 | 343 217 | 10 | . . | . . | . . | . .5 | 1. | .32 171 | 2. |
b . 343 | 1.0 | . 6.6 | 565 432 | 10.5 | 1. | .32 171 | 2. | .43 212 | 3. | .54 323 | 4. |

.43 212 | 3.0 . | . 565 | 3.0 . | . 343 | 1.0 4.4 | 343 217 | 1.0 4.4 | 343 217 | 14.4 |
.65 434 | 5.0 565 | 3.0 . | . 343 | 1.0 . | . 6.6 | 565 432 | 3.0 6.6 | 565 432 | 5 6.6 |

343 217 | 1.1 7.7 | 1.1 7.7 | 1.1 5.5 | 10 ||
565 432 | 1.3 2.2 | 3.3 2.2 | 3.1 5.5 | 10 ||

Sixième Partie

Duo du Mariage Secret (Cimarosa) ton de si ♭. 138 unités par minute

S: 0 . . . | . . . . | 4 . . 5 | 3 . 0 . | . . . . | . 3 42 04 | 53 05 64 06 | 53 05 65 43 |
T: 2 . . 3 | 1 . 0 . | . . . . | . . . . | 2 . . 3 | 101 27 02 | 31 03 42 03 | 31 03 43 21 |

23 23 23 23 | 20 . . 5 | 5.3 4 5 | 3 . 4 5 | 6 5 4 3 | 4 3 0 . 5 | 5.3 4 5 | 3 . 4 5 |
71 71 71 71 | 7 0 . 3 | 3.1 2 3 | 1 . 2 3 | 4 3 2 1 | 2 1 0 . 3 | 3.1 2 3 | 1 . 2 3 |

6 5 4 3 | 22 2 .32 176 | 55 0 . . | .2 2 .32 176 | 55 0 . . | . . . .5 | 1 5 3 2 |
4 3 2 1 | 7 0 . .2 | 5 6 7 6 | 55 0 . .2 | 5 6 7 6 | 55 5 .65 432 | 11 0 . . |

11 0 . .5 | 1 5 3 2 | 1 0 3 03 | 4 04 2 02 | 3 0 3 03 | 4 04 2 02 || 1 1 | 765 .67 |
.5 5 .65 432 | 1 0 . . | . . 1 01 | 2 02 7 07 | 1 0 1 01 | 2 02 7 07 || 1 0 | . . |

11 3 | 217 .12 | 33 5 | 5.5 5.5 | 5 5 | 5 5.5 | 5 5 | 5 5 | 5 05 |
. 1 | 765 .67 | 11 3 | 217 712 | 321 321 | 217 217 | 321 321 | 217 217 | 3 03 |

656 434 | 234 234 | 545 323 | 123 123 | 712 123 | 234 345 | 4 4 | 4 4 | 4 . | 4 .5 |
434 212 | 712 712 | 323 171 | 671 671 | 567 671 | 712 123 | 2 2 | 2 2 | 2 . | 2 .3 |

5 .3 | 4 5 | 3 . | 4 5 | 6 5 | 4 3 | 4 3 | 0 .5 | 5 .3 | 4 5 | 3 . | 4 5 | 6.4 6.4 |
3 .1 | 2 3 | 1 . | 2 3 | 4 3 | 2 1 | 2 1 | 0 .3 | 3 .1 | 2 3 | 1 . | 2 3 | 4.2 4.2 |

3 2 | 3 0 | 3 03 | 4 04 | 2 02 | 3 0 | 3 03 | 4 04 | 2 02 | 3 6 | 5 7 | 1 6 | 5 7 |
1 7 | 1 0 | 1 01 | 2 02 | 7 07 | 1 0 | 1 01 | 2 02 | 7 07 | 1 1 | 3 2 | 3 4 | 3 2 |

1 6 | 5 7 | 1 0 ||
3 4 | 5 5 | 1 0 ||

Duo de l'Opéra Andronico (Mercadante). ton de mi ♭. 92 unités par minute

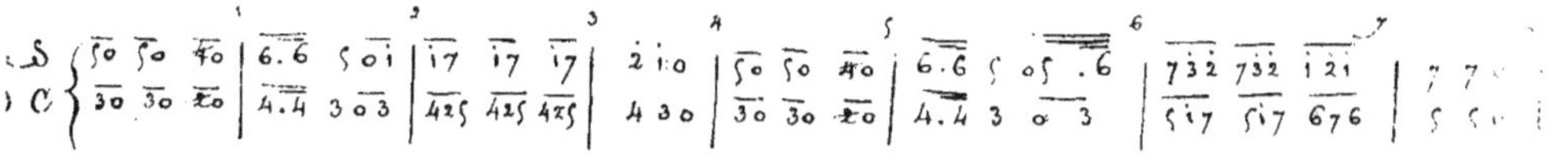

S: 50 50 40 | 6.6 5 01 | 17 17 17 | 2 1 0 | 50 50 40 | 6.6 5 05 .6 | 732 732 121 | 7 7 …
C: 30 30 20 | 4.4 3 03 | 425 425 425 | 4 3 0 | 30 30 20 | 4.4 3 0 3 | 517 517 676 | 5 5 …

Sixième Partie

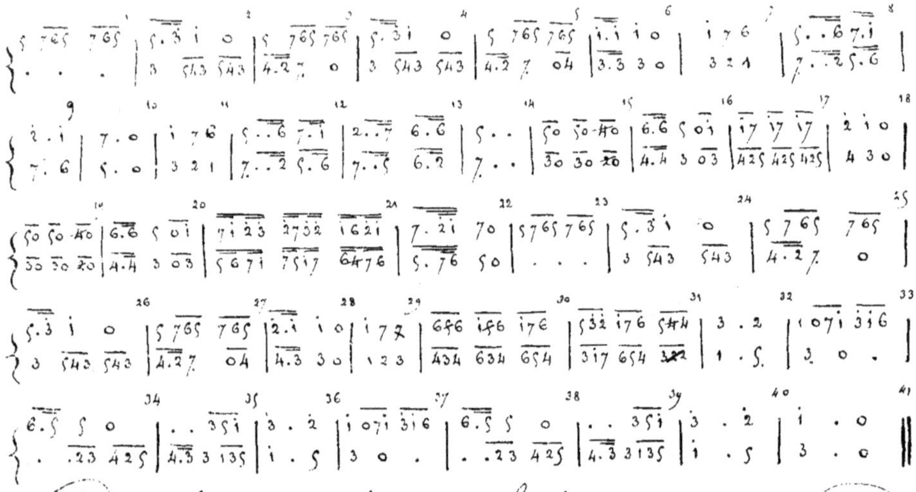

Duo de l'Opéra le Belle Viaggiatrici (haibel). ton d'ut. 112 unités par minute.

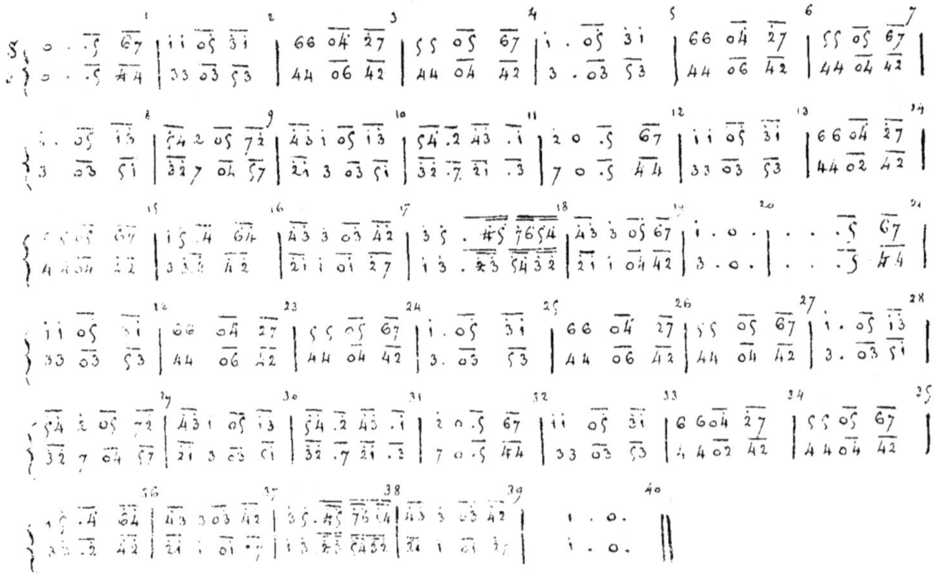

Sixième Partie.

Duo du mariage Secret (Cimarosa). ton d'ut. 152 unités par minute.

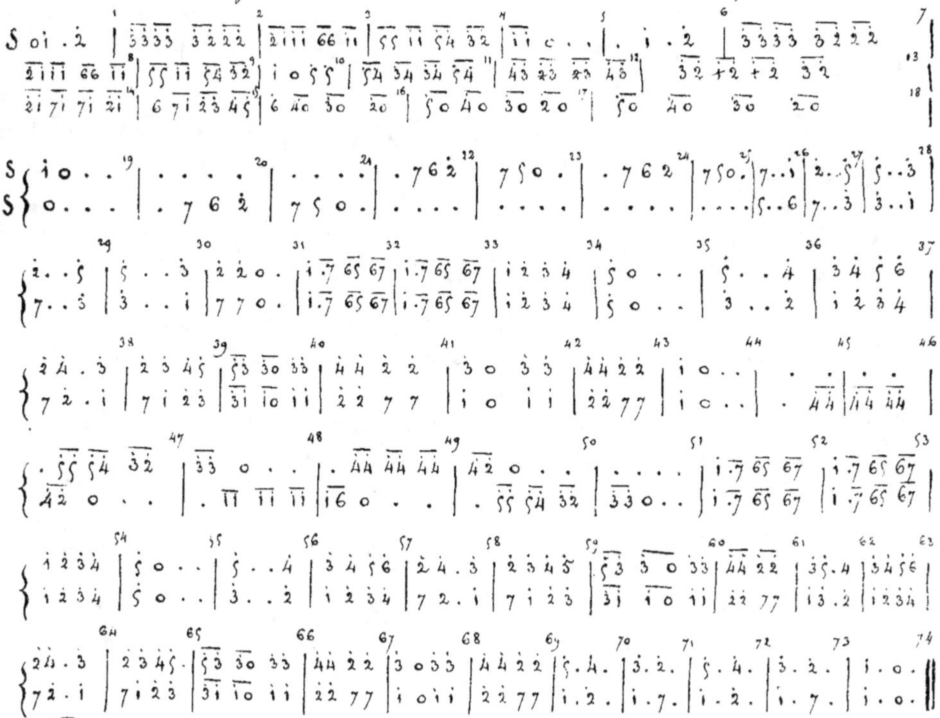

S 0 i . 2 | 3333 3222 | 2111 66 11 | 55 11 54 32 | 11 0 . . | . i . 2 | 3333 3222 |
2111 66 11 | 55 11 54 32 | i 0 5 5 | 54 34 34 54 | 43 23 23 43 | 32 +2 +2 32 |
21 71 71 21 | 6 7 1 23 45 | 6 40 30 20 | 50 40 30 20 | 50 40 30 20 |

S { i 0 . . | . . . . | . . . . | . 7 6 2 | 7 5 0 . | . 7 6 2 | 7 5 0 . | 7 . . i | 2 . . 5 | 5 . . 3 |
S { 0 . . . | . 7 6 2 | 7 5 0 . | . . . . | . . . . | . . . . | . . . . | 5 . . 6 | 7 . . 3 | 3 . . i |

{ 2 . . 5 | 5 . . 3 | 2 2 0 . | i 7 65 67 | i 7 65 67 | i 2 3 4 | 5 0 . . | 5 . . 4 | 3 4 5 6 |
{ 7 . . 5 | 3 . . i | 7 7 0 . | i 7 65 67 | i 7 65 67 | i 2 3 4 | 5 0 . . | 3 . . 2 | i 2 3 4 |

{ 2 4 . 3 | 2 3 4 5 | 53 30 33 | 4 4 2 2 | 3 0 3 3 | 44 22 | i 0 . . | . . | . . |
{ 7 2 . i | 7 i 2 3 | 31 10 11 | 2 2 7 7 | i 0 i i | 22 77 | i 0 . . | . 44 | 44 44 |

{ . 55 54 32 | 33 0 . . | . 44 44 44 | 42 0 . . | . . . . | i 7 65 67 | i 7 65 67 |
{ 42 0 . . | . 11 11 11 | i6 0 . . | . 55 54 32 | 33 0 . . | i 7 65 67 | i 7 65 67 |

{ i 2 3 4 | 5 0 . . | 5 . . 4 | 3 4 5 6 | 2 4 . 3 | 2 3 4 5 | 53 30 33 | 44 22 | 35 . 4 | 3456 |
{ i 2 3 4 | 5 0 . . | 3 . . 2 | i 2 3 4 | 7 2 . i | 7 i 2 3 | 31 10 11 | 22 77 | i3 . 2 | i234 |

{ 24 . 3 | 2 3 4 5 . | 53 30 33 | 44 22 | 3 0 3 3 | 4 4 2 2 | 5 . 4 . | 3 . 2 . | 5 . 4 . | 3 . 2 . | i . 0 . ||
{ 72 . i | 7 i 2 3 | 31 10 11 | 22 77 | i 0 i i | 2 2 7 7 | i . 2 . | i . 7 . | i . 2 . | i . 7 . | i . 0 . ||

Duo de la Semiramide riconosciuta (Meyerbeer) ton de si ♭ 126 unités par minute.

Observation. La partie de Soprano ayant, dans cet air, une seizième d'étendue, et faisant deux points pour le son le plus grave, 7 ou pour le son le plus élevé, i ; j'ai adopté la double ponctuation pour le son aigu. Il y a bien peu d'airs qui, comme celui-ci, exigent des doubles points.

S. { 0 . 5 12 34 | 5 . . . | 3 05 12 34 | 5 . . . | 3 03 43 23 | 4 . . . | 2 04 54 34 | . . . |
T. { 0 . 5 35 12 | 3 . . . | 1 05 35 12 | 2 . . . | 1 01 21 71 | 2 . . . | 7 02 32 12 | 3 . . . |

{ 60 5 . i | 605 . i | 6 . 5 . | 4 3 . | 2 . 03 3 432 | 2 i 0 |
{ 40 3 . 1 | 403 . 1 | 4 . 3 . | 2 . 1 . | 7 . 1 217 | 7 7 0 |

6ème 12 Partie

Fin de la sixième partie

5e

Seizième Partie

Duo et Trio de la Flûte enchantée (Mozart). Ton de sol.

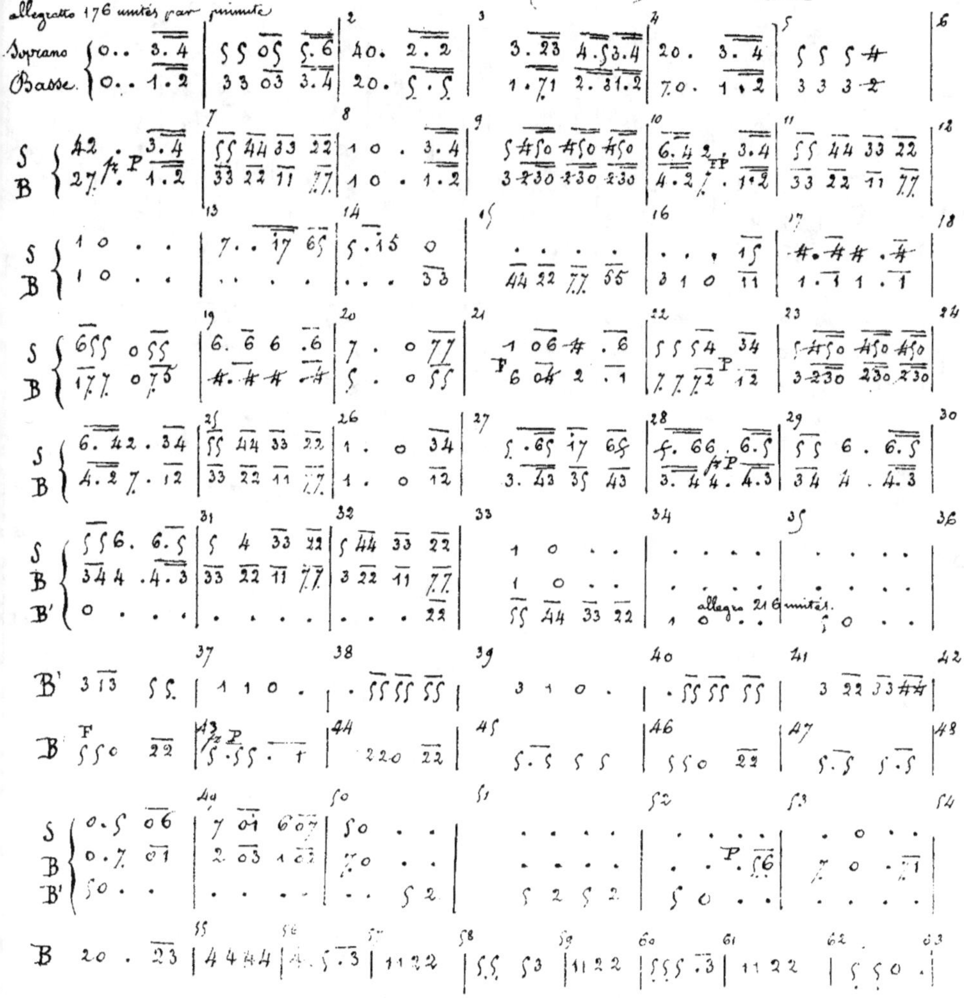

allegretto 176 unités par minute

Soprano { 0 . . 3.4 | 55 05 5.6 | 40. 2.2 | 3.23 4.53.4 | 20. 3.4 | 5 5 5 4 |
Basse { 0 . . 1.2 | 33 03 3.4 | 20. 5.5 | 1.71 2.31.2 | 70. 1.2 | 3 3 3 2 |

S { 42 fz P 3.4 | 55 44 33 22 | 1 0 . 3.4 | 5450 450 450 | 6.4 2 fz P 3.4 | 55 44 33 22 |
B { 27 . 1.2 | 33 22 11 77 | 1 0 . 1.2 | 3230 230 230 | 4.2 7 . 1.2 | 33 22 11 77 |

S { 1 0 . . | 7 . . 17 65 | 5.15 0 | . . . . | . . . 15 | 4.44 . 4 |
B { 1 0 . . | . . . . | . . . 33 | 44 22 77 55 | 3 1 0 11 | 1.1 1 . 1 |

S { 655 0 55 | 6. 6 6 .6 | 7 . 0 77 | 1 06 4 .6 | 55 54 P 34 | 5450 450 450 |
B { 177 0 75 | 4. 4 4 .4 | 5 . 0 55 | F 6 04 2 .1 | 77 72 12 | 3230 230 230 |

S { 6.42 . 34 | 55 44 33 22 | 1 . 0 34 | 5.65 17 65 | 5. 66 fz P 6.5 | 55 6 . 6.5 |
B { 4.27 . 12 | 33 22 11 77 | 1 . 0 12 | 3. 43 35 43 | 3. 44 . 4.3 | 34 4 . 4.3 |

S { 556. 6.5 | 5 4 33 22 | 544 33 22 | 1 0 . . | . . . . | . . . . |
B { 344 .4.3 | 33 22 11 77 | 322 11 77 | 1 0 . . | . . . . | . . . . |
B' { 0 . . . | . . . . | . . . 22 | 55 44 33 22 | 1 0 . . allegro 216 unités. | 5 0 . . |

B' 3 13 55 | 1 1 0 . | . 55 55 55 | 3 1 0 . | . 55 55 55 | 3 22 33 44 |

B F 550 22 | fz P 5.55 . 1 | 220 22 | 5.5 5 5 | 550 22 | 5.5 5.5 |

S { 0.5 06 | 7 01 6 07 | 50 . . | . . . . | . . . . | . 0 . . |
B { 0.7 01 | 2 03 1 02 | 70 . . | . . . . | . . P. 56 | 7 0 . 71 |
B' { 50 . . | . . . . | . . 5 2 | 5 2 5 2 | 5 0 . . | . . . . |

B 20 . 23 | 4444 | 4.5.3 | 1122 | 55 53 | 1122 | 555 .3 | 1122 | 550 . |

Septième Partie

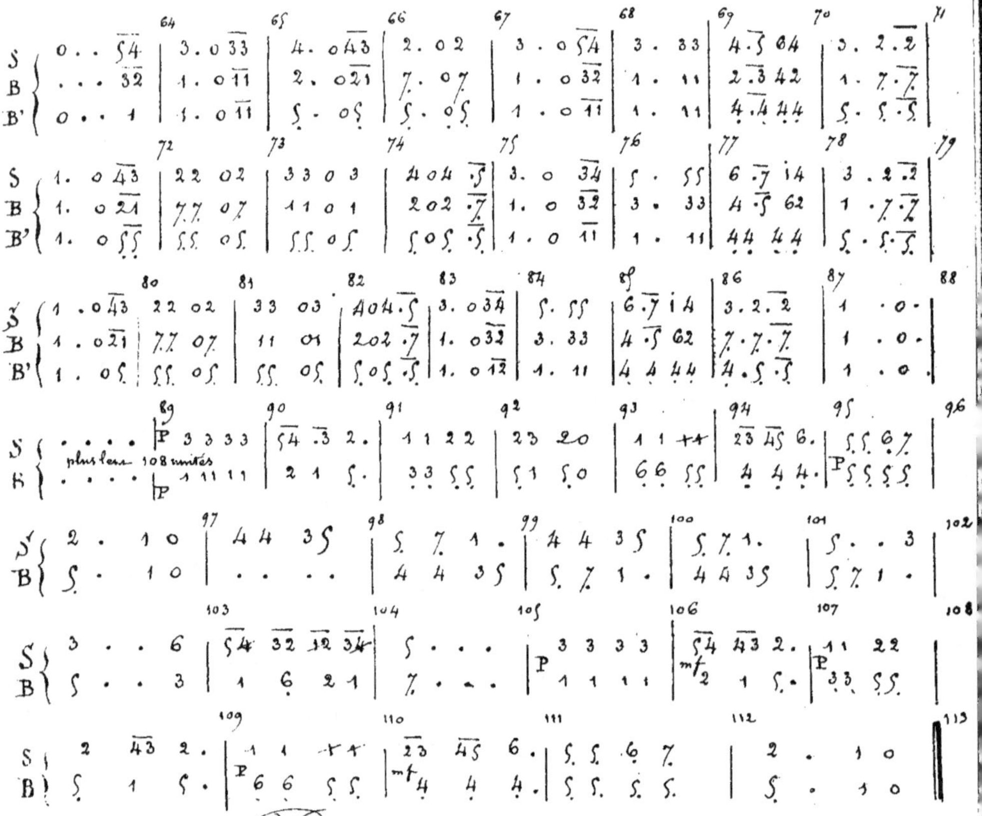

64 65 66 67 68 69 70 71
S | 0 . . 54 | 3 . 0 33 | 4 . 0 43 | 2 . 0 2 | 3 . 0 54 | 3 . 33 | 4 . 5 64 | 3 . 2 . 2 |
B | . . . 32 | 1 . 0 11 | 2 . 0 21 | 7 . 0 7 | 1 . 0 32 | 1 . 11 | 2 . 3 42 | 1 . 7 . 7 |
B' | 0 . . 1 | 1 . 0 11 | 5 . 0 5 | 5 . 0 5 | 1 . 0 11 | 1 . 11 | 4 . 4 44 | 5 . 5 . 5 |

72 73 74 75 76 77 78 79
S | 1 . 0 43 | 22 02 | 33 0 3 | 4 0 4 . 5 | 3 . 0 34 | 5 . 55 | 6 . 7 14 | 3 . 2 . 2 |
B | 1 . 0 21 | 77 07 | 11 0 1 | 2 0 2 . 7 | 1 . 0 32 | 3 . 33 | 4 . 5 62 | 1 . 7 . 7 |
B' | 1 . 0 55 | 55 05 | 55 0 5 | 5 0 5 . 5 | 1 . 0 11 | 1 . 11 | 44 44 | 5 . 5 . 5 |

80 81 82 83 84 85 86 87 88
S | 1 . 0 43 | 22 02 | 33 03 | 4 0 4 . 5 | 3 . 0 34 | 5 . 55 | 6 . 7 14 | 3 . 2 . 2 | 1 . 0 . |
B | 1 . 0 21 | 77 07 | 11 01 | 2 0 2 . 7 | 1 . 0 32 | 3 . 33 | 4 . 5 62 | 7 . 7 . 7 | 1 . 0 . |
B' | 1 . 0 5 | 55 05 | 55 05 | 5 0 5 . 5 | 1 . 0 12 | 1 . 11 | 4 4 44 | 4 . 5 . 5 | 1 . 0 |

89 90 91 92 93 94 95 96
S | . . . . | P 3 3 3 3 | 54 . 3 2 . | 1 1 2 2 | 23 20 | 1 1 + + | 23 45 6 . | 55 67 |
B | . . . . plus lent 108 unités | P 1 1 1 1 | 2 1 5 . | 33 55 | 51 50 | 66 55 | 4 4 4 . | P 5 5 5 5 |

97 98 99 100 101 102
S | 2 . 1 0 | 44 35 | 5 7 1 . | 44 35 | 5 7 1 . | 5 . . 3 |
B | 5 . 1 0 | . . . . | 44 35 | 5 7 1 . | 44 35 | 5 7 1 . |

103 104 105 106 107 108
S | 3 . . 6 | 54 32 12 34 | 5 . . . | P 3 3 3 3 | 54 43 2 . | 11 22 |
B | 5 . . 3 | 1 6 21 | 7 . . . | 1 1 1 1 | mf 2 1 5 . | P 33 55 |

109 110 111 112 113
S | 2 43 2 . | 1 1 + + | 23 45 6 . | 55 67 | 2 . 1 0 ||
B | 5 1 5 . | P 66 55 | mf 4 4 4 . | 55 55 | 5 . 1 0 ||

Principales Observations

Coupe ♫ o, 9. — modulations : à la domin. 9. 16 à 21 ; 41 ; 44 à 53. — à la sous méd. maj. 43 — à la sensible mineure, 27. — Accords de tonique, 64. — de dom. 66, 72 — de s. dom. 77. — de s. méd. 77. — de 7e de dom. 65, 71.

7e Partie.

3.

Trio d'Œdipe à Colonne (Sacchini). Ton de la ; 46 unités par minute, ou 20 oscillations par unité du No. 92 du chronomètre.

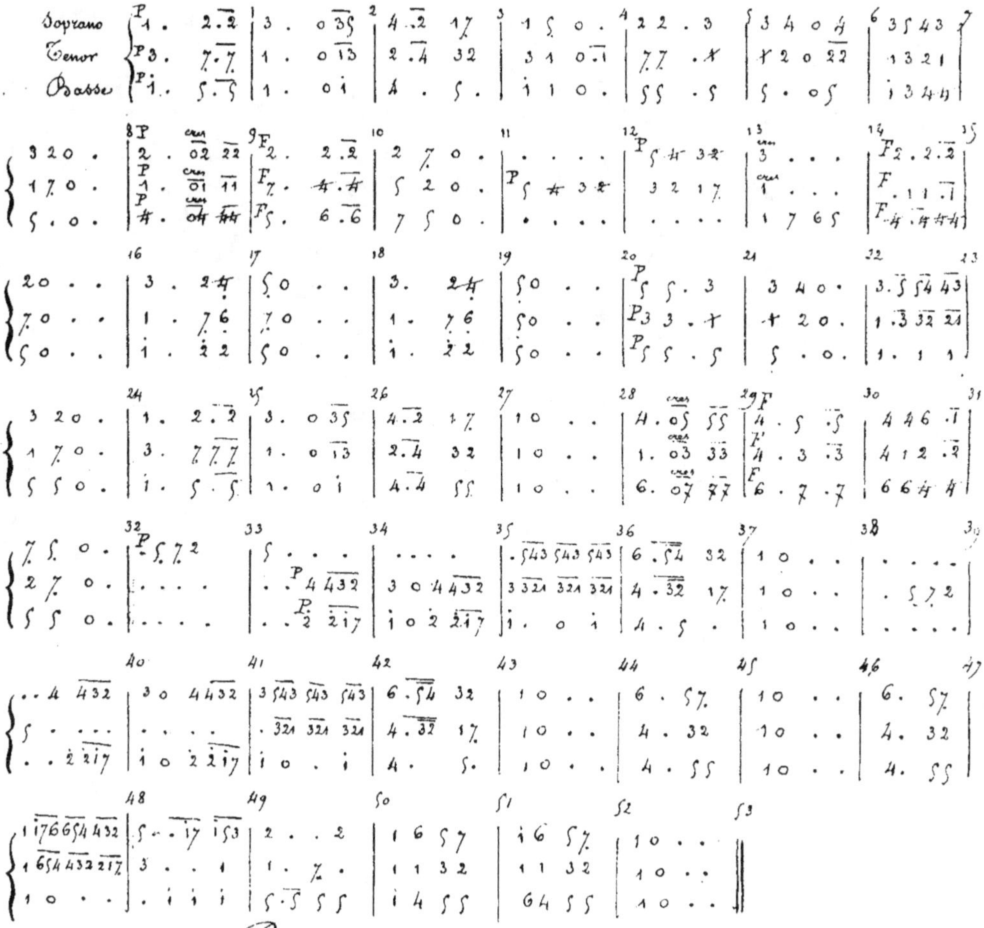

	1	2	3	4	5	6
Soprano	P 1 . 2 . 2	3 . 0 35	4 . 2 17	1 5 0 .	2 2 . 3	3 4 0 4	3 5 4 3
Tenor	P 3 . 7 . 7	1 . 0 13	2 . 4 32	3 1 0 . 1	7 7 . 4	4 2 0 22	1 3 2 1
Basse	P 1 . 5 . 5	1 . 0 1	4 . 5 .	1 1 0 .	5 5 . 5	5 . 0 5	1 3 4 4

7	8	9	10	11	12	13	14
3 2 0 .	P 2 . cres 02 22	F 2 . 2 . 2	2 7 0 .	. . . .	P 5 4 3 2	cres 3 . . .	F 2 . 2 . 2
1 7 0 .	P 1 . cres 01 11	F 7 . 4 . 4	5 2 0 .	P 5 4 3 2	3 2 1 7	cres 1 . . .	F . 1 1 . 1
5 . 0 .	P 4 . cres 04 44	F 5 . 6 . 6	7 5 0 .	. . . .	. . . .	1 7 6 5	F 4 . 4 44

15	16	17	18	19	20	21	22
2 0 . .	3 . 2 4	5 0 . .	3 . 2 4	5 0 . .	P 5 5 . 3	3 4 0 .	3 . 5 54 43
7 0 . .	1 . 7 6	7 0 . .	1 . 7 6	5 0 . .	P 3 3 . 4	4 2 0 .	1 . 3 32 21
5 0 . .	1 . 2 2	5 0 . .	1 . 2 2	5 0 . .	P 5 5 . 5	5 . 0 .	1 . 1 1

23	24	25	26	27	28	29	30
3 2 0 .	1 . 2 . 2	3 . 0 35	4 . 2 17	1 0 . .	4 . cres 05 55	F 4 . 5 . 5	4 4 6 . 1
1 7 0 .	3 . 7 77	1 . 0 13	2 . 4 32	1 0 . .	1 . cres 03 33	F 4 . 3 . 3	4 1 2 . 2
5 5 0 .	1 . 5 . 5	1 . 0 1	4 . 4 55	1 0 . .	6 . cres 07 77	F 6 . 7 . 7	6 6 4 4

31	32	33	34	35	36	37	38
7 5 0 .	P 5 7 2	5 . . .	. . . .	. 543 543 543	6 . 54 32	1 0 . .	. . . .
2 7 0 .	. . . .	. . P 4432	3 0 4432	3 321 321 321	4 . 32 17	1 0 . .	. 5 7 2
5 5 0 .	. . . .	. . P 2 217	1 0 2 217	1 . 0 1	4 . 5 .	1 0 . .	. . . .

39	40	41	42	43	44	45	46
. . 4 432	3 0 4432	3 543 543 543	6 . 54 32	1 0 . .	6 . 57	1 0 . .	6 . 57
5	. . . .	. 321 321 321	4 . 32 17	1 0 . .	4 . 32	1 0 . .	4 . 32
. . 2 217	1 0 2 217	1 0 . 1	4 . 5 .	1 0 . .	4 . 55	1 0 . .	4 . 55

47	48	49	50	51	52
1 176 654 432	5 . . 17 153	2 . . 2	1 6 5 7	1 6 5 7	1 0 . .
1 654 432 217	3 . . 1	1 . 7 .	1 1 3 2	1 1 3 2	1 0 . .
1 0 . .	5 . 1 1 1	5 . 5 5 5	1 4 5 5	6 4 5 5	1 0 . .

53

Principales Observations.

= Modulations, à la dominante, de 15 à 19 ; 32. — à la S. dominante, 28 à 31, — à la sous méd. mineure, par l'accord de 7e de dom. du ton de la dom. majeure, 6. = Repos sur l'accord de dom., 8. = accord de 7e de dominante, dans le ton de la domin., 9, 15, 31. = Accords de tonique 1. — de domin. 1, 5. — de S. domin. 16 = Succession des accords de sous-dom. de tonique et de dominante. 51 et 52.

Deuxième Partie

Trio par Arioli. Ton de La. 120 unités par minute.

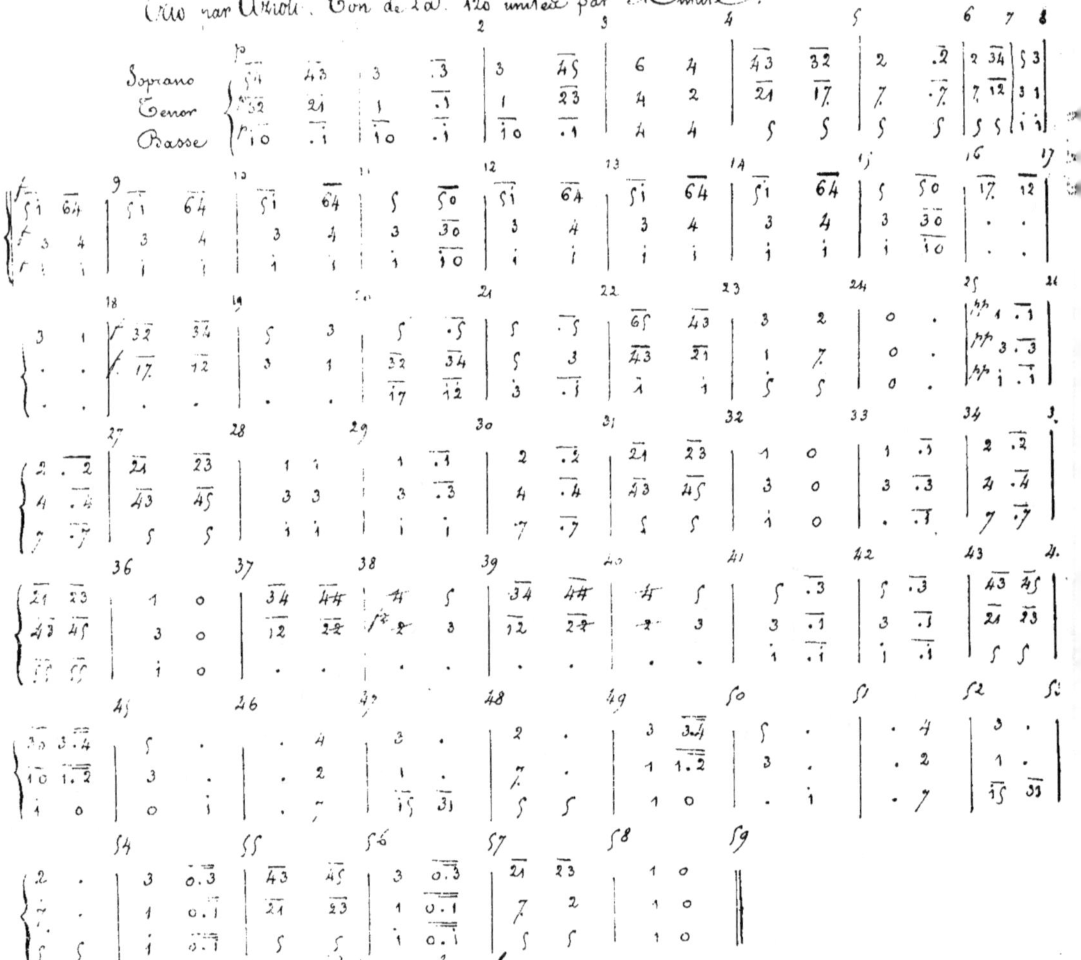

Mesure	1		2	3	4	5	6	7
Soprano	p 54 43	3 .3	3 45	6 4	43 32	2 .2	2 34	5 3
Ténor	p 32 21	1 .1	1 23	4 2	21 17.	7. .7.	7. 12	3 1
Basse	p 10 .1	10 .1	10 .1	4 4	5 5	5 5	5 5	i i

Mesure	[8]	9	10	11	12	13	14	15	16
Soprano	f 51 64	51 64	51 64	5 50	51 64	51 64	51 64	5 50	17. 12
Ténor	f 3 4	3 4	3 4	3 30	3 4	3 4	3 4	3 30	. .
Basse	f i i	i i	i i	i 10	i i	i i	i i	i 10	. .

Mesure	[17]	18	19	20	21	22	23	24	25
Soprano	3 1	f 32 34	5 3	5 .5	5 .5	65 43	3 2	0 .	pp 1 .1
Ténor	. .	f 17. 12	3 1	32 34	5 3	43 21	1 7.	0 .	pp 3 .3
Basse	. .	. .	. .	17 12	3 .1	1 1	5 5	0 .	pp i .i

Mesure	[26]	27	28	29	30	31	32	33	34
Soprano	2 .2	21 23	1 1	1 .1	2 .2	21 23	1 0	1 .1	2 .2
Ténor	4 .4	43 45	3 3	3 .3	4 .4	43 45	3 0	3 .3	4 .4
Basse	7 .7	5 5	i i	i i	7 .7	5 5	i 0	. .1	7 .7

Mesure	[35]	36	37	38	39	40	41	42	43
Soprano	21 23	1 0	34 44	4 5	34 44	4 5	5 .3	5 .3	43 45
Ténor	43 45	3 0	12 22	f 2 3	12 22	2 3	3 .1	3 .1	21 23
Basse	55 55	i 0	. .	.	. .	. .	i .i	i .i	5 5

Mesure	[44]	45	46	47	48	49	50	51	52
Soprano	30 3.4	5 .	. 4	3 .	2 .	3 3.4	5 .	. 4	3 .
Ténor	10 1.2	3 .	. 2	1 .	7. .	1 1.2	3 .	. 2	1 .
Basse	i 0	0 i	. 7	15 31	5 5	1 0	. i	. 7	15 31

Mesure	[53]	54	55	56	57	58	59
Soprano	2 .	3 0.3	43 45	3 0.3	21 23	1 0	‖
Ténor	7. .	1 0.1	21 23	1 0.1	7 2	1 0	‖
Basse	5 5	i 0.1	5 5	i 0.1	5 5	1 0	‖

Principales observations.

Modulations [illegible] les mesures 38. 39 40 et 41 où il y a plutôt un ébranlement de la tonalité qu'une tonalité déterminée ce qui [illegible] souvent [illegible] l'emploi du chromatique. 4# ou 22 ou 3[illegible] 77 etc. les tendances de tonalité ne sont indiquées que par les [illegible] 55 = [illegible] de la dominante 24. = *Accords* [illegible] 1. — de Dominante. 6 — de S. méd. 4. — de 7.e de domin[illegible] [illegible] fragment [illegible] de 7.e de dominante 27. 47. = [illegible] *rmatives* [illegible] de tonique et de sous domina[illegible] [illegible]

Septième Partie.

Trio d'Œdipe à Colone (Sacchini). Ton de La. 84 unités par minute.

	1	2	3	4	5	6	7	8
Soprano.	5 . 4 .	3 . . 23	4 . 3 .	3 2 0 .	2 . 3 4	5 . 6 5 0	2 . 3 4	5 . 6 5 01
Tenor.	3 . 2 .	1 . . 71	2 . 1 .	1 7 0 .	7 . 1 2	3 . 4 3 0	7 . 1 2	3 . 4 3 01
Basse.	0 . 5 67	1 . . .	4 . 4 .	5 . 5 .	. 4 3 2	1 . 1 .	5 4 3 2	1 . 1 .

9	10	11	12	13	14	15	16
6 . . 5	4 . 0 .	5 5 . 4	43 3 0 .	1 . . 32	2 . . 43	3 . . 54	4 . . 65
1 . + .	2 . 0 .	2 2 . 2	21 1 0 .	. . . .	. . . .	1 . . 32	2 . . 43
0 . . 6	2 . . 1	7 . . .	1 1 . 2	3 1 0 .	. . . .	. . . .	. . . .

17	18	19	20	21	22	23	24
5 . . .	. . . .	. . 6 . 6	5 . 4 . 4	3 5 4 2	1 . 0 . 5	5 . 4 32	3 . 0 . 5
3 . . 17	7 . . 21	1 . 1 . 1	1 . 2 . 2	1 3 2 7	1 . 0 . 3	3 . 2 17	1 . 0 . 3
1 . . 32	2 . . 43	3 . 4 . 4	3 . 4 . 4	5 . 5 5	1 . 0 . 1	1 . 5 .	1 . 0 . 1

25	26	27	28	29	30	31	32
5 . 4 32	3 3 0 .	5 . 4 .	3 . . 23	4 . 3 .	3 2 0 .	2 . 3 4	5 . 6 5 0
3 . 2 17	1 1 0 .	3 . 2 .	1 . . 71	2 . 1 .	1 7 0	7 . 1 2	3 . 4 3 0
1 . 5 .	1 1 0 .	0 . 5 67	1 . . .	4 . 4 .	5 . 5 .	. 4 3 2	1 . 1 .

33	34	35	36	37	38	39	40
2 . 3 4	5 . 6 5 01	6 . . 5	4 . 0 .	5 5 . 4	43 3 0 .	1 . . 32	2 . . 43
7 . 1 2	3 . 4 3 01	1 . + .	2 . 0 .	2 2 . 2	21 1 0 .	. . . .	. . . .
5 4 3 2	1 . 1 .	0 . . 6	2 . . 1	7 . . .	1 1 . 2	3 1 0 .	. . . .

41	42	43	44	45	46	47	48
3 . . 54	4 . . 65	5 . . .	. . . .	. . 6 . 6	5 . 4 . 4	3 5 4 2	1 . 0 . 5
1 . . 32	2 . . 43	3 . . 17	7 . . 21	1 . 1 . 1	1 . 2 . 2	1 3 2 7	1 . 0 . 3
. . . .	. . . .	1 . . 32	2 . . 43	3 . 4 . 4	3 . 4 . 4	5 . 5 5	1 . 0 . 1

49	50	51	52	53	54	55	56
5 . 4 32	3 . 0 . 5	5 . 4 32	3 3 0 .	1 . . 32	2 . . 43	3 . . 54	4 . . 65
3 . 2 17	1 . 0 . 3	3 . 2 17	1 1 0 .	. . . .	. . . .	1 . . 32	2 . . 43
1 . 5 .	1 . 0 . 1	1 . 5 .	1 1 0 .	. . . .	. . . .	. . . .	. . . .

57	58	59	60	61	62	63	64	65	66
5 . . .	. . . .	. . 6 . 6	5 . 4 . 4	3 . 45 42	1 . 6 . 6	5 3 24	3 . 6 . 6	5 4 3 2	1 . 0 .
3 . . 17	7 . . 21	1 . 1 . 1	1 . 2 . 2	1 . 23 27	1 . 1 . 1	3 1 7 2	1 . 4 . 4	3 2 1 7	1 . 0 .
1 . . 32	2 . . 43	3 . 4 . 4	3 . 7 . 7	1 6 4 5	1 4 . 4	5 . 5 5	6 . 4 . 4	5 . 5 5	1 . 0 .

Septième Partie.

Chœur de Tancrède (Rossini). ton de mi ♭. 132 unités par minute.

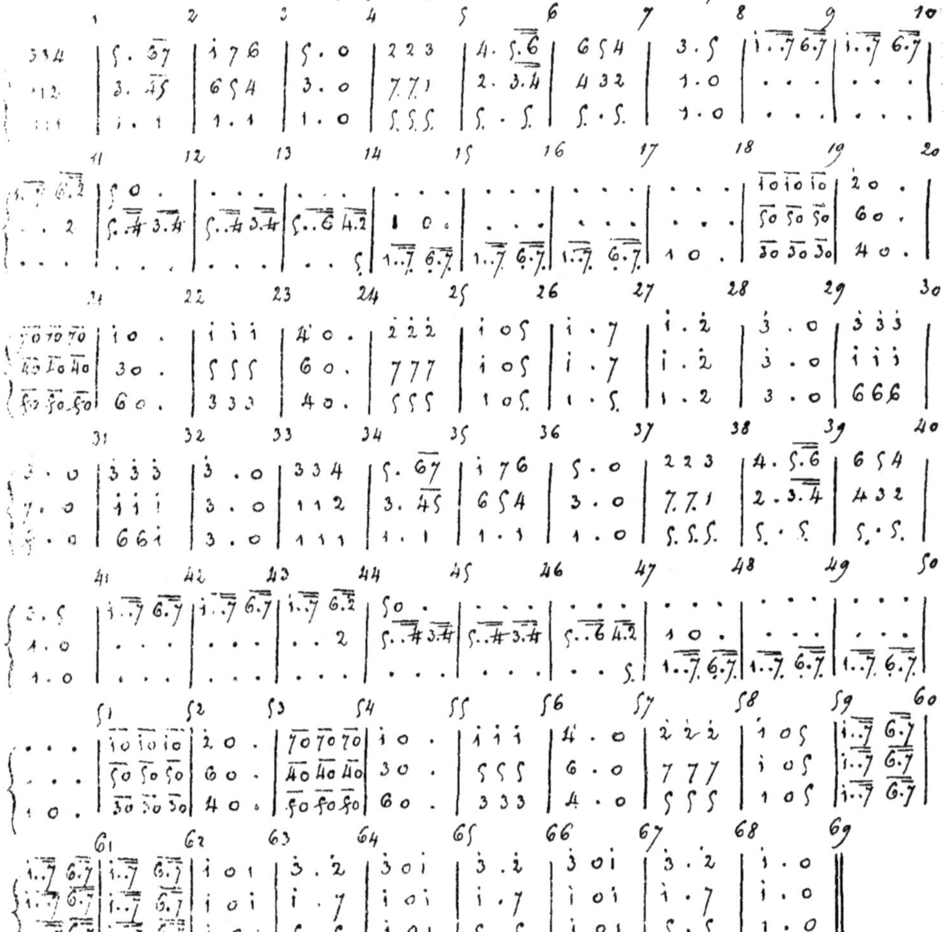

	1	2	3	4	5	6	7	8	9	10
3 3 4	5 . 67	1̇ 7 6	5 . 0	2 2 3	4 . 5.6	6 5 4	3 . 5	1̇..7 6.7	1̇..7 6.7	
1 1 2	3 . 45	6 5 4	3 . 0	7 7 1̇	2 . 3.4	4 3 2	1 . 0	. . .	. . .	
1 1 1	1̇ . 1	1 . 1	1 . 0	5 5 5	5 . 5	5 . 5	1 . 0	. . .	. . .	

	11	12	13	14	15	16	17	18	19	20
1̇..7 6.2	5 0 .	. . .	. . .	. . .	. . .	. . .	. . .	10 10 10	2̇ 0 .	
. . 2	5..4 3.4	5..4 3.4	5..6 4.2	1 0 .	. . .	. . .	. . .	50 50 50	6 0 .	
. . .	. . .	. . .	. . 5	1..7 6.7	1..7 6.7	1..7 6.7	1 0 .	30 30 30	4 0 .	

	21	22	23	24	25	26	27	28	29	30
70 70 70	1̇ 0 .	1̇ 1̇ 1̇	4 0 .	2̇ 2̇ 2̇	1̇ 0 5	1̇ . 7	1̇ . 2̇	3̇ . 0	3̇ 3̇ 3̇	
40 40 40	3 0 .	5 5 5	6 0 .	7 7 7	1̇ 0 5	1̇ . 7	1̇ . 2̇	3̇ . 0	1̇ 1̇ 1̇	
50 50 50	6 0 .	3 3 3	4 0 .	5 5 5	1 0 5	1 . 5	1 . 2	3 . 0	6 6 6	

	31	32	33	34	35	36	37	38	39	40
3̇ . 0	3̇ 3̇ 3̇	3̇ . 0	3 3 4	5 . 67	1̇ 7 6	5 . 0	2 2 3	4 . 5.6	6 5 4	
7 . 0	1̇ 1̇ 1̇	3 . 0	1 1 2	3 . 45	6 5 4	3 . 0	7 7 1̇	2 . 3.4	4 3 2	
5 . 0	6 6 1̇	3 . 0	1 1 1	1 . 1	1 . 1	1 . 0	5 5 5	5 . 5	5 . 5	

	41	42	43	44	45	46	47	48	49	50
3 . 5	1̇..7 6.7	1̇..7 6.7	1̇..7 6.2	5 0 .	. . .	. . .	. . .	. . .	. . .	
1 . 0	. . .	. . .	. . 2	5..4 3.4	5..4 3.4	5..6 4.2	1 0 .	. . .	. . .	
1 . 0	. . .	. . .	. . .	. . .	. . .	. . 5	1..7 6.7	1..7 6.7	1..7 6.7	

	51	52	53	54	55	56	57	58	59	60
. . .	10 10 10	2̇ 0 .	70 70 70	1̇ 0 .	1̇ 1̇ 1̇	4 . 0	2̇ 2̇ 2̇	1̇ 0 5	1̇..7 6.7	
. . .	50 50 50	6 0 .	40 40 40	3 0 .	5 5 5	6 . 0	7 7 7	1̇ 0 5	1̇..7 6.7	
1 0 .	30 30 30	4 0 .	50 50 50	6 0 .	3 3 3	4 . 0	5 5 5	1 0 5	1̇..7 6.7	

	61	62	63	64	65	66	67	68	69
1̇..7 6.7	1̇..7 6.7	1̇ 0 1̇	3̇ . 2̇	3̇ 0 1̇	3̇ . 2̇	3̇ 0 1̇	3̇ . 2̇	1̇ . 0 ‖	
1̇..7 6.7	1̇..7 6.7	1̇ 0 1̇	1̇ . 7	1̇ 0 1̇	1̇ . 7	1̇ 0 1̇	1̇ . 7	1̇ . 0 ‖	
1̇..7 6.7	1..7 6.7	1̇ 0 1̇	5 . 5	1̇ 0 1	5 . 5	1̇ 0 1	5 . 5	1 . 0 ‖	

7. Septième Partie

Chant Suisse (Ton de fa) 92 unités par minute.

		1	2	3	4
Soprano.	0 pp .5.4	3 . pp 1.1	2 . mf 3.3	4.5 6 4	i . 0
Tenor.	0 pp . 3.2	1 . pp 1.1	7 . mf 1.1	1.1 1 14	3 . 0
Basse.	0 . .	. . pp 1.6	5 . mf 1.7	6 .5 46	1 . 0

5	6	7	8	9	10
5.4 32 12	p 3 2 0	5.4 32 12	3 2 0	5.2 56	7 5 6
3.2 15 35	p 1 5 0	3.2 15 35	1 5 0	7.7 71	2 7 1
. . .	p 5.5 55 55	5 5 0	5.5 55 55	55 55 55	5 2 2

11	12	13	14	15	16	17
5 . .	. 0 p 5.5	3 . p 1.1	2 . 0	pp 3 .2 12	1 . 0	‖
7 . .	. 0 p 3.3	1 . p 1.1	7 . 0	pp 1 .5 35	1 . 0	‖
5 . .	. 0 p .	. . p 1.6	5 . 0	pp 5 . 5	1 . 0	‖

Le rendez-vous, air languedocien, arrangé par M. Desrues. Ton d'ut, 40 unités par minute.

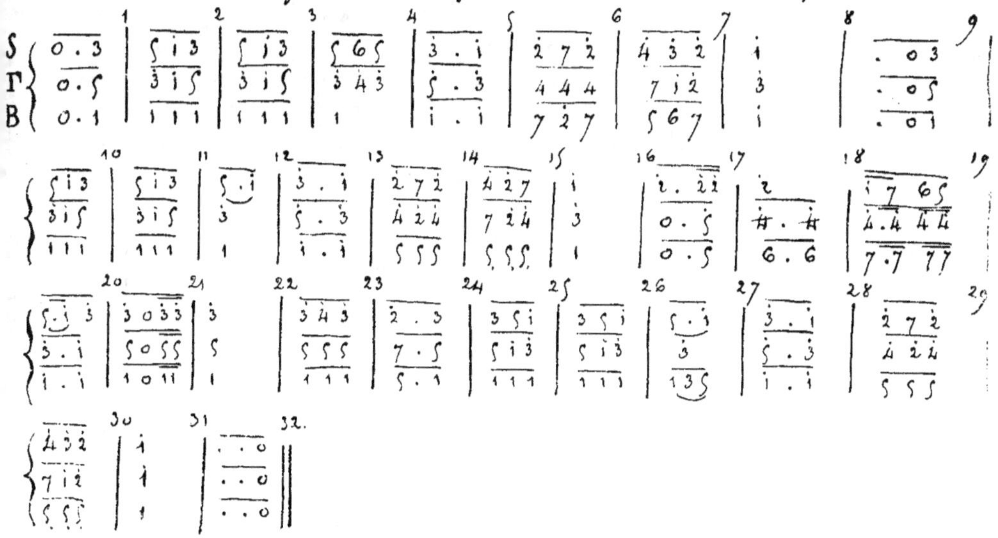

		1	2	3	4	5	6	7	8
S	0.3	5 i 3	5 i 3	5 6 5	3 . i	2 7 2	4 3 2	i	. 0 3
T	0.5	3 i 5	3 i 5	3 4 3	5 . 3	4 4 4	7 i 2	3	. 0 5
B	0.1	1 1 1	1 1 1	1	i . i	7 2 7	5 6 7	i	. 0 1

9	10	11	12	13	14	15	16	17	18
5 i 3	5 i 3	5 . i	3 . i	2 7 2	4 2 7	i	2 . 22	2	i 7 65
3 i 5	3 i 5	3	5 . 3	4 2 4	7 2 4	3	0 . 5	#4 . #4	4.4 44
1 1 1	1 1 1	1	i . i	5 5 5	5 5 5	1	0 . 5	6 . 6	7.7 77

19	20	21	22	23	24	25	26	27	28
5.i 3	3 0 33	3	3 4 3	2 . 3	3 5 i	3 5 i	5 . i	3 . i	2 7 2
3 . i	5 0 55	5	5 5 5	7 . 5	5 i 3	5 i 3	3	5 . 3	4 2 4
1 . i	1 0 11	1	1 1 1	5 . 1	1 1 1	1 1 1	135	1 . i	5 5 5

29	30	31	32
4 3 2	i	. . 0	‖
7 i 2	1	. . 0	‖
5 5 5	1	. . 0	‖

Septième Partie

Chœur. Paroles de J. B. Rousseau. (Edouard Pillore) ton de la 60 unités par minute.

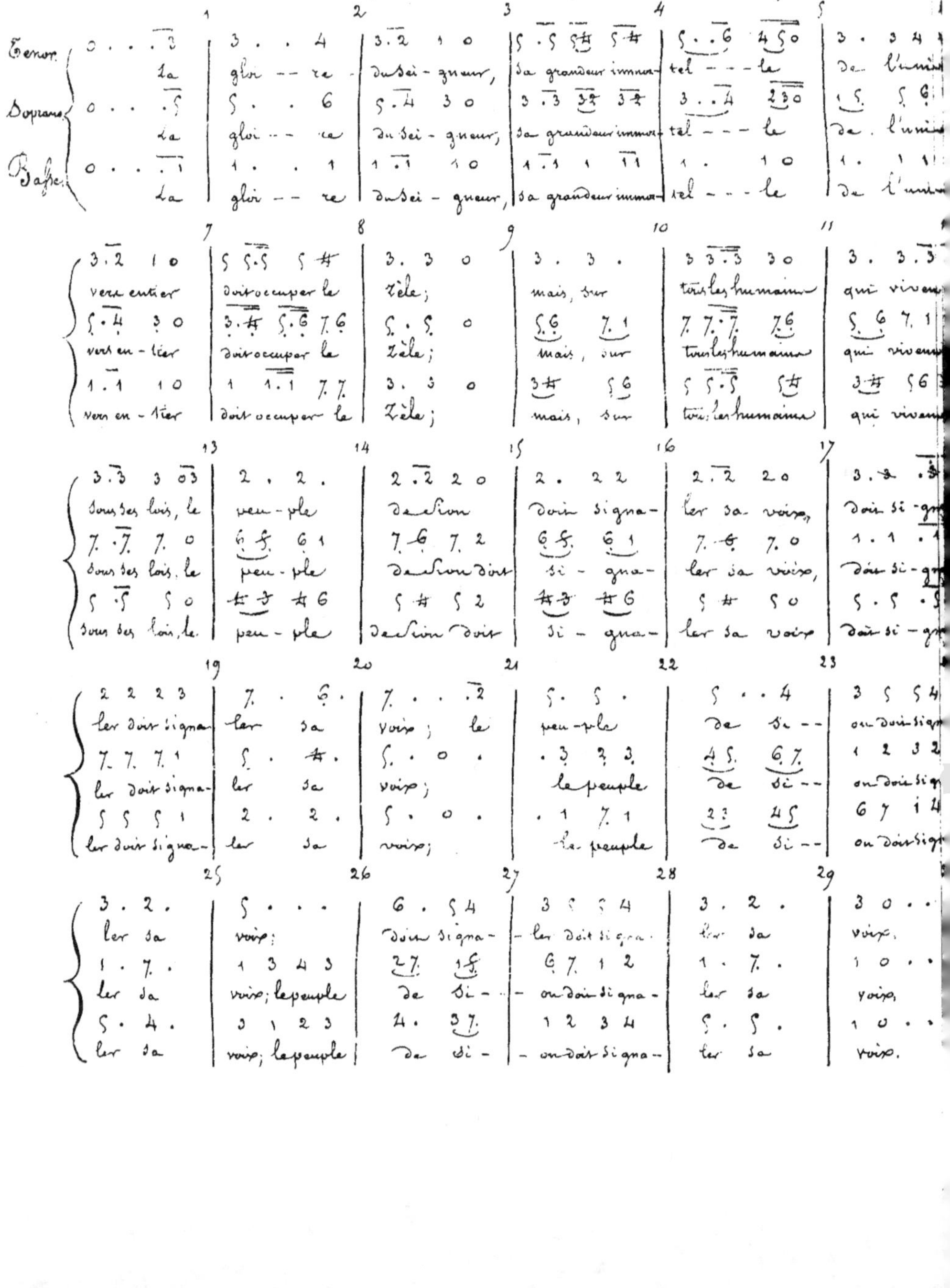

	1	2	3	4	5	
Tenor	0 . . . 3	3 . . 4	3.2 1 0	5.5 5♯ 5♯	5 . . 6 45 0	3 . 3 4
	la	gloi - - re	du Sei - gneur,	sa grandeur immor-	tel - - - le	de l'univ
Soprano	0 . . . 5	5 . . 6	5.4 3 0	3.3 32 32	3 . . 4 23 0	1 5. 5 6
	la	gloi - - re	du Sei - gneur,	sa grandeur immor-	tel - - - le	de . l'uni
Basse	0 . . . 1	1 . . 1	1.1 1 0	1.1 1 11	1 . 1 0	1 . 1 1
	la	gloi - - re	du Sei - gneur,	sa grandeur immor-	tel - - - le	de l'univ

7	8	9	10	11	
3.2 1 0	5 5.5 5♯	3 . 3 0	3 . 3 .	3 3.3 3 0	3 . 3.3
vers entier	doit occuper le	zèle;	mais, sur	tous les humains	qui vivent
5.4 3 0	3.♯ 5.6 7.6	5 . 5 0	56 7.1	7. 7.7. 7.6	5 6 7. 1
vers en - tier	doit occuper le	zèle;	mais, sur	tous les humains	qui vivent
1.1 1 0	1 1.1 7. 7.	3 . 3 0	3♯ 56	5 5.5 5♯	3♯ 56
vers en - tier	doit occuper le	zèle;	mais, sur	tous les humains	qui vivent

13	14	15	16	17	
3.3 3 03	2 . 2 .	2.2 2 0	2 . 2 2	2.2 2 0	3 . 3 . 3
sous ses lois, le	peu - ple	de Sion	doit signa-	ler sa voix,	doit si - gn
7. 7. 7. 0	65. 6 1	7. 6 7. 2	65. 6 1	7. 6 7. 0	1 . 1 . 1
sous ses lois, le	peu - ple	de Sion doit	si - gna-	ler sa voix,	doit si - gn
5 . 5 5 0	♯3 ♯6	5 ♯ 5 2	♯3 ♯6	5 ♯ 5 0	5 . 5 . 5
sous ses lois, le.	peu - ple	de Sion doit	si - gna-	ler sa voix	doit si - gn

19	20	21	22	23	
2 2 2 3	7. . 6. .	7. . . 2	5 . 5 .	5 . . 4	3 5 5 4
ler doit signa-	ler sa	voix; le	peu - ple	de Si - -	on doit sign
7. 7. 7. 1	5 . 4 .	5 . 0 .	. 3 3 3.	45. 67.	1 2 3 2
ler doit signa-	ler sa	voix;	le peuple	de Si - -	on doit sign
5 5 5 1	2 . 2 .	5 . 0 .	. 1 7. 1	23 45	6 7 1 4
ler doit signa-	ler sa	voix;	le peuple	de Si - -	on doit sign

25	26	27	28	29	
3 . 2 .	5 . . .	6 . 5 4	3 5 5 4	3 . 2 .	3 0 . .
ler sa	voix;	doit signa-	- ler doit signa-	ler sa	voix.
1 . 7. .	1 3 4 3	27. 15.	6. 7. 1 2	1 . 7. .	1 0 . .
ler sa	voix; le peuple	de Si - -	- on doit signa-	ler sa	voix,
5 . 4 .	3 1 2 3	4 . 37.	1 2 3 4	5 . 5 .	1 0 . .
ler sa	voix; le peuple	de Si -	- on doit signa-	ler sa	voix.

Septième Partie

Tyrolienne composée par Mr. Desrue, Ton d'ut; 44 unités par minute.

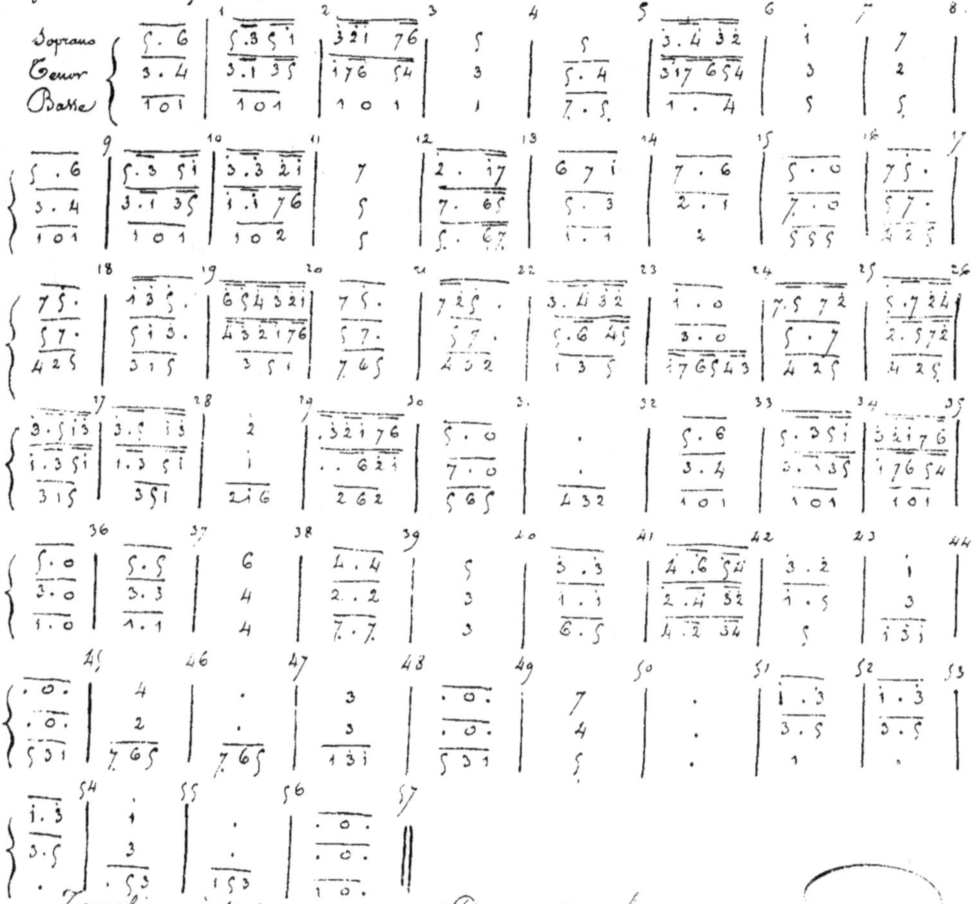

		1	2	3	4	5	6	7	8
Soprano	5.6	5.3 5 1	3 2 1 76	5	5	3.4 3 2	1	7	
Tenor	3.4	3.1 3 5	1 76 54	3	5.4	3 1 7 6 5 4	3	2	
Basse	1 0 1	1 0 1	1 0 1	1	7.5	1.4	5	5	

9	10	11	12	13	14	15	16	17
5.6	5.3 5 1	3.3 2 1	7	2.17	6 7 1	7.6	5.0	7 5.
3.4	3.1 3 5	1.1 76	5	7.65	5.3	2.1	7.0	5 7.
1 0 1	1 0 1	1 0 2	5	5.67	1.1	2	5 5 5	4 2 5

18	19	20	21	22	23	24	25	26
7 5.	1 3 5.	6 5 4 3 2 1	7 5.	7 2 5.	3.4 3 2	1.0	7 5 7 2	5.7 2 4
5 7.	5 1 3.	4 3 2 1 7 6	5 7.	5 7.	5.6 4 5	3.0	5.7	2.5 7 2
4 2 5	3 1 5	3 5 1	7 6 5	4 3 2	1 3 5	1 7 6 5 4 3	4 2 5	4 2 5

27	28	29	30	31	32	33	34	35
3.5 1 3	3.5 1 3	2	.3 2 1 7 6	5.0	.	5.6	5.3 5 1	3 2 1 7 6
1.3 5 1	1.3 5 1	1	..6 2 1	7.0	.	3.4	3.1 3 5	1 7 6 5 4
3 1 5	3 5 1	2 1 6	2 6 2	5 6 5	4 3 2	1 0 1	1 0 1	1 0 1

36	37	38	39	40	41	42	43	44
5.0	5.5	6	4.4	5	3.3	4.6 5 4	3.2	1
3.0	3.3	4	2.2	3	1.1	2.4 3 2	1.5	3
1.0	1.1	4	7.7	3	6.5	4.2 3 4	5	1 3 1

45	46	47	48	49	50	51	52	53
.0.	4	.	3	.0.	7	.	1.3	1.3
.0.	2	.	3	.0.	4	.	3.5	3.5
5 3 1	7 6 5	7 6 5	1 3 1	5 3 1	5	.	1	.

54	55	56	57
1.3	1	.	.0.
3.5	3	.	.0.
.	.5 3	1 5 3	1 0.

Tyrolienne à trois voix, par Mr Desrue. Ton de La. 132 unités par minute.

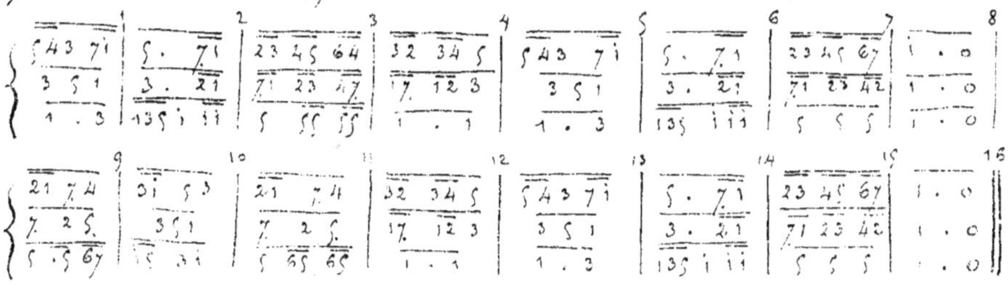

	1	2	3	4	5	6	7	8
5 4 3 7 1	5. 7 1	2 3 4 5 6 4	3 2 3 4 5	5 4 3 7 1	5. 7 1	2 3 4 5 6 7	1.0	
3 5 1	3. 2 1	7 1 2 3 4 7	1 7 1 2 3	3 5 1	3. 2 1	7 1 2 3 4 2	1.0	
1.3	1 3 5 1 1 1	5 5 5 5 5	1.1	1.3	1 3 5 1 1 1	5 5 5	1.0	

9	10	11	12	13	14	15	16
2 1 7 4	3 1 5 3	2 1 7 4	3 2 3 4 5	5 4 3 7 1	5. 7 1	2 3 4 5 6 7	1.0
7 2 5	3 5 1	7 2 5	1 7 1 2 3	3 5 1	3. 2 1	7 1 2 3 4 2	1.0
5 5 6 7	1 5 3 1	5 6 5 6 5	1.1	1.3	1 3 5 1 1 1	5 5 5	1.0

Septième Partie

Trio des Horaces et des Curiaces, par Cimarosa. Ton de Si b. 104 unités par minute.

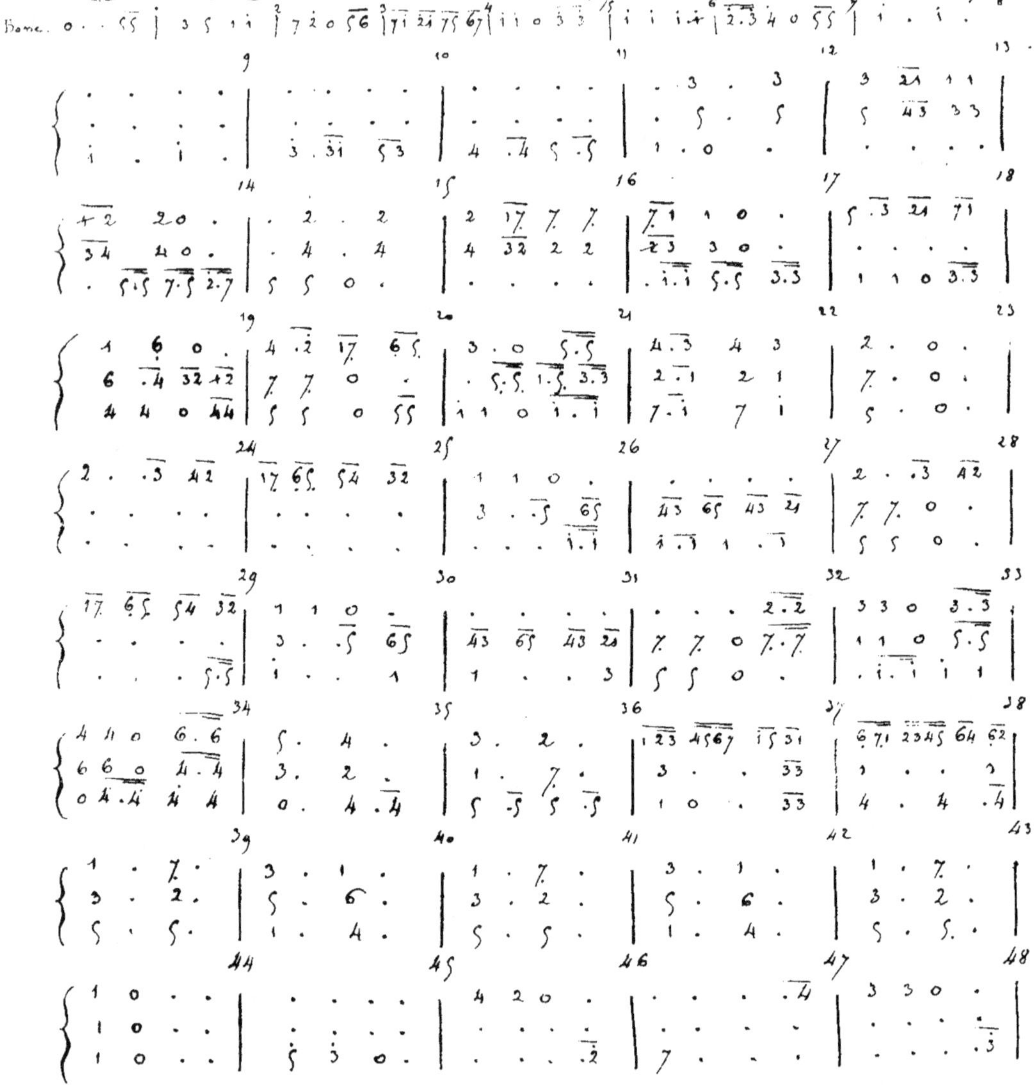

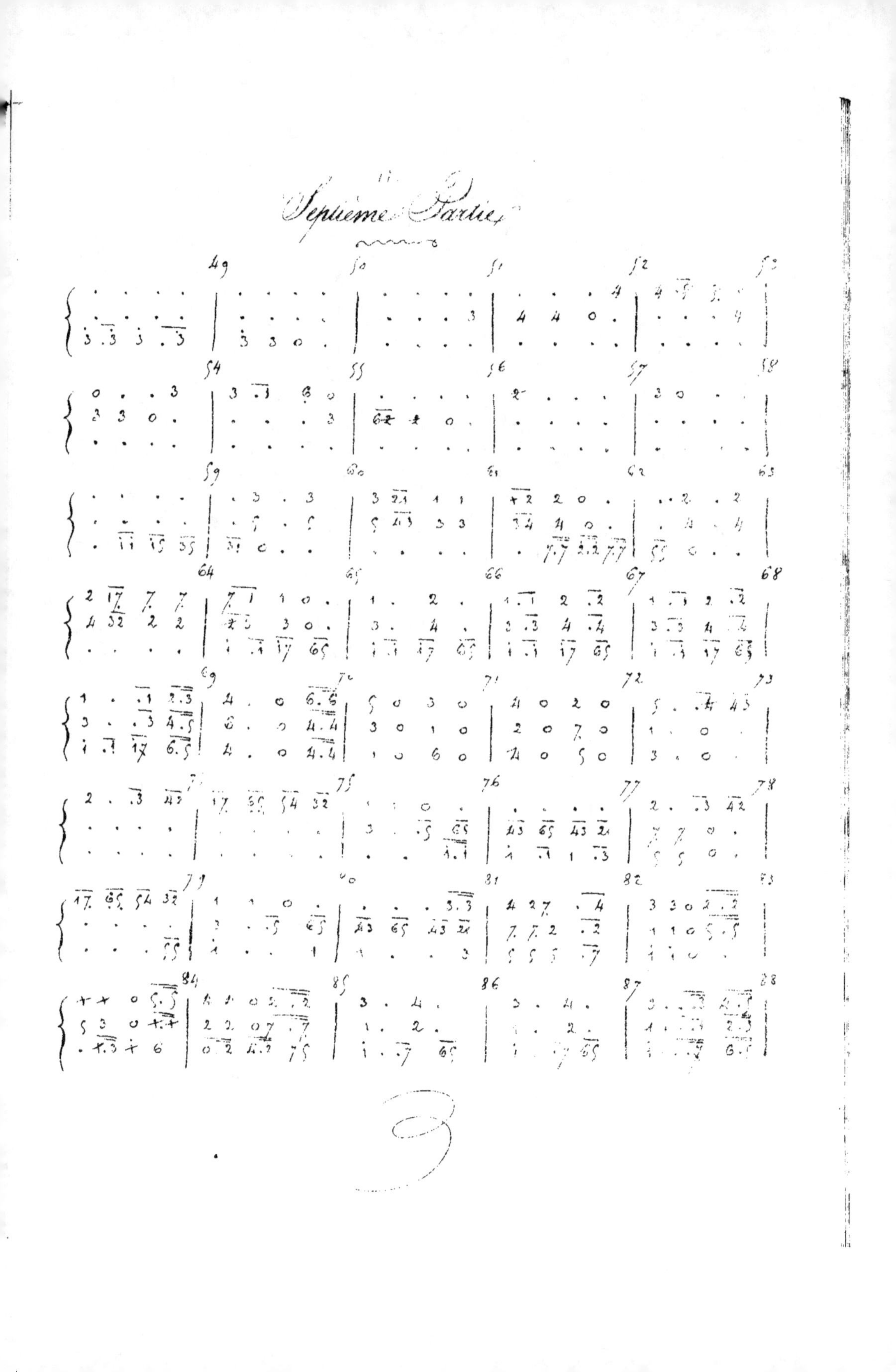

Septième Partie

49 50 51 52 53

54 55 56 57 58

59 60 61 62 63

64 65 66 67 68

69 70 71 72 73

74 75 76 77 78

79 80 81 82 83

84 85 86 87 88

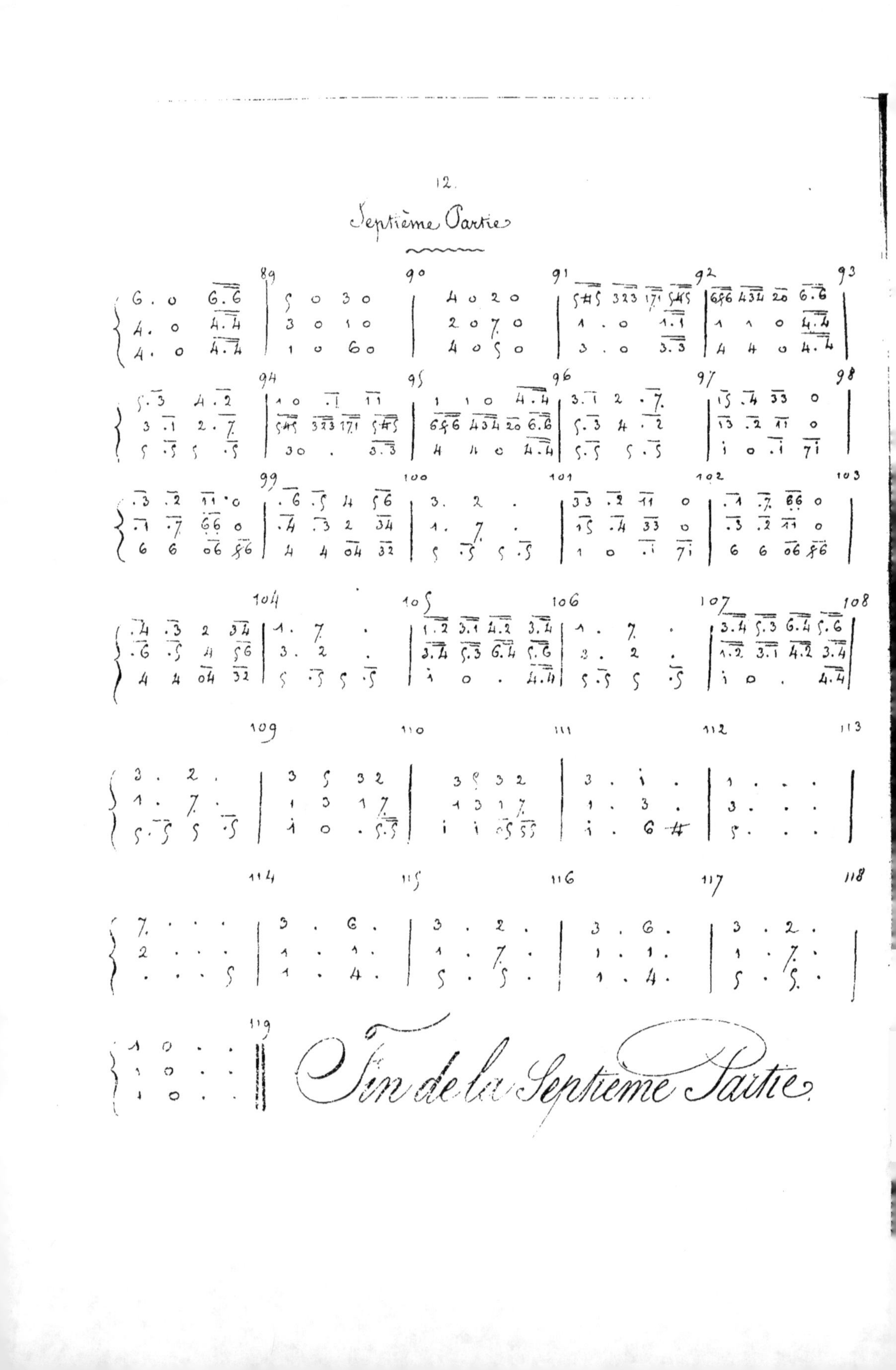

Septième Partie

Fin de la Septième Partie

8ème Partie

Chœur d'Iphigénie en Tauride (Gluck) Ton d'Ut.

Allegro.

Dessus: 0 ·1 | 1·1 55·5 | 3 0 | 1 11 7·7·7 | 6 50 | 7·7·7 111 | 2·2 31 | 4 33 |
Contralto: 0 ·5 | 5·5 55·5 | 5 0 | 666 555 | 4 30 | 4 44 355 | 5·5 55 | 5 55 |
Ténor: 0 ·3 | 3·3 77·7 | 1 0 | 111 111 | 1 10 | 2 22 331 | 7·7 13 | 2 11 |
Basse: 0 ·1 | 1·1 55·5 | 1 0 | 111 111 | 1 10 | 5 55 111 | 5·5 11 | 7 11 |

2 01 | 1·1 55·5 | 3 0 | 111 7·7·7 | 6 50 | 7·7·7 111 | 2·2 31 | 4 33 | 2 0 | 2 ·34
5 05 | 5·5 55·5 | 5 0 | 666 555 | 4 30 | 444 355 | 5·5 55 | 5 55 | 5 0 | 5 ·5
7 03 | 3·3 77·7 | 1 0 | 111 111 | 1 10 | 222 331 | 7·7 13 | 2 11 | 7 0 | 2 ·2
5 01 | 1·1 55·5 | 1 0 | 111 111 | 1 10 | 555 111 | 5·5 11 | 7 11 | 5 0 | 7 ·7

3 ·21 | 7· ·12 | 1 10 | 2 ·34 | 3 ·21 | 7· ·12 | 1 11 | 14 32 | 1 · | 14 32 | 1 ·0 | 1
5 ·5 | 5 ·5 | 5 50 | 5 ·5 | 5 5 | 5 ·5 | 5 53 | 36 54 | 3 · | 36 54 | 3 ·0 |
3 ·3 | 4 ·4 | 3 30 | 2 ·2 | 3 3 | 4 ·4 | 3 31 | 1 1 | 1 · | 1 1 | 1 ·0 |
1 ·1 | 2 ·2 | 3 30 | 7 ·7 | 1 1 | 2 ·2 | 3 31 | 1 1 | 1 · | 1 1 | 1 ·0 |

1 11 | 1 31 577 | 1 0 | 1 31 577 | 1 0 | 2 ·34 | 3 ·21 | 7· ·12 | 1 10 | 2 ·34
5 55 | 5 555 | 55 55 | 5 55 | 5 0 | 5 ·5 | 5 ·5 | 5 ·5 | 5 50 | 5 ·5
3 33 | 3 222 | 33 22 | 3 22 | 3 0 | 2 ·2 | 3 ·3 | 4 ·4 | 3 30 | 2 ·2
1 11 | 1 755 | 11 75 | 1 75 | 1 0 | 7 ·7 | 1 ·1 | 2 ·2 | 3 30 | 7 ·7

3 ·21 7· | ·12 | 1 11 | 14 32 | 1 · | 14 32 | 1 ·0 | 1 11 | 1 11 | 1 31 577 | 1 0
5 5 5 | ·5 | 5 53 | 36 54 | 3 · | 36 54 | 3 ·0 | 5 55 | 5 55 | 5 555 | 55 55
3 3 4 | ·4 | 3 31 | 1 1 | 1 · | 1 1 | 1 ·0 | 3 33 | 3 33 | 3 222 | 33 22
1 1 2 | ·2 | 3 31 | 1 1 | 1 · | 1 1 | 1 ·0 | 1 11 | 1 11 | 1 755 | 11 75

1 31 577 | 1 01 | 1 1 | 1 11 | 1 0 | 1 31 577 | 1 0 | 1 31 577 | 1 0 ||
5 55 | 5 05 | 5 5 | 5 55 | 5 555 | 5 55 | 5 555 | 5 55 | 5 0 ||
3 22 | 3 03 | 3 3 | 3 33 | 3 222 | 3 22 | 3 222 | 3 22 | 3 0 ||
1 75 | 1 01 | 1 1 | 1 11 | 1 755 | 1 75 | 1 755 | 1 75 | 1 0 ||

Principales observations à faire sur ce morceau.

Alternative d'accords d'Ut et de Sol, mesures 2 et 3 ; 7, 32, 33. 50, 51, 56, 57, 58, 59.
" de Fa et d'Ut, 5, 26.

Accord de Septième de dominante, 6, 8. 20, 24.

Repos sur l'accord de Dominante, 17.

2ème Partie.

Chœur des Chasseurs de Robin des Bois (Weber) ton de ré

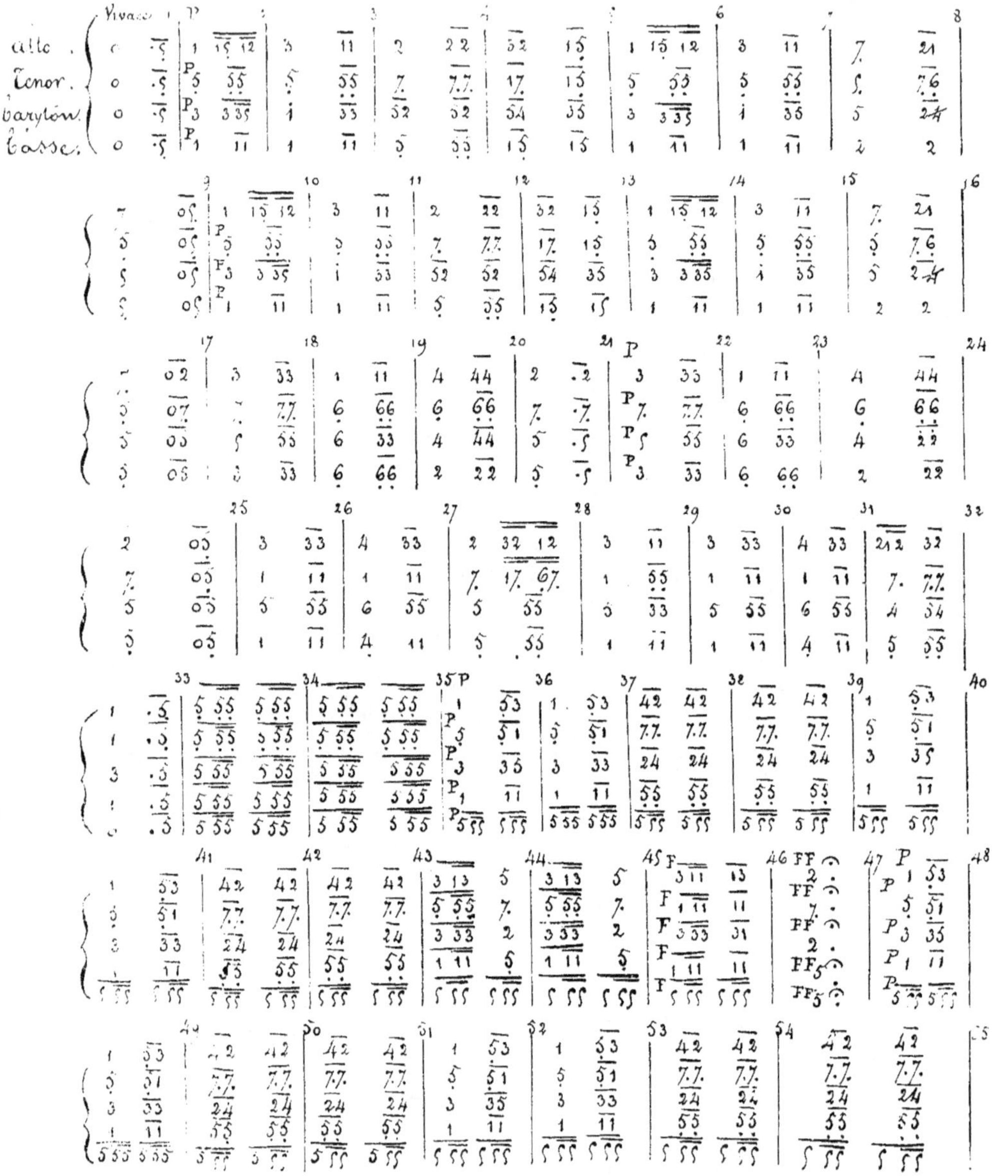

Vivace

		1 P	2	3	4	5	6	7
Alto	0 ·5	1 15 12	3 11	2 22	32 15	1 15 12	3 11	7 21
Tenor	0 ·5	P 5 55	5 55	7 7.7	17 15	5 55	5 55	5 76
Baryton	0 ·5	P 3 335	1 33	52 52	54 35	3 335	1 35	5 24
Basse	0 ·5	P 1 11	1 11	5 55	15 15	1 11	1 11	2 2

8	9	10	11	12	13	14	15
7 05	1 15 12	3 11	2 22	32 15	1 15 12	3 11	7 21
5 05	P 5 55	5 55	7 7.7	17 15	5 55	5 55	5 7.6
5 05	P 3 335	1 33	52 52	54 35	3 335	1 35	5 24
5 05	P 1 11	1 11	5 55	15 15	1 11	1 11	2 2

16	17	18	19	20	21 P	22	23
7 02	3 33	1 11	4 44	2 ·2	3 33	1 11	4 44
5 07	7 7.7	6 66	6 66	7 ·7	P 7 7.7	6 66	6 66
5 05	5 55	6 33	4 44	5 ·5	P 5 55	6 33	4 22
5 05	3 33	6 66	2 22	5 ·5	P 3 33	6 66	2 22

24	25	26	27	28	29	30	31
2 05	3 33	4 33	2 32 12	3 11	3 33	4 33	212 32
7 05	1 11	1 11	7 17 67	1 55	1 11	1 11	7 7.7
5 05	5 55	6 55	5 55	5 33	5 55	6 55	4 54
5 05	1 11	4 11	5 55	1 11	1 11	4 11	5 55

32	33	34	35 P	36	37	38	39
1 ·5	5 55 5 55	5 55 5 55	1 53	1 53	42 42	42 42	1 53
1 ·5	5 55 5 55	5 55 5 55	P 5 51	5 51	7.7 7.7	7.7 7.7	5 51
3 ·5	5 55 5 55	5 55 5 55	P 3 35	3 33	24 24	24 24	3 35
1 ·5	5 55 5 55	5 55 5 55	P 1 11	1 11	55 55	55 55	1 11
0 ·5	5 55 5 55	5 55 5 55	P 555 555	555 555	555 555	555 555	555 555

40	41	42	43	44	45 F	46 FF	47 P
1 53	42 42	42 42	313 5	313 5	311 13	2 ·	1 53
5 51	7.7 7.7	7.7 7.7	555 7	555 7	F 111 11	FF 7 ·	P 5 51
3 33	24 24	24 24	333 2	333 2	F 333 31	FF 2 ·	P 3 35
1 11	55 55	55 55	111 5	111 5	F 111 11	FF 5 ·	P 1 11
555 555	555 555	555 555	555 555	555 555	F 555 555	FF 5 ·	P 555 555

48	49	50	51	52	53	54
1 53	42 42	42 42	1 53	1 53	42 42	42 42
5 51	7.7 7.7	7.7 7.7	5 51	5 51	7.7 7.7	7.7 7.7
3 33	24 24	24 24	3 35	3 33	24 24	24 24
1 11	55 55	55 55	1 11	1 11	55 55	55 55
555 555	555 555	555 555	555 555	555 555	555 555	555 555

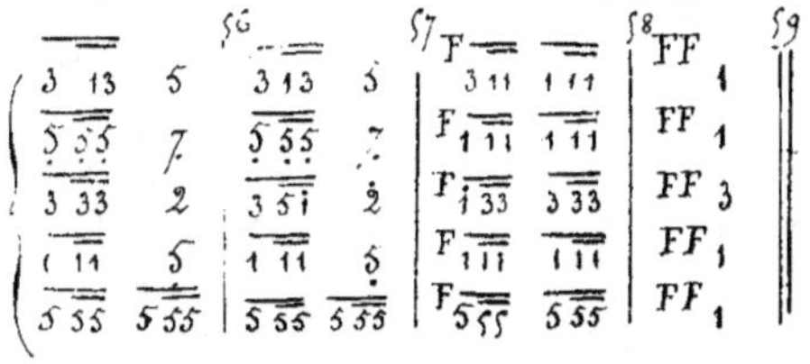

8ème Partie 3.

55	56	57	58	59
3 13 5	313 5	F 311 111	FF 1	‖
5 55 7	5 55 7	F 111 111	FF 1	‖
3 33 2	351 2	F 133 333	FF 3	‖
1 11 5	1 11 5	F 111 111	FF 1	‖
5 55 5 55	5 55 5 55	F 555 555	FF 1	‖

Principales Observations.

Accord d'ut et de Sol, mesures 3 et 4 ; 43, 44.

idem de Septième de dominante 5, 32, 38, 39, 42, 43

idem de dominante devenant tonique passagère par sa septième de Dominante 8 et 9.

idem Consécutifs de Sol, de mi, de la, de ré, 18, 19, 20, 22, 23, 24

idem idem de Fa d'ut et de Sol, 27 et 28.

Repos à la dominante 47.

On nomme Partie ripienne, en italien di ripieno (de remplissage) la partie non obligée (ou qu'on peut supprimer) qui commence à la 33e mesure, et va jusqu'à la fin en reproduisant toujours la même note.

Quatuor d'Echo et Narcisse (Gluck) ton de Mi ♭.

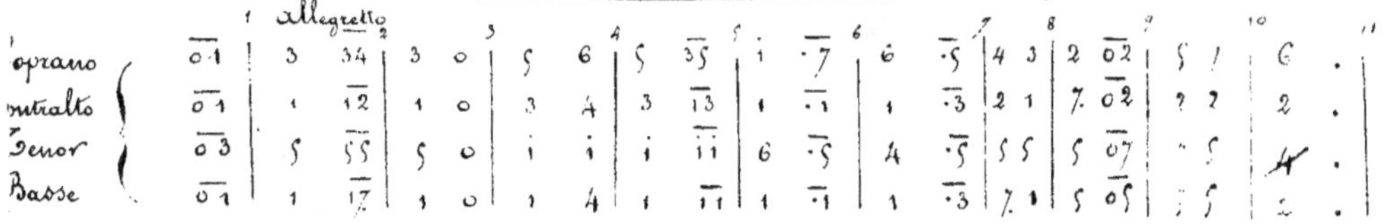

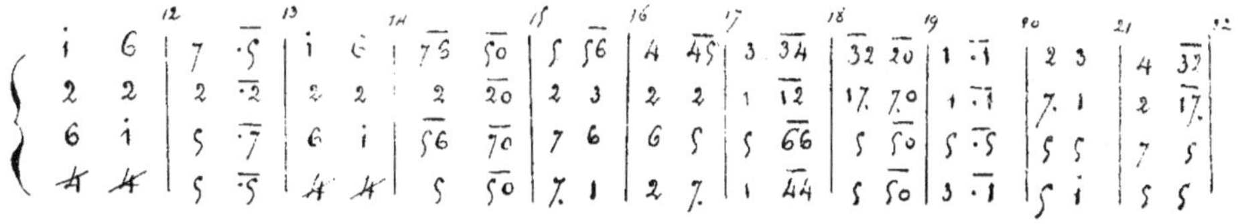

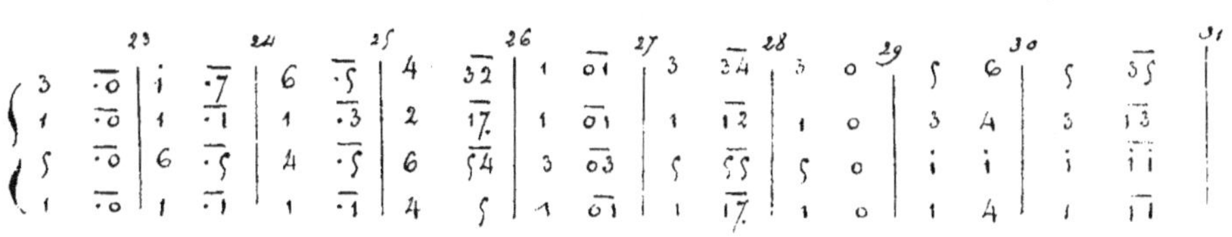

Allegretto

		1	2	3	4	5	6	7	8	9	10
Soprano	01	3 34	3 0	5 6	5 35	1 ·7	6 ·5	4 3	2 02	5 1	6 ·
Contralto	01	1 12	1 0	3 4	3 13	1 ·1	1 ·3	2 1	7 02	2 2	2 ·
Tenor	03	5 55	5 0	1 1	1 11	6 ·5	4 ·5	5 5	5 07	· 5	4 ·
Basse	01	1 17	1 0	1 4	1 11	1 ·1	1 ·3	7 1	5 05	5 5	2 ·

11	12	13	14	15	16	17	18	19	20	21
1 6	7 ·5	1 6	75 50	5 56	4 45	3 34	32 20	1 ·1	2 3	4 32
2 2	2 ·2	2 2	2 20	2 3	2 2	1 12	17 70	1 ·1	7 1	2 17
6 1	5 ·7	6 1	56 70	7 6	6 5	5 66	5 50	5 ·5	5 5	7 5
4 4	5 ·5	4 4	5 50	7 1	2 7	1 44	5 50	3 ·1	5 1	5 5

22	23	24	25	26	27	28	29	30
3 ·0	1 ·7	6 ·5	4 32	1 01	3 34	3 0	5 6	5 35
1 ·0	1 ·1	1 ·3	2 17	1 01	1 12	1 0	3 4	3 13
5 ·0	6 ·5	4 ·5	6 54	3 03	5 55	5 0	1 1	1 11
1 ·0	1 ·1	1 ·1	4 5	1 01	1 17	1 0	1 4	1 11

4

8e Partie

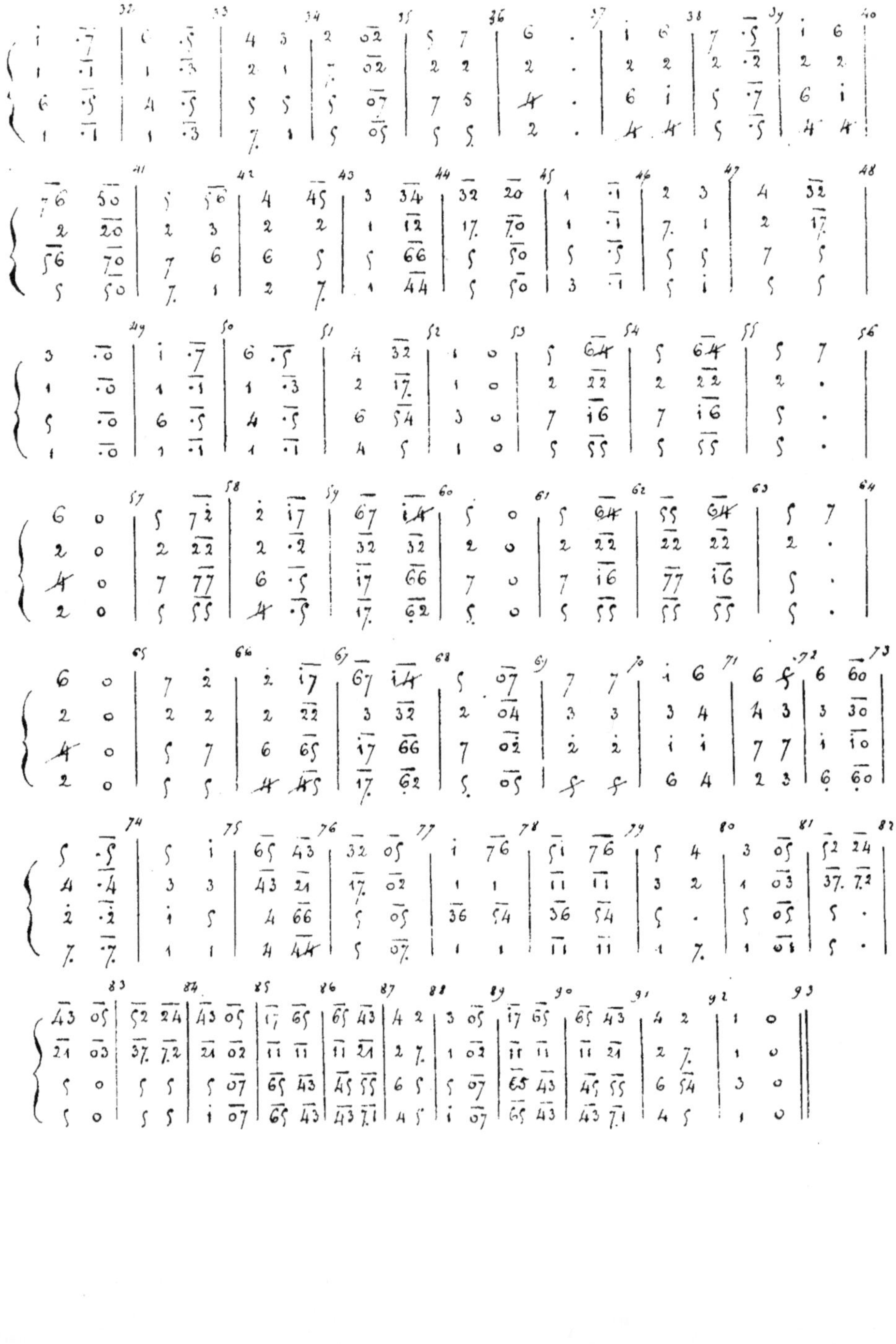

32 33 34 35 36 37 38 39 40

i ·7 | 6 ·5 | 4 3 | 2 02 | 5 7 | 6 . | i 6 | 7 ·5 | i 6 |
1 ·1 | 1 ·3 | 2 1 | 7 02 | 2 2 | 2 . | 2 2 | 2 ·2 | 2 2 |
6 ·5 | 4 ·5 | 5 5 | 5 07 | 7 5 | 4 . | 6 i | 5 ·7 | 6 i |
1 ·1 | 1 ·3 | 7. 1 | 5 05 | 5 5 | 2 . | 4 4 | 5 ·5 | 4 4 |

41 42 43 44 45 46 47 48

76 50 | 5 56 | 4 45 | 3 34 | 32 20 | 1 ·1 | 2 3 | 4 32 |
2 20 | 2 3 | 2 2 | 1 12 | 17. 70 | 1 ·1 | 7. 1 | 2 17. |
56 70 | 7 6 | 6 5 | 5 66 | 5 50 | 5 ·5 | 5 5 | 7 5 |
5 50 | 7. 1 | 2 7. | 1 44 | 5 50 | 3 ·1 | 5 i | 5 5 |

49 50 51 52 53 54 55 56

3 ·0 | i ·7 | 6 ·5 | 4 32 | 1 0 | 5 64 | 5 64 | 5 7 |
1 ·0 | 1 ·1 | 1 ·3 | 2 17. | 1 0 | 2 22 | 2 22 | 2 . |
5 ·0 | 6 ·5 | 4 ·5 | 6 54 | 3 0 | 7 i6 | 7 i6 | 5 . |
1 ·0 | 1 ·1 | 1 ·1 | 4 5 | 1 0 | 5 55 | 5 55 | 5 . |

57 58 59 60 61 62 63 64

6 0 | 5 72 | 2 i7 | 67 i4 | 5 0 | 5 64 | 55 64 | 5 7 |
2 0 | 2 22 | 2 ·2 | 32 32 | 2 0 | 2 22 | 22 22 | 2 . |
4 0 | 7 77 | 6 ·5 | i7 66 | 7 0 | 7 i6 | 77 i6 | 5 . |
2 0 | 5 55 | 4 ·5 | 17. 62 | 5. 0 | 5 55 | 55 55 | 5 . |

65 66 67 68 69 70 71 72 73

6 0 | 7 2 | 2 i7 | 67 i4 | 5 07 | 7 7 | i 6 | 6 5 | 6 60 |
2 0 | 2 2 | 2 22 | 3 32 | 2 04 | 3 3 | 3 4 | 4 3 | 3 30 |
4 0 | 5 7 | 6 65 | i7 66 | 7 02 | 2 2 | i i | 7 7 | i i0 |
2 0 | 5 5 | 4 45 | 17. 62 | 5. 05 | 5 5 | 6 4 | 2 3 | 6 60 |

74 75 76 77 78 79 80 81 82

5 ·5 | 5 i | 65 43 | 32 05 | i 76 | 5i 76 | 5 4 | 3 05 | 52 24 |
4 ·4 | 3 3 | 43 21 | 17. 02 | 1 1 | 11 11 | 3 2 | 1 03 | 37. 7.2 |
2 ·2 | i 5 | 4 66 | 5 05 | 36 54 | 36 54 | 5 . | 5 05 | 5 . |
7. ·7. | 1 1 | 4 44 | 5 07. | 1 1 | 11 11 | 1 7. | 1 01 | 5 . |

83 84 85 86 87 88 89 90 91 92 93

43 05 | 52 24 | 43 05 | 17 65 | 65 43 | 4 2 | 3 05 | 17 65 | 65 43 | 4 2 | 1 0 ||
21 03 | 37. 7.2 | 21 02 | 11 11 | 11 21 | 2 7. | 1 02 | 11 11 | 11 21 | 2 7. | 1 0 ||
5 0 | 5 5 | 5 07 | 65 43 | 45 55 | 6 5 | 5 07 | 65 43 | 45 55 | 6 54 | 3 0 ||
5 0 | 5 5 | i 07 | 65 43 | 43 7.1 | 4 5 | i 07 | 65 43 | 43 7.1 | 4 5 | 1 0 ||

Huitième Partie.

Principales observations. = Modulations – à la Dom 55 à 68. – à la 6 sens min. 71. 73. = [illegible] Dom. 9, 13, 15, 68. – 3 méd. du min. relatif, 72 – Septième de Dom. 2, 7, 21, 69, 73, 80, – 7e de Dom du ton de la Dom. 11, 12, 14, 57. – [illegible]

Chœur de la création par Haydn (ton d'ut.) 126 unités par minute.

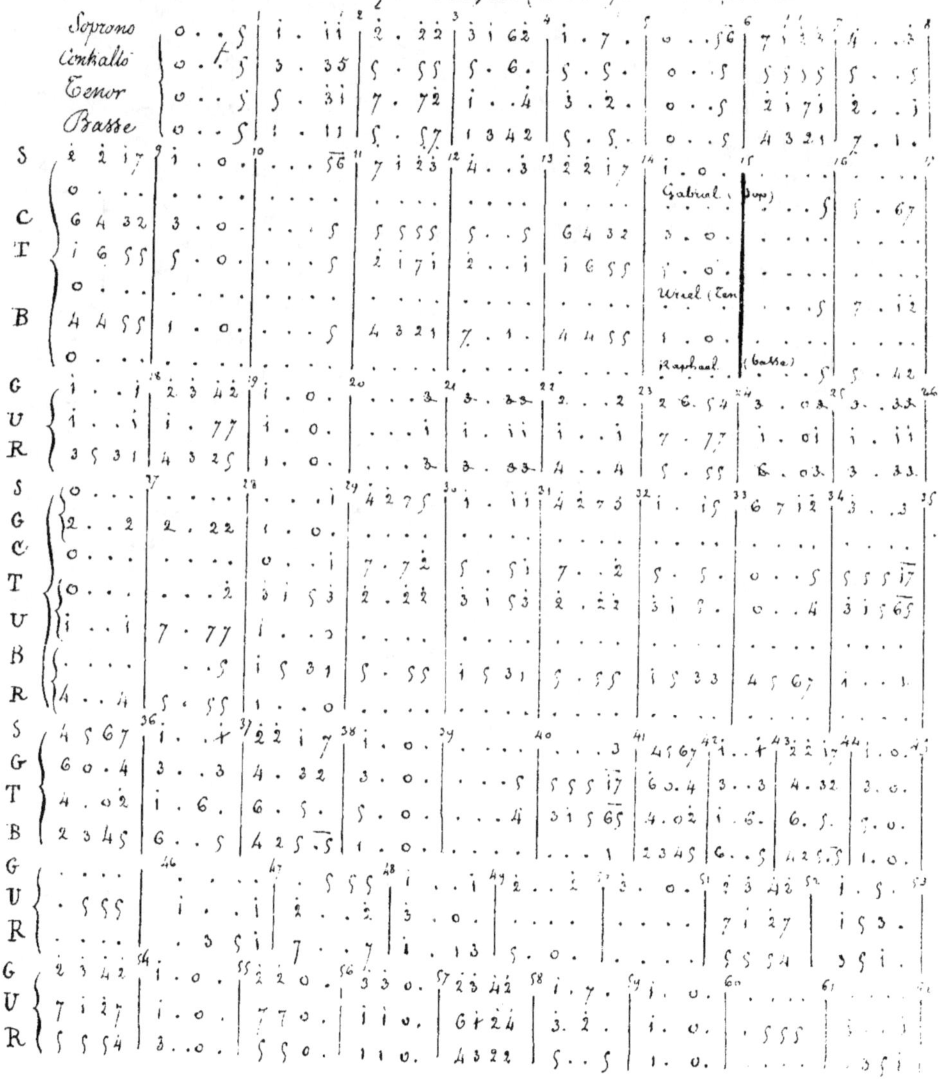

		1	2	3	4	5	6	7
Soprano	0 . . 5	1 . 11	2 . 22	3 1 62	1 . 7 .	0 . . 56	7 1 2 3	4 . . 3
Contralto	0 . + 5	3 . 35	5 . 55	5 . 6 .	5 . 5 .	0 . . 5	5 5 5 5	5 . . 5
Tenor	0 . . 5	5 . 31	7 . 72	1 . . 4	3 . 2 .	0 . . 5	2 1 7 1	2 . . 1
Basse	0 . . 5	1 . 11	5 . 57	1 3 4 2	5 . 5 .	0 . . 5	4 3 2 1	7 . 1 .

		9	10	11	12	13	14	15	16
S	2 2 1 7	1 . 0 .	. . . 56	7 1 2 3	4 . . 3	2 2 1 7	1 . 0 .	. . . .	. . . .
	0 . . .	. . . .	. . . .	. . . .	. . . .	. . . .	Gabriel (Sop)	. . . 5	5 . 67
C	6 4 3 2	3 . 0 .	. . . 5	5 5 5 5	5 . . 5	6 4 3 2	3 . 0 .	. . . .	. . . .
T	1 6 5 5	5 . 0 .	. . . 5	2 1 7 1	2 . . 1	1 6 5 5	5 . 0 .	. . . .	. . . .
	0 . . .	. . . .	. . . .	. . . .	. . . .	. . . .	Uriel (Ten)	. . . 5	7 . 1 2
B	4 4 5 5	1 . 0 .	. . . 5	4 3 2 1	7 . 1 .	4 4 5 5	1 . 0 .	. . . .	. . . .
	0 . . .	. . . .	. . . .	. . . .	. . . .	. . . .	Raphael (basse)	. . . 5	5 . 4 2

		18	19	20	21	22	23	24	25
G	1 . . 1	2 3 4 2	1 . 0 .	. . . 3	3 . 33	2 . . 2	2 6 . 5 4	3 . 0 3	3 . . 33
U	1 . . 1	1 . 77	1 . 0 .	. . . 1	1 . 11	1 . . 1	7 . 77	1 . 01	1 . 11
R	3 5 3 1	4 3 2 5	1 . 0 .	. . . 3	3 . 33	4 . . 4	5 . 55	6 . 03	3 . 33

		27	28	29	30	31	32	33	34
S	0 . . .	. . . .	. . . 1	4 2 7 5	1 . 11	4 2 7 5	1 . 15	6 7 1 2	3 . . 3
G	2 . . 2	2 . 22	1 . 0 .	. . . .	. . . .	. . . .	. . . .	. . . .	. . . .
C	0 . . .	. . . .	0 . . 1	7 . 7 2	5 . 51	7 . . 2	5 . 5 .	0 . . 5	5 5 5 17
T	0 . . .	. . . 2	3 1 5 3	2 . 2 2	3 1 5 3	2 . 2 2	3 1 5 .	0 . . 4	3 1 5 65
U	1 . . 1	7 . 77	1 . . 0	. . . .	. . . .	. . . .	. . . .	. . . .	. . . .
B	. . . .	. . 5	1 5 3 1	5 . 55	1 5 3 1	5 . 55	1 5 3 3	4 5 67	1 . . 1
R	4 . . 4	5 . 55	1 . . 0	. . . .	. . . .	. . . .	. . . .	. . . .	. . . .

		36	37	38	39	40	41	42	43	44
S	4 5 6 7	1 . . +	2 2 1 7	1 . 0 .	. . . .	. . . 3	4 5 67	1 . . +	2 2 17	1 . 0 .
G	6 0 . 4	3 . . 3	4 . 32	3 . 0 .	. . . 5	5 5 5 17	6 0 . 4	3 . . 3	4 . 32	3 . 0 .
T	4 . 0 2	1 . 6 .	6 . 5 .	5 . 0 .	. . . 4	3 1 5 65	4 . 0 2	1 . 6 .	6 . 5 .	7 . 0 .
B	2 3 4 5	6 . . 5	4 2 5 . 5	1 . 0 .	. . . .	. . . 1	2 3 4 5	6 . . 5	4 2 5 . 5	1 . 0 .

		46	47	48	49	50	51	52
G	. . . .	. . . .	. 5 5 5	1 . . 1	2 . . 2	3 . 0 .	2 3 4 2	1 . 5 .
U	. 5 5 5	1 . . 1	2 . . 2	3 . 0 .	. . . .	. . . .	7 1 2 7	1 5 3 .
R	. . . .	. 3 5 1	7 . . 7	1 . 1 3	5 . 0 .	. . . .	5 5 5 4	3 5 1 .

		54	55	56	57	58	59	60	61
G	2 3 4 2	1 . 0 .	2 2 0 .	3 3 0 .	2 3 4 2	1 . 7 .	1 . 0 .	. . . .	. . . .
U	7 1 2 7	1 . 0 .	7 7 0 .	1 1 0 .	6 + 2 4	3 . 2 .	1 . 0 .	. 5 5 5	5 . . 1
R	5 5 5 4	3 . . 0 .	5 5 0 .	1 1 0 .	4 3 2 2	5 . . 5	1 . 0 .	. . . .	. 3 5 1

…uitième Partie.

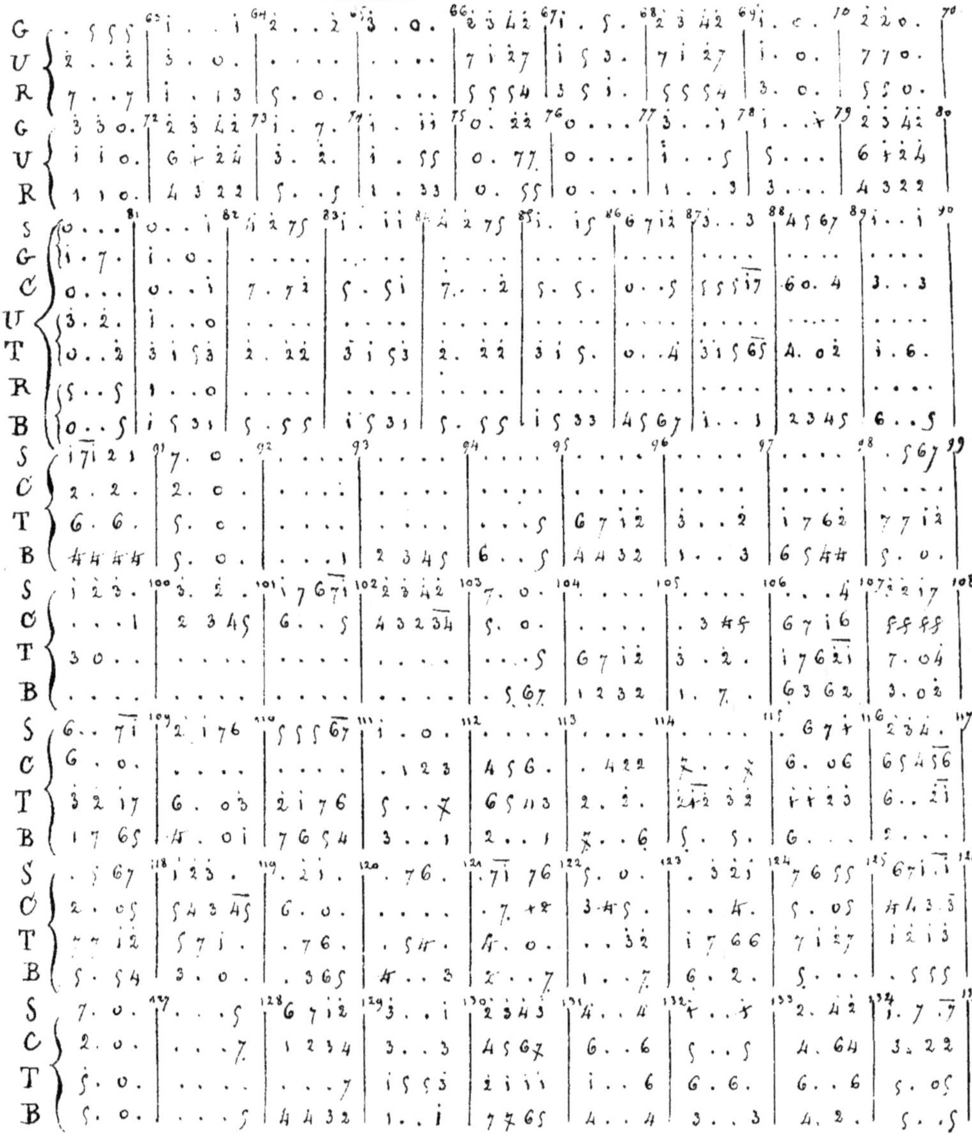

	62	63	64	65	66	67	68	69	70
G	. 5 5 5	1 . . 1	2 . . 2	3 . 0 .	2 3 4 2	1 . 5 .	2 3 4 2	1 . 0 .	2 2 0 .
U	2 . . 2	3 . 0 .	. . . .	. . . .	7 1 2 7	1 5 3 .	7 1 2 7	1 . 0 .	7 7 0 .
R	7 . . 7	1 . 1 3	5 . 0 .	. . . .	5 5 5 4	3 5 1 .	5 5 5 4	3 . 0 .	5 5 0 .

	71	72	73	74	75	76	77	78	79
G	3 3 0 .	2 3 4 2	1 . 7 .	1 . 1 1	0 . 2 2	0 . . .	3 . . 1	1 . . +	2 3 4 2
U	1 1 0 .	6 + 2 4	3 . 2 .	1 . 5 5	0 . 7 7	0 . . .	1 . . 5	5 . . .	6 + 2 4
R	1 1 0 .	4 3 2 2	5 . . 5	1 . 3 3	0 . 5 5	0 . . .	1 . . 3	3 . . .	4 3 2 2

	80	81	82	83	84	85	86	87	88	89
S	0 . . .	0 . . 1	4 2 7 5	1 . 1 1	4 2 7 5	1 . 1 5	6 7 1 2	3 . . 3	4 5 6 7	1 . . 1
G	1 . 7 .	1 . 0 .	. . . .	. . . .	. . . .	. . . .	. . . .	. . . .	. . . .	. . . .
C	0 . . .	0 . . 1	7 . 7 2	5 . 5 1	7 . . 2	5 . 5 .	0 . . 5	5 5 5 17	6 0 . 4	3 . . 3
U	3 . 2 .	1 . . 0	. . . .	. . . .	. . . .	. . . .	. . . .	. . . .	. . . .	. . . .
T	0 . . 2	3 1 5 3	2 . 2 2	3 1 5 3	2 . 2 2	3 1 5 .	0 . . 4	3 1 5 65	4 . 0 2	1 . 6 .
R	5 . . 5	1 . . 0	. . . .	. . . .	. . . .	. . . .	. . . .	. . . .	. . . .	. . . .
B	0 . . 5	1 5 3 1	5 . 5 5	1 5 3 1	5 . 5 5	1 5 3 3	4 5 6 7	1 . . 1	2 3 4 5	6 . . 5

	90	91	92	93	94	95	96	97	98
S	1 71 2 1	7 . 0 .	. . . .	. . . .	. . . .	. . . .	. . . .	. . . .	. 5 6 7
C	2 . 2 .	2 . 0 .	. . . .	. . . .	. . . .	. . . .	. . . .	. . . .	. . . .
T	6 . 6 .	5 . 0 .	. . . .	. . . .	. . . 5	6 7 1 2	3 . . 2	1 7 6 2	7 7 1 2
B	4 4 4 4	5 . 0 .	. . . 1	2 3 4 5	6 . . 5	4 4 3 2	1 . . 3	6 5 4 4	5 . 0 .

	99	100	101	102	103	104	105	106	107
S	1 2 3 .	3 . 2 .	1 7 6 71	2 3 4 2	7 . 0 .	. . . .	. . . .	. . . 4	1 2 1 7
C	. . . 1	2 3 4 5	6 . . 5	4 3 2 34	5 . 0 .	. . . .	. 3 4 5	6 7 1 6	5 5 5 5
T	3 0 . .	. . . .	. . . .	. . . .	. . . 5	6 7 1 2	3 . 2 .	1 7 6 21	7 . 0 4
B	. . . .	. . . .	. . . .	. . . .	. 5 6 7	1 2 3 2	1 . 7 .	6 3 6 2	3 . 0 2

	108	109	110	111	112	113	114	115	116
S	6 . . 71	2 1 7 6	5 5 5 67	1 . 0 .	. . . .	. . . .	. . . .	. 6 7 +	2 3 4 .
C	6 . 0 .	. . . .	. . . .	. 1 2 3	4 5 6 .	. 4 2 2	7 . . 7	6 . 0 6	6 5 4 56
T	3 2 1 7	6 . 0 3	2 1 7 6	5 . . 7	6 5 4 3	2 . 2 .	242 3 2	+ + 2 3	6 . . 21
B	1 7 6 5	4 . 0 1	7 6 5 4	3 . . 1	2 . . 1	7 . . 6	5 . 5 .	6 . . .	2 . . .

	117	118	119	120	121	122	123	124	125
S	. 5 6 7	1 2 3 .	. 2 1 .	. 7 6 .	. 71 7 6	5 . 0 .	. 3 2 1	7 6 5 5	6 7 1 . 1
C	2 . 0 5	5 4 3 45	6 . 0 .	. . . .	. 7 + 2	3 4 5 .	. . 4 .	5 . 0 5	4 4 3 3
T	7 7 1 2	5 7 1 .	. 7 6 .	. 5 4 .	4 . 0 .	. . 3 2	1 7 6 6	7 1 2 7	1 2 1 3
B	5 . 5 4	3 . 0 .	. 3 6 5	4 . . 3	2 . . 7	1 . . 7	6 . 2 .	5 . . .	. 5 5 5

	126	127	128	129	130	131	132	133	134
S	7 . 0 .	. . . 5	6 7 1 2	3 . . 1	2 3 4 3	4 . . 4	+ . . +	2 . 4 2	1 . 7 . 7
C	2 . 0 .	. . . 7	1 2 3 4	3 . . 3	4 5 6 7	6 . . 6	5 . . 5	4 . 6 4	3 . 2 2
T	5 . 0 .	. . . .	. . . 7	1 5 5 3	2 1 1 1	1 . . 6	6 . 6 .	6 . . 6	5 . 0 5
B	5 . 0 .	. . . 5	4 4 3 2	1 . . 1	7 7 6 5	4 . . 4	3 . . 3	4 . 2 .	5 . . 5

7

Huitième Partie

		136	137	138	139	140	141	142	143
S	1.01	1.11	1.11	1..1	1.11	1111	7.32	4 23 44	2021
C	3.0.	...1	5.55	5.55	4...	#...	5.5.	0..5	4 23 44
T	1.11	1.11	3...	..1.	4.44	1111	5.5.	5 43 23	40.2
B	1.0 12	3456	7.7 56	7..7	6.66	6666	5...	..5.	5...

	144	145	146	147	148	149	150	151	152
S	7 12 37	1.01	1...	.111	7.05	6 7 12	3..1	2 3 43	4..4
C	4.04	3 12 33	#..#	#..#	5.07	1234	3..3	4567	6..6
T	2 32 12	3.1.	6...	.666	7.0.	...7	1553	2 1 11	1..6
B	..5.	5..5	5...	.555	5.05	#432	1..1	7765	4..4

	153	154	155	156	157	158	159	160	161
S	4..4	2.42	1.7.7	1.01	1.11	3.33	3.3.	3.33	3.3.
C	5..5	4.64	3.22	3.0.	...1	5.55	5...	5.5.	5...
T	6..6	6..6	5..5	1.11	1.11	1...	..1.	1...	....
B	3..3	4.2.	5..5	1.0 12	3456	7.7 56	7.7.	7...	7.7.

	162	163	164	165	166	167	168	169	170
S	3.3.	3.3.	3...	..2.	2...	..1.	1..1	1.1.	1..1
C	5.7.	6...	6...	6...	5.5.	5..5	#.#.	4.4.	5..5
T	7.5.	5...	....	..4.	4...	..3.	3...	..1.	3..3
B	7...	1...	1..1	2.21	7..7	1..17	6.6.	6.6.	5...

	171	172	173	174	175	176	177
S	7..7	1.1.	1177	1.1.	1177	1.0.	
C	5..5	5.6.	6655	5.6.	6654	3.0.	
T	2..2	3.3.	2222	3.3.	2222	1.0.	
B	..5.	1.6.	4455	1.6.	4455	1.0.	

Principales observations.

Modulations à la Domin. 91, 92, 124 à 127, A la même base en mineur 21 à 2[illegible] — Au mineur relatif 106 à 109. — A la S. méd. min 112 à 117, 134, 166. — A la [illegible] 121 à 123. — A la S. Dom. 140 = Accords — De Tonique 2. — De Domin. 3, [illegible] 71, 83. — de Sous Domin. 4, 131. — De S. méd. 4, 9, 36, 38, 89. — De S. Sensible 37 — de la Tonique mineure, 21, 25, 26. — De 7e de Dom. [illegible], 8, 24, 36, 52, 83, 87, 118 144, 145, 167, 176 — De 7e de Dom. dans le ton de la S. médiante en mineur 37, 133, 165. — de 7e de Dom. dans le ton de la Dom. 91, 110 — De 7e de Domin. dans le ton de la S. Dom. 112, 131, 137. — De 7e de Sensible, dans le ton de la Dom. en min. 169.

Huitième Partie

Prière par Salieri. Ton de Si ♭. 65 unités par minute.

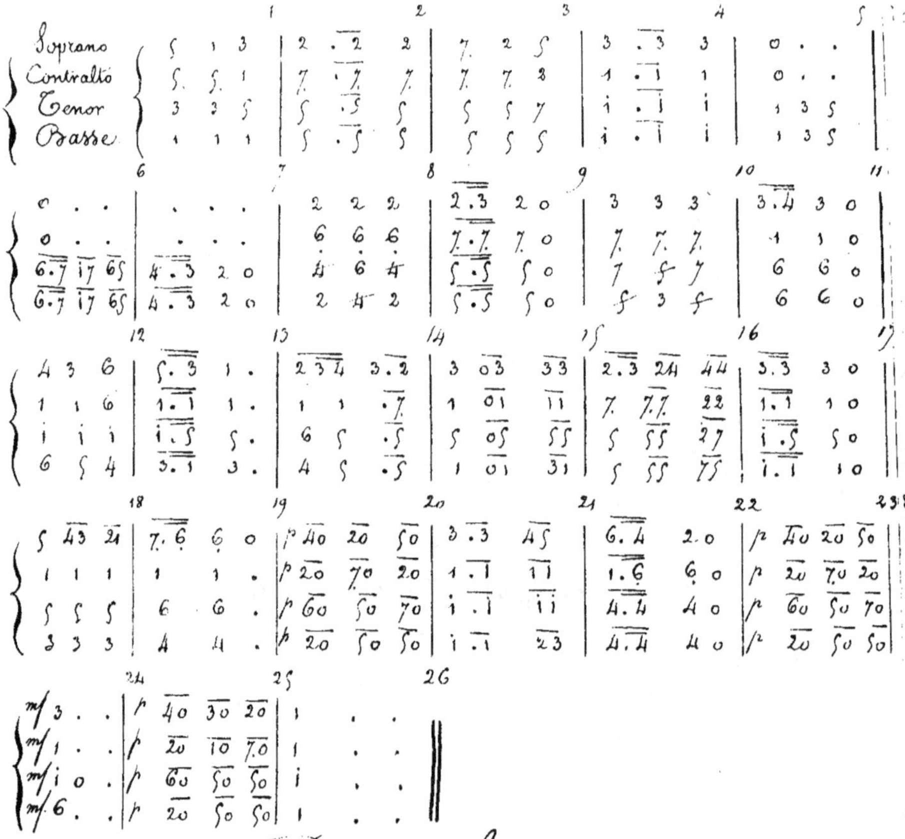

	1	2	3	4	5
Soprano	5 1 3	2 .2 2	7 2 5	3 .3 3	0 . .
Contralto	5 5 1	7 .7 7	7 7 2	1 .1 1	0 . .
Tenor	3 3 5	5 .5 5	5 5 7	1 .1 1	1 3 5
Basse	1 1 1	5 .5 5	5 5 5	1 .1 1	1 3 5

6	7	8	9	10	11
0 . .	. . .	2 2 2	2.3 2 0	3 3 3	3.4 3 0
0 . .	. . .	6 6 6	7.7 7 0	7 7 7	1 1 0
6.7 17 65	4.3 2 0	4 6 4	5.5 5 0	7 5 7	6 6 0
6.7 17 65	4.3 2 0	2 4 2	5.5 5 0	5 3 5	6 6 0

12	13	14	15	16	17
4 3 6	5.3 1 .	234 3.2	3 03 33	2.3 24 44	3.3 3 0
1 1 6	1.1 1 .	1 1 .7	1 01 11	7 77 22	1.1 1 0
1 1 1	1.5 5 .	6 5 .5	5 05 55	5 55 27	1.5 5 0
6 5 4	3.1 3 .	4 5 .5	1 01 31	5 55 75	1.1 1 0

18	19	20	21	22	23
5 43 21	7.6 6 0	p 40 20 50	3.3 45	6.4 2.0	p 40 20 50
1 1 1	1 1 .	p 20 70 20	1.1 11	1.6 6 0	p 20 70 20
5 5 5	6 6 .	p 60 50 70	1.1 11	4.4 4 0	p 60 50 70
3 3 3	4 4 .	p 20 50 50	1.1 23	4.4 4 0	p 20 50 50

24	25	26
mf 3 . .	p 40 30 20	1 . .
mf 1 . .	p 20 10 7.0	1 . .
mf 1 0 .	p 60 50 50	1 . .
mf 6 . .	p 20 50 50	1 . .

Principales observations.

= Modulations – au min. relatif 11. = Accords de tonique 1. de dom. 2, 9, 20, 23. – de 5. dom 12, 19. 22, – de 3. med 20, 22, 23. – de 7e de dom. 16. – de 7e de dom. dans le ton de la dom. 8 – de 7e de dom. dans le ton du min. relatif. 10.

Huitième Partie

Quatuor du Turc en Italie (Rossini) 132 unités par minute — Ton d'Ut

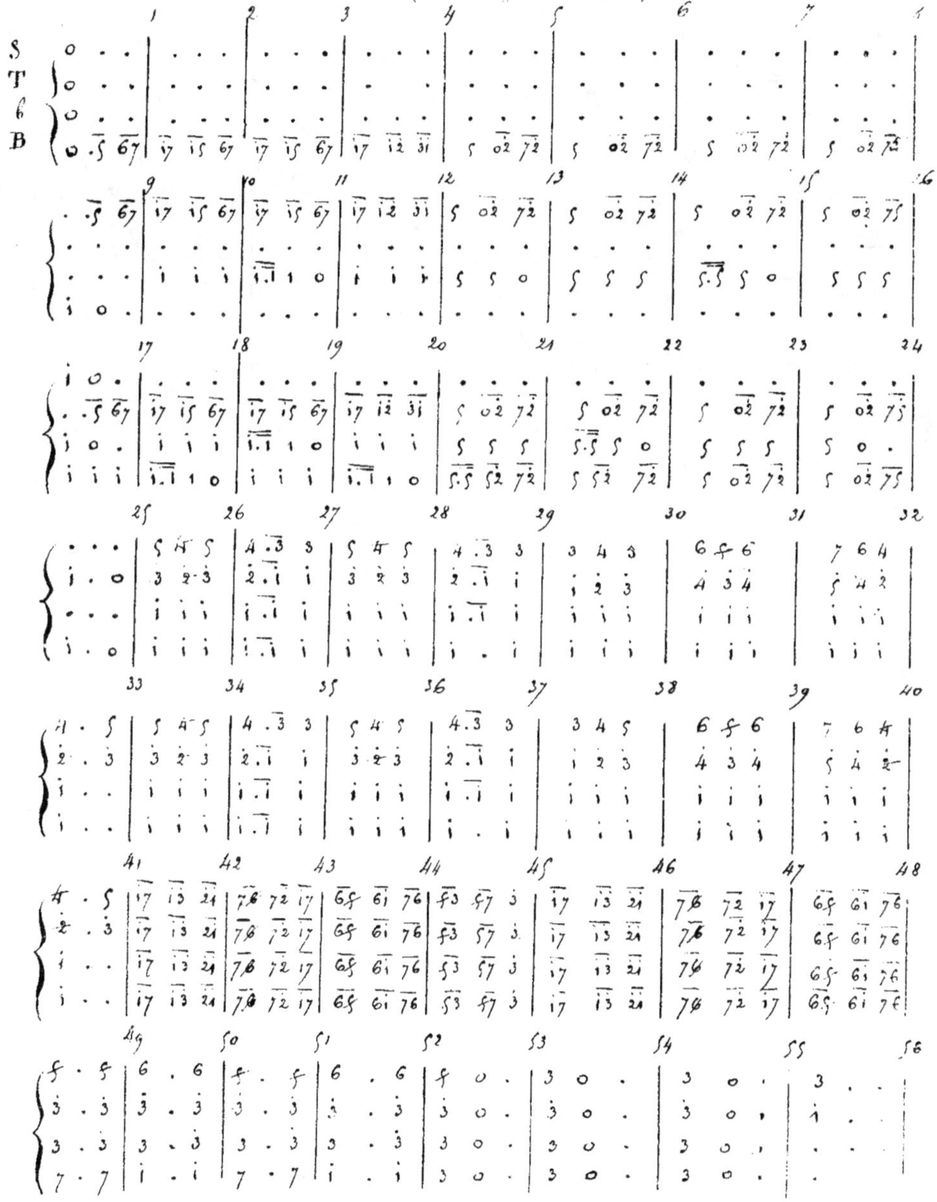

S
T
6
B

huitième Partie

57	58	59	60	61	62	63	64
3 2 3	4 . 4	5 . 4	3 . .	3 2 3	4 . 4	. . 4	3 . .
1 7 1	2 . 2	3 . 2	1 . .	1 7 1	2 . 2	3 . 2	1 . .
. . .	. . .	70 50 70	10 50 10	. . .	. . .	70 50 70	10 50 30
10 50 10	70 50 70	. . .	. . .	10 50 10	70 50 70	70 50 50	10 50 30

65	66	67	68	69	70	71	72
3 4 5	6 . .	6 7 1	3 . .	. 4 5	6 . .	. 7 1	5 6 5
1 2 3	4 . .	4 5 6	1 . .	. 2 3	4 . .	. 5 6	3 4 3
10 50 30	10 60 40	10 60 40	10 50 30	10 50 30	10 60 40	10 60 40	10 . .
10 60 40	10 60 40	10 60 40	10 50 30	10 50 30	10 60 40	10 60 40	10 . .

73	74	75	76	77	78	79	80
4 5 4	3 4 3	2 3 2	3 . .	3 2 3	4 . 4	5 . 4	3 . .
2 3 2	1 2 1	7 1 7	1 . .	1 7 1	2 . 2	3 . 2	1 . .
40 . .	50 . .	50 . .	1 0 .	. . .	. . .	70 50 70	10 50 10
40 . .	50 . .	50 . .	1 0 .	10 50 10	70 50 70	. . .	. . .

81	82	83	84	85	86	87	88
3 2 3	4 . 4	5 . 4	3 . .	3 4 5	6 . .	. 7 1	3 . .
1 7 1	2 . 2	3 . 2	1 . .	1 2 3	4 . .	. 5 6	1 . .
. . .	. . .	70 50 70	10 50 30	10 50 30	10 60 40	10 60 40	10 50 30
10 50 10	70 50 70	. . .	. . .	10 50 30	10 60 40	10 60 40	10 50 30

89	90	91	92	93	94	95	96
. 4 5	6 . .	. 7 1	5 6 5	4 5 4	3 4 3	2 3 2	1 0 .
. 2 3	4 . .	. 5 6	3 4 3	2 3 2	1 2 1	7 1 7	1 0 .
10 50 30	10 60 40	10 60 40	10 . .	40 . .	50 . .	50 . .	1 0 .
10 50 30	10 60 40	10 60 40	10 . .	40 . .	50 . .	50 . .	10 5 67

97	98	99	100	101	102	103	104
. . .	. . .	. . .	. . .	. . .	. . .	. . .	. 5 67
. . .	. . .	. . .	. . .	. . .	. . .	. . .	. . .
. . .	. . .	. . .	. . .	. . .	. . .	. . .	. . .
17 15 67	17 15 67	17 12 31	5 02 72	5 02 72	5 02 72	5 02 72	1 0 .

105	106	107	108	109	110	111	112
17 15 67	17 15 67	17 12 31	5 02 72	5 02 72	5 02 72	5 02 75	1 0 .
. . .	. . .	. . .	. . .	. . .	. . .	. . .	. 5 67
1 1 .	1.1 1 0	1 1 1	5 5 .	5 5 5	5 5 50	5 5 5	1 0 .
. . .	. . .	. . .	. . .	. . .	. . .	. . .	1 1 1

Huitième Partie

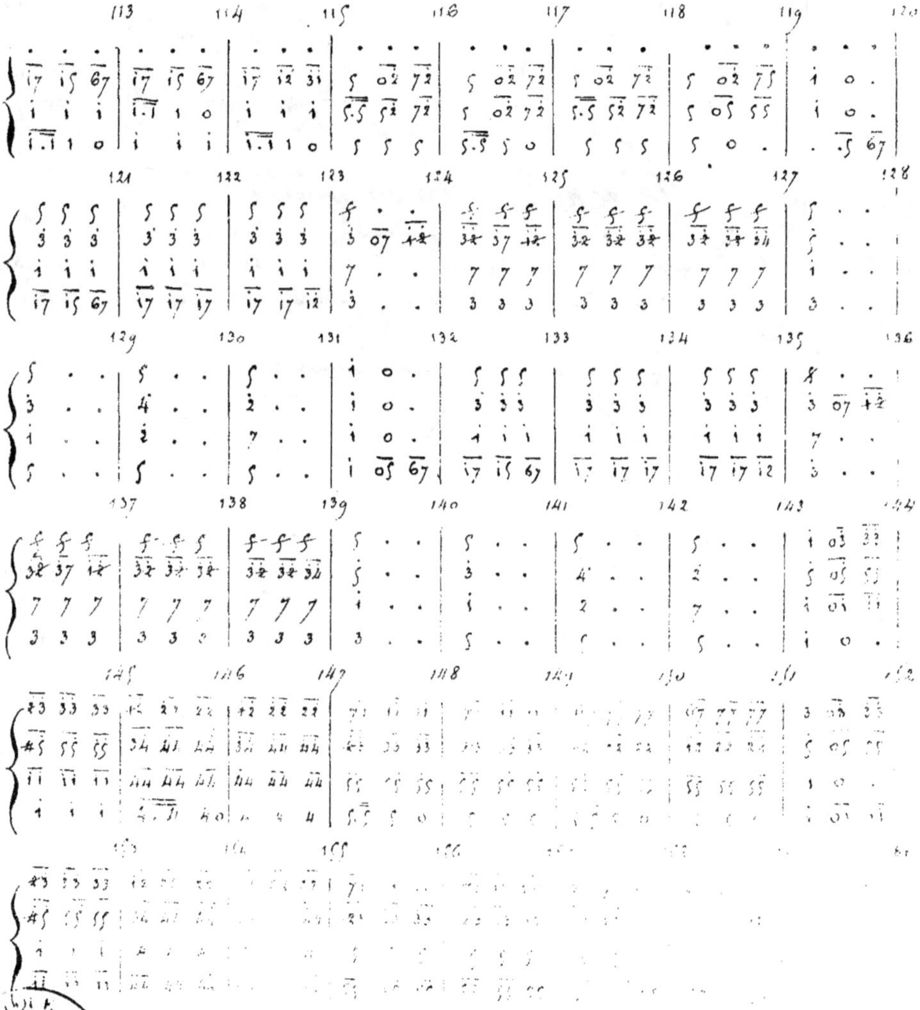

Huitième Partie.

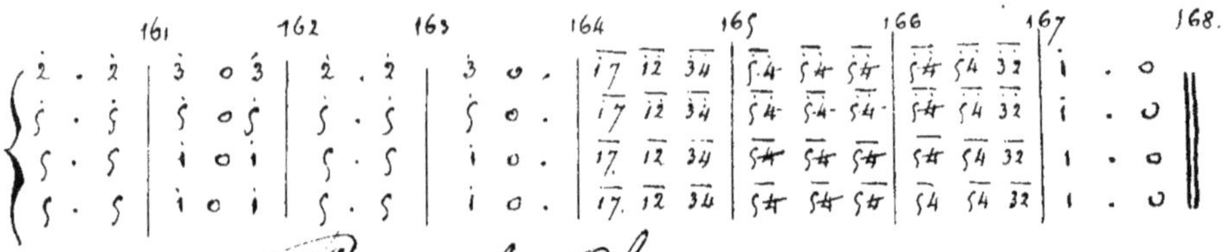

161	162	163	164	165	166	167	168
2 . 2	3 0 3	2 . 2	3 0 .	17 12 34	54 54 54	54 54 32	1 . 0
5 . 5	5 0 5	5 . 5	5 0 .	17 12 34	54 54 54	54 54 32	1 . 0
5 . 5	1 0 1	5 . 5	1 0 .	17 12 34	54 54 54	54 54 32	1 . 0
5 . 5	1 0 1	5 . 5	1 0 .	17 12 34	54 54 54	54 54 32	1 . 0

Principales Observations.

Modulations. A la méd. min. 45. — impressions alternatives et rapides de tonalité sur la méd. min, sur la S. Dom. et sur la Dom. 61 à 95 — sur la S. méd. min et sur la Dom. 144 à 152. — sur la méd maj. et la méd. min. 124 à 127. = *Accords* — Des alternatives de tonalité, aux N^os^ qui précèdent. 7e de Dom. 121. De 7e de Dom. 69. 129.

Chœur par Webbe. Ton de fa. 72 unités par minute.

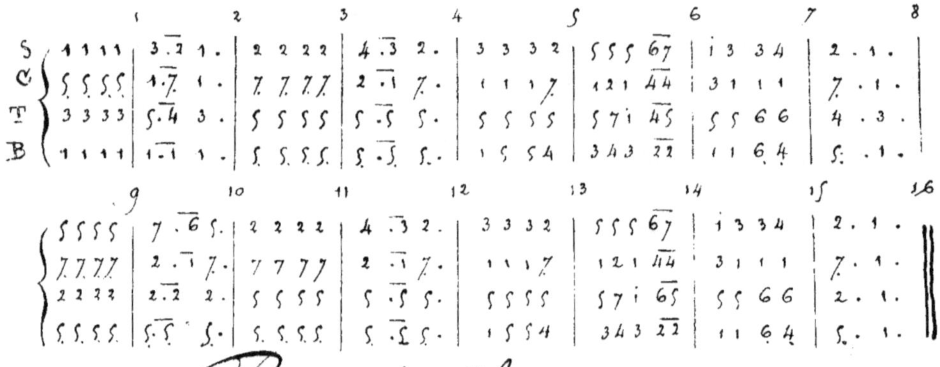

	1	2	3	4	5	6	7	8
S	1 1 1 1	3 . 2 1 .	2 2 2 2	4 . 3 2 .	3 3 3 2	5 5 5 67	1 3 3 4	2 . 1 .
C	5 5 5 5	1 . 7 1 .	7 7 7 7	2 . 1 7 .	1 1 1 7	1 2 1 44	3 1 1 1	7 . 1 .
T	3 3 3 3	5 . 4 3 .	5 5 5 5	5 . 5 5 .	5 5 5 5	5 7 1 45	5 5 6 6	4 . 3 .
B	1 1 1 1	1 . 1 1 .	5 5 5 5	5 . 5 5 .	1 5 5 4	3 4 3 22	1 1 6 4	5 . 1 .

9	10	11	12	13	14	15	16
5 5 5 5	7 . 6 5 .	2 2 2 2	4 . 3 2 .	3 3 3 2	5 5 5 67	1 3 3 4	2 . 1 .
7 7 7 7	2 . 1 7 .	7 7 7 7	2 . 1 7 .	1 1 1 7	1 2 1 44	3 1 1 1	7 . 1 .
2 2 2 2	2 . 2 2 .	5 5 5 5	5 . 5 5 .	5 5 5 5	5 7 1 65	5 5 6 6	2 . 1 .
5 5 5 5	5 . 5 5 .	5 5 5 5	5 . 5 5 .	1 5 5 4	3 4 3 22	1 1 6 4	5 . 1 .

Principales Observations.

= *Accords* — De Tonique 1. — De Dom. 3, 9, 10, 11. — De S. méd. 6, 14. — De S. Sens. 7. — De S. Dom. 7, 15. De 7e de Dom. 4, 5, 6, 8, 12, 13.

On fera des observations analogues sur les morceaux qui suivent.

13.

Huitième Partie

Chœur de Dardanus (Sacchini), ton de fa. Chronomètre 02 par minute.

	1	2	3	4	5	6	7	8
Soprano.	0 . . 5.5	5 . 54 34	43 . 21	6 . 1 .6	65 0 53	32 . 24	[illegible] 17	1 [illegible]
Contralto.	0 . . 3.3	3 . 32 12	21 . 11	1 . 1 .1	11 0 31	17 . 13	21 5 5	. . . .
Ténor.	0 . . 5.5	5 . 5 5	5 . . 43	4 . 6 .4	43 0 5	5 . .5	[illegible] 54 [illegible]	. . . .
Basse.	0 . . 1.1	1 . 5 5	1 . . 11	1 . 1 .1	11 0 .	. 5 43	4 4 5 5	10 . .

	9	10	11	12	13	14	15	16
Soprano	4.6 6.1	7 .2 2 22	3 1 65	54 0 .2	5 . 6 .	7 . 1 .6	5 . 02	2 22 2 22
Contralto	1 .1 1 .6	5 .7 7 77	1 3 17	7 6 0 .	2	5 . 6 .	7 . 1 .	7 . 1 .1
Ténor	. . . .	. . . .	. . . .	. . . .	.5 75 46 24	5 0 . .	55 75 46 24	5 . 6 .
Basse	. . . .	. . . .	. . . .	. . . .	. . . .	.5 75 46 24	5 0 . .	55 75 46 24

	17	18	19	20	21	22	23	24
Soprano	2 2 0 .	. .5 17 65	4 56 76	5 0 . .	. .5 17 65	4 56 76	5 0 . 5.5	5 . 54 34
Contralto	7 . 7 7 77	1 .1 32 17	6 76 54	5 07 7 77	1 .1 32 17	6 76 54	5 0 . 3.3	3 . 32 12
Ténor	5 .5 5 55	53 . 3	2 23 2 .	2 05 5 55	5 3 . 3	2 23 2 .	5 0 . .5.5	5 . 5 5
Basse	5 52 54 37	31 . 1	1 71 2 .	5 02 54 37	31 . 1	1 71 2 .	5 0 . 1.1	1 . 1 1

	25	26	27	28	29	30	31	32
Soprano	4 3 .21	6 . 1 .6	65 0 53	32 . 35	43 32 17	1 0 . .	. . . .	. . . .
Contralto	21 . 11	1 . 1 .1	11 0 31	17 . 13	21 5 5	5 0 . .	. . . .	. . . .
Ténor	5 . . 43	4 . 6 .4	43 0 5	5 . . 5	6 .6 54 37	30 . .3	5 . . 43	34 . 5
Basse	1 . . 11	1 . 1 .1	11 0 .	. 5 4 3	4 4 5 5	10 . .1	3 . . 24	1 2 . 3

	33	34	35	36	37	38	39	40
Soprano	. . . .	. . . .	 5	1 . 2 .	3 . 4 .2	5 . . 5	5 55 5 55	54 33 37 43
Contralto	. . . .	. . . .	. . . .	5	1 . 2 .	3 . 4 .	3.3 2 .2	1 0 . .
Ténor	4 .4 65 43	2 . 35	3 2 0 .	.3 51 75 42	1 0 . .	13 51 75 42	3 . 4 .	32 15 17 65
Basse	2 .2 43 21	7 . 13	17 0 .	. . . .	.1 31 72 57	1 0 . .	11 31 72 57	1 1 0 .

	41	42	43	44	45	46	47	48
Soprano	4 . . .	.33 2 .	3 03 35 43	4 . . .	.33 2 .	1f 1.3 5 .	31 .3 5 .	10 . .
Contralto	.1 1 11	2 11 7 .	1 0 . .	0 .1 1 11	2 11 7 .	1f 1.3 5 .	1 1.3 5 .	10 . .
Ténor	6 . 66	5 55 5 .	5 05 17 65	6 . 66	5 55 5 .	3f 1.3 5 .	31 .3 5 .	10 . .
Basse	. .1 43 21	7 11 5 .	1 0 . .	. .1 43 21	7 11 5 .	1f 1.3 5 .	3 1.3 5 .	10 . .

14

Huitième Partie

Quatuor allemand, ton de sol. Chronomètre N°. 76.

		1	2	3	4	5	6	7	8
Soprano	5 .4	43 3	i .76	65 5	4.56 54	3.45 13	32 21	1 7	
Ténor	3 .2	21 1	6 .54	43 3	1 22	1 11	6 63	3 2	
Baryton	1 57	71 1	1 1	1 1	6 77	1 66	4 44	5 .	
Basse	1 .5	51 1	1 1	1 1	0 .	. .	. .	. .	

9	10	11	12	13	14	15	16	17
5 .4	43 3	i .76	65 5	4.56 54	35 .42	1 7	1 0	4 .3
3 .2	21 1	6 .54	43 3	1 2	13 .21	3 2	1 0	2 .1
15 67	71 1	1 1	1 1	6 7	1 .6	5 7	1 0	. .
1 .5	51 1	1 1	1 1	0 .	. 4	55 55	1 0	. .

18	19	20	21	22	23	24	25	26
2 .3	4 .3	3 2	4 .3	2 .3	4 .3	3 2	0 .	5 .4
7 .1	2 .1	1 7	2 .1	7 .1	2 .1	1 7	0 .	3 .2
4 .3	7 .1	5 5	0 .	4 .3	7 .1	5 .	0 .	15 67
5 5	5 5	5 5	0 .	5 5	5 5	5 .	0 .	1 .5

27	28	29	30	31	32	33	34	35
43 3	i .76	65 5	4.56 54	35 .42	1 7	i .	. .	. .
21 1	6 .54	43 3	1 2	13 .21	3 2	3 66	55 66	55 66
71 1	1 1	1 1	6 7	1 6.	5 7	1 44	33 44	33 44
51 1	1 1	1 1	0 .	. 4	5 5	1 0	.1 46	11 0

36	37	38	39	40	41	42	43	44
. .	. 0	i7 65	67 i4	3 2	i .	. .	. .	. .
55 66	5 0	5 1	1 1	1 74	3 66	55 66	55 66	55 66
33 44	3 0	1 1	15 66	5 7	1 44	33 44	33 44	33 44
.1 46	1 0	3 3	4 4	5 5	1 0	.1 46	11 0	.1 46

45	46	47	48	49	50	51	52	53
. 0	i7 65	67 i4	3 2	4 3	i7 65	67 i4	3 2	1 0
5 0	5 1	1 1	1 7	2 1	5 1	1 1	1 7	1 0
3 0	1 1	15 66	51 7	7 1	1 1	15 66	5 54	3 0
1 .	3 3	4 4	5 5	5 6	3 3	4 4	5 5	1 0

huitième Partie

Prière du Pirate (Bellini) Ton de Sol. 52 unités par minute

		1	2	3	4	5	6	7	8	9	10
Soprano 1°	5 .	7 6	5 .	30 5	6 54	6 54	5 . . 4	3 0	5 .	7 6	5 .
Soprano 2°	3 .	5 4	3 .	10 5	6 54	6 54	5 . . 4	3 0	5 .	7 6	5 .
1er Tenor	0 .	. .	. .	. 3	4 32	4 32	3 . . 2	1 0	3 .	5 4	3 .
2e Tenor	0 .	. .	. .	. 5	5 .	5 .	3 0	. .	. .	. .	. .
Basse	1 .	. .	1 .	. 1	7 .	. .	1 .	. 0	1 .	. .	1 0

	11	12	13	14	15	16	17	18	19	20	21	22
Soprano 1°	30 5	6 54	6 54	3 0	7 . .	. .	3 43	6 6	6 ♯56	7 .	3 43	6 6
Soprano 2°	30 5	6 54	6 54	3 0	7 .	. .	3 43	6 6	4 .	4 .	3 .	3 3
1er Tenor	10 3	4 32	4 32	1 0	3 43	7 2	1 .	3 .	2 .	2 .	1 .	1 1
2e Tenor	. 5	5 32	5 32	1 0	2 22	2 7	3 .	1 .	7 .	7 .	6 .	6 6
Basse	10 1	7 .	. .	1 0	♯5 .	♯5 ♯5	6 .	. . 6	7 .	♯5 .	6 .	6 .

	23	24	25	26	27	28	29	30	31	32	33	34
Soprano 1°	6 54	6 54	5 .	44 56	54 3	5 .4	3 0	7 .	. .	3 43	6 6	6 ♯56
Soprano 2°	6 54	6 54	5 .	44 56	54 3	5 .4	3 0	7 .	. .	3 43	6 6	4 .
1er Tenor	4 32	4 32	3 .	22 34	32 1	3 .2	1 0	3 4	7 2	3 .	3 .	2 .
2e Tenor	7 .	7 .7	1 .	02 34	32 1	3 .2	1 0	2 22	2 7	3 .	1 .	7 .
Basse	5 .	. 5	1 .	4 4	5 .	5 .	1 0	♯5 .	♯5 ♯5	6 .	. .6	7 .

	35	36	37	38	39	40	41	42	43	44	45	46
Soprano 1°	7 .	3 43	6 6	6 54	6 54	5 .	44 56	54 3	5 .4	30 5	04 56	54 3
Soprano 2°	3 .	3 .	3 3	6 54	6 54	5 .	44 56	54 3	5 .4	30 5	04 56	54 3
1er Tenor	2 .	1 .	1 1	4 32	4 32	3 .	22 34	32 1	3 2	10 3	02 34	32 1
2e Tenor	7 .	6 .	6 6	7	. .7	1 .	02 34	32 1	3 .2	10 3	02 34	32 1
Basse	♯5 .	6 .	6 .	5 .	. 5	1 .	4 4	5 .	5 .	1 .	4 .	5 .

	47	48	49	50	51	52	53	54	55	56	57	58
Soprano 1°	. 2	5 4	3 2	5 4	3 2	5 4	3 2	10 .	5 .	. .	3 .	0 .
Soprano 2°	. 2	5 4	3 2	5 4	3 2	5 4	3 2	10 .	5 .	. .	3 .	0 .
1er Tenor	. 7	3 2	1 7	3 2	1 7	3 2	1 7	10 .	5 .	. .	1 .	0 .
2e Tenor	. 7	3 2	1 7	3 2	1 7	3 2	1 7	10 .	5 .	.	. .	0 .
Basse	5 .	1 4	5 5	1 4	5 5	1 4	5 5	10 .	5 .	. .	1 .	0 .

	59	60	61	62	63	64	65	66	67
Soprano 1°	5 .	. .	3 4	3 4	3 4	3 2	1 .	. .	.0 .
Soprano 2°	5 .	. .	3 4	3 4	3 4	3 7	1 .	. .	.0 .
1er Tenor	5 .	. .	1 2	1 2	1 2	1 5	5 .	. .	.0 .
2e Tenor	5 .	. .	5 5	5 5	5 5	5 4	3 .	. .	.0 .
Basse	5 .	. .	1 7	1 7	1 7	1 5	1 .	. .	.0 .

68

16.

Huitième Partie

Quatuor d'Iphigénie en Aulide (Gluck) (ton de ré) 80 unités par minute.

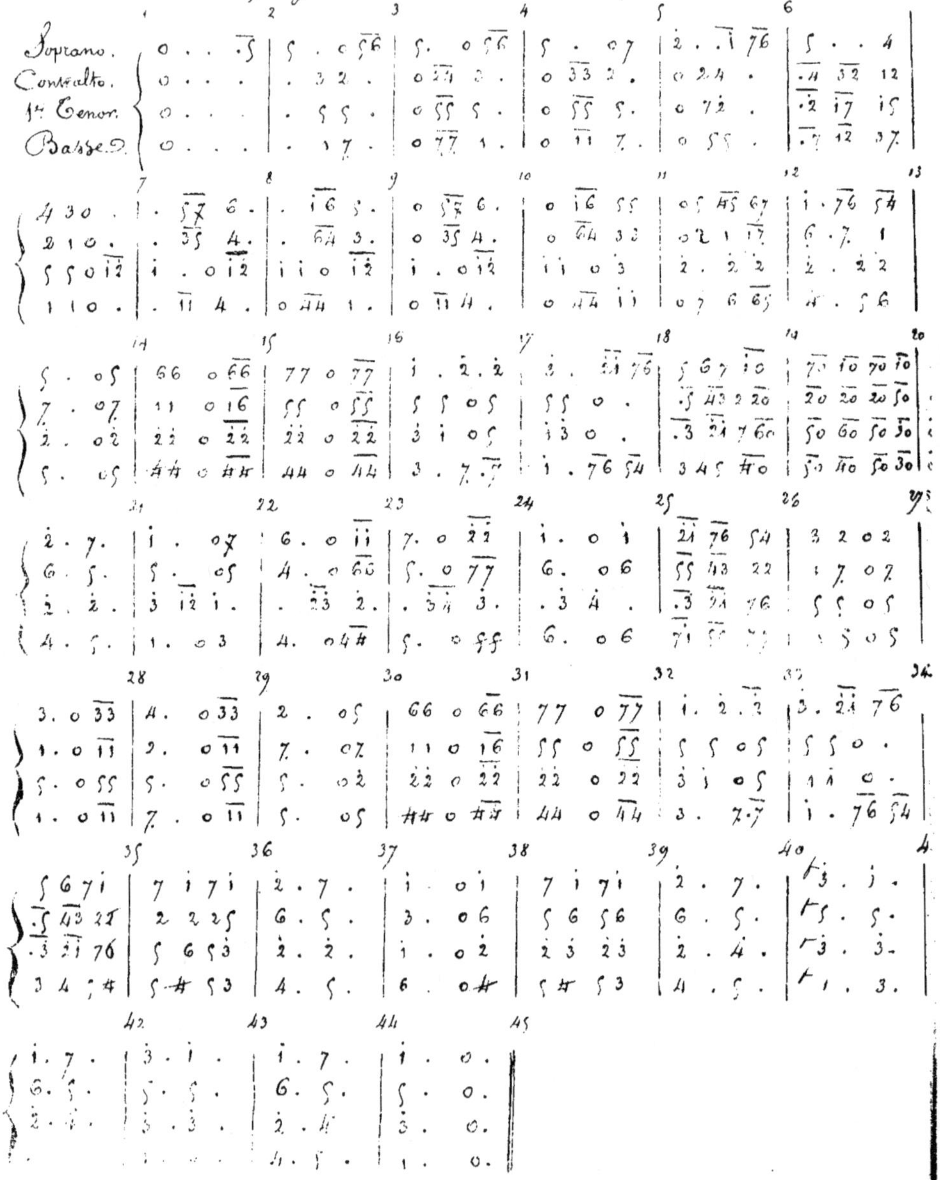

	1	2	3	4	5	6
Soprano.	0 . . .5	5 . 0 56	5. 0 56	5 . 07	2 . .1 76	5 . . 4
Contralto.	0 . . .	. 3 2 .	0 44 3 .	0 33 2 .	0 24 .	.4 32 12
1er Tenor.	0 . . .	. 5 5 .	0 55 5 .	0 55 5.	0 72 .	.2 17 15
Basse.	0 . . .	. 1 7.	0 77 1 .	0 11 7.	0 55 .	.7 12 37.

	7	8	9	10	11	12
4 3 0 .	. 57 6 .	. 16 5 .	0 57 6 .	0 16 55	05 45 67	1 . 76 54
2 1 0 .	. 35 4.	. 64 3.	0 35 4.	0 64 33	02 1 17	6 . 7. 1
5 5 0 12	1 . 0 12	1 1 0 12	1 . 0 12	1 1 0 3	2 . 2 2	2 . 2 2
1 1 0 .	. 11 4 .	0 44 1 .	0 11 4 .	0 44 11	0 7 6 65	4 . 5 6

13	14	15	16	17	18	19
5 . 05	66 0 66	77 0 77	1 . 2 . 2	3 . 21 76	5 6 7 10	70 10 70 10
7. . 07.	11 0 16	55 0 55	5 5 0 5	5 5 0 .	.5 43 2 20	20 20 20 50
2 . 02	22 0 22	22 0 22	3 1 0 5	1 3 0 .	.3 21 7 60	50 60 50 30
5 . 05	#4 0 #4	44 0 44	3 . 7. .7	1 . 76 54	3 4 5 #0	50 40 50 30

20	21	22	23	24	25	26
2 . 7.	1 . 07	6 . 0 11	7. 0 22	1 . 0 1	21 76 54	3 2 0 2
6 . 5 .	5 . 05	4 . 0 66	5. 0 77	6. 06	55 43 22	1 7. 0 7.
2 . 2 .	3 12 1 .	. 23 2 .	. 34 3 .	. 3 4 .	.3 21 76	5 5 0 5
4 . 5 .	1 . 0 3	4. 04#	5 . 0 55	6 . 0 6	71 [illegible]	1 5 0 5

27	28	29	30	31	32	33
3. 0 33	4 . 0 33	2 . 05	66 0 66	77 0 77	1 . 2 . 2	3 . 21 76
1 . 0 11	2 . 0 11	7. . 07.	11 0 16	55 0 55	5 5 0 5	5 5 0 .
5 . 0 55	5 . 0 55	5 . 0 2	22 0 22	22 0 22	3 1 0 5	1 1 0 .
1 . 0 11	7. 0 11	5 . 05	#4 0 #4	44 0 44	3 . 7.7	1 . 76 54

34	35	36	37	38	39	40
5 6 7 1	7 1 7 1	2 . 7 .	1 . 0 1	7 1 7 1	2 . 7 .	3 . 1 .
.5 43 21	2 2 2 5	6 . 5 .	3 . 0 6	5 6 5 6	6 . 5 .	5 . 5 .
.3 21 76	5 6 5 3	2 . 2 .	1 . 0 2	2 3 2 3	2 . 4 .	3 . 3 .
3 4 5 #	5 # 5 3	4 . 5 .	6 . 0 #	5 # 5 3	4 . 5 .	1 . 3 .

41	42	43	44	45
1 . 7 .	3 . 1 .	1 . 7 .	1 . 0 .	
6 . 5 .	5 . 5 .	6 . 5 .	5 . 0 .	
2 . 4 .	3 . 3 .	2 . 4 .	3 . 0 .	
[illegible]	[illegible]	4 . 5 .	1 . 0 .	

8e. Partie

Prière de Joseph (Méhul) Ton d'ut. [illegible] unités par minute

Chœur d'hommes

		1	2	3	4	5	6	7	8	9
T	5. 6 .7	1 . . .	1.1 1 11	1. 1 0	1. 2 .2	3 . . .	1 .4.	2 . . .	5 . 6 .7	1 . . .
	Dieu d'Isra-	ël,	pè-re de la na-	tu-re,	rends les moi-	sons	à nos	champs!	Rends à nos	prés
t	5. 6.7	1 . . .	1.1 1 11	1. 1 0	1 . 7 .7	1 . . .	6. 6.	7 . . .	5 . 6.7	1 . . .
	Dieu d'Isra-	ël,	pè-re de la na-	tu-re,	rends les moi-	sons	à nos	champs!	Rends à nos	prés
B	5. 6 .7	1 . . .	1.1 1 11	1. 1 0	6 .5 .5	1 . . .	4 .2.	5 . . .	5 . 6 .7	1 . . .
	Dieu d'Isra-	ël,	pè-re de la na-	tu- re,	rends les moi-	sons	à nos	champs!	Rends à nos	prés

10	11	12	13	14	15	16 (Chœur des femmes)	17	18	19	20
1. 1.	1 . 1 0	2. 2 2	3 . . .	1 .2.	1 . 0	S 5. 6.7	1 . . .	1.1 4 44	3.3 0	1 . 2 .2
leur ver-	du-re,	et sauve en-	cor	tes en-	fans!	Dieu d'Isra-	ël,	père de la na-	tu-re,	rends les moi-
1. 1.	1. 1 0	6. 6 6	5 . . .	6 .7.	1 . 0.	S. 5 . 6.7	1 . . .	1.1 1 11	1. 1 0	1 . 7 .7
leur ver-	du-re,	et sauve en-	cor	tes en-	fans!	Dieu d'Isra-	ël,	père de la na-	tu-re,	rends les moi-
1. 1.	1. 1 0	4. 4 4	3 . . .	6. 5.	1 . 0.	C 5. 6.7	1 . . .	1.1 666	5. 5 0	6 . 5 .5
leur ver-	du-re,	et sauve en-	cor	tes en-	fans!	Dieu d'Isra-	ël,	père de la na-	tu-re,	rends les moi-

21	22	23	24	25	26	27	28	29	30	31
3 . . .	1. 4.	2 . . .	5 . 6.7	1 . . .	1. 4.	3. 3 0	2. 2 2	3 . . .	1 .2.	1 . 0 .
sons	à nos	champs!	Rends à nos	prés	leur ver-	du-re,	et sauve en-	cor	tes en-	fans!
1 . . .	6. 6.	7 . . .	5 . 6.7	1 . . .	1. 1.	1. 1 0	6 6 6	5 . . .	6 .7.	1 . 0 .
sons	à nos	champs!	Rends à nos	prés	leur ver-	du-re,	et sauve en-	cor	tes en-	fans!
1 . . .	4. 2.	5 . . .	5 . 6.7	1 . . .	1. 6.	5. 5 0	4 4 4	3 . . .	6. 5.	1 . 0 .
sons	à nos	champs!	Rends à nos	prés	leur ver-	du-re,	et sauve en-	cor	tes en-	fans!

Chœur des femmes

32	33	34	35	36	37	38	39	40	41
0 . . .	. . . .	5. 6.7	1 . . .	1.1 4 44	3.3	1 . 2 .2	3 . . .	1. 4.	2 . . .
		Dieu d'Isra-	ël,	pè-re de la na-	ture,	rends les moi-	sons	à nos	champs!
0 . . .	. . . .	5. 6.7	1 . . .	1.1 1 11	1. 1 0	1 . 7 .7	1 . . .	6. 6.	7 . . .
		Dieu d'Isra-	ël,	pè-re de la na-	tu-re,	rends les moi-	sons	à nos	champs!
0 . . .	. . . .	5. 6.7	1 . . .	1.1 666	5. 5 0	6 . 5 .5	1 . . .	4. 2.	5 . . .
		Dieu d'Isra-	ël,	pè-re de la na-	tu-re,	rends les moi-	sons	à nos	champs!

Chœur des hommes

32	33	34	35	36	37	38	39	40	41
0 . . .	1 . 2 .3	4 . . .	3.3 3 33	1 . . .	1 0 . .	1 . 2 .2	3 . . .	1. 4.	2 . . .
	Dieu d'Isra-	ël,	père de la na-	tu - - -	re,	rends les moi-	sons	à nos	champs!
0 . . .	1 . 2 .3	4 . . .	3.3 3 33	1 . . .	1 0 . .	1 . 7 .7	1 . . .	6. 6.	7 . . .
	Dieu d'Isra-	ël,	pè-re de la na-	tu - - -	re,	rends les moi-	sons	à nos	champs!
5 . 6 .7	1 . . .	. . . .	1 . . 1	1. 1.1	1. 1 0	6 . 5 .5	1 . . .	4. 2.	5 . . .
Dieu d'Isra-	ël		pè - - - re	de la na-	tu-re,	rends les moi-	sons	à nos	champs!

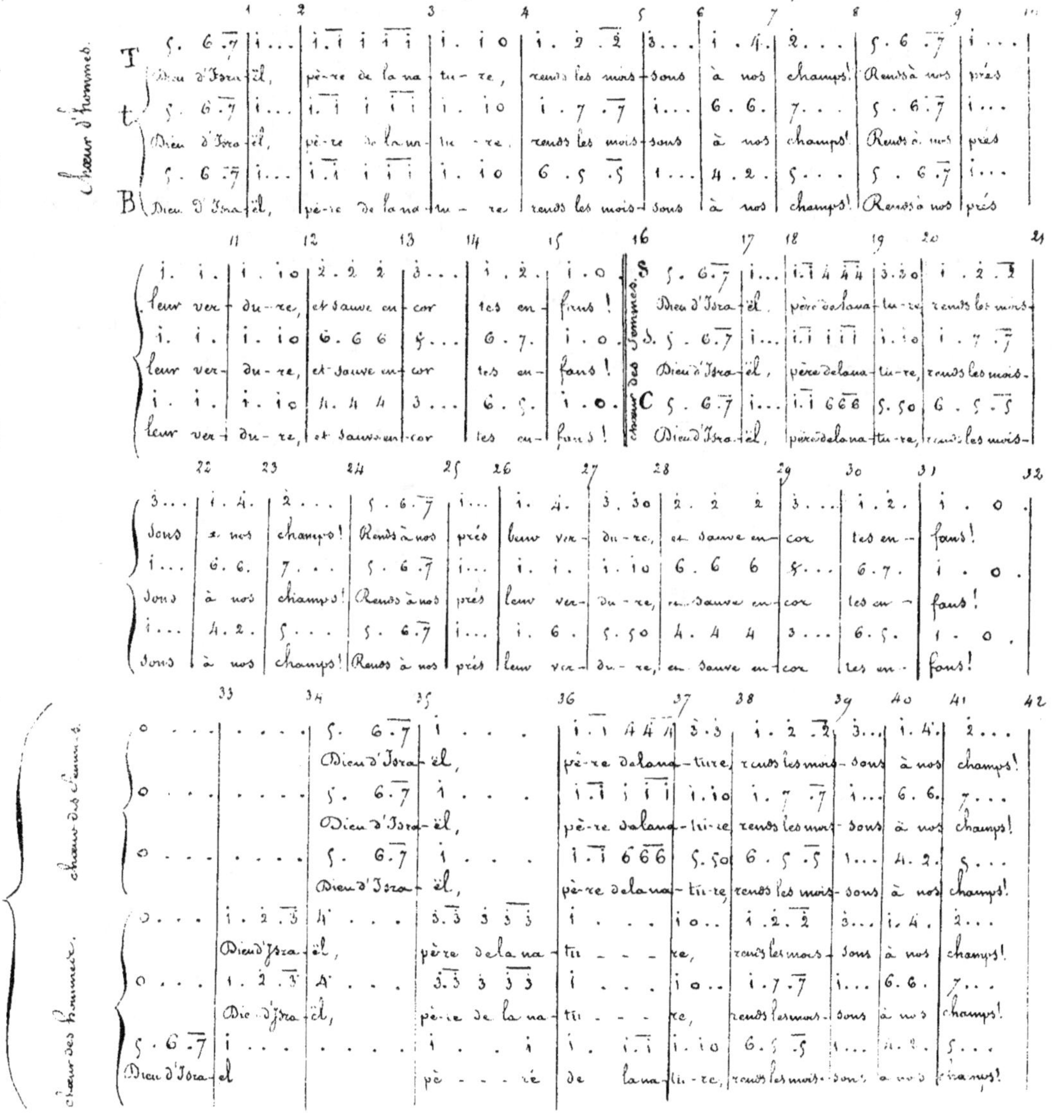

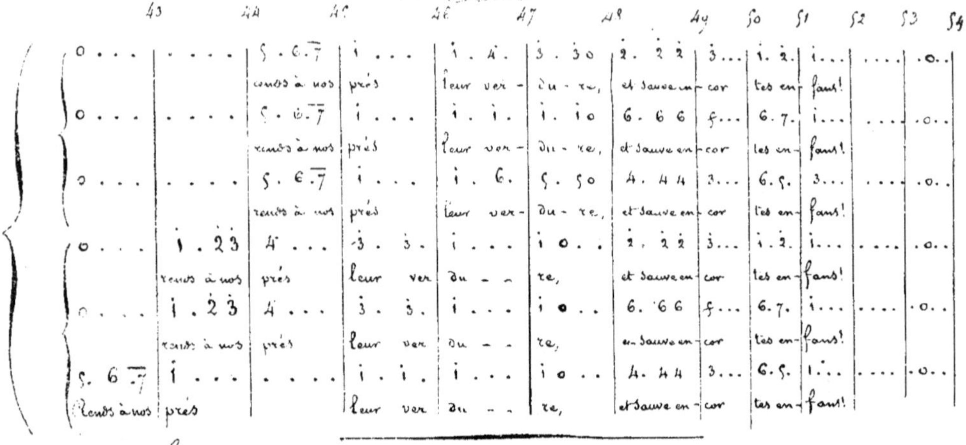

N° 18. Parties

43	44	45	46	47	48	49	50	51	52	53	54
0 . . .	. . . .	5 . 6.7	1 . . .	1 . 4 .	3 . 3 0	2 . 2 2	3 . . .	1 . 2 .	1 . . .	. . . .	. 0 . .
		rends à nos	près	leur ver-	du - re,	et sauve en-	cor	tes en-	fans!		
0 . . .	. . . .	5 . 6.7	1 . . .	1 . 1 .	1 . 1 0	6 . 6 6	5 . . .	6 . 7 .	1 . . .	. . . .	. 0 . .
		rends à nos	près	leur ver-	du - re,	et sauve en-	cor	les en-	fans!		
0 . . .	. . . .	5 . 6.7	1 . . .	1 . 6 .	5 . 5 0	4 . 4 4	3 . . .	6 . 5 .	3 . . .	. . . .	. 0 . .
		rends à nos	près	leur ver-	du - re,	et sauve en-	cor	tes en-	fans!		
0 . . .	1 . 2 3	4 . . .	3 . 3 .	1 . . .	1 0 . .	2 . 2 2	3 . . .	1 . 2 .	1 . . .	. . . .	. 0 . .
	rends à nos	près	leur ver	du - -	re,	et sauve en-	cor	tes en-	fans!		
0 . . .	1 . 2 3	4 . . .	3 . 3 .	1 . . .	1 0 . .	6 . 6 6	5 . . .	6 . 7 .	1 . . .	. . . .	. 0 . .
	rends à nos	près	leur ver	du - -	re,	et sauve en-	cor	tes en-	fans!		
5 . 6 7	1 . . .	. . . .	1 . 1 .	1 . . .	1 0 . .	4 . 4 4	3 . . .	6 . 5 .	1 . . .	. . . .	. 0 . .
Rends à nos	près		leur ver	du - -	re,	et sauve en-	cor	tes en-	fans!		

Chœur d'Azur, roi d'Ormus, par Salieri. Ton d'ut, 92 unités par minute.

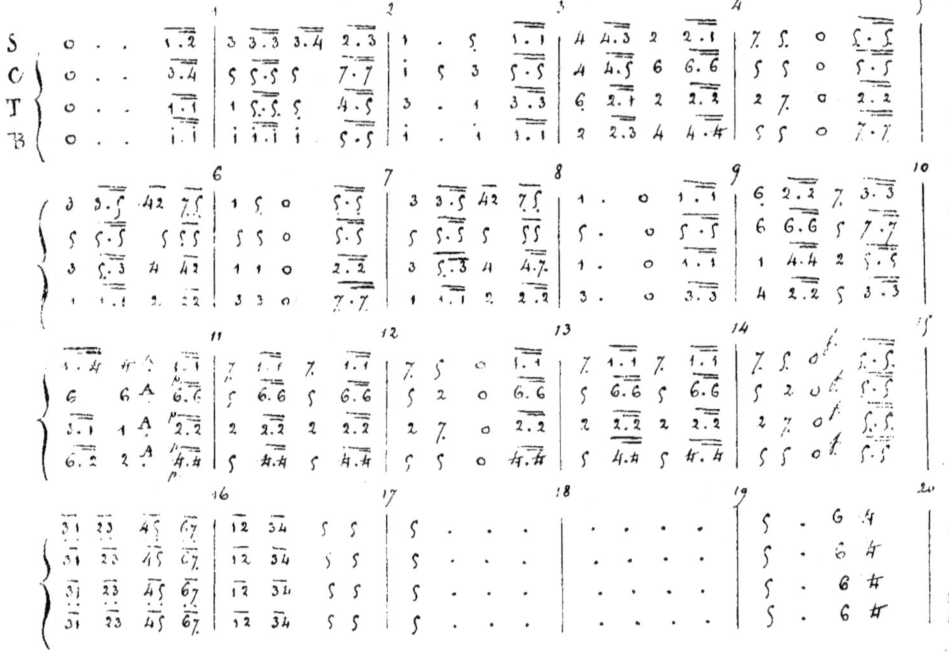

		1	2	3	4
S	0 . . 1.2	3 3.3 3.4 2.3	1 . 5 1.1	4 4.3 2 2.1	7 5 0 5.5
C	0 . . 3.4	5 5.5 5 7.7	1 5 3 5.5	4 4.5 6 6.6	5 5 0 5.5
T	0 . . 1.1	1 5.5 5 4.5	3 . 1 3.3	6 2.1 2 2.2	2 7 0 2.2
B	0 . . 1.1	1 1.1 1 5.5	1 . 1 1.1	2 2.3 4 4.4	5 5 0 7.7

5	6	7	8	9
3 3.5 42 75	1 5 0 5.5	3 3.5 42 75	1 . 0 1.1	6 2.2 7 3.3
5 5.5 5 55	5 5 0 5.5	5 5.5 5 55	5 . 0 5.5	6 6.6 5 7.7
3 5.3 4 42	1 1 0 2.2	3 5.3 4 4.7	1 . 0 1.1	1 4.4 2 5.5
1 1.1 2 22	3 3 0 7.7	1 1.1 2 2.2	3 . 0 3.3	4 2.2 5 3.3

10	11	12	13	14
3.4 4 A 1.1	7 1.1 7 1.1	7 5 0 1.1	7 1.1 7 1.1	7 5 0 f. 5.5
6 6 A p 6.6	5 6.6 5 6.6	5 2 0 6.6	5 6.6 5 6.6	5 2 0 f. 5.5
3.1 1 A p 2.2	2 2.2 2 2.2	2 7 0 2.2	2 2.2 2 2.2	2 7 0 f. 5.5
6.2 2 A p 4.4	5 4.4 5 4.4	5 5 0 4.4	5 4.4 5 4.4	5 5 0 f. 5.5

15	16	17	18	19
31 23 45 67	12 34 5 5	5 . . .	. . . .	5 . 6 4
31 23 45 67	12 34 5 5	5 . . .	. . . .	5 . 6 4
31 23 45 67	12 34 5 5	5 . . .	. . . .	5 . 6 4
31 23 45 67	12 34 5 5	5 . . .	. . . .	5 . 6 4

Nota. Ce signe, A, abréviation de : arrêtez-vous, remplacera pour nous le point d'orgue.

19

huitième Partie

Soli

Tutti

Hymne au Sommeil, par Mr. Nr. Desrue, Ton demi ♭. 88 unités par minute.

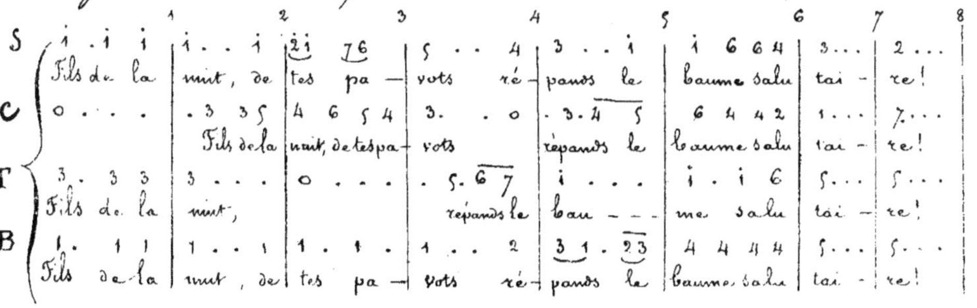

S — Fils de la nuit, de tes pa — vots ré — pands le baume salu tai — re!

C — Fils de la nuit, de tes pa — vots répands le baume salu tai — re!

T — Fils de la nuit, répands le bau — — me salu tai — re!

B — Fils de la nuit, de tes pa — vots ré — pands le baume salu tai — re!

8e Partie.

Un malheureux viens, sur la terre, un instant suspendre les maux! pour calmer son âme agitée, près de lui, pour quelques moments, Des songes les plus cares, daigne fixer, daigne fixer la troupe ailée, daigne fixer, daigne fixer la troupe ailée!

Un malheureux viens, sur la terre, un instant suspendre les maux! pour calmer son âme agitée, près de lui, pour quelques moments, des songes daigne fixer, daigne fixer la troupe ailée!

Un malheureux viens, sur la terre, un instant sus per - dre, suspendre les maux! Pour calmer son âme agitée, près de lui, pour quelques moments, des songes les plus cares, daigne fixer la troupe ailée!

Un malheureux viens, sur la terre, un instant suspendre les maux! Pour calmer son âme agitée, près de lui, pour quelques moments, des songes les plus cares, sous daigne fixer la troupe ailée, daigne fixer, daigne fixer la troupe ailée!

Huitième Partie

Chœur de la Clemenza di Tito (Mozart). Ton de mi b. 132 unités par minute.

		1	2	3	4	5
Soprano 1°	05	1.1 2.2	3 1 0 .	7 7.7 7.7	1 5 0 .1	1 1 1 1
Soprano 2°	03	3.3 5.5	5 3 0 .	4 4.4 4.4	3 3 0 .1	4 3 6 5
Tenor	01	1.1 7.7	1 1 0 .	2 2.2 2.2	1 1 0 .1	1 1 1 1
Basse	01	1.1 5.5	1 1 0 .	5 5.5 5.5	1 1 0 .1	6 5 4 3

6	7	8	9	10	11
1 7 0 .7	1 .5 35 31	5 05 1 3	2 05 1 3	2 0 . .	. 7 7 7
#4 4 0 .4	3 .5 35 31	5 02 5 5	5 02 5 5	5 0 . .	. 2 2 2
2 2 0 ..2	1 .5 35 31	5 07 1 1	7 07 1 1	7 0 . .	. 5 5 5
2 5 0 .5	1 .5 35 31	5 04 3 1	5 04 3 1	5 0 . .	. 5 5 5

12	13	14	15	16	17
7 . 5 0	. 2 2 2	2 . 7 0	4 4.4 44	4 .2 7 05	1 7 0 .5
2 . 2 0	. 5 5 5	5 . 5 0	5 5.5 55	5 . 5 05	5 5 0 .5
5 . 7 0	. 7 7 7	7 . 2 0	7 7.7 77	7 . 2 07	3 2 0 .7
5 . 5 0	. 5 5 5	5 . 5 .	5 5.5 55	5 . 5 05	1 5 0 .5

18	19	20	21	22	23
1 7 0 .5	3 2 0 .5	3 2 0 .2	4 2 7 4	2 . 0 .5	1.1 2.2
5 5 0 .5	5 5 0 .5	5 5 0 .2	2 2 2 2	2 . 0 .2	3.3 5.5
3 2 0 .7	3 2 0 .7	3 2 0 .7	7 7 7 7	7 . 0 .7	1.1 7.7
1 5 0 .5	1 5 0 .5	1 5 0 .5	5 5 5 5	5 . 0 .5	1.1 5.5

24	25	26	27	28	29
3 1 0 .	7 7.7 7.7	1 5 0 .1	1 1 1 1	1 7 0 7	1 2 1 7
5 3 0 .	4 4.4 4.4	3 3 0 .1	4 3 6 5	#4 4 0 2	7 4 3 2
1 1 0 .	2 2.2 2.2	1 1 0 .1	1 1 1 1	2 2 0 5	5 6 5 5
1 1 0 .	5 5.5 5.5	1 1 0 .1	6 5 4 3	2 5 0 4	3 4 5 5

30	31	32	33	34
1 . 1 .	1 - .	3 . 3 .	2 . 2 .	1 0 .
3 . 3 .	3 . 2 .	1 . 3 .	6 . 5 .	3 0 .
5 . 6 .	6 . 5 .	5 . 1 .	1 . 7 .	1 0 .
1 . 6 .	4 . 5 .	1 . 6 .	4 . 5 .	1 0 .

Huitième Partie

Chœur d'Euryanthe (C. M. de Weber). Ton de ré. 136 unités par minute.

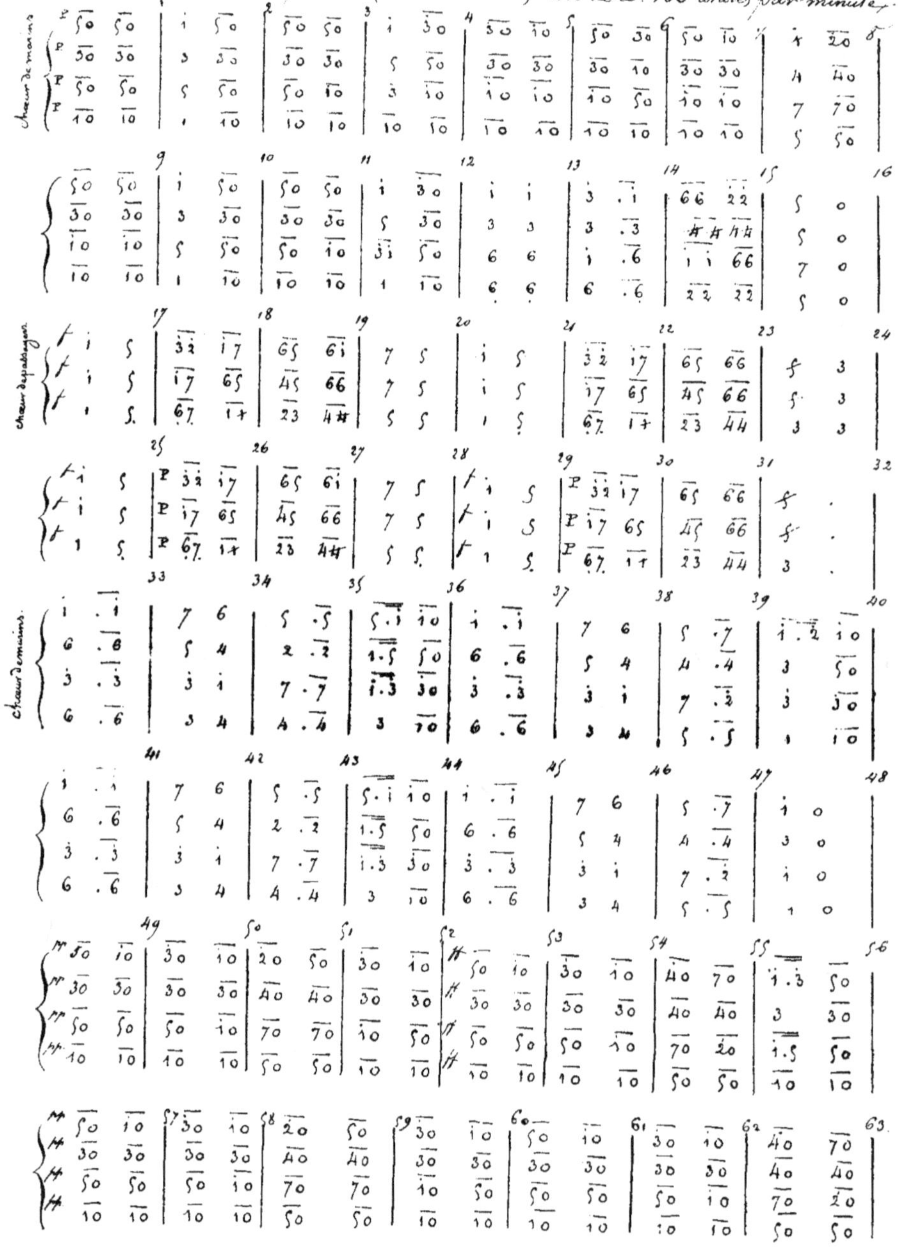

Chœur de marins

Chœur des paysans

Chœur de marins

huitième 23 Partie

64 65 66 67 68 69 70 71

Marins.

i 0 | . . | . ff 7 | 7 2 | 3 0 | . grac 7 | 7 2 | 3 i ff 2 5 |
3 0 | . . | . ff 5 | 5 7 | i 0 | . grac 5 | 5 7 | i 5 ff 5 5 |
i 0 | . . | . ff 4 | 4 4 | 3 0 | . grac 4 | 4 4 | 3 3 ff 4 4 |
1 0 | . . | . ff 5 | 5 5 | 1 0 | . grac 5 | 5 5 | 1 5 ff 5 5 |

Passagers.

0 i 5 | ff i 5 i 5 | 2 . | 2 0 | . i 5 | i 5 i 5 | 2 . | . ff 7 7 |
0 i 5 | ff i 5 i 5 | 7 . | 7 0 | . i 5 | i 5 i 5 | 7 . | . ff 7 7 |

72 73 74 75 76 77 78 79

3 i 4 2 | 3 i 2 5 | 3 i 4 7 | i . | . . | . . | . . | . 0 |
5 5 7 7 | i 5 5 5 | 5 5 5 5 | i . | . . | . . | . . | . 0 |
3 3 2 4 | 3 3 4 4 | 3 3 2 4 | 3 . | . . | . . | . . | . 0 |
5 5 5 5 | 5 5 5 5 | 5 5 5 5 | 1 . | . . | . . | . . | . 0 |
i 5 5 5 | 1.1 7.7 | 1.1 7.2 | i . | . . | . . | . . | . 0 |
i 5 5 5 | 1.1 7.7 | 1.1 7.2 | i . | . . | . . | . . | . 0 |

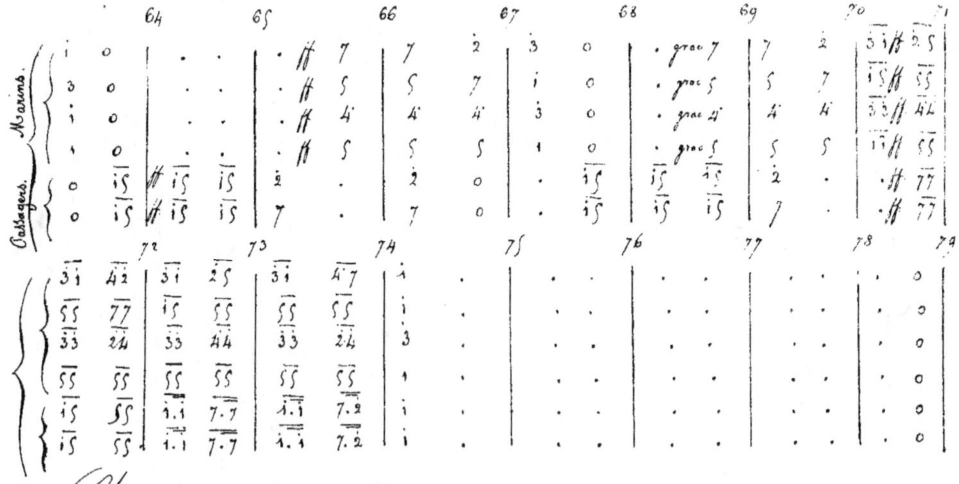

Chœur du Crociato in Egitto (Meyerbeer). Ton demi b. 80 unités par minute.

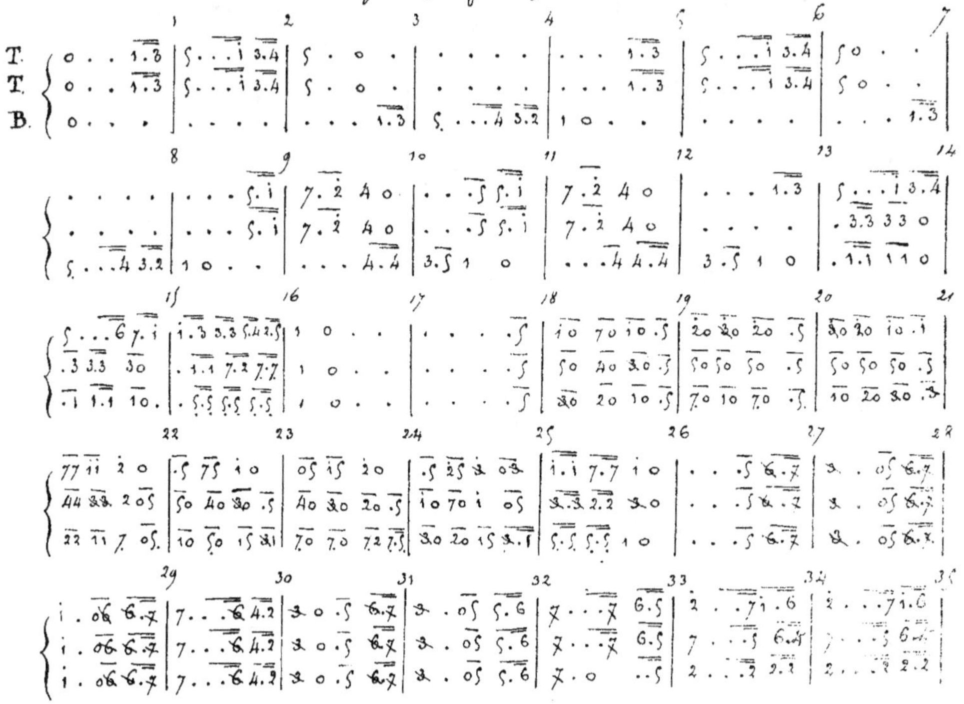

1 2 3 4 5 6 7

T. 0 . . 1.3 | 5 . . . i 3.4 | 5 . 0 . | . . . . | . . . 1.3 | 5 . . . i 3.4 | 5 0 . . |
T. 0 . . 1.3 | 5 . . . i 3.4 | 5 . 0 . | . . . . | . . . 1.3 | 5 . . . i 3.4 | 5 0 . . |
B. 0 . . . | . . . . | . . . 1.3 | 5 . . . 4 3.2 | 1 0 . . | . . . . | . . . 1.3 |

8 9 10 11 12 13 14

. . . . | . . . 5.i | 7.2 4 0 | . . . 5 5.i | 7.2 4 0 | . . . 1.3 | 5 . . . 1 3.4 |
. . . . | . . . 5.i | 7.2 4 0 | . . . 5 5.i | 7.2 4 0 | . . . . | . 3.3 3 3 0 |
5 . . . 4 3.2 | 1 0 . . | . . . 4.4 | 3.5 1 0 | . . . 4 4.4 | 3.5 1 0 | . 1.1 1 1 0 |

15 16 17 18 19 20 21

5 . . . 6 7.i | i.3 3.3 5.4 2.5 | 1 0 . . | . . . . 5 | i 0 7 0 i 0 . 5 | 2 0 2 0 2 0 . 5 | 2 0 2 0 i 0 . i |
. 3 3.3 3 0 | . 1.1 7.2 7.7 | 1 0 . . | . . . . 5 | 5 0 4 0 3 0 . 5 | 5 0 5 0 5 0 . 5 | 5 0 5 0 5 0 . 5 |
. 1 1.1 1 0 . | . 5.5 5.5 5.5 | 1 0 . . | . . . . 5 | 2 0 2 0 1 0 . 5 | 7 0 1 0 7 0 . 5 | 1 0 2 0 3 0 . 3 |

22 23 24 25 26 27 28

7 7 i i 2 0 | . 5 7 5 i 0 | 0 5 i 5 2 0 | . 5 2 5 3 0 3 | i.i 7.7 i 0 | . . . 5 6.7 | 3 . 0 5 6.7 |
4 4 3 3 2 0 5 | 5 0 4 0 3 0 . 5 | 4 0 3 0 2 0 . 5 | i 0 7 0 i 0 5 | 3.3 2.2 3 0 | . . . 5 6.7 | 3 . 0 5 6.7 |
2 2 1 1 7 0 5 | 1 0 5 0 1 5 3 1 | 7 0 7 0 7 2 7.5 | 3 0 2 0 1 5 3.1 | 5.5 5.5 1 0 | . . . 5 6.7 | 2 . 0 5 6.7 |

29 30 31 32 33 34 35

i . 0 6 6.7 | 7 . . . 6 4.2 | 3 0 . 5 6.7 | 3 . 0 5 5.6 | 7 . . . 7 6.5 | 2 . . 7 i.6 | 2 . . 7 i.6 |
i . 0 6 6.7 | 7 . . . 6 4.2 | 3 0 . 5 6.7 | 3 . 0 5 5.6 | 7 . . . 7 6.5 | 7 . . 5 6.5 | 7 . . 5 6.5 |
i . 0 6 6.7 | 7 . . . 6 4.2 | 3 0 . 5 6.7 | 3 . 0 5 5.6 | 7 . 0 . 5 | 2 . . 2 2.2 | 2 . . 2 2.2 |

Huitième Partie

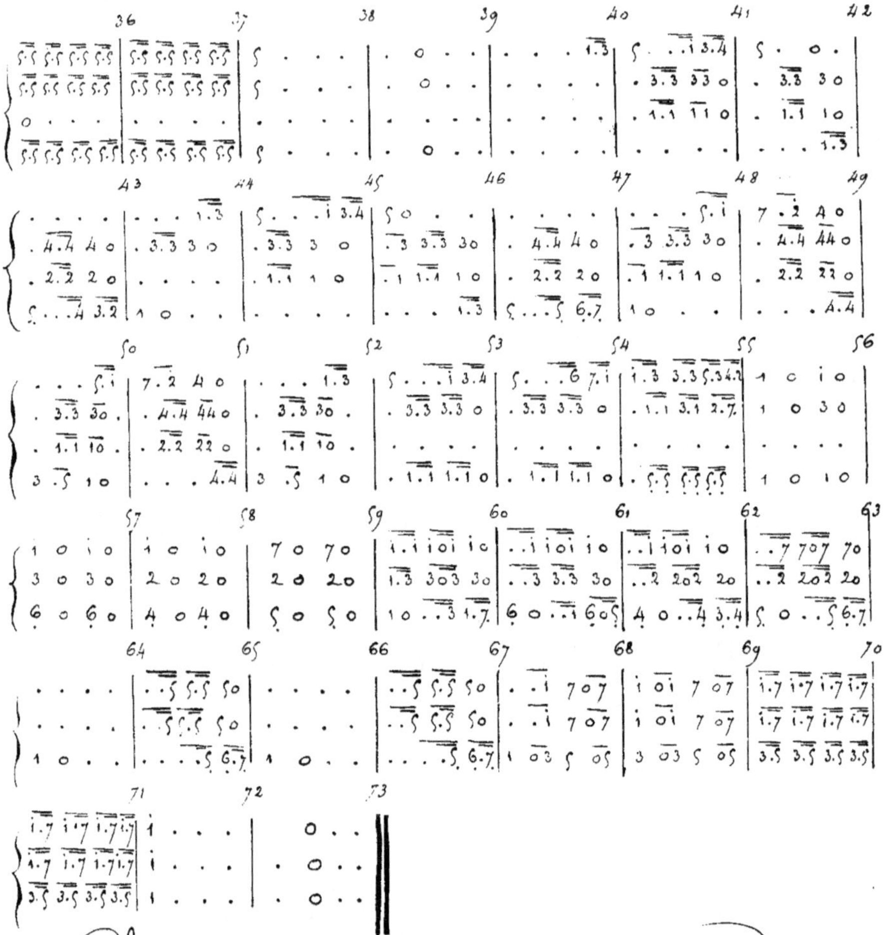

36	37	38	39	40	41	42
5.5 5.5 5.5 5.5	5.5 5.5 5.5 5.5	5 . . .	. 0 . .	. . . 1.3	5 . . 1 3.4	5 . 0 .
5.5 5.5 5.5 5.5	5.5 5.5 5.5 5.5	5 . . .	. 0 . .	. . . .	. 3.3 3 3 0	. 3.3 3 0
0 . . .	. . . .	. . . .	. . . .	. . . .	. 1.1 1 1 0	. 1.1 1 0
5.5 5.5 5.5 5.5	5.5 5.5 5.5 5.5	5 . . .	. 0 . .	. . . .	. . . .	. . . 1.3

43	44	45	46	47	48	49
. . . .	. . . 1.3	5 . . 1 3.4	5 0 . .	. . . .	. . . 5.1	7 . 2 4 0
. 4.4 4 0	. 3.3 3 0	. 3.3 3 0	. 3 3.3 3 0	. 4.4 4 0	. 3 3.3 3 0	. 4.4 4 4 0
. 2.2 2 0	. . . .	. 1.1 1 0	. 1 1.1 1 0	. 2.2 2 0	. 1 1.1 1 0	. 2.2 2 2 0
5 . . 4 3.2	1 0 . .	. . . .	. . . 1.3	5 . . 5 6.7	1 0 . .	. . . 4.4

50	51	52	53	54	55	56
. . . 5.1	7 . 2 4 0	. . . 1.3	5 . . 1 3.4	5 . . 6 7.1	1.3 3.3 5.3 4.2	1 0 1 0
. 3.3 3 0 .	. 4.4 4 4 0	. 3.3 3 0 .	. 3.3 3.3 0	. 3.3 3.3 0	. 1.1 3.1 2.7	1 0 3 0
. 1.1 1 0 .	. 2.2 2 2 0	. 1.1 1 0 .	. . . .	. . . .	. . . .	. . . .
3 . 5 1 0	. . . 4.4	3 . 5 1 0	. 1.1 1.1 0	. 1.1 1.1 0	. 5.5 5.5 5.5	1 0 1 0

57	58	59	60	61	62	63
1 0 1 0	1 0 1 0	7 0 7 0	1.1 1 0 1 1 0	. . 1 1 0 1 1 0	. . 1 1 0 1 1 0	. . 7 7 0 7 7 0
3 0 3 0	2 0 2 0	2 0 2 0	1.3 3 0 3 3 0	. . 3 3.3 3 0	. . 2 2 0 2 2 0	. . 2 2 0 2 2 0
6 0 6 0	4 0 4 0	5 0 5 0	1 0 . . 3 1.7	6 0 . . 1 6 0 5	4 0 . . 4 3.4	5 0 . . 5 6.7

64	65	66	67	68	69	70
. . . .	. . 5 5.5 5 0	. . . .	. . 5 5.5 5 0	. . 1 7 0 7	1 0 1 7 0 7	1.7 1.7 1.7 1.7
. . . .	. . 5 5.5 5 0	. . . .	. . 5 5.5 5 0	. . 1 7 0 7	1 0 1 7 0 7	1.7 1.7 1.7 1.7
1 0 . .	. . . 5 6.7	1 0 . .	. . . 5 6.7	1 0 3 5 0 5	3 0 3 5 0 5	3.5 3.5 3.5 3.5

71	72	73
1.7 1.7 1.7 1.7	1 . . .	. 0 . . ‖
1.7 1.7 1.7 1.7	1 . . .	. 0 . . ‖
3.5 3.5 3.5 3.5	1 . . .	. 0 . . ‖

Chœur par H. G. Naegeli. ton d'ut. 126 unités par minute.

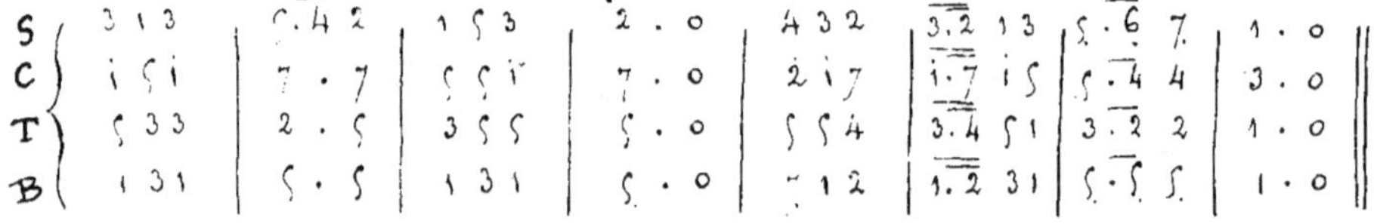

S	3 1 3	5 . 4 2	1 5 3	2 . 0	4 3 2	3.2 1 3	5 . 6 7	1 . 0 ‖
C	1 5 1	7 . 7	5 5 1	7 . 0	2 1 7	1.7 1 5	5 . 4 4	3 . 0 ‖
T	5 3 3	2 . 5	3 5 5	5 . 0	5 5 4	3.4 5 1	3 . 2 2	1 . 0 ‖
B	1 3 1	5 . 5	1 3 1	5 . 0	7 1 2	1.2 3 1	5 . 5 5	1 . 0 ‖

Huitième Partie.

Chœur de Sémiramis (Rossini) Ton de fa. 100 unités par minute.

		1	2	3	4	5	6	7	8	9
1er Sop.	i 53	6.4 20	4 27	1.2 30	i 76	56 .6	70 60	5 0	. .	05 55
2e Sop.	i 53	6.4 20	4 27	1.2 30	i 76	56 .6	70 60	5 0	. .	33 33
Contr.	i 53	6.4 20	4 27	1.2 30	3 24	33 .3	50 40	5 0	. .	11 11
	Bélus! en	ce beau jour,	vois notre i-	vresse,	notre allé-	gresse et	notre a-	mour!		Entends nos
1er Ten.	i 53	6.4 20	4 27	1.2 30	i 76	55 .5	20 10	7 0	.5 55	55 50
2e Ten.	i 53	6.4 20	4 27	1.2 30	6 42	35 .5	50 40	5 0	.3 33	33 [illegible]
Basse	i 53	6.4 20	4 27	1.2 30	6 77	3.4 .4	20 20	5 0	.1 11	11 10
	Bélus! en	ce beau jour,	vois notre i-	vresse,	notre allé-	gresse et	notre a-	mour!	Entends nos	chants joyeux,

		11	12	13	14	15	16	17
1er Sop.	55 50	.5 55	5 0	.5 55	44 44	30 .	.5 55	55 50
2e Sop.	33 30	.3 33	3 0	.3 33	44 44	30 .	.3 33	33 30
Contr.	11 10	.1 11	1 0	.1 11	22 22	10 .	.1 11	11 10
	chants joyeux,	nos chœurs pi-	eux,	reçois notre	encens et nos	vœux!	Entends nos	chants joyeux
1er Ten.	.5 55	5 0	.5 55	55 50	.7 77	i5 55	55 50	.5 55
2e Ten.	.3 33	3 0	.3 33	33 30	.7 77	i3 33	33 30	.3 33
Basse	.1 11	1 0	.1 11	11 10	.5 55	11 11	11 10	.1 11
	nos chœurs pi-	eux,	entends nos	chants joyeux,	reçois re-	çois notre encens	et nos vœux!	reçois nos

	18	19	20	21	22	23	24	25
1er Sop.	.5 55	5 0	.5 55	44 44	3 0	. .	.5 55	55 0
2e Sop.	.3 33	3 0	.3 33	44 44	3 0	. .	.2 22	33 0
Contr.	.1 11	1 0	.1 11	22 22	1 0	. .	.7 77	11 0
	nos chœurs pi-	eux,	reçois notre	encens en nos	vœux!		Vois l'allé-	gresse
1er Ten.	5 0	.5 55	55 50	.7 77	i 0	.7 77	77 0	.i ii
2e Ten.	3 0	.3 33	33 30	.7 77	i 0	.2 22	22 0	.3 33
Basse	1 0	.1 11	11 10	.5 55	1 0	.5 55	55 0	.5 55
	vœux!	Entends nos	chants joyeux,	reçois nos	vœux!	vois l'allé-	gresse	d'un peuple heu-

Huitième Partie

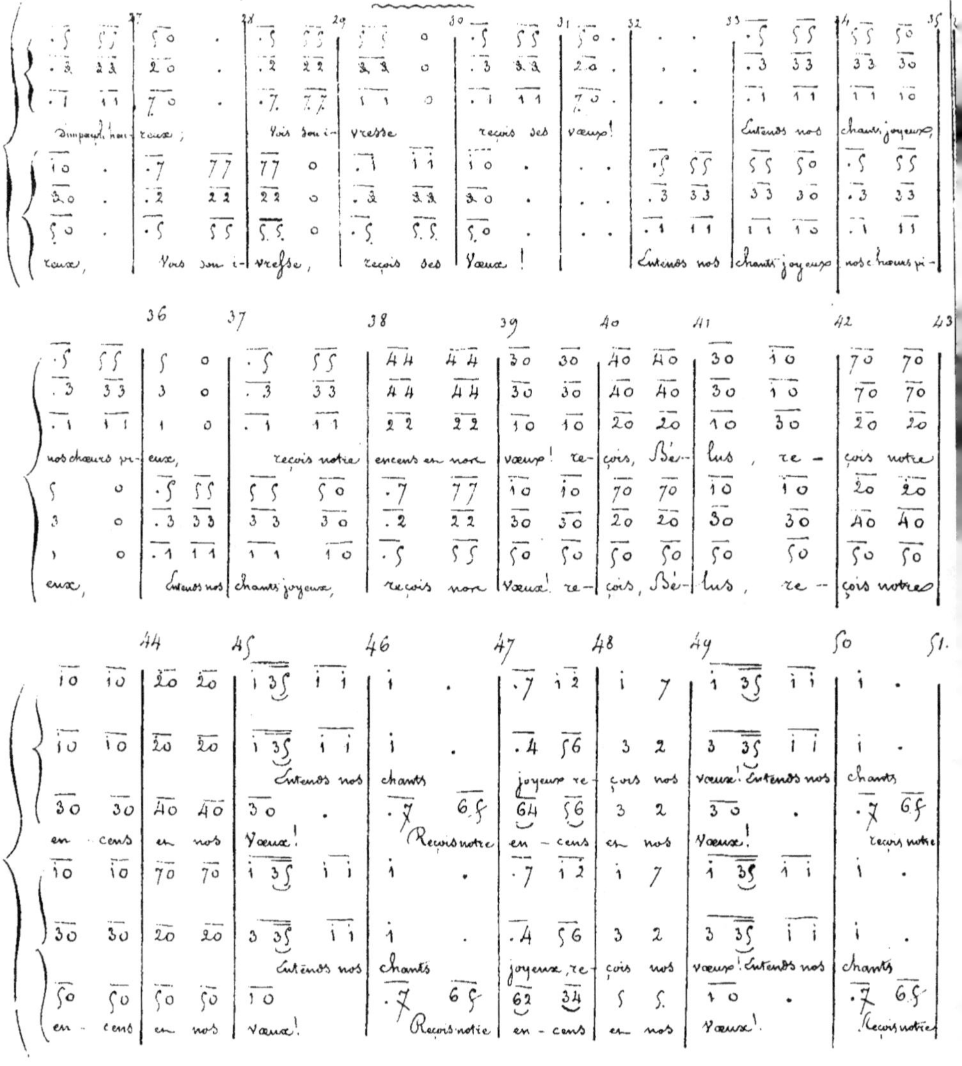

d'impayh heu- reux ; Vois son i- vresse reçois ses vœux! Entends nos chants joyeux,

reux, Vois son i- vresse, reçois ses Vœux ! Entends nos chants joyeux nos chœurs pi-

nos chœurs pi- eux, reçois notre encens en nos vœux! re- çois, Bé- lus, re- çois notre

eux, Entends nos chants joyeux, reçois nos Vœux! re- çois, Bé- lus, re- çois notre

Entends nos chants joyeux re- çois nos vœux! Entends nos chants

en - cens en nos Vœux! Reçois notre en - cens en nos Vœux! Reçois notre

Entends nos chants joyeux, re- çois nos vœux! Entends nos chants

en - cens en nos Vœux! Reçois notre en - cens en nos Vœux! Reçois notre

Huitième Partie

	52	53	54	55	56	57	58	59	60	61
·7 12	i 7	i 0	7 0	i 0	7 0	i 0	4 4.4	4 10	4 16	4 40
·4 56	i 7	i 0	7 0	i 0	7 0	i 0	4 4.4	4 10	4 16	440
joyeux, re-	çois nos	vœux!	re -	çois	nos	vœux!				
64 56	3 2	3 0	2 0	3 0	20	3 0	1 1.1	1 10	1 11	110
en - cens	en nos	vœux!	re -	çois	nos	vœux!	à Baby-	lone,	devant son	trône,
·7 12	i 7	i 0	7 0	i 0	7 0	i 0	6 6.6	6 60	6 66	6 60
·4 56	3 2	3 0	2 0	3 0	20	3 0	6 6.6	6 60	6 66	660
joyeux, re-	çois nos	vœux!	re -	çois	nos	vœux!				
62 34	5 5	1 0	5 0	1 0	5 0	1 0	4 4.4	4 40	4 44	440
en - cens	en nos	vœux!	re - -	çois	nos	vœux	à Baby-	lone,	devant son	trône,

	63	64	65	66	67	68	69	70	71	72	73
5 5·5	6.6 66	70 50	4 0	· ·5	7 6	555 0	· ·5	7 6	50 ·	4 4.4	4 10
5 5·5	6.6 66	70 50	4 0	· ·5	7 6	555 0	· ·5	7 6	50 ·	4 4.4	4 10
3 3·3	4.4 44	50 30	4 0	· ·5	5 4	333 0	· ·5	5 4	30 ·	1 1.1	1 10
Venez, peu-	ples divers de	l'u - ni	vers!	Ve-	nez, peu-	ples divers,	peu-	ples di-	vers,	Venez, ve-	nez,
7 7·7	6.1 11	20 70	6 0	· ·5	1 1	111 0	· ·5	1 1	10 ·	6 6.6	6 ·0
7 7·7	6.1 11	20 70	6 0	· ·5	1 1	111 0	· ·5	1 1	10 ·	6 6.6	6 ·0
1 1·1	4.4 44	70 10	4 0	· ·5	3 4	111 0	· ·5	3 4	·	4 4.4	4 ·0
Venez, peu-	ples divers de	l'u-ni	vers!	Ve-	nez, peu	ples divers,	peu-	ples di	,	venez, ve-	nez,

	75	76	77	78	79	80	81	82	83	84
4 16	4 06	17 5·5	76 4.6	5 i	4 0	i 53	6.4 20	4 2.7	1.2 30	i 76
4 16	4 06	175 ·5	76 4.6	5 i	4 0	i 53	6.4 20	4 2.7	1.2 30	i 76
1 11	4 04	3 ··3	41 ·4	4 3	4 0	i 53	6.4 20	4 2.7	1.2 30	3 24
peuples di-	vers, ve-	nez, ve-	nez, peu-	ples di-	vers!	Bélus, du	haut des airs,	écoute	nos concerts,	chantons
6 66	6 06	57 ·7	61 ·1	2 5	6 0	i 53	6.4 20	4 2.7	1.2 30	i 76
6 66	6 06	57 ·7	61 ·1	2 5	6 0	i 53	6.4 20	4 2.7	1.2 30	3 24
4 44	4 04	1 ··1	4 ··4	7 1	4 0	1 53	6.4 20	4 2.7	1.2 30	6 77
peuples di-	vers, ve-	nez, ve-	nez, peu	ples di-	vers!	Bélus, du	haut des airs,	é-coute	nos concerts,	chantons

Huitième Partie

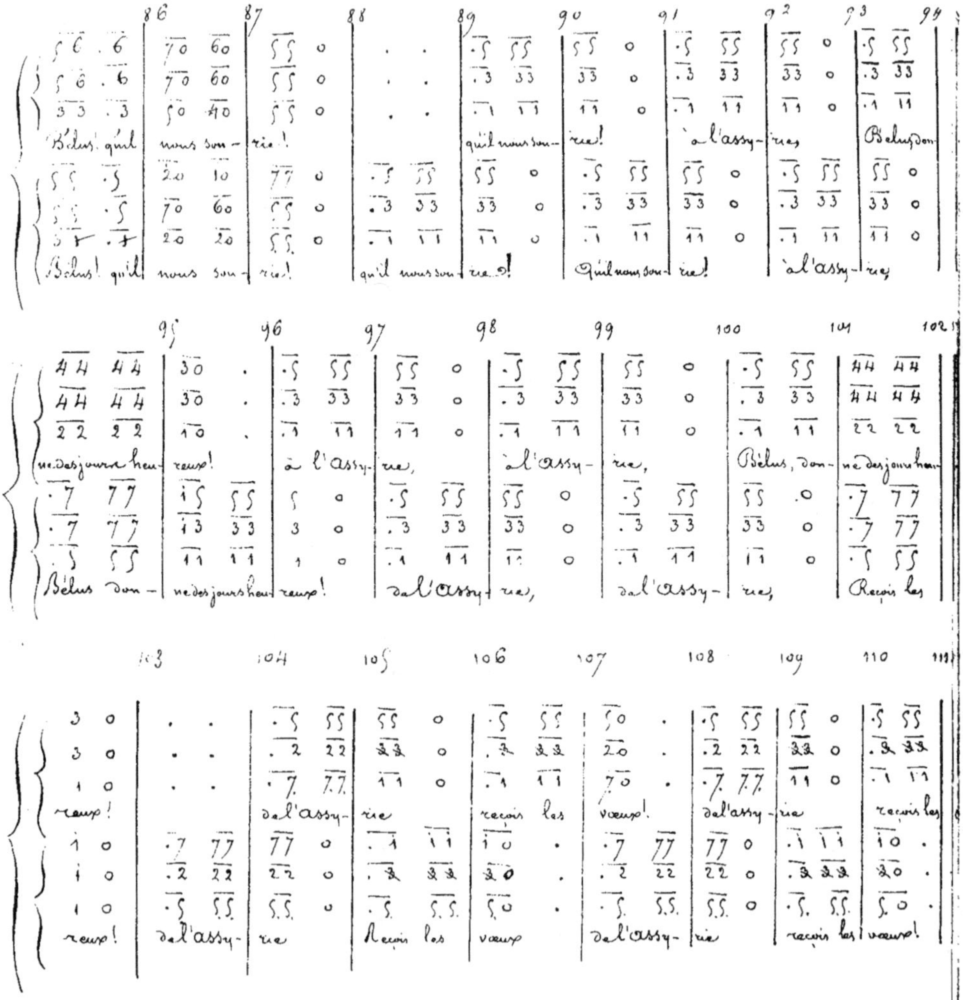

86 87 88 89 90 91 92 93 94

Bélus! qu'il nous sou-rie! qu'il nous sou-rie! à l'assy-rie Bélus don-

Bélus! qu'il nous sou-rie! qu'il nous sou-rie! Qu'il nous sou-rie! à l'assy-rie

95 96 97 98 99 100 101 102

ne des jours heu-reux! à l'assy-rie, à l'assy-rie, Bélus, don-ne des jours heu-

Bélus don-ne des jours heu-reux! d'al'assy-rie, d'al'assy-rie, Reçois les

103 104 105 106 107 108 109 110 111

reux! d'al'assy-rie reçois les vœux! d'al'assy-rie reçois les

reux! d'al'assy-rie Reçois les vœux d'al'assy-rie reçois les vœux!

Huitième Partie

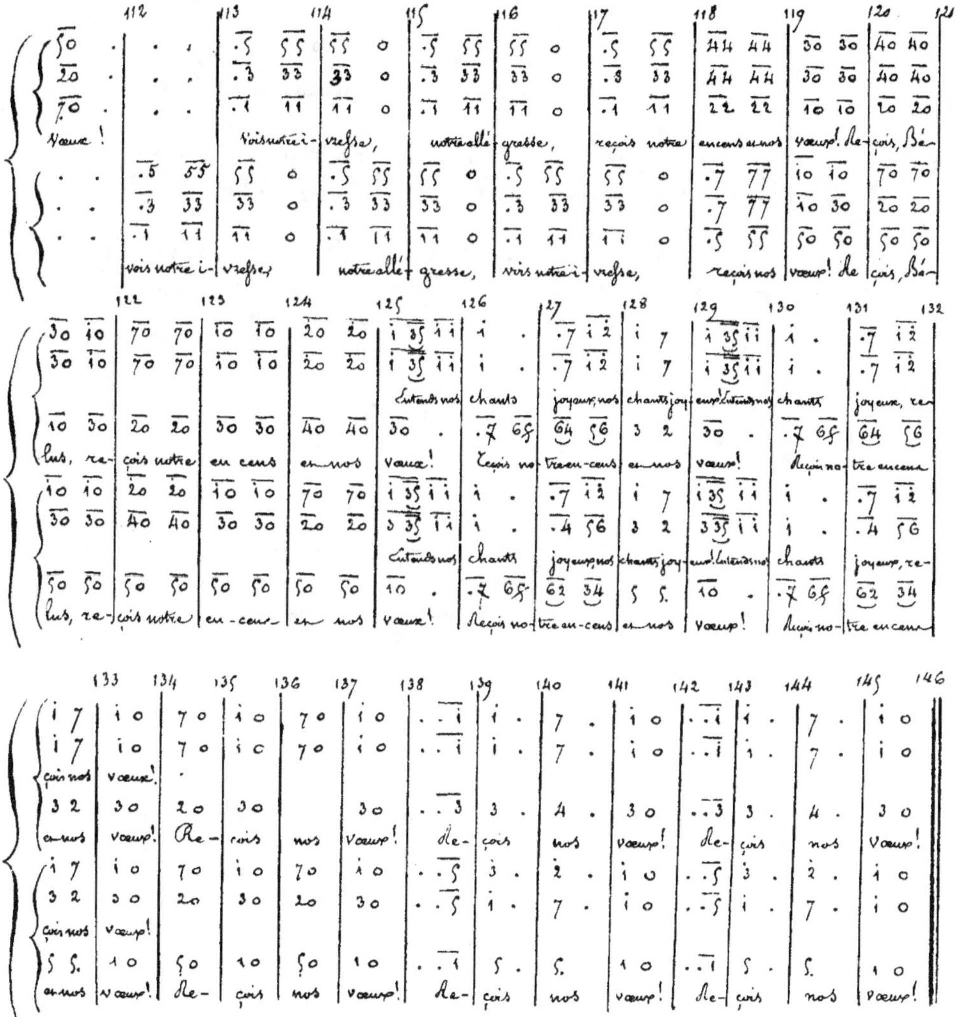

Vœux ! Vois notre i-vresse, notre allé-gresse, reçois notre encens et nos vœux ! Re-çois, Bé-

vois notre i-vresse, notre allé-gresse, vois notre i-vresse, reçois nos vœux ! Re-çois, Bé-

Entends nos chants joyeux, nos chants joyeux ! Entends nos chants joyeux, re-

lus, re-çois notre encens en nos vœux ! Reçois notre encens en nos vœux ! Reçois notre encens

Entends nos chants joyeux, nos chants joyeux ! Entends nos chants joyeux, re-

lus, re-çois notre en-cens en nos vœux ! Reçois notre en-cens en nos vœux ! Reçois notre encens

çois nos vœux !

en nos vœux ! Re-çois nos vœux ! Re-çois nos vœux ! Re-çois nos vœux !

çois nos vœux !

en nos vœux ! Re-çois nos vœux ! Re-çois nos vœux ! Re-çois nos vœux !

Huitième Partie

Chœur de Norma (Bellini). Ton de Sol. 112 unités par minute.

S T B

	1	2	3	4	5	6
5. 1 .2 3 5	5 4.3 2 0	2 4.2 3 4	4 3.2 1 0	5 1.2 3 5	5 4.3 2 0 6	
Puissant Dieu de la	guer -- re,	entre la Gaule es	pè - - re;	fais tourner ta co-	lè --re, et-	

	7	8	9	10	11	12
. 2 .3 5.4 2.3	1 3.2 1 0	5 5.5 5 .6	5 .4 4 0	3 2.3 5 .4	3 0 5 . 0	
Des combats donne en	fin le signal!	que notre cri de	guer- re	aux Romains soit fa	tal! ah!	

	13	14	15	16	17	18	19	20
5. 1.2 3 5	5 4.3 2 0	2 4.2 3 4	4 3.2 1 0	5 1.2 3 5	5 4.3	2 0 6	.2 .3 5.4 2.3	1 3.2 1 0
Puissant Dieu de la	guer- re,	entre la Gaule es	pè - re;	fais tourner ta co-	lè-	re, et	que ce jour aux Romains	soit fatal!

		21	22	23	24	25	26	27
S T	5 5.5 5 6	5 .4 4 0	3 2.3 5 .4	3 .4 4 0 .	5 1.2 3 5	5 4.3 2 0 .6	6 2.3 5.4 2.3	
	que cette Rome al-	tiè - - re	tremble pour sa fron-	tiè - re!	que son aigle si	fière -- re sus-	pende son vol triom-	
B	5. 7.2 5 6	5 .4 4 0	3 2.3 5 .4	3 .4 4 0 .	5.1.2 3 5	5 4.3 2 0 . 6	6 2.3 5 4 2.3	
	que cette Rome al-	tiè -- re	tremble pour sa fron-	tiè -- re!	que son aigle si	fiè--re sus	pende son vol triom-	

		28	29	30	31	32	33	34
S	1 0 . .	5 5.2 6 5	5 1 3 0	5 4.3 2 4	4 3.2 1 0	5 5.5 6 5	5 1 3 0 . .3	
	phal!	que cette Rome al-	tiè - re	tremble pour sa fron-	tiè - re!	à son aigle si	fiè-re que	
T	1 0 . .	2 2.2 2 2	3. 3 0	5 4.3 2 4	4 3. 2 1 0	2 2.2 2 2	3. 3 0 .3	
	phal!	que cette Rome al-	tiè - re	tremble pour sa fron-	tiè --re!	à son aigle si	fiè--re que	
Or	1 0 . .	. . . .	5. 1.3 5 5	7 2.1 7 2	2.1.5 3 0	. . . .	5. 1.3 5 5	
	phal!		Rome si fière,	tremble pour ta fron-	tiè -- re!		à l'aigle altière	
B	1 0 . .	7. 7.7 7. 7.	1. 1 0	7 2.1 7 2	2 1.5 3 0	7. 7.7 7.7	1. 1 0 .1	
	phal!	Que cette Rome al-	tiè - re	tremble pour sa fron-	tiè --re!	à son aigle si	fiè--re que	

35	36	37	38	39	40
5 4.3 2 3	1 0 6 5.6	7 0 5 4.5	6 0 4 3.4	5 0 7.	7 6 5 4 3 2 3 4 5 6
ce jour soit fa-	tal, soit fa-	soit fa-	tal, soit fa-	tal! a-	baissons l'aigle al-
5 4.3 2 3	1 0 6 5.6	7 0 5 4.5	6 0 4 3.4	5 0 7.	7 6 5 4 3 2 3 4 5 6
ce jour soit fa-	tal, soit fa-	tal, soit fa-	tal, soit fa-	tal! a-	bais-sons l'aigle al-
[illegible] 2.1 [illegible]	6 1.3 6 0	3 2.3 5 0	2 4.2 4 0	3. 3.	4. 4 4
que ce jour soit fa-	tal, soit fatal,	soit fa-tal,	soit fa-tal!	que	ce jour, que
[illegible] 5.	6 1.3 6	3 2.3 5 0	2 4.2 4 0	3 . . .	4. 4 4
ce jour soit fa-	tal, soit fatal,	soit fa - tal,	soit fa-tal!	que	ce jour, que

Huitième Partie

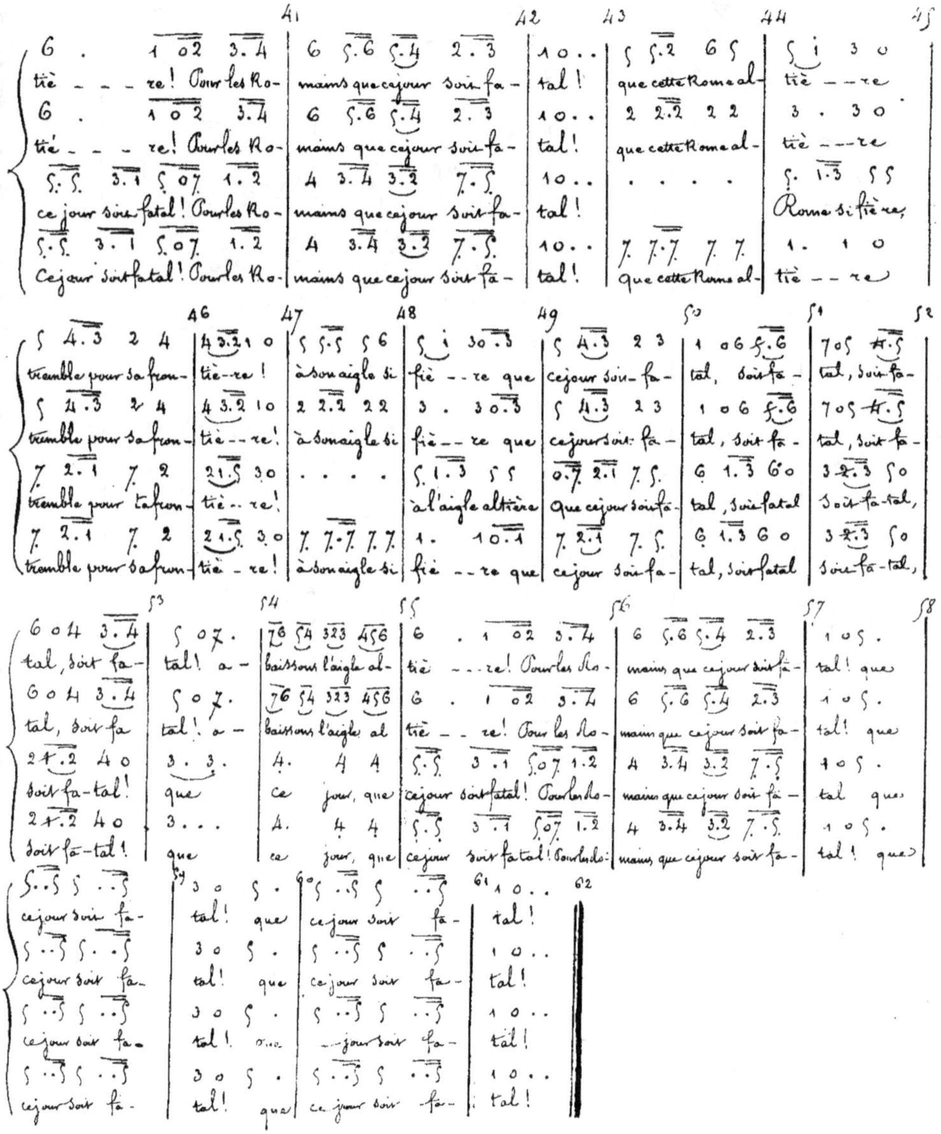

41 | 42 | 43 | 44 | 45

6 . 1 02 3.4 | 6 5.6 5.4 2.3 | 1 0 . . | 5 5.2 6 5 | 5 i 3 0 |
tiè - - - re! Pour les Ro- | mains que ce jour soit fa- | tal! | que cette Rome al- | tiè - - re |
6 . 1 0 2 3.4 | 6 5.6 5.4 2.3 | 1 0 . . | 2 2.2 2 2 | 3 . 3 0 |
tiè - - - re! Pour les Ro- | mains que ce jour soit fa- | tal! | que cette Rome al- | tiè - - re |
5.5 3.1 5 07 1.2 | 4 3.4 3.2 7.5 | 1 0 . . | . . . . | 5. 1.3 5 5 |
ce jour soit fatal! Pour les Ro- | mains que ce jour soit fa- | tal! | | Rome si fière, |
5.5 3.1 5.07 1.2 | 4 3.4 3.2 7.5 | 1 0 . . | 7 7.7 7 7 | 1 . 1 0 |
Ce jour soit fatal! Pour les Ro- | mains que ce jour soit fa- | tal! | Que cette Rome al- | tiè - - re |

46 | 47 | 48 | 49 | 50 | 51 | 52

5 4.3 2 4 | 4 3.2 1 0 | 5 5.5 5 6 | 5 i 3 0.3 | 5 4.3 2 3 | 1 0 6 5.6 | 7 0 5 4.5 |
tremble pour sa fron- | tiè-re! | à son aigle si | fiè - - re que | ce jour soit fa- | tal, soit fa- | tal, soit fa- |
5 4.3 2 4 | 4 3.2 1 0 | 2 2.2 2 2 | 3 . 3 0.3 | 5 4.3 2 3 | 1 0 6 5.6 | 7 0 5 4.5 |
tremble pour sa fron- | tiè - - re! | à son aigle si | fiè - - re que | ce jour soit fa- | tal, soit fa- | tal, soit fa- |
7 2.1 7 2 | 2 1.5 3 0 | . . . . | 5 1.3 5 5 | 0.7 2.1 7.5 | 6 1.3 6 0 | 3 2.3 5 0 |
tremble pour ta fron- | tiè - - re! | | à l'aigle altière | Que ce jour soit fa- | tal, soit fatal | Soit fa-tal, |
7 2.1 7 2 | 2 1.5 3 0 | 7 7.7 7 7 | 1 . 1 0.1 | 7 2.1 7.5 | 6 1.3 6 0 | 3 2.3 5 0 |
tremble pour sa fron- | tiè - re! | à son aigle si | fiè - - re que | ce jour soit fa- | tal, soit fatal | soit fa-tal, |

53 | 54 | 55 | 56 | 57 | 58

6 0 4 3.4 | 5 0 7 . | 76 54 323 456 | 6 . 1 02 3.4 | 6 5.6 5.4 2.3 | 1 0 5 . |
tal, soit fa- | tal! a- | baissons l'aigle al- | tiè - - - re! Pour les Ro- | mains que ce jour soit fa- | tal! que |
6 0 4 3.4 | 5 0 7 . | 76 54 323 456 | 6 . 1 02 3.4 | 6 5.6 5.4 2.3 | 1 0 5 . |
tal, soit fa | tal! a- | baissons l'aigle al | tiè - - re! Pour les Ro- | mains que ce jour soit fa- | tal! que |
2 1.2 4 0 | 3 . 3 . | 4. 4 4 | 5.5 3.1 5.07 1.2 | 4 3.4 3.2 7.5 | 1 0 5 . |
soit fa-tal! | que | ce jour, que | ce jour soit fatal! Pour les Ro- | mains que ce jour soit fa- | tal que |
2 1.2 4 0 | 3 . . . | 4. 4 4 | 5.5 3.1 5.07 1.2 | 4 3.4 3.2 7.5 | 1 0 5 . |
soit fa-tal! | que | ce jour, que | ce jour soit fatal! Pour les Ro- | mains que ce jour soit fa- | tal! que |

59 | 60 | 61 | 62

5 . .5 5 . .5 | 3 0 5 . | 5 . .5 5 . .5 | 1 0 . . ||
ce jour soit fa- | tal! que | ce jour soit fa- | tal! ||
5 . .5 5 . .5 | 3 0 5 . | 5 . .5 5 . .5 | 1 0 . . ||
ce jour soit fa- | tal! que | ce jour soit fa- | tal! ||
5 . .5 5 . .5 | 3 0 5 . | 5 . .5 5 . .5 | 1 0 . . ||
ce jour soit fa- | tal! que | — jour soit fa- | tal! ||
5 . .5 5 . .5 | 3 0 5 . | 5 . .5 5 . .5 | 1 0 . . ||
ce jour soit fa- | tal! que | ce jour soit fa- | tal! ||

Huitième Partie

Motet par Bernard Klein. Ton d'ut 80 unités par minute.

	1	2	3	4	5	6
S	0 . . .	. 1 2 3	4 . . 3	2 2 5 4	3 . 0 .	. 2 5 4
C	0 . . .	. 1 1 1	1 . . 1	7 7 1 7	1 12 3 1	2 5 0 7
T	0 5 6 7	1 . . 1	6 . . 5	5 5 5 5	5 . 0 .	. . . 5
B	0 5 6 7	1 . . 1	6 . . 5	4 4 3 2	1 . 0 .	. . . .

	7	8	9	10	11	12
S	3 2 4 3	2 1 2 3	4 . 0 2	5 . 0 1	4 4 3 2	2 0 . .
C	1 2 1 1	7 1 7 1	1 . 0 7	1 . 0 1	1 7 1 1	7 2 2 2
T	1 7 6 5	5 5 5 5	6 . 0 5	5 . 0 5	5 5 5 5	5 7 7 7
B	. . . 1	4 3 2 1	4 4 0 4	3 . 0 3	2 2 1 1	5 0 . .

	13	14	15	16	17	18
S	. 2 54 32	3 . 0 .	. 3 54 32	13 21 7 .	1 . 24 32	1 . .3 21
C	2 . . 7	3 3 3 3	3 . . .	. 1 7 .	1 . 72 17	6 . .1 76
T	7 . . 7	1 1 1 1	1 . . .	. 5 5 5	5 . 0 5	1 1 1 1
B	. . . .	. 5 1 53	1 . 0 .	. 3 54 32	13 21 5 .	67 16 3 .

	19	20	21	22	23	24
S	7 1 4 3	2 7 1 2	3 3 3 3	32 1 0 .	. 4 4 4	43 2 0 .
C	5 1 7 1	7 5 67	1 1 1 1	17 6 0 .	. 2 2 2	21 7 0 .
T	5 5 5 5	5 . . .	. 0 . .	. 1 1 1	17 6 0 .	. 2 2 2
B	4 3 2 1	5 4 3 2	1 0 . .	. 6 6 6	65 4 0 .	. 7 7 7

	25	26	27	28	29	30
S	. 5 5 5	54 3 32 1	43 2 21 7	1 2 0 2	3 54 3 2	1 . 5 2
C	. 2 2 2	32 1 17 6	21 7 76 7	1 7 0 7	1 32 1 7	1 . 5 5
T	21 7 7 7	1 5 6 6	6 76 5 5	3 5 0 .	. . . 5	1 76 5 67
B	76 5 5 5	1 1 4 4	2 2 5 5	3 5 0 .	. . . 5	3 54 3 5

	31	32	33	34	35	36
S	3 54 3 2	3 . . .	. . . 3	2 . 2 .	3 . 2 .2	3 . . .
C	1 32 1 7	1 . . .	. . . 1	1 . 7 .	1 . 7 .7	1 . . .
T	1 1 0 5	1 76 5 5	1 76 5 5	6 . 5 .	5 . 5 .5	5 . . .
B	3 1 0 5	1 76 5 5	6 54 3 3	4 . 5 .	1 . 5 .5	1 . . .

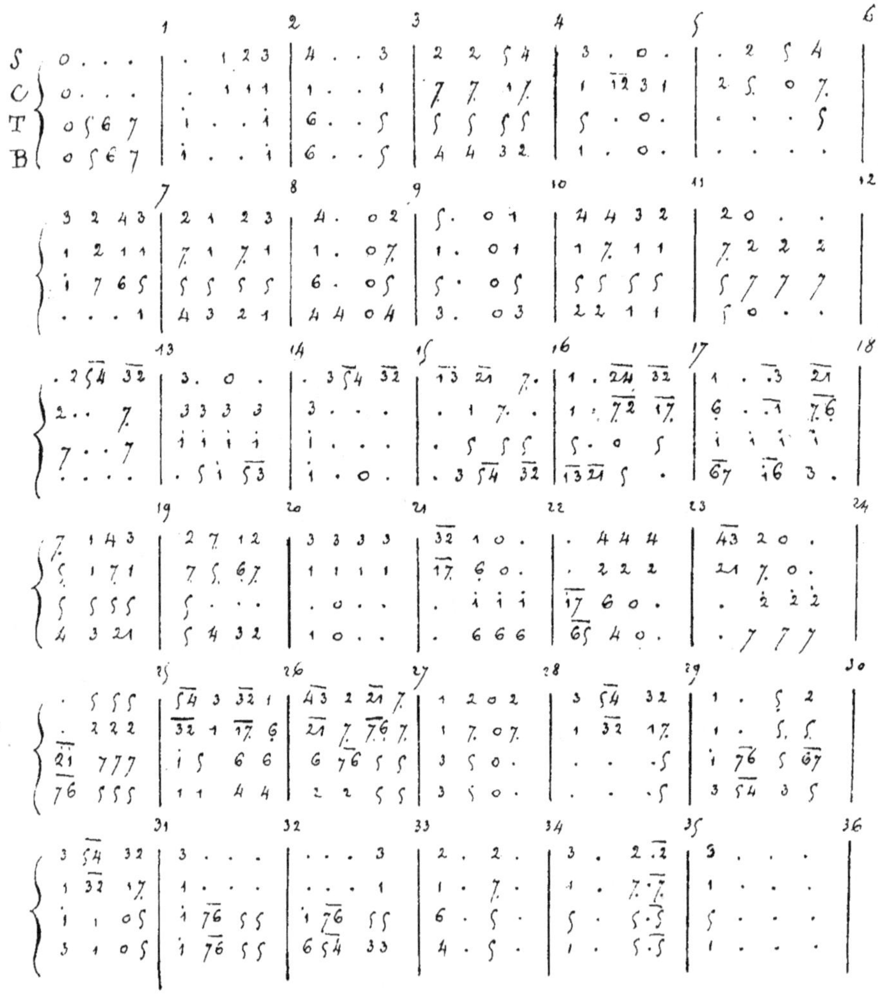

Huitième Partie

Quatuor de Bianca e Faliero (Rossini) (Cielo! il mio labbro inspira) Tempo 120 unités par minute.

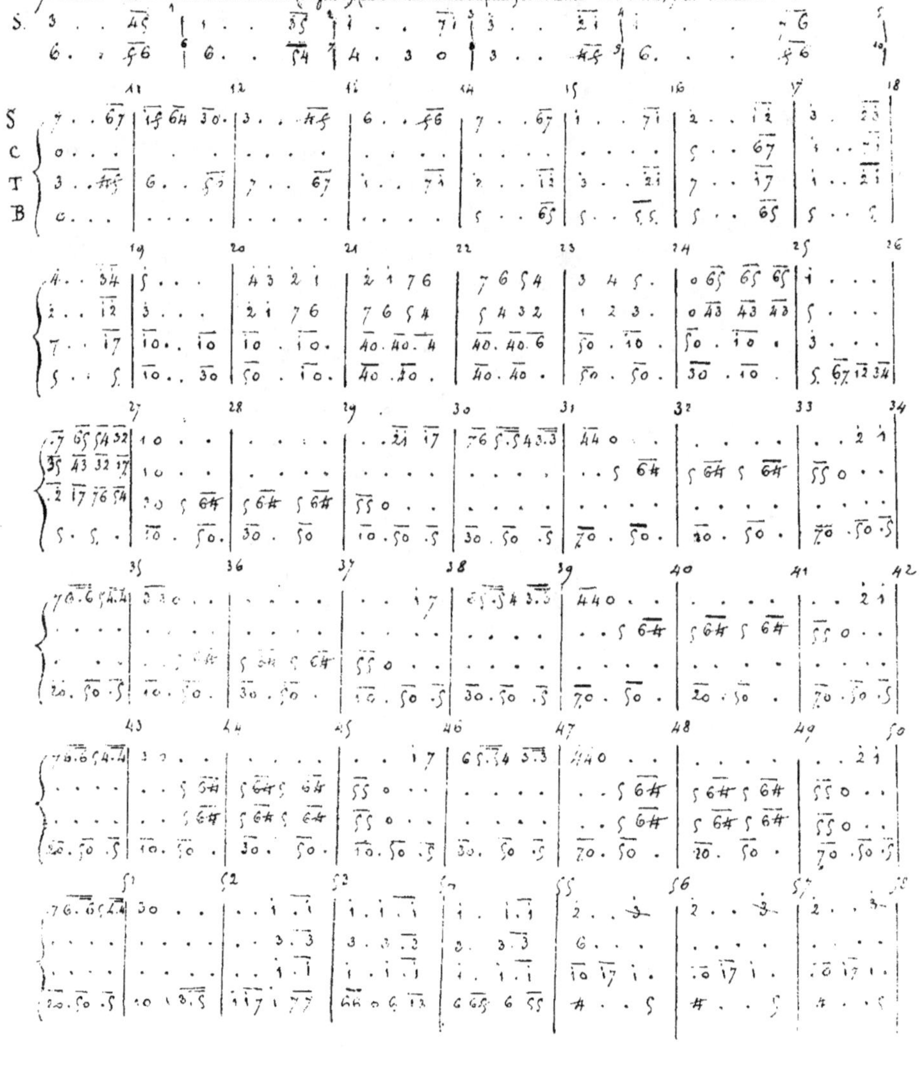

	1	2	3	4	5
S.	3 . . 45	1 . . 35	1 . . 71	3 . . 21	1 . . . 76

	6	7	8	9	10
S.	6 . . 56	6 . . 54	4 . 3 0	3 . . 45	6 . . . 56

	11	12	13	14	15	16	17	18
S	7 . . 67	15 64 30 .	3 . . 45	6 . . 56	7 . . 67	1 . . 71	2 . . 12	3 . . 23
C	0 . . .	. . . .	. . . .	. . . .	. . . .	. . . .	5 . . 67	1 . . 71
T	3 . . 45	6 . . 57	7 . . 67	1 . . 71	2 . . 12	3 . . 21	7 . . 17	1 . . 21
B	0 . . .	. . . .	. . . .	. . . .	5 . . 65	5 . . 55	5 . . 65	5 . . 5

	19	20	21	22	23	24	25	26
S	4 . . 34	5 . . .	4 3 2 1	2 1 7 6	7 6 5 4	3 4 5 .	0 65 65 65	1 . . .
C	2 . . 12	3 . . .	2 1 7 6	7 6 5 4	5 4 3 2	1 2 3 .	0 43 43 43	5 . . .
T	7 . . 17	10 . . 10	10 . 10 .	40 . 40 . 4	40 . 40 . 6	50 . 10 .	50 . 10 .	3 . . .
B	5 . . 5	10 . . 30	50 . 10 .	40 . 40 .	40 . 40 .	50 . 50 .	30 . 10 .	5 67 12 34

	27	28	29	30	31	32	33	34
S	7 65 54 32	1 0 . .	. . . .	. . 21 17	76 5.5 43.3	44 0 . .	. . . .	. . 2 1
C	35 43 32 17	1 0 . .	. . . .	. . . .	. . . .	. . 5 64	5 64 5 64	55 0 . .
T	2 17 76 54	30 5 64	5 64 5 64	55 0 . .	. . . .	. . . .	. . . .	. . . .
B	5 . 5 .	10 . 50 .	30 . 50	10 . 50 . 5	30 . 50 . 5	70 . 50 .	20 . 50 .	70 . 50 . 5

	35	36	37	38	39	40	41	42
S	70.6 5.4.4	3 3 0 . .	. . . .	. . . 17	65 .54 3.3	44 0 . .	. . . .	. . 2 1
C	. . . .	. . . .	. . . .	. . . .	. . . .	. . 5 64	5 64 5 64	55 0 . .
T	. . . .	. . 5 64	5 64 5 64	55 0 . .	. . . .	. . . .	. . . .	. . . .
B	20 . 50 . 5	10 . 50 .	30 . 50 .	10 . 50 . 5	30 . 50 . 5	70 . 50 .	20 . 50 .	70 . 50 . 5

	43	44	45	46	47	48	49	50
S	76.6 5.4.4	3 0 . .	. . . .	. . 1 7	65 .54 3.3	44 0 . .	. . . .	. . 2 1
C	. . . .	. . 5 64	5 64 5 64	55 0 . .	. . . .	. . 5 64	5 64 5 64	55 0 . .
T	. . . .	. . 5 64	5 64 5 64	55 0 . .	. . . .	. . 5 64	5 64 5 64	55 0 . .
B	20 . 50 . 5	10 . 50 .	30 . 50 .	10 . 50 . 5	30 . 50 . 5	70 . 50 .	20 . 50 .	70 . 50 . 5

	51	52	53	54	55	56	57	58
S	76.6 5.4.4	30 . .	. . 1 . 1	1 . 1 . 1	1 . 1 . 1	2 . . 3	2 . . 3	2 . . 3
C	. . . .	. . . .	. . 3 . 3	3 . 3 . 3	2 . 3 . 3	6 . . .	. . . .	. . . .
T	. . . .	. . . .	. . 1 . 1	1 . 1 . 1	1 . 1 . 1	10 17 1 .	10 17 1 .	10 17 1 .
B	20 . 50 . 5	10 1 3.5	11 7 1 77	66 0 6 13	6 65 6 55	4 . . 5	4 . . 5	4 . . 5

Huitième Partie

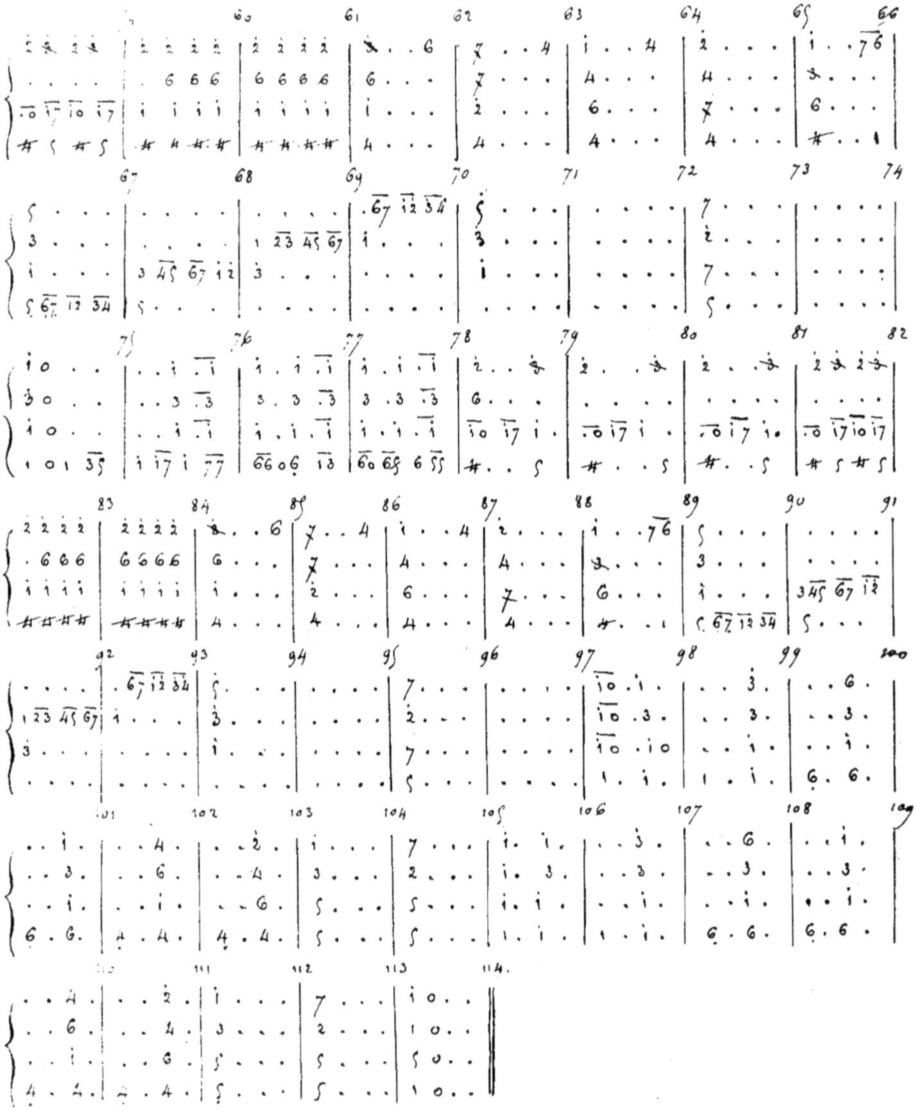

60 61 62 63 64 65 66

2 2 2 2 | 2 2 2 2 | 2 2 2 2 | 3 . . 6 | 7 . . 4 | 1 . . 4 | 2 . . . | 1 . . 76 |
. . . . | . 6 6 6 | 6 6 6 6 | 6 . . . | 7 . . . | 4 . . . | 4 . . . | 3 . . . |
10 17 10 17 | 1 1 1 1 | 1 1 1 1 | 1 . . . | 2 . . . | 6 . . . | 7 . . . | 6 . . . |
5 # 5 | # # # # | # # # # | 4 . . . | 4 . . . | 4 . . . | 4 . . . | # . . 1 |

67 68 69 70 71 72 73 74

5 . . . | . . . . | . . . . | . 67 12 34 | 5 . . . | . . . . | 7 . . . | . . . . |
3 . . . | . . . . | 1 23 45 67 | 1 . . . | 3 . . . | . . . . | 2 . . . | . . . . |
1 . . . | 3 45 67 12 | 3 . . . | . . . . | 1 . . . | . . . . | 7 . . . | . . . . |
5 67 12 34 | 5 . . . | . . . . | . . . . | . . . . | . . . . | 5 . . . | . . . . |

75 76 77 78 79 80 81 82

1 0 . . | . . 1 1 | 1 . 1 . 1 | 1 . 1 . 1 | 2 . . 3 | 2 . . 3 | 2 . . 3 | 2 3 2 3 |
3 0 . . | . . 3 3 | 3 . 3 . 3 | 3 . 3 . 3 | 6 . . . | . . . . | . . . . | . . . . |
1 0 . . | . . 1 1 | 1 . 1 . 1 | 1 . 1 . 1 | 10 17 1 . | 10 17 1 . | 10 17 1 . | 10 17 10 17 |
1 0 1 35 | 1 17 1 77 | 66 06 13 | 60 65 6 55 | # . . 5 | # . . 5 | # . . 5 | # 5 # 5 |

83 84 85 86 87 88 89 90 91

2 2 2 2 | 2 2 2 2 | 3 . . 6 | 7 . . 4 | 1 . . 4 | 2 . . . | 1 . . 76 | 5 . . . | . . . . |
. 6 6 6 | 6 6 6 6 | 6 . . . | 7 . . . | 4 . . . | 4 . . . | 3 . . . | 3 . . . | . . . . |
1 1 1 1 | 1 1 1 1 | 1 . . . | 2 . . . | 6 . . . | 7 . . . | 6 . . . | 1 . . . | 3 45 67 12 |
| # # # # | 4 . . . | 4 . . . | 4 . . . | 4 . . . | # . . 1 | 5 67 12 34 | 5 . . . |

92 93 94 95 96 97 98 99 100

. . . . | . 67 12 34 | 5 . . . | . . . . | 7 . . . | . . . . | 10 . 1 . | . . 3 . | . . 6 . |
1 23 45 67 | 1 . . . | 3 . . . | . . . . | 2 . . . | . . . . | 10 . 3 . | . . 3 . | . . 3 . |
3 . . . | . . . . | 1 . . . | . . . . | 7 . . . | . . . . | 10 . 10 | . . 1 . | . . 1 . |
. . . . | . . . . | . . . . | . . . . | 5 . . . | . . . . | 1 . 1 . | 1 . 1 . | 6 . 6 . |

101 102 103 104 105 106 107 108 109

. . 1 . | . . 4 . | . . 2 . | 1 . . . | 7 . . . | 1 . 1 . | . . 3 . | . . 6 . | . . 1 . |
. . 3 . | . . 6 . | . . 4 . | 3 . . . | 2 . . . | 1 . 3 . | . . 3 . | . . 3 . | . . 3 . |
. . 1 . | . . 1 . | . . 6 . | 5 . . . | 5 . . . | 1 . 1 . | . . 1 . | . . 1 . | . . 1 . |
6 . 6 . | 4 . 4 . | 4 . 4 . | 5 . . . | 5 . . . | 1 . 1 . | 1 . 1 . | 6 . 6 . | 6 . 6 . |

110 111 112 113 114.

. . 4 . | . . 2 . | 1 . . . | 7 . . . | 1 0 . . ||
. . 6 . | . . 4 . | 3 . . . | 2 . . . | 1 0 . . ||
. . 1 . | . . 6 . | 5 . . . | 5 . . . | 5 0 . . ||
4 . 4 . | 4 . 4 . | 5 . . . | 5 . . . | 1 0 . . ||

huitième Partie

Quatuor de l'opéra Il Matrimonio segreto (Cimarosa). Ton demi b. 116 unités par minute p.

Fragment du morceau intitulé : Sento in petto un freddo gelo.

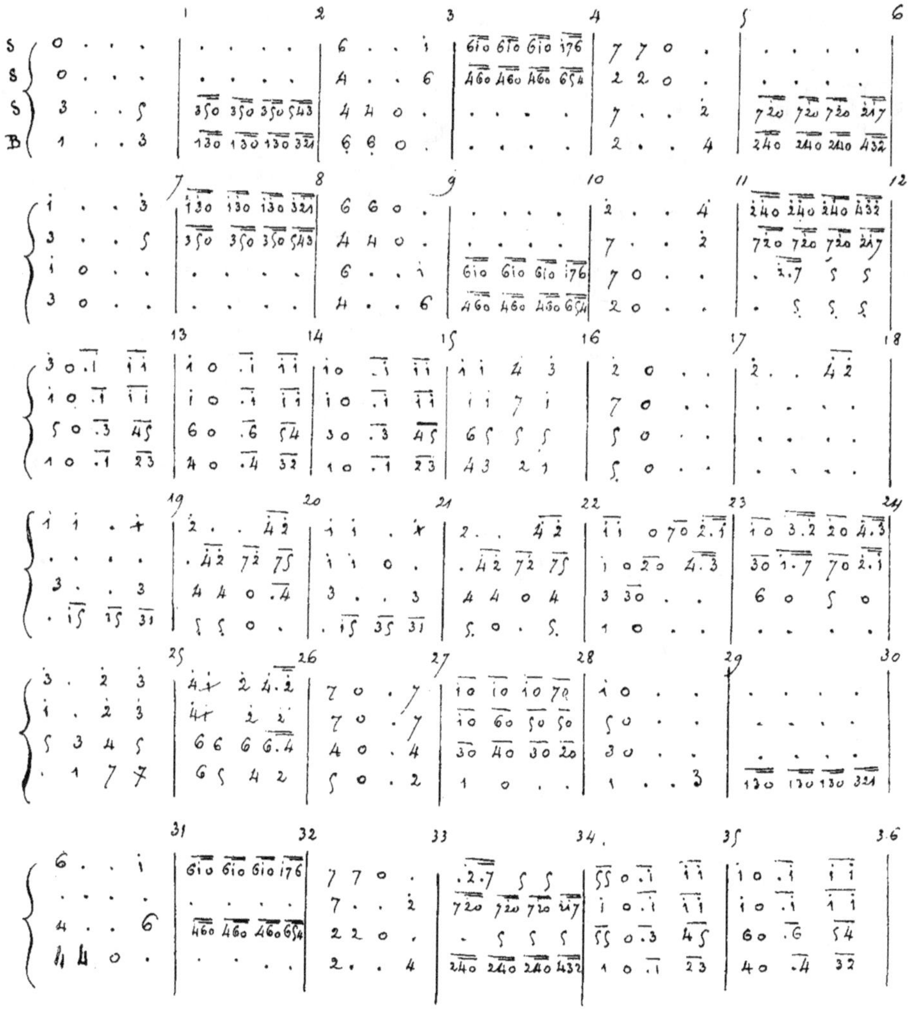

		1	2	3	4	5
S	0 . . .	. . . .	6 . . i	610 610 610 176	7 7 0 .	. . . .
S	0 . . .	. . . .	4 . . 6	460 460 460 654	2 2 0 .	. . . .
S	3 . . 5	350 350 350 543	4 4 0 .	. . . .	7 . . 2	720 720 720 217
B	1 . . 3	130 130 130 321	6 6 0 .	. . . .	2 . . 4	240 240 240 432

6	7	8	9	10	11
i . . 3	130 130 130 321	6 6 0 .	. . . .	2 . . 4	240 240 240 432
3 . . 5	350 350 350 543	4 4 0 .	. . . .	7 . . 2	720 720 720 217
i 0 . .	. . . .	6 . . i	610 610 610 176	7 0 . .	. 2.7 5 5
3 0 . .	. . . .	4 . . 6	460 460 460 654	2 0 . .	. 5 5 5

12	13	14	15	16	17
3 0 .1 11	1 0 .1 11	1 0 .1 11	1 1 4 3	2 0 . .	2 . . 4 2
1 0 .1 11	1 0 .1 11	1 0 .1 11	1 1 7 1	7 0 . .	. . . .
5 0 .3 45	6 0 .6 54	3 0 .3 45	6 5 5 5	5 0 . .	. . . .
1 0 .1 23	4 0 .4 32	1 0 .1 23	4 3 2 1	5 0 . .	. . . .

18	19	20	21	22	23
1 1 . 7	2 . . 4 2	1 1 . 7	2 . . 4 2	11 0 70 2.1	1 0 3.2 2 0 4.3
. . . .	.4 2 7 2 7 5	1 1 0 .	.4 2 7 2 7 5	1 0 2 0 4.3	3 0 1.7 7 0 2.1
3 . . 3	4 4 0 .4	3 . . 3	4 4 0 4	3 3 0 . .	6 0 5 0
.15 15 31	5 5 0 .	.15 35 31	5 0 . 5	1 0 . .	. . . .

24	25	26	27	28	29
3 . 2 3	4.1 2 4.2	7 0 . 7	10 10 10 70	1 0 . .	. . . .
1 . 2 3	4 1 2 2	7 0 . 7	10 60 50 50	5 0 . .	. . . .
5 3 4 5	6 6 6 6.4	4 0 . 4	30 40 30 20	3 0 . .	. . . .
. 1 7 7	6 5 4 2	5 0 . 2	1 0 . .	1 . . 3	130 130 130 321

30	31	32	33	34	35	36
6 . . i	610 610 610 176	7 7 0 .	.2.7 5 5	55 0.1 11	1 0 .1 11	
. . . .	. . . .	7 . . 2	720 720 720 217	1 0.1 11	1 0 .1 11	
4 . . 6	460 460 460 654	2 2 0 .	. 5 5 5	55 0.3 45	6 0 .6 54	
4 4 0 .	. . . .	2 . . 4	240 240 240 432	1 0 .1 23	4 0 .4 32	

huitième Partie

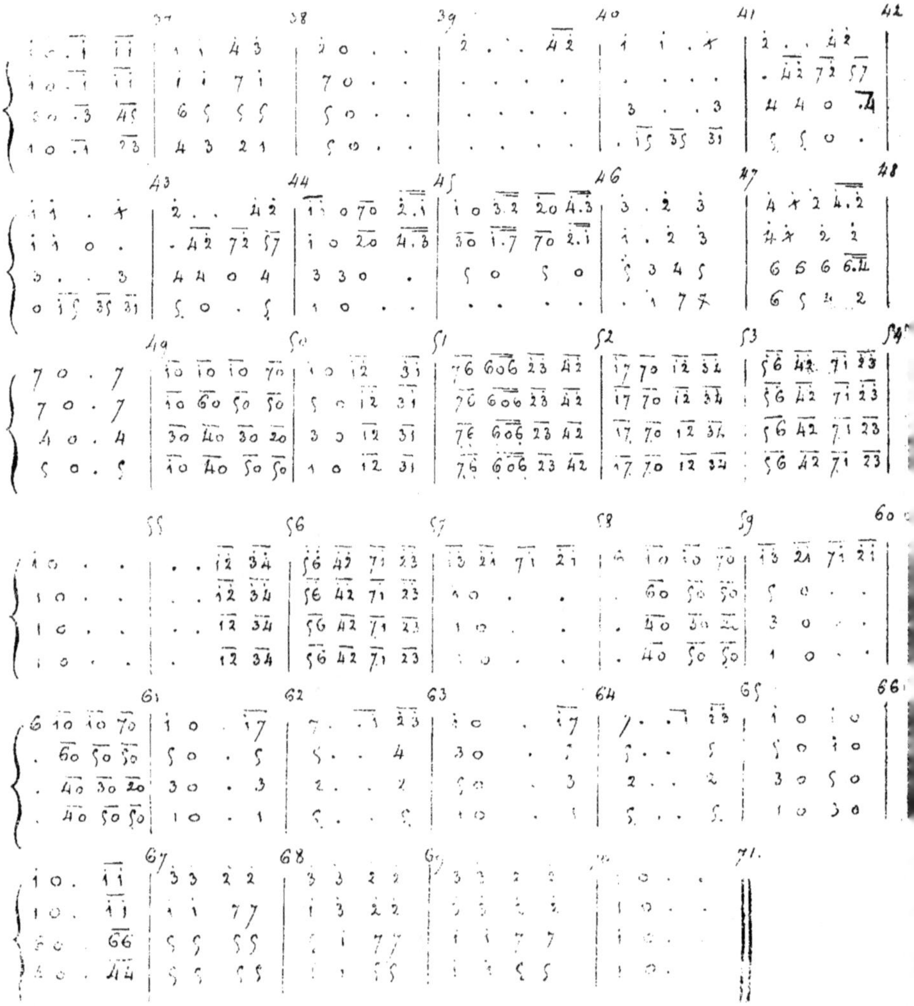

huitième Partie.

Quatuor du Sacrifice interrompu (Winter). Ton de fa. 76 unités par minute.

		1	2	3	4	5	6	7	8	9
S.	0 .	. .	. .	. .	. .	. .	. .	. .	. .	. .
S.	0 5	31 35	4 3	21 71	2 5	31 35	4 3	22 34	5 67	50 40
B.	0 3	11 13	2 1	21 71	2 3	11 13	2 1	77 16	7 12	70 60
B	0 1	11 11	7 1	76 56	7 1	11 11	7 1	77 16	7 12	20 20

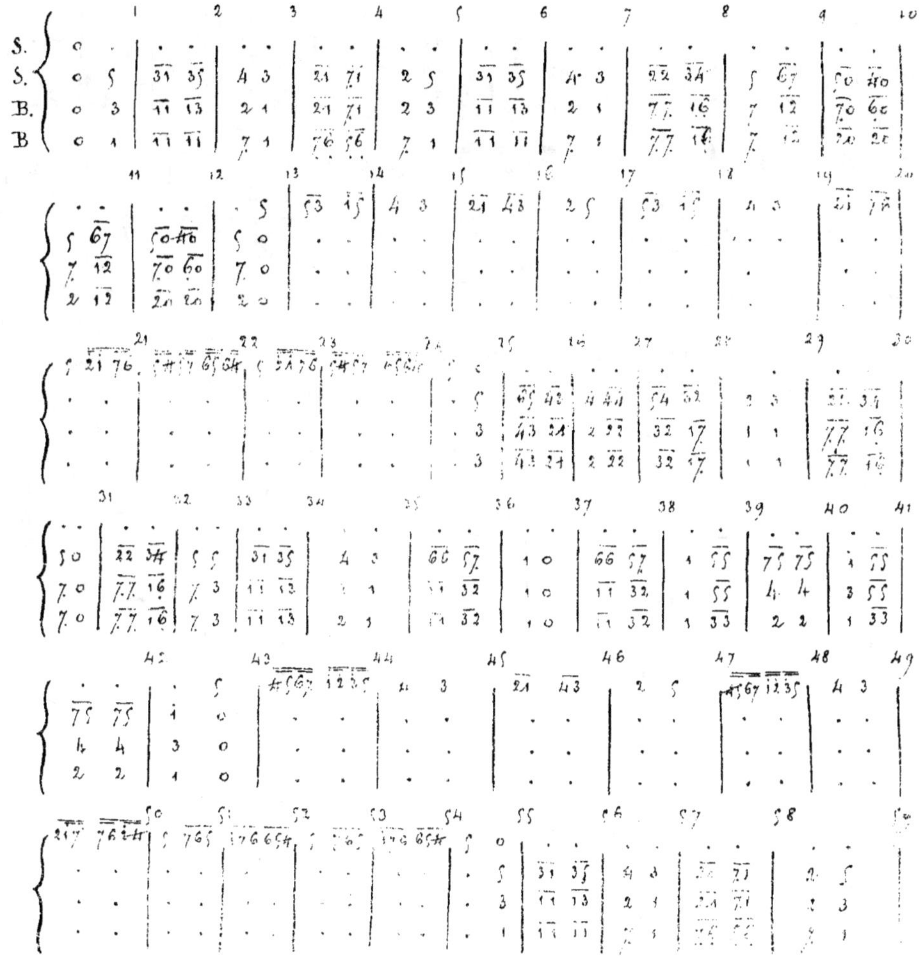

Huitième Partie

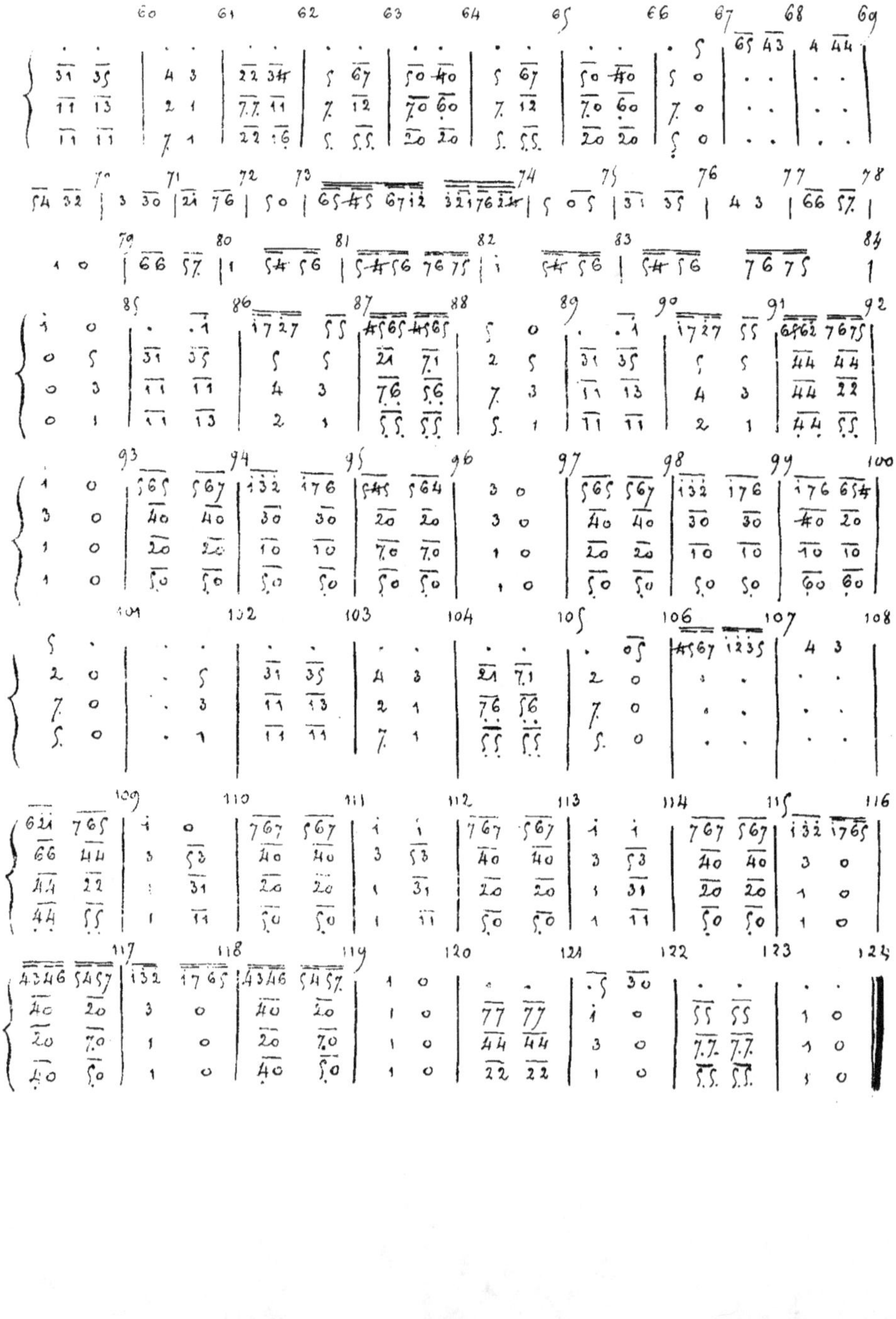

60 61 62 63 64 65 66 67 68 69

. . | . . | . . | . . | . . | . . | . . | . 5 | 65 43 | 4 44 |
31 35 | 4 3 | 22 3#4 | 5 67 | 50 #40 | 5 67 | 50 #40 | 5 0 | . . | . . |
11 13 | 2 1 | 7.7. 11 | 7. 12 | 70 60 | 7. 12 | 7.0 60 | 7. 0 | . . | . . |
11 11 | 7. 1 | 22 16 | 5. 5.5. | 20 20 | 5. 5.5. | 20 20 | 5. 0 | . . | . . |

70 71 72 73 74 75 76 77 78

54 32 | 3 30 | 21 76 | 50 | 65#45 6712 3217621#4 | 5 05 | 31 35 | 4 3 | 66 57. |

79 80 81 82 83 84

1 0 | 66 57. | 1 5#4 56 | 5#456 7675 | 1 5#4 56 | 5#4 56 7675 | 1

85 86 87 88 89 90 91 92

1 0 | . .1 | 1727 55 | #4565 #4565 | 5 0 | . .1 | 1727 55 | 6562 7675 |
0 5 | 31 35 | 5 5 | 21 71 | 2 5 | 31 35 | 5 5 | 44 44 |
0 3 | 11 11 | 4 3 | 76 56 | 7. 3 | 11 13 | 4 3 | 44 22 |
0 1 | 11 13 | 2 1 | 5.5. 5.5. | 5. 1 | 11 11 | 2 1 | 44 5.5. |

93 94 95 96 97 98 99 100

1 0 | 565 567 | 132 176 | 5#45 564 | 3 0 | 565 567 | 132 176 | 176 65#4 |
3 0 | 40 40 | 30 30 | 20 20 | 3 0 | 40 40 | 30 30 | #40 20 |
1 0 | 20 20 | 10 10 | 7.0 7.0 | 1 0 | 20 20 | 10 10 | 10 10 |
1 0 | 5.0 5.0 | 5.0 5.0 | 5.0 5.0 | 1 0 | 5.0 5.0 | 5.0 5.0 | 6.0 6.0 |

101 102 103 104 105 106 107 108

5 . | . . | . . | . . | . . | . 05 | #4567 1235 | 4 3 |
2 0 | . 5 | 31 35 | 4 3 | 21 71 | 2 0 | . . | . . |
7. 0 | . 3 | 11 13 | 2 1 | 76 56 | 7. 0 | . . | . . |
5. 0 | . 1 | 11 11 | 7. 1 | 5.5. 5.5. | 5. 0 | . . | . . |

109 110 111 112 113 114 115 116

621 765 | 1 0 | 767 567 | 1 1 | 767 567 | 1 1 | 767 567 | 132 1765 |
66 44 | 3 53 | 40 40 | 3 53 | 40 40 | 3 53 | 40 40 | 3 0 |
44 22 | 1 31 | 20 20 | 1 31 | 20 20 | 1 31 | 20 20 | 1 0 |
44 55 | 1 11 | 5.0 5.0 | 1 11 | 5.0 5.0 | 1 11 | 5.0 5.0 | 1 0 |

117 118 119 120 121 122 123 124

4346 5457 | 132 1765 | 4346 5457. | 1 0 | . . | .5 30 | . . | . . ||
40 20 | 3 0 | 40 20 | 1 0 | 77 77 | 1 0 | 55 55 | 1 0 ||
20 7.0 | 1 0 | 20 7.0 | 1 0 | 44 44 | 3 0 | 7.7. 7.7. | 1 0 ||
40 5.0 | 1 0 | 40 5.0 | 1 0 | 22 22 | 1 0 | 5.5. 5.5. | 1 0 ||

39

Huitième Partie.

O Salutaris hostia (N. Desrue), Ton de Sol, 60 unités par minute

```
                1           2            3         4          5
Soprano 1°  3 . 5 . | 1 . 3 . | 26 54 32 | 1 . 7 . | 4 . 32  |
Soprano 2°  1 . 3 . | 5 . 5 . | 6 . 6 6  | 6 . 7 . | 7 5 54  |
Tenor.      1 . 1 . | 3 . 3 . | 4 . 4 4  | 6 . 5 . | 2 . 2 . |
Basse.      1 . 1 . | 1 . 1 . | 4 . 4 4  | 4 . 5 . | 5 . 5 . |

    6         7         8          9         10        11
1 . . 1 | 7 . 1 3 | 3 2 . . | 3 . 2 .   | 1 . 6 . | 2 . 1 1 |
3 . . 3 | 2 . 1 1 | 7 . . . | 7 . . 7 . | 1 . 1 . | 6 . 6 6 |
3 . 1 . | 2 . 3 5 | 5 . . . | 3 . 5 .   | 6 . 4 . | 4 . 4 4 |
1 . 3 . | 4 . 3 1 | 5 . . . | 5 . 3 .   | 6 . 2 . | 2 . 2 2 |

    12        13        14       15        16        17
7 . . . | 4 . 3 . | 2 . 3 . | 4 . 66 | 5 . 05  | 7 . . 2 |
7 . . . | 2 . 1 . | 7 . 1 . | 2 . 33 | 2 . 05  | 5 4 2 7 |
5 . . . | 7 . 1 . | 2 . 1 . | 7 . 11 | 7 . . 0 | . . . . |
5 . . . | 5 . 5 . | 5 . 5 . | 5 . 44 | 5 . . 5 | 5 . 4 . |

       18         19        20        21        22        23
17 65 43 21 | 7 5 7 2 | 1 . . . | 0 . . . | . . . . | . . . . |
1 . . 5     | 5 4 2 7 | 1 . . . | 3 . 5 . | 5 . 4 . | 4 . 3 . |
. . . 1 23  | 4 5 5 5 | 5 . . . | 0 . . . | 1 . 1 . | 1 . 1 . |
3 . 1 .     | 5 . 4 . | 3 . . . | 1 . 7 . | 6 . . . | 6 . 5 . |

    24        25        26        27        28        29
. . . . | 2 . 3 4 | 4 5 6 4 | 3 1 7 7 | 1 . 0 . | . . . . |
2 1 . . | 7 7 1 2 | 7 3 4 2 | 1 3 4 4 | 3 . 0 . | . . . . |
2 3 2 4 | 5 6 5 4 | 3 1 6 . | 5 . 2 . | 3 1 7 6 | 5 4 3 2 |
4 . . . | 4 . 3 2 | 1 . 4 . | 5 . 5 . | 1 . 0 . | . . . . |
```

Huitième Partie

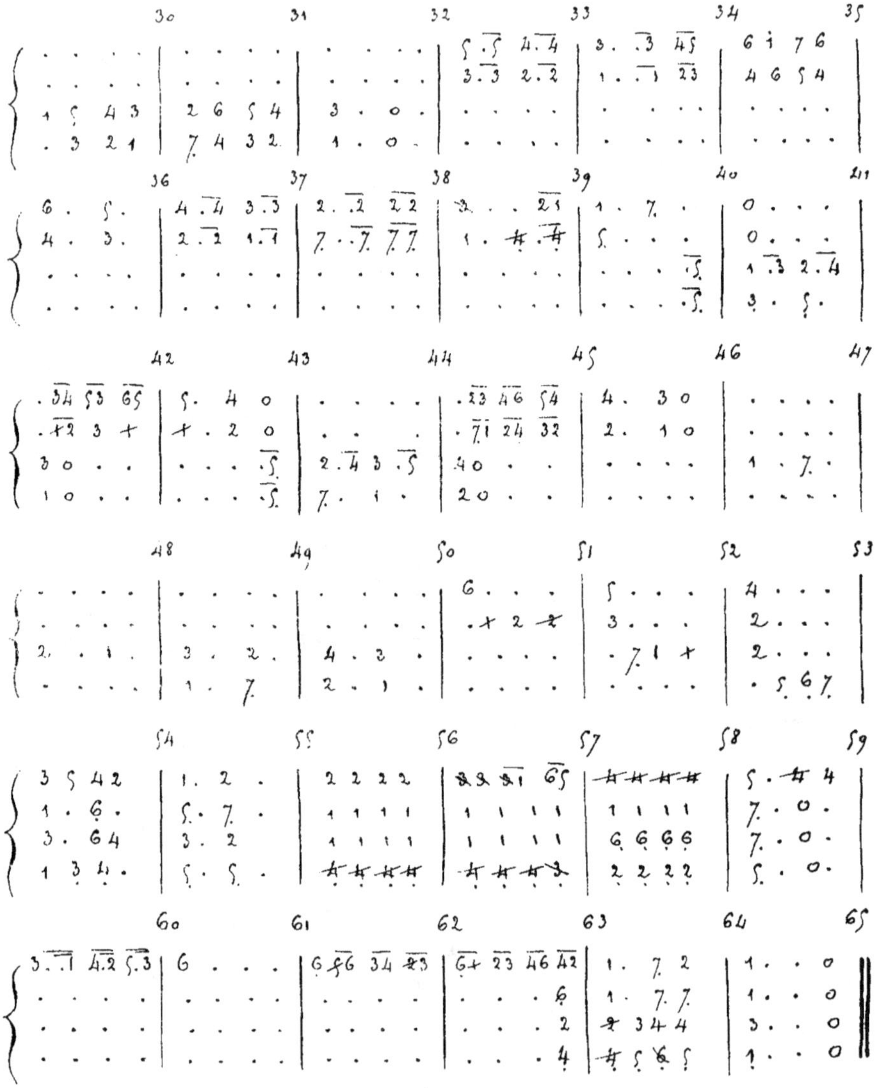

30	31	32	33	34	35
. . . .	. . . .	. . . .	5 .5 4.4	3 . .3 45	6 i 7 6
. . . .	. . . .	. . . .	3.3 2.2	1 . .1 23	4 6 5 4
1 5 4 3	2 6 5 4	3 . 0 .	. . . .	. . . .	. . . .
. 3 2 1	7 4 3 2	1 . 0 .	. . . .	. . . .	. . . .

36	37	38	39	40	41
6 . 5 .	4 .4 3 .3	2 . .2 22	2 . . 21	1 . 7 .	0 . . .
4 . 3 .	2 .2 1 .1	7 . .7 77	1 . #4 .4	5 . . .	0 . . .
. . . .	. . . .	. . . .	. . . .	5	1 .3 2 .4
. . . .	. . . .	. . . .	. . . .	5	3 . 5 .

42	43	44	45	46	47
.34 53 65	5 . 4 0	. . . .	.23 46 54	4 . 3 0	. . . .
.+2 3 +	+ . 2 0	. . . .	.71 24 32	2 . 1 0	. . . .
3 0 . .	5	2 .4 3 .5	4 0 . .	. . . .	1 . 7 .
1 0 . .	5	7 . 1 .	2 0 . .	. . . .	. . . .

48	49	50	51	52	53
. . . .	. . . .	. . . .	6 . . .	5 . . .	4 . . .
. . . .	. . . .	. . . .	. + 2 2	3 . . .	2 . . .
2 . 1 .	3 . 2 .	4 . 3 .	. . . .	. 7 1 +	2 . . .
. . . .	1 . 7	2 . 1 .	. . . .	. . . .	. 5 6 7

54	55	56	57	58	59
3 5 4 2	1 . 2 .	2 2 2 2	22 21 65	4 4 4 4	5 . 4 4
1 . 6 .	5 . 7 .	1 1 1 1	1 1 1 1	1 1 1 1	7 . 0 .
3 . 6 4	3 . 2	1 1 1 1	1 1 1 1	6 6 6 6	7 . 0 .
1 3 4 .	5 . 5 .	4 4 4 4	4 4 4 3	2 2 2 2	5 . 0 .

60	61	62	63	64	65
3 .1 4.2 5.3	6 . . .	6 56 34 23	6+ 23 46 42	1 . 7 2	1 . . 0
. . . .	. . . .	. . . .	. . . 6	1 . 7 7	1 . . 0
. . . .	. . . .	. . . .	. . . 2	2 3 4 4	3 . . 0
. . . .	. . . .	. . . .	. . . 4	4 5 6 5	1 . . 0

huitième Partie.

Chœur d'Otello (Rossini). Ton d'ut. 80 unités par minute.

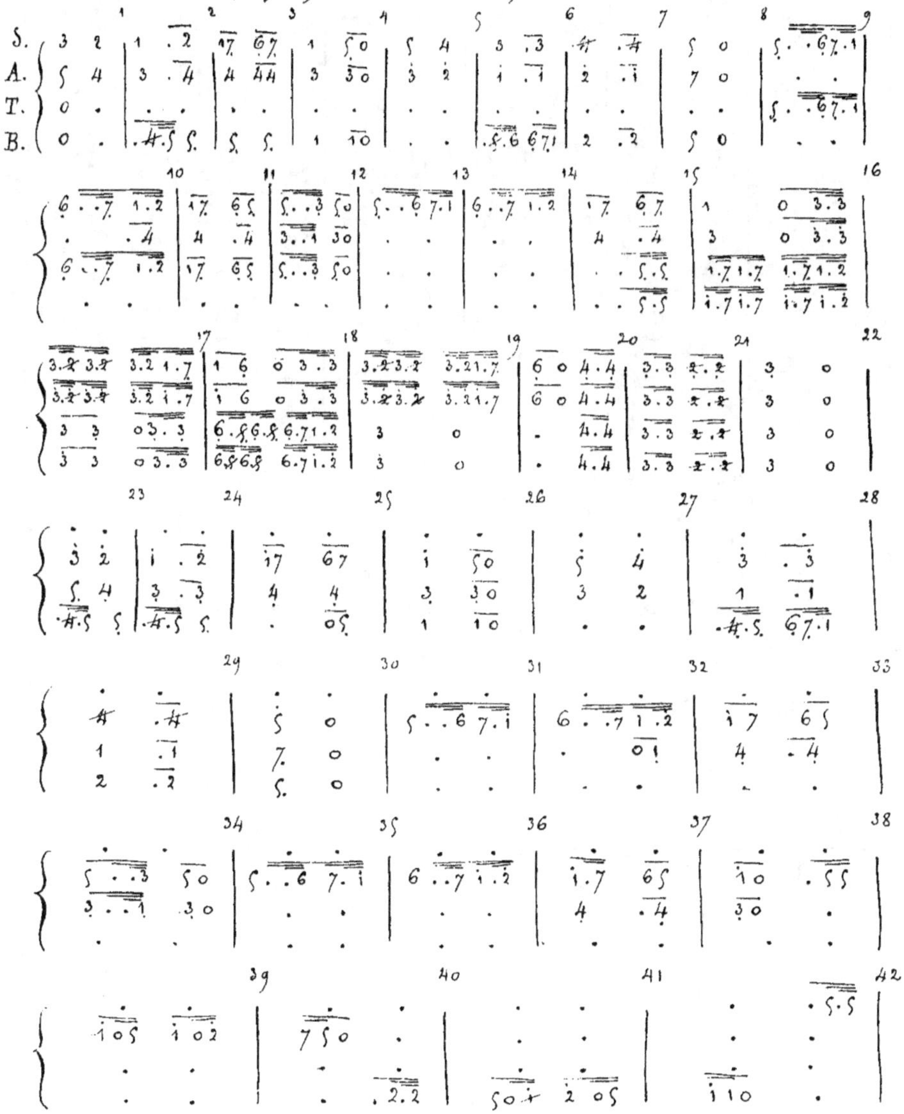

S. 3 2 | 1 .2 | 17 67 | 1 50 | 5 4 | 3 .3 | 4 .4 | 5 0 | 5 . . 67.1 |
A. 5 4 | 3 .4 | 4 44 | 3 30 | 3 2 | 1 .1 | 2 .1 | 7 0 | . . |
T. 0 . | . . . | . . | . . | . . | . . | . . | . . | 5 . . 67.1 |
B. 0 . | .4.5 5 | 5 5 | 1 10 | . . | .5.6 671 | 2 .2 | 5 0 | . . |

6 . . 7 1.2 | 17 65 | 5 . . 3 50 | 5 . . 67.1 | 6 . . 7 1.2 | 17 67 | 1 0 3.3 |
. .4 | 4 .4 | 3 . . 1 30 | . . | . . | 4 .4 | 3 0 3.3 |
6 . . 7 1.2 | 17 65 | 5 . . 3 50 | . . | . . | . . 5.5 | 1.7 1.7 1.7 1.2 |
. . | . . | . . | . . | . . | . . 5.5 | 1.7 1.7 1.7 1.2 |

3.2 3.2 3.2 1.7 | 1 6 0 3.3 | 3.2 3.2 3.2 1.7 | 6 0 4.4 | 3.3 2.2 | 3 0 |
3.2 3.2 3.2 1.7 | 1 6 0 3.3 | 3.2 3.2 3.21.7 | 6 0 4.4 | 3.3 2.2 | 3 0 |
3 3 0 3.3 | 6.56.5 6.71.2 | 3 0 | . 4.4 | 3.3 2.2 | 3 0 |
3 3 0 3.3 | 6.56.5 6.71.2 | 3 0 | . 4.4 | 3.3 2.2 | 3 0 |

3 2 | 1 .2 | 17 67 | 1 50 | 5 4 | 3 .3 |
5 4 | 3 .3 | 4 4 | 3 30 | 3 2 | 1 .1 |
.4.5 5 | .4.5 5 | . 05 | 1 10 | . . | .4.5 67.1 |

4 .4 | 5 0 | 5 . . 6 7.1 | 6 . . 7 1.2 | 17 65 |
1 .1 | 7 0 | . . | . 01 | 4 .4 |
2 .2 | 5 0 | . . | . . | . . |

5 . . 3 50 | 5 . . 6 7.1 | 6 . . 7 1.2 | 1.7 65 | 10 .55 |
3 . . 1 .30 | . . | . . | 4 .4 | 30 . |
. . | . . | . . | . . | . . |

105 102 | 750 . | . . | . .5.5 |
. . | - | . . | . . |
. . | . .2.2 | 50+ 205 | 110 . |

huitième Partie

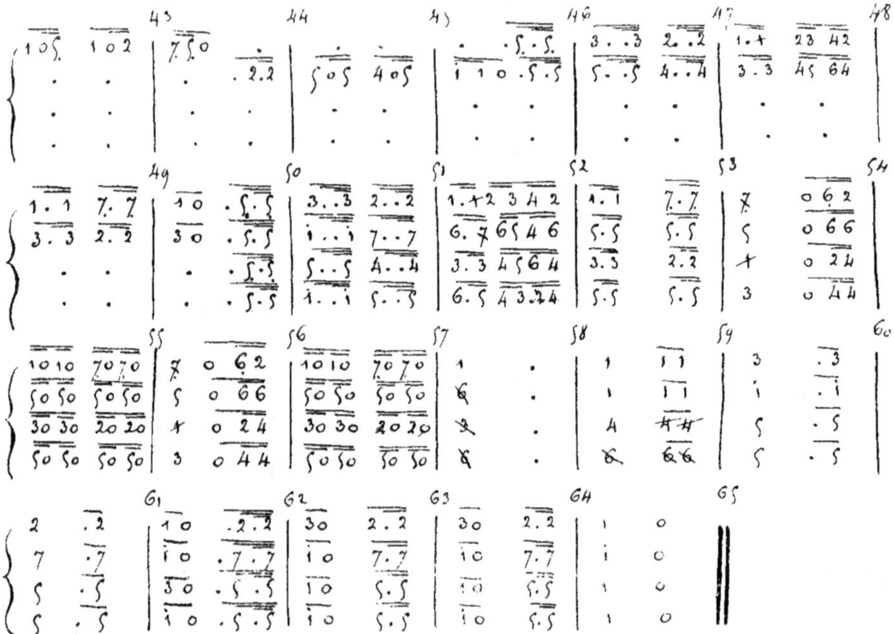

105 102 | 7.50 . | . . | . .5.5 | 3..3 2..2 | 1.4 23 42 |
. . | . .2.2 | 505 405 | 110 .5.5 | 5..5 4..4 | 3.3 45 64 |
. . | . . | . . | . . | . . | . . |
. . | . . | . . | . . | . . | . . |

1.1 7.7 | 10 .5.5 | 3..3 2..2 | 1.42 342 | 1.1 7.7 | 7 062 |
3.3 2.2 | 30 .5.5 | 1..1 7..7 | 6.7 6546 | 5.5 5.5 | 5 066 |
. . | . .5.5 | 5..5 4..4 | 3.3 4564 | 3.3 2.2 | 4 024 |
. . | . .5.5 | 1..1 5..5 | 6.5 43.24 | 5.5 5.5 | 3 044 |

1010 7070 | 7 0 62 | 1010 7070 | 1 . | 1 11 | 3 .3 |
5050 5050 | 5 0 66 | 5050 5050 | 6 . | 1 11 | 1 .1 |
3030 2020 | 4 0 24 | 3030 2020 | 2 . | 4 44 | 5 .5 |
5050 5050 | 3 0 44 | 5050 5050 | 6 . | 6 66 | 5 .5 |

2 .2 | 10 .2.2 | 30 2.2 | 30 2.2 | 1 0 ‖
7 .7 | 10 .7.7 | 10 7.7 | 10 7.7 | 1 0 ‖
5 .5 | 30 .5.5 | 10 5.5 | 10 5.5 | 1 0 ‖
5 .5 | 10 .5.5 | 10 5.5 | 10 5.5 | 1 0 ‖

Chœur de la dame du lac (Rossini). Ton de La. 100 unités par minute

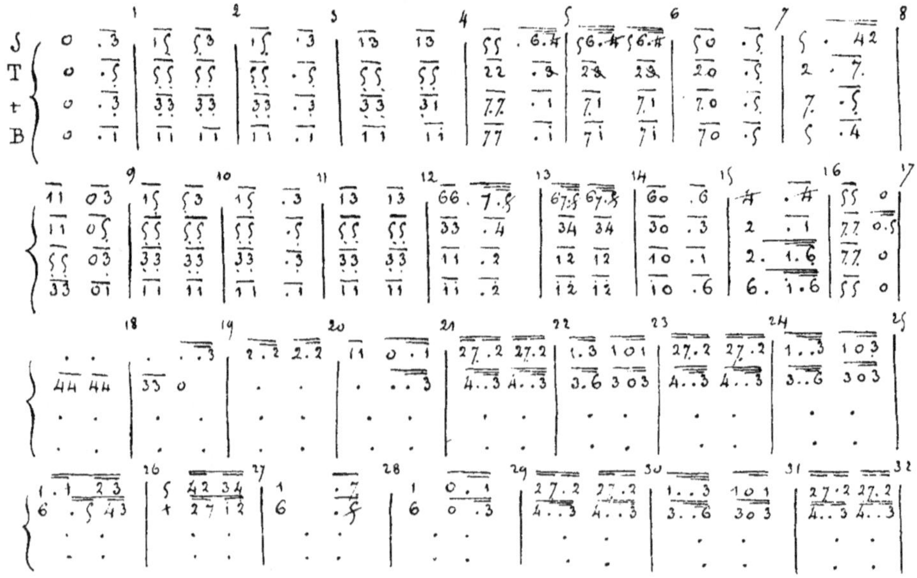

S 0 .3 | 15 53 | 15 .3 | 13 13 | 55 .6.4 | 56.4 56.4 | 50 .5 | 5 . 42 |
T 0 .5 | 55 55 | 55 .5 | 55 55 | 22 .2 | 22 22 | 20 .5 | 2 .7 |
t 0 .3 | 33 33 | 33 .3 | 33 31 | 77 .1 | 71 71 | 70 .5 | 7 .5 |
B 0 .1 | 11 11 | 11 .1 | 11 11 | 77 .1 | 71 71 | 70 .5 | 5 .4 |

11 03 | 15 53 | 15 .3 | 13 13 | 66 .7.5 | 67.5 67.5 | 60 .6 | 4 .4 | 55 0 |
11 05 | 55 55 | 55 .5 | 55 55 | 33 .4 | 34 34 | 30 .3 | 2 .1 | 77 0.5 |
55 03 | 33 33 | 33 .3 | 33 33 | 11 .2 | 12 12 | 10 .1 | 2. 1.6 | 77 0 |
33 01 | 11 11 | 11 .1 | 11 11 | 11 .2 | 12 12 | 10 .6 | 6. 1.6 | 55 0 |

. . | . . .3 | 2.2 2.2 | 11 0.1 | 27.2 27.2 | 1.3 101 | 27.2 27.2 | 1..3 103 |
44 44 | 33 0 | . . | . ..3 | 4..3 4..3 | 3.6 303 | 4..3 4..3 | 3..6 303 |
. . | . . | . . | . . | . . | . . | . . | . . |
. . | . . | . . | . . | . . | . . | . . | . . |

1.1 23 | 5 42 34 | 1 .7 | 1 0.1 | 27.2 27.2 | 1..3 101 | 27.2 27.2 |
6 .5 43 | 4 27 12 | 6 .5 | 6 0.3 | 4..3 4..3 | 3..6 303 | 4..3 4..3 |
. . | . . | . . | . . | . . | . . | . . |
. . | . . | . . | . . | . . | . . | . . |

Huitième Partie

	33	34	35	36	37	38	39	40
1.3 103	1 .123	5 4234	1 .7	3.217	76 .5	3.217	76 .5	
3..6 303	6 .543	4 2712	6 .5	1765 5432	21 .7	1765 5432	21 .7	
. .	. .	. .	. .	. .	. .	. .	. .	
. .	. .	. .	. .	. .	. .	. .	. .	

	41	42	43	44	45	46	47	48
60 .	.5 53	15 50	.3 13	55 .6.#4	56.#4 56.#4	56.#4 55	5 .4.2	
60 .	.5 53	55 50	.5 55	22 .3	23 23	23 25	2 .7	
. .	.3 33	33 30	.3 31	77 .1	71 71	71 75	7 .5	
. .	.1 11	11 10	.1 11	77 .1	71 71	71 75	5 .4	

	49	50	51	52	53	54	55	56
111 0	.5 53	15 50	.3 13	66 .7.5	67.5 67.5	67.5 66	4 .4	
111 0	.5 55	55 50	.5 55	33 .4	34 34	34 33	1 .1	
555 0	.3 33	33 30	.3 31	11 .2	12 12	12 11	2 162	
333 0	.1 11	11 10	.1 11	11 12	12 12	12 11	6 162	

	57	58	59	60	61	62	63	64
50 .	.2 22	33 5	02 22	3 5	1 1.1	4.5 6.4	3 2	
70 .	.7 77	11 3	07 77	1 3	1 1.1	2.3 4.2	1 7	
50 .	.5 55	55 1	05 55	5 1	6 6.6	4.3 2.4	5 5	
50 .	.4 44	33 1	04 44	3 1	6 6.6	4.3 2.4	5 5	

	65	66	67	68	69	70	71	72
110 .	.2 22	33 5	02 22	33 5	1 1.1	4.5 6.4	3 2.2	
110 .	.7 77	11 3	07 77	11 3	1 1.1	2.3 4.2	1 7.7	
550 .	.5 55	55 1	05 55	55 1	6 6.6	4.3 2.4	5 5.5	
330 .	.4 44	33 1	04 44	33 1	6 6.6	4.3 2.4	5 5.5	

	73	74	75	76	77	78	79
15 51	533 422	35 51	533 422	30 5	30 5	10 .	
13 35	311 277	13 35	311 277	10 2	30 2	10 .	
31 11	555 555	11 11	555 555	30 2	10 7	10 .	
31 11	555 555	11 11	555 555	30 7	10 5	10 .	

Huitième Partie

Chœur de la Flûte enchantée (Mozart) Ton de mi♭. 92 unités par minute

1 2 3 4 5 6 7 8 9 10

3 | 3.3 2 1 | 1.7 7 0 | . . . 4 | 4.4 3 2 | 2.1 1 1 | 3 7 1 6 | 5 . . . | . . . . | . 0 . .
5 | 5.5 5 5 | 5. 5 0 | . . . 5 | 5.5 5 5 | 5.5 0 | . . . . | . . 3 . | 4.32 3 | 2 0 . .
1 | 1.1 4 3 | 3.2 2 0 | . . . 7 | 7.7 1 4 | 4.3 3 0 | . . . . | . . 1 . | 2.17 1 | 7 0 . .
1 | 1.1 1 1 | 5. 5 0 | . . . 5 | 5.5 5 5 | 1 . 1 0 | . . . . | . . 1 . | 7.1 1 | 5 0 . .

11 12 13 14 15 16 17 18 19

1 . 0 . | 6. 0 . | 5 55 5 5 | 5 . 5 0 | 1 . 0 . | 6. 06 | 5.5 5 5 || 5 0 | . .5
5 . 0 . | 2 . 0 . | 2 22 3 4 | 4 .3 3 0 | 5 . 0 . | 2. 02 | 3 4 4 2 || 1 0 | . .3
1 . 0 . | 1 . 0 . | 7 77 1 2 | 2 .1 1 0 | 1 . 0 . | 1 . 01 | 1 2 2 7 || 1 0 | . .1
3 . 0 . | 4 . 0 . | 5 55 5 5 | 1. 1 0 | 3. 0 | 4. 04 | 5.5 5 5 || 1 0 | . .1

20 21 22 23 24 25 26 27 28 29

5 55 | 55 05 | 5 55 | 5 01 | 3 22 | 1 11 | 1 77 | 1 0 | . .2 | 2 22
3 33 | 22 02 | 4 44 | 3 03 | 5 55 | 6 55 | 6 55 | 3 0 | . .5 | 45 64
1 11 | 55 05 | 2 22 | 1 01 | 1 22 | 3 33 | 2 22 | 1 0 | . .7 | 67 16
1 11 | 55 05 | 5 55 | 1 01 | 1 77 | 6 33 | 4 55 | 1 0 | . .5 | 2 22

30 31 32 33 34 35 36 37 38 39 40

27 50 | . .2 | 2 22 | 27 55 | 5 66 | 7 1 | 2 33 | 4 . | . . | . . | . 05
5 50 | . .5 | 45 64 | 5 55 | 5 44 | 4 3 | 5 55 | 5 . | . . | . . | . 05
7 70 | . .7 | 67 16 | 7 77 | 7 11 | 2 1 | 7 11 | 7 . | . . | . . | . 0
5 50 | . .5 | 2 22 | 5 55 | 5 55 | 5 5 | 5 55 | 5 . | . . | . . | . 0

41 42 43 44 45 46 47 48 49 50 51

17 32 | 17 65 | 67 1x | 23 42 | 3 2 1 | . 2 | 2 . | 3 05 | 17 32 | 17 65 | 67 1x
3 1 | 0 .1 | 4 6 | 0 6 | 54 3 | . 5 | 5 . | . 05 | 3 1 | 0 1 | 4 6
. .5 | 5 1 | 0 .6 | 6 2 | 0 1 | 1 77 | 7 . | 1 0 | . .5 | 5 1 | 0 .6
. .3 | 3 3 | 0 .4 | 4 4 | 0 5 | 5 55 | 5 . | 1 0 | . .3 | 3 3 | 0 .4

52 53 54 55 56 57 58 59 60 61 62

23 42 | 3 2 1 | . 7 | 1 05 | 4 44 | 4 33 | 2 77 | 1 05 | 4 44 | 4 33 | 2 77
0 6 | 54 3 | . 2 | 3 05 | 5 55 | 5 55 | 4 22 | 3 05 | 5 55 | 5 55 | 4 22
6 2 | 0 5 | 5 55 | 5 03 | 2 22 | 2 11 | 6 55 | 5 03 | 2 22 | 2 11 | 6 55
4 4 | 0 5 | 5 55 | 1 01 | 7 77 | 7 11 | 4 55 | 1 01 | 7 77 | 7 11 | 4 55

63 64 65 66 67 68 69 70 71.

1. | 1 . | 1 . | 7 .7 | 3 . | 3 . | 2 . | 5 .5 | 1 0 ||
3. | 3 . | 2 . | 2 .2 | 3 . | 6 . | 6 . | 5 .5 | 3 0 ||
5. | 6 . | 6 . | 5 .5 | 1 . | 1 . | 1 . | 7 .7 | 1 0 ||
1. | 6 . | 4 . | 5 .5 | 1 . | 6 . | 4 . | 5 .5 | 1 0 ||

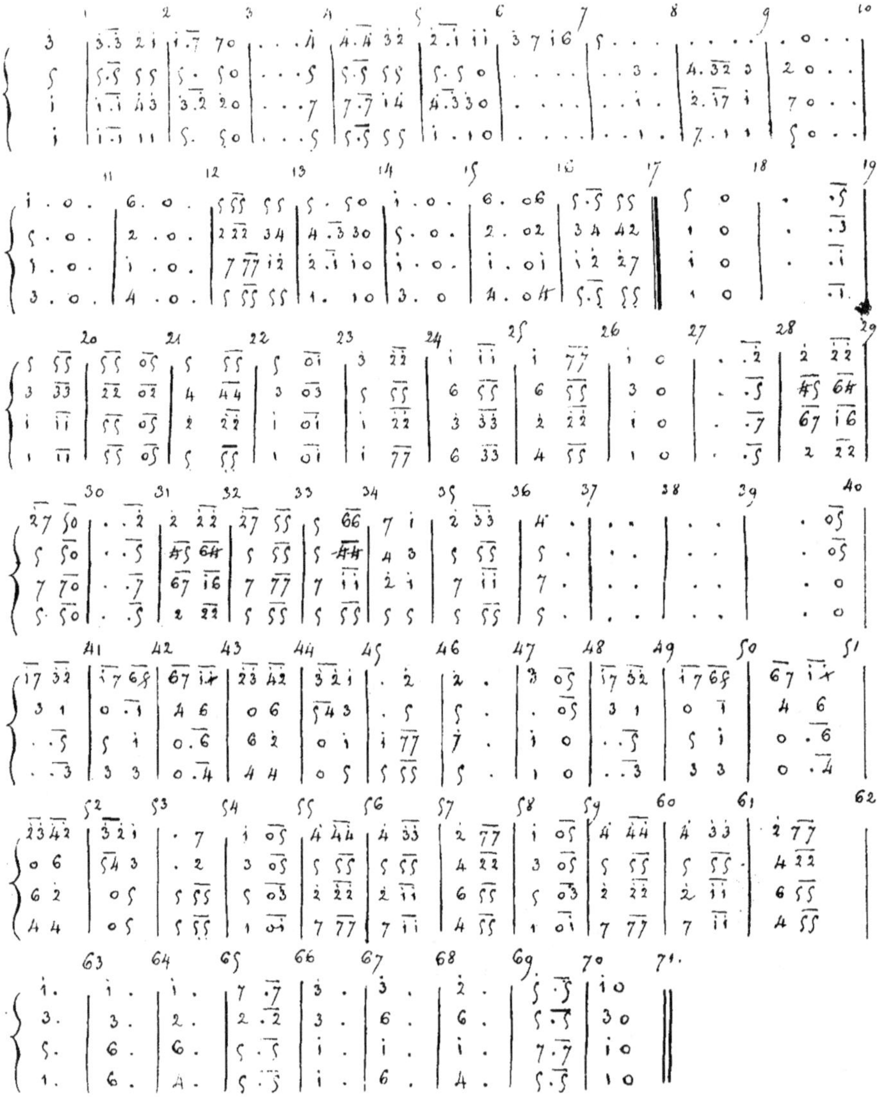

Huitième Partie

Chœur de l'Opéra le Mandarin, par S. Ritter. (ton de Ré) 120 unités par minute.

	1	2	3	4	5	6	7
S	1̇ . 7 1̇	2̇ . 7 5	1̇ . 7 6	5 6 5 0	. 5 6 7 1̇	1̇ . 6	2̇ . 1̇ 7 6
T	5 . 5	7 . 5	5 . 5	5 . 5	5 . 5	6 . 6	6 . 4
b	3 . 3	4 . 4	3 . 3	2 . 2	3 . 3	4 . 4	4 . 2 1
B	1 . 1	1 . 1	1 . 1	7 . 7	1 . 1	4 . 4	2 . 2

	8	9	10	11	12	13	14
S	5 . 0	1̇ . 7 1̇	2̇ . 7 5	1̇ . 7 6	5 6 5 0	1̇ . 1̇	1̇ 6 2̇
T	5 4 4	3 5 5	7 . 5	5 . 5	5 . 5	5 . 5	6 . 6
b	7 1 2	1 3 3	4 . 4	3 . 3	2 . 2	3 . 3	4 . 4
B	5 6 7	1 . 1	1 . 1	1 . 1	7 . 7	1 . 1	4 . 4

	15	16	17	18	19	20	21
S	1̇ . 2 7	1̇ 0 . 5 1̇ . 3	5 . 5 7 . 5 2 . 7	1 . 5 4 . 5 1 . 3	5 . 5 7 . 5 2 . 7	1̇ 0 7 1̇	2̇ . 7 5 6
T	5 . 4	3 5 5	4 2 5	5 5 5	4 2 5	5 0 5 6	7 . 2 7 1̇
b	3 . 2	1 3 3	2 2 4	3 3 3	2 2 4	3 0 .	5 7 2 5 5
B	5 . 5	1 0 1	5 0 5 5	1 0 1	5 0 5 5	1 0 .	. . .

	22	23	24	25	26	27	28
S	7 5 4 5	6 . 7 1̇ 2̇	7 . 7 1̇	2̇ . 7 5 6	7 5 4 5	6 . 7 1̇ 2̇	5 . 0
T	2̇ 7 6 5	4 . 5 6 4	5 . 5 6	7 . 2 7 1̇	2̇ 7 6 5	4 . 5 6 4	5 0 2 .
b	5 7 2 5 5	2 2 2 2 2 2	5 0 .	5 7 2 5 5	5 7 2 5 5	2 2 2 2 2 2	7 . 0
B	. . .	. . .	. . .	. . .	. . .	. . 2	5 5 4

	29	30	31	32	33	34	35
S	5 6 7 1̇ 2 7	1̇ . 6	4 5 6 7 1̇ 6	7 . 0	2̇ 1̇ 7 6 5 4	3 . 3 1̇ 6	5 . 7 6 4
T	. 2 5 6 7 5	6 6 1̇ .	. 1 4 5 6 4	5 . 0	5 5 5 5	6 . 3 6 1̇	7 . 2 1̇ 6
b	3 3 3	3 . 3	2 2 2	2 . 0	2 2 2 2	1 . 1 3 3	2 . 2 2 2
B	3 0 .	6 7 1 2 3 1	2 2 0	5 6 7 1 2 1	7 7 7 7	1 2 3 1 6 1	2 . 2 2 2

	36	37	38	39	40	41	42
S	5 . 7 . 5	1̇ . 2 1̇ . 7 6 . 1̇	7 5 2 .	4 . 5 6 . 7 1̇ . 6	5 0 7 . 5	1̇ . 2 1̇ . 7 6 . 1̇	7 5 2 .
T	5 . 5 7 . 2 5 . 7	2 . .	2 . 7 5 . 2 7 . 5	2 . .	2 . 5 7 . 2 5 . 7	2 . .	2 . 7 5 . 2 7 . 5
b	7 2 2	4 4 4	5 5 5	6 4 1̇	7 5 5	4 4 4	5 5 5
B	5 . 0 . 5	6 . 0 2 2	5 . 0 . 5	2 0 2 2	5 0 5	6 0 2 2	5 0 5

46

Huitième Partie

	43	44	45	46	47	48
♯4 5 6.7 1.6	5.6 7.1 2.7	1 . 7 1	2 . 7 5	1 . 7 6	5 6 5 0	. 5 6 7 1
2 . . .	2.1 7.6 5.4	3 5 5	7 . 5	5 . 3	2 . 5	5 . 5
6 ♯4 1	7.♯4 5.6 7.5	5 3 3	4 . 4	3 . 1	7 . 4	3 . 3
2 0 22	5 5 5	1 . 0	54 27 57	1 1 0	54 27 57	1 0 .

49	50	51	52	53	54	55
1 . 6	2.1 76	5 . 0	1 . 7 1	2 . 7 5	1 . 7 6	5 6 5 0
6 . 6	6 . ♯4	5 ♯4 4	3 5 5	7 . 5	5 . 3	2 . 5
4 . 4	♯4 . 21	7 1 2	1 3 3	4 . 4	3 . 1	7 . 4
46 66 44	2 2 0	55 55 67	1 0 .	54 27 57	1 1 0	54 27 57

56	57	58	59	60	61	62
1 . 1	1 6 2	1 . 27	1 . 3.1	5.6 5.6 5.6	5 567 123	5.6 5.6 5.6
5 . 5	6 . 6	5 . 4	3 5 5	4 4 4	3 3 3	4 4 4
3 . 5	4 . 4	3 . 2	1 3 3	7 7 7	1 1 1	2 2 2
1 0 33	43 46 42	55 55 55	1 0 .	. . .	15 43 21	7 7 0

63	64	65	66	67	68	69
5 567 123	5.6 5.6 5.6	51 3 .1	51 3 .1	5 .1 72	51 3 .1	51 3 .1
3 3 3	4 4 4	3 5 5	5 5 5	5 5 4	3 5 5	5 5 5
1 1 1	2 2 2	1 3 3	3 3 3	3 3 2	1 3 3	3 3 3
15 43 21	7 . 0	13 13 13	13 13 13	13 13 55	13 13 13	13 13 13

70	71	72	73	74 (cresc.)	75	76
5 .1 72	132 176 57	132 176 57	1 .3 53	1 .3 53	1 . .	. 0 .
5 5 4	3 5 4	3 5 4	5 5 5	5 5 5	5 . .	. 0 .
3 3 2	1 3 2	1 3 2	1 3 3	3 3 3	3 . .	. 0 .
13 13 55	11 15 55	11 15 55	1 . 1	1 . 1	1 . .	. 0 .

Fin de la huitième et dernière Partie.

Table des Matières de la Partie Pratique.

Cinquième Partie.

Exercices d'intonation et morceaux à une voix.

Sixième Partie.

Morceaux à deux voix.

48.

Septième Partie.

Airs à Trois voix.

Duo et Trio de la Flûte enchantée (Mozart). 1.
Trio d'Œdipe à Colone (Sacchini). 3.
Trio par Azioli. 4.
Trio d'Œdipe à Colone (Sacchini). 5.
Chœur de Tancrède (Rossini). 6.
Chant Suisse. 7.
Le Rendez-vous, air languedocien, arrangé par M. Desrue. 7.
Chœur par M. Édouard Tillore. 8.
Tyrolienne par M. Desrue. 9.
Tyrolienne par M. Desrue. 9.
Trio des Horaces et des Curiaces (Cimarosa). 10.

Huitième Partie.

Airs à quatre voix et plus.

Chœur d'Iphigénie en Tauride (Gluck). 1.
Chœur de Chasseurs, de Robin des bois (Weber). 2.
Chœur d'Echo et Narcisse (Gluck). 3.
Chœur de la Création (Haydn). 5.
Prière par Salieri. 8.
Quatuor du Turc en Italie (Rossini). 9.
Chœur par Webbe. 12.
Chœur de Dardanus (Sacchini). 13.
Quatuor allemand. 14.
Prière du Pirate (Bellini). 15.
Quatuor d'Iphigénie en Aulide (Gluck). 16
Prière de Joseph (Méhul). 17.
Chœur d'Axur roi d'Ormus (Salieri). 18.
Hymne au Printemps (N. Desrue). 19.
Chœur de la Clemenza di Tito. 21.
Chœur d'Euryanthe (Weber). 22
Chœur du Crociato (Meyerbeer). 23
Chœur par Naegeli. 24.
Chœur de Sémiramis (Rossini). 25.
Chœur de Norma (Bellini). 30.
Motet par Bernard Klein. 32.
Quatuor de Bianca e Faliero (Rossini). 33.
Quatuor du mariage secret (Cimarosa). 35.
Quatuor du Sacrifice interrompu (Winter). 37.
O Salutaris (L. Desrue). 39.
Chœur d'Otello (Rossini). 41.
Chœur de la Dame du Lac (Rossini). 42.
Chœur de la Flûte enchantée (Mozart) 44
Chœur du Mandarin (Ritter). 46

Fin du Memorandum

La Ronde du Sabbat (Niedermayer). ton mineur de ré. 160 unités par minute.
(Paroles de Victor Hugo).

0 . 6 6 6 6	6 . . .	. 0 4 3 3 3	6 3 0 2 2 2 2
Mêlons-nous sans	choix!	tandis que la	foule autour de lui
0 . 6 6 6 6	6 . . .	. 0 2 2 2 2	1 1 0 7 7 7 7
Mêlons-nous sans	choix!	tandis que la	foule autour de lui
0 . . .	. . 6 6 6 6	6 0 6 5 5 5	6 6 0 6 5 5 5
	Mêlons-nous sans	choix! tandis que la	foule autour de lui
0 . . .	. . 6 6 6 6	6 0 3 3 3 3	6 6 0 4 3 3 3
	Mêlons-nous sans	choix! tandis que la	foule autour de lui

1 6 0 4 3 3 3	6 3 0 5 5 4 4	3 0 5 5 5 6	5 0 5 0 5 5 5 6
roule, Satan joyeux	foule l'autel et la	croix. L'heure est solen-	nelle, la flamme éter-
6 6 0 2 2 2 2	1 1 0 3 3 2 2	3 0 3 3 3 2	3 0 3 0 3 3 3 2
roule, Satan joyeux	foule l'autel et la	croix. L'heure est solen-	nelle, la flamme éter-
6 6 0 6 5 5 5	6 6 0 5 5 6 6	5 0 5 5 5 4	5 0 5 0 5 5 5 4
roule, Satan joyeux	foule l'autel et la	croix. L'heure est solen-	nelle, la flamme éter-
6 6 0 3 3 3 3	6 6 0 7 7 7 7	3 0 1 1 1 1	1 0 1 0 1 1 1 1
roule. Satan joyeux	foule l'autel et la	croix. L'heure est solen-	nelle. la flamme éter

5 0 5 0 5 5 5 6	5 5 6 6 5 5	6 0 5 5 5 6	5 0 5 0 5 5 5 6
nelle semble, sur son	ai-le, la pourpre des	rois. L'heure est solen-	nelle, la flamme éter-
3 0 3 0 3 3 3 2	3 1 2 3 3 3	3 0 3 3 3 2	3 0 3 0 3 3 3 2
nelle, semble, sur son	ai-le, la pourpre des	rois. L'heure est solen-	nelle, la flamme éter-
5 0 5 0 5 5 5 4	5 4 6 1 7 7	1 0 5 5 5 4	5 0 5 0 5 5 5 4
nelle, semble, sur son	ai-le, la pourpre des	rois. L'heure est solen-	nelle, la flamme éter-
1 0 1 0 1 1 1 1	1 4 4 3 3 3	6 0 1 1 1 1	1 0 1 0 1 1 1 1
nelle, semble, sur son	ai-le, la pourpre des	rois. L'heure est solen-	nelle, la flamme éter

5 0 5 0 5 5 5 6	5 6 6 6 5 5	6 0 1 1 1 1	1 0 1 1 1 1
nelle semble, sur son	aile, la pourpre des	rois. Mêlons-nous sans	choix! Mêlons-nous sans
3 0 3 0 3 3 3 2	3 1 2 3 3 3	3 0 4 4 4 4	3 0 4 4 4 4
nelle semble, sur son	aile, la pourpre des	rois. Mêlons-nous sans	choix! Mêlons-nous sans
5 0 5 0 5 5 5 4	5 4 6 1 7 7	1 0 6 6 6 6	6 0 6 6 6 6
nelle semble, sur son	ai-le, la pourpre des	rois. Mêlons-nous sans	choix! Mêlons-nous sans
1 0 1 0 1 1 1 1	1 4 4 3 3 3	6 0 . .	6 6 6 6 6 0
nelle semble, sur son	ai-le, la pourpre des	rois.	Mêlons-nous sans choix!

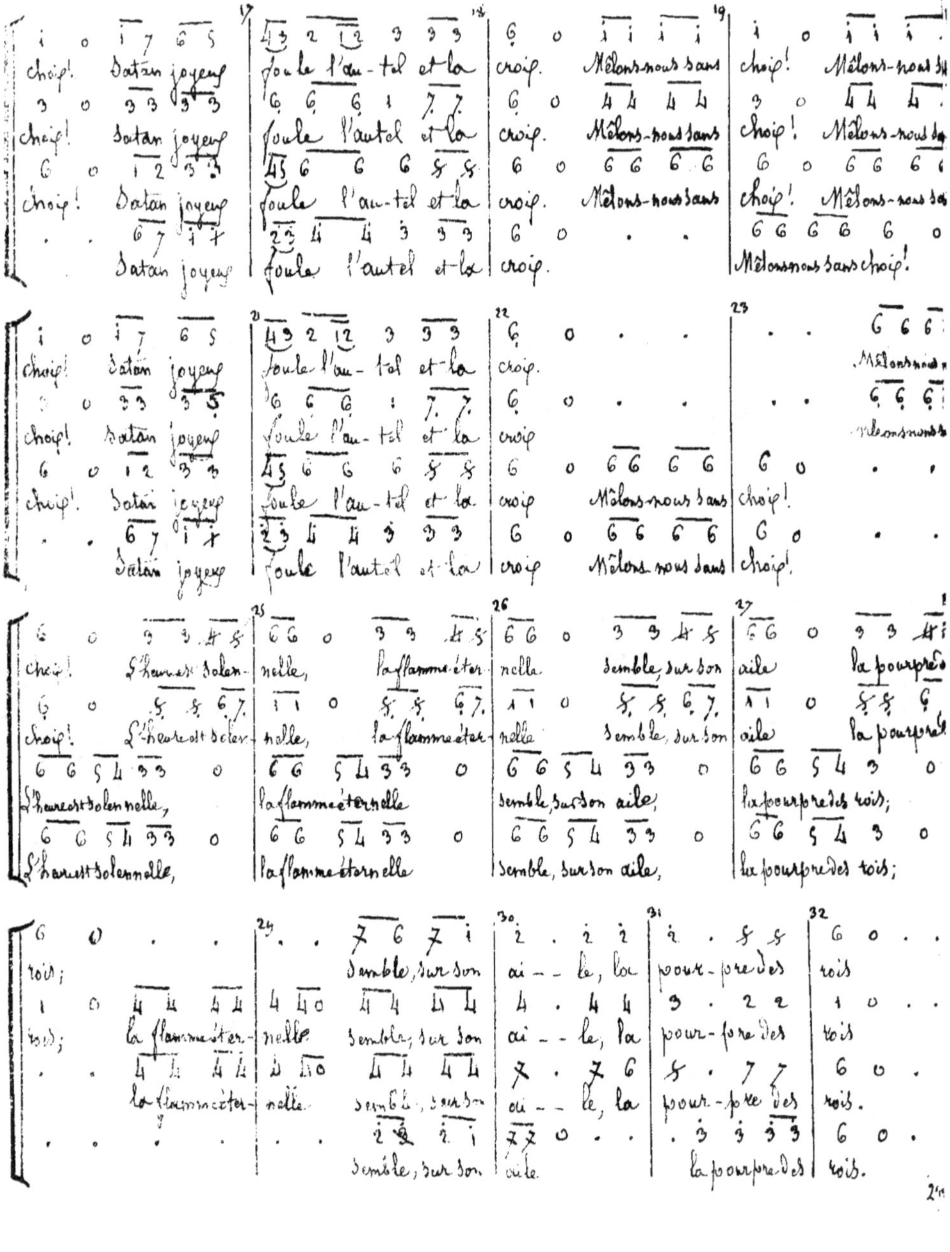

17 18 19

i 0 i 7 6 5 | 4 3 2 1 2 3 3 3 | 6 0 i i i i | i 0 i i i

choix! Satan joyeux | foule l'au-tel et la | croix. Mêlons-nous sans | choix! Mêlons-nous sa

3 0 3 3 3 3 | 6 6 6 1 7 7 | 6 0 4 4 4 4 | 3 0 4 4 4

choix! Satan joyeux | foule l'autel et la | croix. Mêlons-nous sans | choix! Mêlons-nous sa

6 0 1 2 3 3 | 4 5 6 6 6 5 5 | 6 0 6 6 6 6 | 6 0 6 6 6

choix! Satan joyeux | foule l'au-tel et la | croix. Mêlons-nous sans | choix! Mêlons-nous sa

. . 6 7 1 7 | 2 3 4 4 3 3 3 | 6 0 . . | 6 6 6 6 6 0

Satan joyeux | foule l'autel et la | croix. | Mêlons-nous sans choix!

21 22 23

i 0 i 7 6 5 | 4 3 2 1 2 3 3 | 6 0 . . | . . 6 6 6

choix! Satan joyeux | foule l'au-tel et la | croix. | Mêlons-nous

3 0 3 3 3 5 | 6 6 6 1 7 7 | 6 0 . . | . . 6 6 6

choix! Satan joyeux | foule l'au-tel et la | croix | Mêlons-nous

6 0 1 2 3 3 | 4 5 6 6 6 5 5 | 6 0 6 6 6 6 | 6 0 . .

choix! Satan joyeux | foule l'au-tel et la | croix Mêlons-nous sans | choix!

. . 6 7 1 7 | 2 3 4 4 3 3 3 | 6 0 6 6 6 6 | 6 0 . .

Satan joyeux | foule l'autel et la | croix Mêlons-nous sans | choix!

25 26 27

6 0 3 3 4 5 | 6 6 0 3 3 4 5 | 6 6 0 3 3 4 5 | 6 6 0 3 3 4

choix! L'heure est solen- | nelle, la flamme éter- | nelle semble, sur son | aile la pourpre d

6 0 5 5 6 7 | 1 1 0 5 5 6 7 | 1 1 0 5 5 6 7 | 1 1 0 5 5 6

choix! L'heure est solen- | nelle, la flamme éter- | nelle semble, sur son | aile la pourpre d

6 6 5 4 3 3 0 | 6 6 5 4 3 3 0 | 6 6 5 4 3 3 0 | 6 6 5 4 3 0

L'heure est solennelle, | la flamme éternelle | semble, sur son aile, | la pourpre des rois;

6 6 5 4 3 3 0 | 6 6 5 4 3 3 0 | 6 6 5 4 3 3 0 | 6 6 5 4 3 0

L'heure est solennelle, | la flamme éternelle | semble, sur son aile, | la pourpre des rois;

29 30 31 32

6 0 . . | . . 7 6 7 i | 2 . 2 2 | 2 . 5 5 | 6 0 . .

rois; | semble, sur son | ai - - le, la | pour-pre des | rois

1 0 4 4 4 4 | 4 4 0 4 4 4 4 | 4 . 4 4 | 3 . 2 2 | 1 0 . .

rois; la flamme éter- | nelle semble, sur son | ai - - le, la | pour-pre des | rois

. . 4 4 4 4 | 4 4 0 4 4 4 4 | 7 . 7 6 | 5 . 7 7 | 6 0 .

la flamme éter- | nelle semble, sur son | ai - - le, la | pour-pre des | rois.

. . . . | . . 2 2 1 1 | 7 7 0 . . | . 3 3 3 3 | 6 0 .

semble, sur son | aile. | la pourpre des | rois.

Deuxième Strophe.

0 · 66 6 6 | 6 · · · | · 0 43 3 3 | 6 30 22 2 2
Venez sans re- | mords, | nains aux pieds de | chèvre, Goules, dont la
0 · 66 6 6 | 6 · · · | · 0 2 2 2 2 | 1 10 7 7 7 7
Venez sans re- | mords, | nains aux pieds de | chèvre, Goules, dont la
0 · · · | · · 66 6 6 | 6 0 6 5 5 5 | 6 60 6 5 5 5
Venez sans re- | mords, nains aux pieds de | chèvre, Goules, dont la
0 · · · | · · 66 6 6 | 6 0 3 3 3 3 | 6 60 4 3 3 3
Venez sans re- | mords, nains aux pieds de | chèvre, Goules, dont la

1 60 4 3 3 3 | 6 30 5 5 4 4 | 3 0 5 5 5 6 | 50 50 5 5 5 6
lèvre jamais ne se | sèvre du sang noir des | morts. Femmes infer- | nales, accourez ri-
6 60 2 2 2 2 | 1 10 3 3 2 2 | 3 0 3 3 3 2 | 30 30 3 3 3 2
lèvre jamais ne se | sèvre du sang noir des | morts. Femmes infer- | nales, accourez ri-
6 60 6 5 5 5 | 6 60 5 5 6 6 | 5 0 5 5 5 4 | 50 50 5 5 5 4
lèvre jamais ne se | sèvre du sang noir des | morts. Femmes infer- | nales, accourez ri-
6 60 3 3 3 3 | 6 60 7 7 7 7 | 3 0 1 1 1 1 | 10 10 1 1 1 1
lèvre jamais ne se | sèvre du sang noir des | morts. Femmes infer- | nales, accourez ri-

50 50 5 5 5 6 | 5 66 6 5 5 | 6 0 5 5 5 6 | 50 50 5 5 5 6
vales, pressez vos ca- | vales qui n'ont point de | mors. Femmes infer- | nales, accourez ri-
30 30 3 3 3 2 | 3 1 2 3 3 3 | 3 0 3 3 3 2 | 30 30 3 3 3 2
vales, pressez vos ca- | vales qui n'ont point de | mors. Femmes infer- | nales, accourez ri-
50 50 5 5 5 4 | 5 4 6 1 7 7 | 1 0 5 5 5 4 | 50 50 5 5 5 4
vales, pressez vos ca- | vales qui n'ont point de | mors. Femmes infer- | nales, accourez ri-
10 10 1 1 1 1 | 1 4 4 3 3 3 | 6 0 1 1 1 1 | 10 10 1 1 1 1
vales, pressez vos ca- | vales qui n'ont point de | mors. Femmes infer- | nales, accourez ri-

50 50 5 5 5 6 | 5 66 6 5 5 | 6 0 1 1 1 1 | 1 0 1 1 1 1
vales, pressez vos ca- | vales qui n'ont point de | mors. Venez sans re- | mords, Venez sans re-
30 30 3 3 3 2 | 3 1 1 3 3 3 | 3 0 4 4 4 4 | 3 0 4 4 4 4
vales, pressez vos ca- | vales qui n'ont point de | mors. Venez sans re- | mords, Venez sans re-
50 50 5 5 5 4 | 5 4 6 1 7 7 | 1 0 6 6 6 6 | 6 0 6 6 6 6
vales, pressez vos ca- | va-les qui n'ont point de | mors. Venez sans re- | mords, Venez sans re-
10 10 1 1 1 1 | 1 4 4 3 3 3 | 6 0 · · | 66 6 6 6 0
vales, pressez vos ca- | va-les qui n'ont point de | mors. | Venez sans remords.

17 18 19 20

1 0 1 7 6 5 | 43 2 12 3 3 3 | 6 0 1 1 1 1 | 1 0 1 1 1 1
mords pressez vos ca- | va-les qui n'ont point de | mors. Venez sans re- | mords, Venez sans re-
3 0 3 3 3 3 | 6 6 6 1 7 7 | 6 0 4 4 4 4 | 3 0 4 4 4 4
mords, pressez vos ca- | va-les qui n'ont point de | mors. Venez sans re- | mords, Venez sans re-
6 0 1 2 3 3 | 45 6 6 6 5 5 | 6 0 6 6 6 6 | 6 0 6 6 6 6
mords. pressez vos ca- | va-les qui n'ont point de | mors. Venez sans re- | mords, Venez sans re-
. . 6 7 1 1 | 23 4 4 3 3 3 | 6 0 . . | 6 6 6 6 6 0
pressez vos ca- | va-les qui n'ont point de | mors. | Venez sans remords,

21 22 23 24

1 0 1 7 6 5 | 43 2 12 3 3 3 | 6 0 . . | . . 6 6 6 6
mords, pressez vos ca- | va-les qui n'ont point de | mors. | Venez sans re-
3 0 3 3 3 6 | 6 6 6 1 7 7 | 6 0 . . | . . 6 6 6 6
mords, pressez vos ca- | va-les qui n'ont point de | mors. | Venez sans re-
6 0 1 2 3 3 | 45 6 6 6 5 5 | 6 0 6 6 6 6 | 6 0 . .
mords pressez vos ca- | va-les qui n'ont point de | mors. Venez sans re- | mords,
. . 6 7 1 1 | 23 4 4 3 3 3 | 6 0 6 6 6 6 | 6 0 . .
pressez vos ca- | va-les qui n'ont point de | mors. Venez sans re- | mords,

25 26 27 28

6 0 3 3 4 5 | 6 6 0 3 3 4 5 | 6 6 0 3 3 4 5 | 6 6 0 3 3 4 5
mords, mains aux pieds de | chèvre Goules dont la | lèvre jamais ne se- | sèvre Du sang noir des
6 0 5 5 6 7 | 1 1 0 5 5 6 7 | 1 1 0 5 5 6 7 | 1 1 0 5 5 6 7
mords, mains aux pieds de | chèvre, Goules dont la | lèvre jamais ne se- | sèvre du sang noir des
6 6 5 4 3 3 0 | 6 6 5 4 3 3 0 | 6 6 5 4 3 3 0 | 6 6 5 4 3 0
mains aux pieds de chèvre, | Goules dont la lèvre | jamais ne se sèvre | Du sang noir des morts.
6 6 5 4 3 3 0 | 6 6 5 4 3 3 0 | 6 6 5 4 3 3 0 | 6 6 5 4 3 0
mains aux pieds de chèvre, | Goules dont la lèvre | jamais ne se sèvre | Du sang noir des morts.

29 30 31 32 33

6 0 . . . | . . 7 6 7 1 | 2 . 2 2 | 2 . 5 5 | 6 0 . .
morts. | jamais ne se | sè-vre du | sang noir des | morts.
1 0 4 4 4 4 | 4 4 0 4 4 4 4 | 4 . 4 4 | 3 . 2 2 | 1 0 . .
morts. Goules, dont la | lèvre jamais ne se | sè-vre du | sang noir des | morts.
. . 4 4 4 4 | 4 4 0 4 4 4 4 | 7 . 7 6 | 5 . 7 7 | 6 0 . .
Goules dont la | lèvre jamais ne se | sè-vre du | sang noir des | morts.
. . . . | . . 2 2 1 1 | 7 7 . . | . 3 3 3 3 | 6 0 . .
jamais ne se | sèvre | sang noir des | morts.

3e strophe.

3e Strophe.

S — 0 . 6 6 6 6 | 6 . . . . | . 0 4 3 3 3 | 6 3 0 2 2 2 2
Satan vous ver- | ra! | de vos mains gros- | sières, parmi des pous-

S — 0 . 6 6 6 6 | . . . . . | . 0 2 2 2 2 | 1 1 0 7 7 7 7
Satan vous ver- | ra! | de vos mains gros- | sières, parmi des pous-

T — 0 . . . | . . 6 6 6 6 | 6 0 6 ƒ ƒ ƒ | 6 6 0 6 ƒ ƒ ƒ
Satan vous ver- | ra! de vos mains gros- | sières, parmi des pous-

B — 0 . . . | . . 6 6 6 6 | 6 0 3 3 3 3 | 6 6 0 4 3 3 3
Satan vous ver- | ra! de vos mains gros- | sières, parmi des pous-

1 6 0 4 3 3 3 | 6 3 0 5 5 4 4 | 3 0 5 5 5 6 | 5 0 5 0 5 5 5 6
sières, écrivez, sor- | ciè-res, abracada- | bra! Volez, oiseaux | fauves, dont les ailes

6 6 0 2 2 2 2 | 1 1 0 3 3 2 2 | 3 0 3 3 3 2 | 3 0 3 0 3 3 3 2
sières écrivez, sor- | ciè-res, abracada- | bra! Volez, oiseaux | fauves, dont les ailes

6 6 0 ƒ ƒ ƒ ƒ | 6 6 0 5 5 6 6 | 5 0 5 5 5 4 | 5 0 5 0 5 5 5 4
sières. écrivez, sor- | ciè-res, abracada- | bra! Volez, oiseaux | fauves, dont les ailes

6 6 0 3 3 3 3 | 6 6 0 7 7 7 7 | 3 0 1 1 1 1 | 1 0 1 0 1 1 1 1
sières écrivez, sor- | ciè-res, abracada- | bra! Volez, oiseaux | fauves, dont les ailes

5 0 5 0 5 5 5 6 | 5 6 6 6 ƒ ƒ | 6 0 5 5 5 6 | 5 0 5 0 5 5 5 6
Chauves, aux ciels des al- | coves, suspendent Smar- | ra! Volez, oiseaux | fauves, dont les ailes

3 0 3 0 3 3 3 2 | 3 1 2 3 3 3 | 3 0 3 3 3 2 | 3 0 3 0 3 3 3 2
chauves, aux ciels des al- | coves, suspen-dent Smar- | ra! Volez, oiseaux | fauves, dont les ailes

5 0 5 0 5 5 5 4 | 5 4 6 1 7 7 | 1 0 5 5 5 4 | 5 0 5 0 5 5 5 4
chauves, aux ciels des al- | coves, suspen-dent Smar- | ra! Volez, oiseaux | fauves, dont les ailes

1 0 1 0 1 1 1 1 | 1 4 4 3 3 3 | 6 0 1 1 1 1 | 1 0 1 0 1 1 1 1
chauves, aux ciels des al- | coves, suspen-dent Smar- | ra! Volez, oiseaux | fauves, dont les ailes

5 0 5 0 5 5 5 6 | 5 6 6 6 ƒ ƒ | 6 0 1 1 1 1 | 1 0 1 1 1 1
chauves, aux ciels des al- | co-ves, suspendent Smar- | ra! abracada- | bra! abracada-

3 0 3 0 3 3 3 2 | 3 1 2 3 3 3 | 3 0 4 4 4 4 | 3 0 4 4 4 4
chauves, aux ciels des al- | co-ves, suspendent Smar- | ra! abracada- | bra! abracada-

5 0 5 0 5 5 5 4 | 5 4 6 1 7 7 | 1 0 6 6 6 6 | 6 0 6 6 6 6
chauves, aux ciels des al- | co-ves, suspendent Smar- | ra! abracada- | bra! abracada-

1 0 1 0 1 1 1 1 | 1 4 4 3 3 3 | 6 0 . . | 6 6 6 6 6 0
chauves, aux ciels des al- | co-ves, suspendent Smar- | ra! | abracadabra!

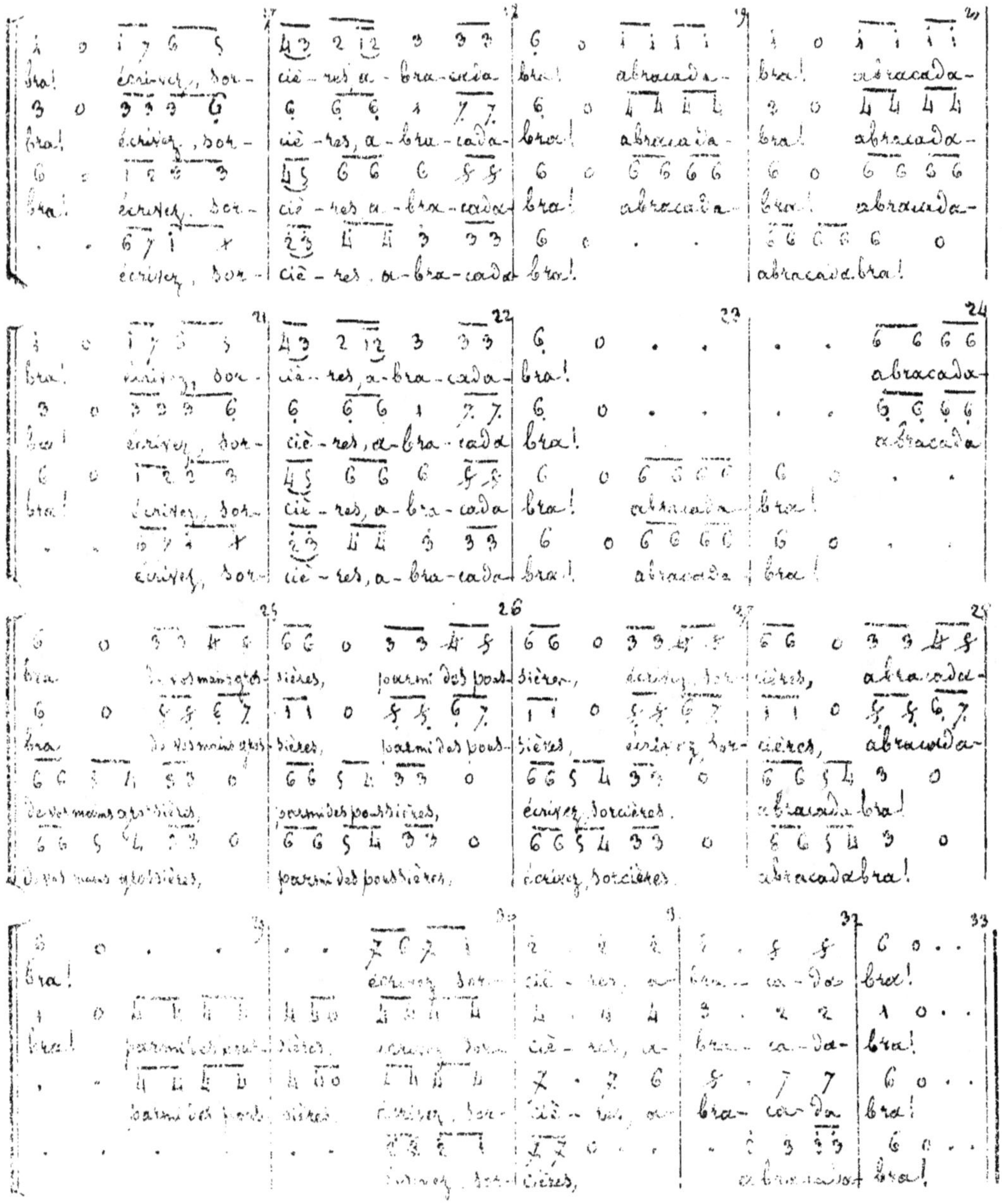

17 18 19 20

i 0 i 7 6 5 | 4 3 2 12 3 3 3 | 6 0 i i i i | i 0 i i i i
bra! écrivez, sor- | ciè-res a-bra-cada- | bra! abracada- | bra! abracada-
3 0 3 3 3 6 | 6 6 6 i 7 7 | 6 0 4 4 4 4 | 3 0 4 4 4 4
bra! écrivez, sor- | ciè-res, a-bra-cada- | bra! abracada- | bra! abracada-
6 0 1 2 3 3 | 4 5 6 6 6 5 5 | 6 0 6 6 6 6 | 6 0 6 6 6 6
bra! écrivez, sor- | ciè-res a-bra-cada | bra! abracada- | bra! abracada-
. . 6 7 i 7 | 2 3 4 4 3 3 3 | 6 0 . . | 6 6 6 6 6 0
écrivez, sor- | ciè-res, a-bra-cada | bra! | abracadabra!

21 22 23 24

i 0 i 7 6 5 | 4 3 2 12 3 3 3 | 6 0 . . | . . 6 6 6 6
bra! écrivez, sor- | ciè-res, a-bra-cada- | bra! | abracada-
3 0 3 3 3 6 | 6 6 6 i 7 7 | 6 0 . . | . . 6 6 6 6
bra! écrivez, sor- | ciè-res, a-bra-cada | bra! | abracada
6 0 1 2 3 3 | 4 5 6 6 6 5 5 | 6 0 6 6 6 6 | 6 0 . .
bra! écrivez, sor- | ciè-res, a-bra-cada | bra! abracada- | bra!
. . 6 7 i 7 | 2 3 4 4 3 3 3 | 6 0 6 6 6 6 | 6 0 . .
écrivez, sor- | ciè-res, a-bra-cada- | bra! abracada | bra!

25 26 27 28

6 0 3 3 4 5 | 6 6 0 3 3 4 5 | 6 6 0 3 3 4 5 | 6 6 0 3 3 4 5
bra de vos mains gros- | sières, parmi des pous- | sières, écrivez, sor- | cières, abracada-
6 0 5 5 6 7 | i i 0 5 5 6 7 | i i 0 5 5 6 7 | i i 0 5 5 6 7
bra de vos mains gros- | sières, parmi des pous- | sières, écrivez, sor- | cières, abracada-
6 6 5 4 3 3 0 | 6 6 5 4 3 3 0 | 6 6 5 4 3 3 0 | 6 6 5 4 3 0
De vos mains grossières, | parmi des poussières, | écrivez, sorcières. | abracadabra!
6 6 5 4 3 3 0 | 6 6 5 4 3 3 0 | 6 6 5 4 3 3 0 | 6 6 5 4 3 0
De vos mains grossières, | parmi des poussières, | écrivez, sorcières. | abracadabra!

29 30 31 32 33

6 0 . . | . . 7 0 7 i | 2 . 2 2 | 5 . 5 5 | 6 0 . .
bra! | écrivez, sor- | ciè-res, a- | bra-ca-da- | bra!
1 0 4 4 4 4 | 4 4 0 4 3 4 4 | 4 . 4 4 | 3 . 2 2 | 1 0 . .
bra! parmi des pous- | sières, écrivez, sor- | ciè-res, a- | bra-ca-da- | bra!
. . 4 4 4 4 | 4 4 0 4 4 4 4 | 7 . 7 6 | 5 . 7 7 | 6 0 . .
parmi des pous- | sières, écrivez, sor- | ciè-res, a- | bra-ca-da | bra!
. . . . | . . 2 3 5 i | 2 7 0 . | . 5 3 3 3 | 6 0 . .
écrivez, sor- | cières, | abracada | bra!

Prière de Zampa (Hérold). Ton de mi. 80 unités par minute.

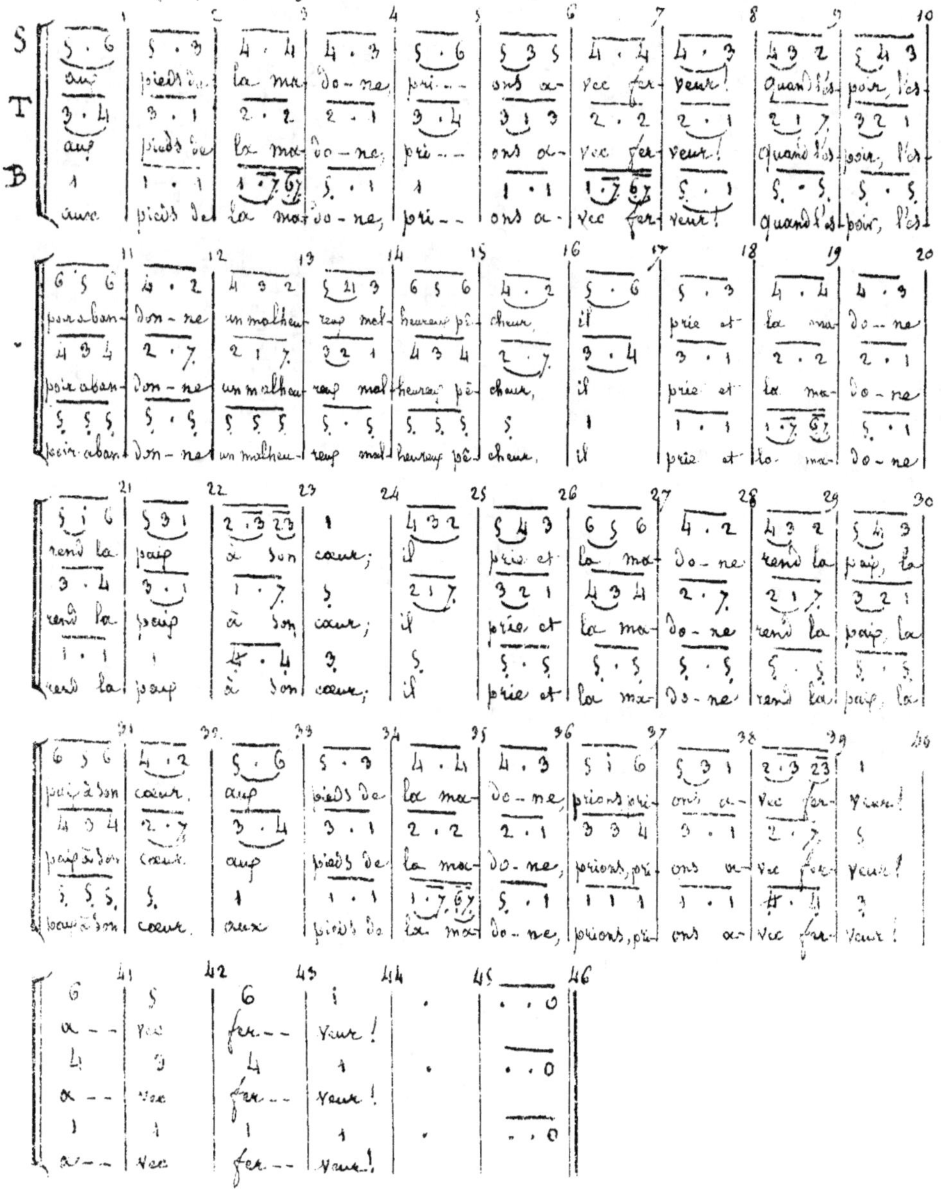

	1	2	3	4	5	6	7	8	9	10
S	5 · 6	5 · 3	4 · 4	4 · 3	5 · 6	5 3 5	4 · 4	4 · 3	4 3 2	5 4 3
	aux	pieds de	la ma-	do-ne,	pri--	ons a-	vec fer-	veur!	quand l'es-	poir, l'es-
T	3 · 4	3 · 1	2 · 2	2 · 1	3 · 4	3 1 3	2 · 2	2 · 1	2 1 7	3 2 1
	aux	pieds de	la ma-	do-ne,	pri--	ons a-	vec fer-	veur!	quand l'es-	poir, l'es-
B	1	1 · 1	1 · 7 67	5 · 1	1	1 · 1	1 · 7 67	5 · 1	5 · 5	5 · 5
	aux	pieds de	la ma-	do-ne,	pri--	ons a-	vec fer-	veur!	quand l'es-	poir, l'es-

	11	12	13	14	15	16	17	18	19	20
S	6 5 6	4 · 2	4 3 2	5 21 3	6 5 6	4 · 2	5 · 6	5 · 3	4 · 4	4 · 3
	poir aban-	don-ne	un malheu-	reux mal-	heureux pê-	cheur,	il	prie et	la ma-	do-ne
T	4 3 4	2 · 7	2 1 7	3 2 1	4 3 4	2 · 7	3 · 4	3 · 1	2 · 2	2 · 1
	poir aban-	don-ne	un malheu-	reux mal-	heureux pê-	cheur,	il	prie et	la ma-	do-ne
B	5 5 5	5 · 5	5 5 5	5 · 5	5 5 5	5	1	1 · 1	1 · 7 67	5 · 1
	poir aban-	don-ne	un malheu-	reux mal-	heureux pê-	cheur,	il	prie et	la ma-	do-ne

	21	22	23	24	25	26	27	28	29	30
S	5 i 6	5 3 1	2 · 3 23	1	4 3 2	5 4 3	6 5 6	4 · 2	4 3 2	5 4 3
	rend la	paix	à son	cœur;	il	prie et	la ma-	do-ne	rend la	paix, la
T	3 · 4	3 · 1	1 · 7	5	2 1 7	3 2 1	4 3 4	2 · 7	2 1 7	3 2 1
	rend la	paix	à son	cœur;	il	prie et	la ma-	do-ne	rend la	paix, la
B	1 · 1	1	4 · 4	3	5	5 · 5	5 · 5	5 · 5	5 · 5	5 · 5
	rend la	paix	à son	cœur;	il	prie et	la ma-	do-ne	rend la	paix, la

	31	32	33	34	35	36	37	38	39	40
S	6 5 6	4 · 2	5 · 6	5 · 3	4 · 4	4 · 3	5 i 6	5 3 1	2 · 3 23	1
	paix à son	cœur.	aux	pieds de	la ma-	do-ne,	prions, pri-	ons a-	vec fer-	veur!
T	4 3 4	2 · 7	3 · 4	3 · 1	2 · 2	2 · 1	3 3 4	3 · 1	2 · 7	5
	paix à son	cœur.	aux	pieds de	la ma-	do-ne,	prions, pri-	ons a-	vec fer-	veur!
B	5 5 5	5	1	1 · 1	1 · 7 67	5 · 1	1 1 1	1 · 1	4 · 4	3
	paix à son	cœur.	aux	pieds de	la ma-	do-ne,	prions, pri-	ons a-	vec fer-	veur!

	41	42	43	44	45	46
S	6	5	6	i	·	· · 0
	a--	vec	fer--	veur!		
T	4	3	4	1	·	· · 0
	a--	vec	fer--	veur!		
B	1	1	1	1	·	· · 0
	a--	vec	fer--	veur!		

Chœur de Zampa (Hérold). ton de mi. 104 unités par minute.

Chœur sur des motifs de M. M. Auber et Rossini. ton de fa. 60 unités par minute.

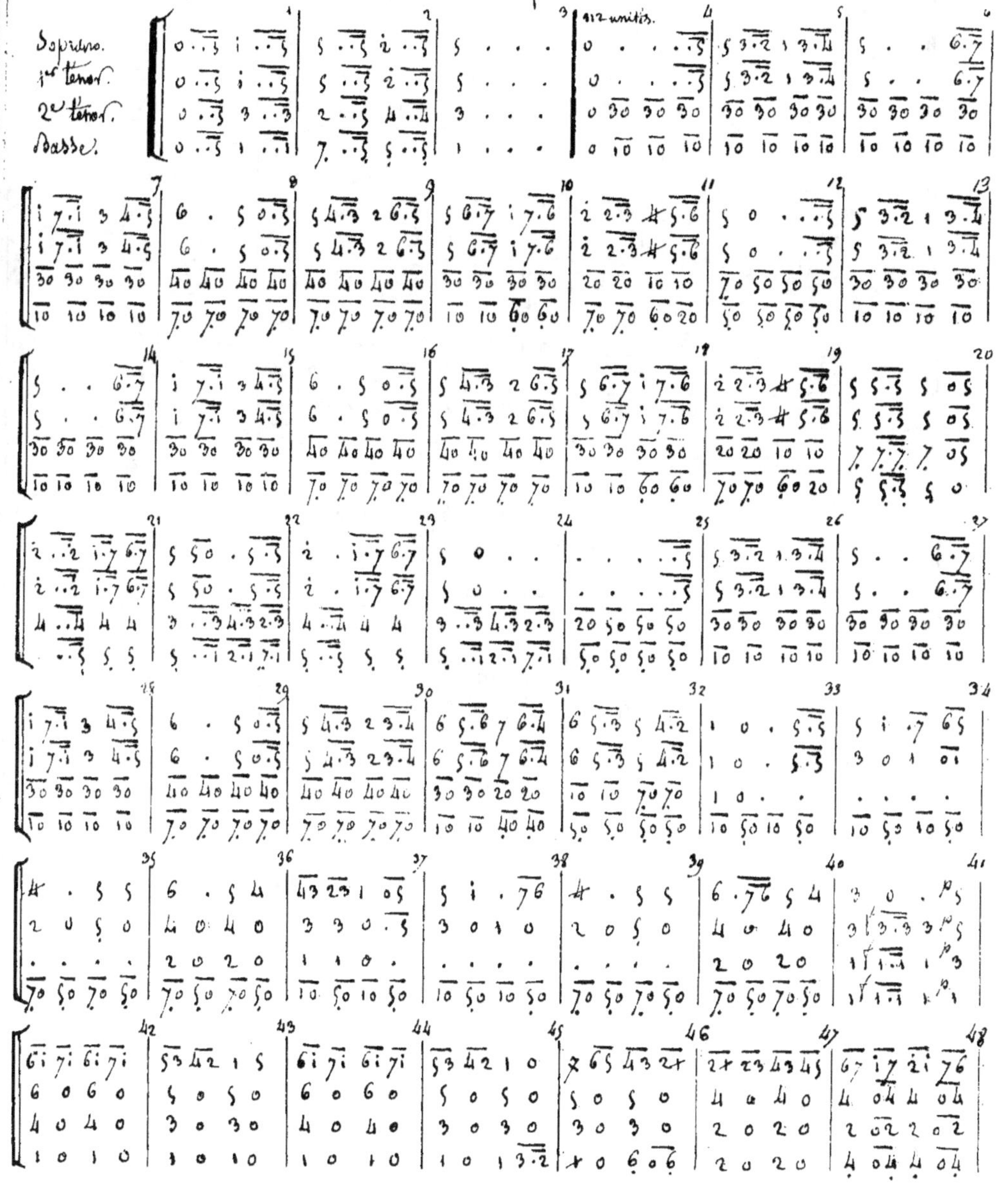

412 unités.

Soprano.

1er ténor.

2e ténor.

Basse.

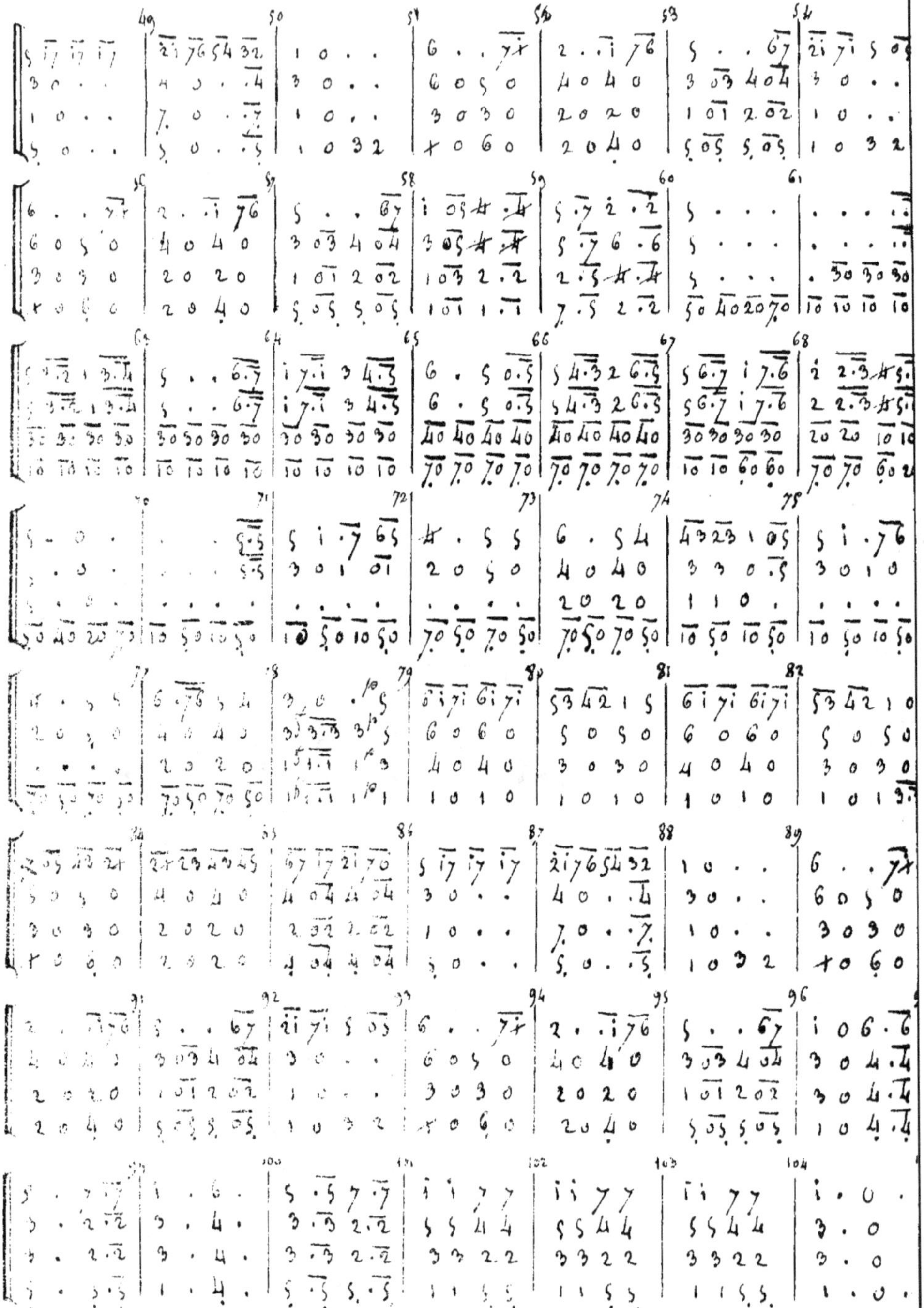

	49	50	51	52	53	54
5 i7 i7 i7	2i 76 54 32	1 0 . .	6 . . 7	2 . i 76	5 . . 67	2i 7i 5 0
3 0 . .	4 0 . 4	3 0 . .	6 0 5 0	4 0 4 0	3 03 4 04	3 0 . .
1 0 . .	7 0 . 7	1 0 . .	3 0 3 0	2 0 2 0	1 01 2 02	1 0 . .
5 0 . .	5 0 . 5	1 0 3 2	4 0 6 0	2 0 4 0	5 05 5 05	1 0 3 2

	55	57	58	59	60	61
6 . . 7	2 . i 76	5 . . 67	i 05 4 .4	5 .7 2 .2	5 . . .	i
6 0 5 0	4 0 4 0	3 03 4 04	3 05 4 .4	5 .7 6 .6	5 . . .	i
3 0 3 0	2 0 2 0	1 01 2 02	1 03 2 .2	2 .5 4 .4	5 . . .	. 30 30 30
4 0 6 0	2 0 4 0	5 05 5 05	1 01 1 .1	7 .5 2 .2	50 40 20 70	10 10 10 10

	63	64	65	66	67	68
5 3.2 1 3.4	5 . . 6.7	i 7.i 3 4.5	6 . 5 0.5	5 4.3 2 6.5	5 6.7 i 7.6	2 2.3 4 5
5 3.2 1 3.4	5 . . 6.7	i 7.i 3 4.5	6 . 5 0.5	5 4.3 2 6.5	5 6.7 i 7.6	2 2.3 4 5
30 30 30 30	30 30 30 30	30 30 30 30	40 40 40 40	40 40 40 40	30 30 30 30	20 20 10 10
10 10 10 10	10 10 10 10	10 10 10 10	70 70 70 70	70 70 70 70	10 10 60 60	70 70 60 2

	70	71	72	73	74	75
5 - 0 .	. . . 5.5	5 i 7 65	4 . 5 5	6 . 5 4	43 23 1 05	5 i .7 6
. 0 .	. . . 5.5	3 0 1 01	2 0 5 0	4 0 4 0	3 3 0 .5	3 0 1 0
. . 0 .	. . . .	. . . .	. . . .	2 0 2 0	1 1 0 .	. . . .
50 40 20 70	10 50 10 50	10 50 10 50	70 50 70 50	70 50 70 50	10 50 10 50	10 50 10 50

	77	78	79	80	81	82
4 . 5 5	6 .76 5 4	3 0 . 5	6i 7i 6i 7i	53 42 1 5	6i 7i 6i 7i	53 42 1 0
2 0 5 0	4 0 4 0	3 33 3 5	6 0 6 0	5 0 5 0	6 0 6 0	5 0 5 0
. . . .	2 0 2 0	1 11 1 3	4 0 4 0	3 0 3 0	4 0 4 0	3 0 3 0
70 50 70 50	70 50 70 50	1 11 1 1	1 0 1 0	1 0 1 0	1 0 1 0	1 0 1 3

	84	85	86	87	88	89
2 05 43 24	22 23 24 25	67 17 2i 76	5 i7 i7 i7	2i 76 54 32	1 0 . .	6 . . 7
5 0 5 0	4 0 4 0	4 04 4 04	3 0 . .	4 0 . 4	3 0 . .	6 0 5 0
3 0 3 0	2 0 2 0	2 02 2 02	1 0 . .	7 0 . 7	1 0 . .	3 0 3 0
4 0 6 0	2 0 2 0	4 04 4 04	5 0 . .	5 0 . 5	1 0 3 2	4 0 6 0

	91	92	93	94	95	96
2 . i 76	5 . . 67	2i 7i 5 05	6 . . 7	2 . i 76	5 . . 67	i 0 6 .6
4 0 4 0	3 03 4 04	3 0 . .	6 0 5 0	4 0 4 0	3 03 4 04	3 0 4 .4
2 0 2 0	1 01 2 02	1 0 . .	3 0 3 0	2 0 2 0	1 01 2 02	3 0 4 .4
2 0 4 0	5 05 5 05	1 0 3 2	4 0 6 0	2 0 4 0	5 05 5 05	1 0 4 .4

	99	100	101	102	103	104
5 . 7 .7	i . 6 .	5 .5 7 .7	i i 7 7	i i 7 7	i i 7 7	i . 0 .
3 . 2 .2	3 . 4 .	3 .3 2 .2	5 5 4 4	5 5 4 4	5 5 4 4	3 . 0
3 . 2 .2	3 . 4 .	3 .3 2 .2	3 3 2 2	3 3 2 2	3 3 2 2	3 . 0
5 . 5 .5	1 . 4 .	5 .5 5 .5	1 1 5 5	1 1 5 5	1 1 5 5	1 . 0 .

Chœur des Huguenots (Meyerbeer). ton ré si♭. 116 unités par minute.

S solo
T solo
T
b
B

176 unités.

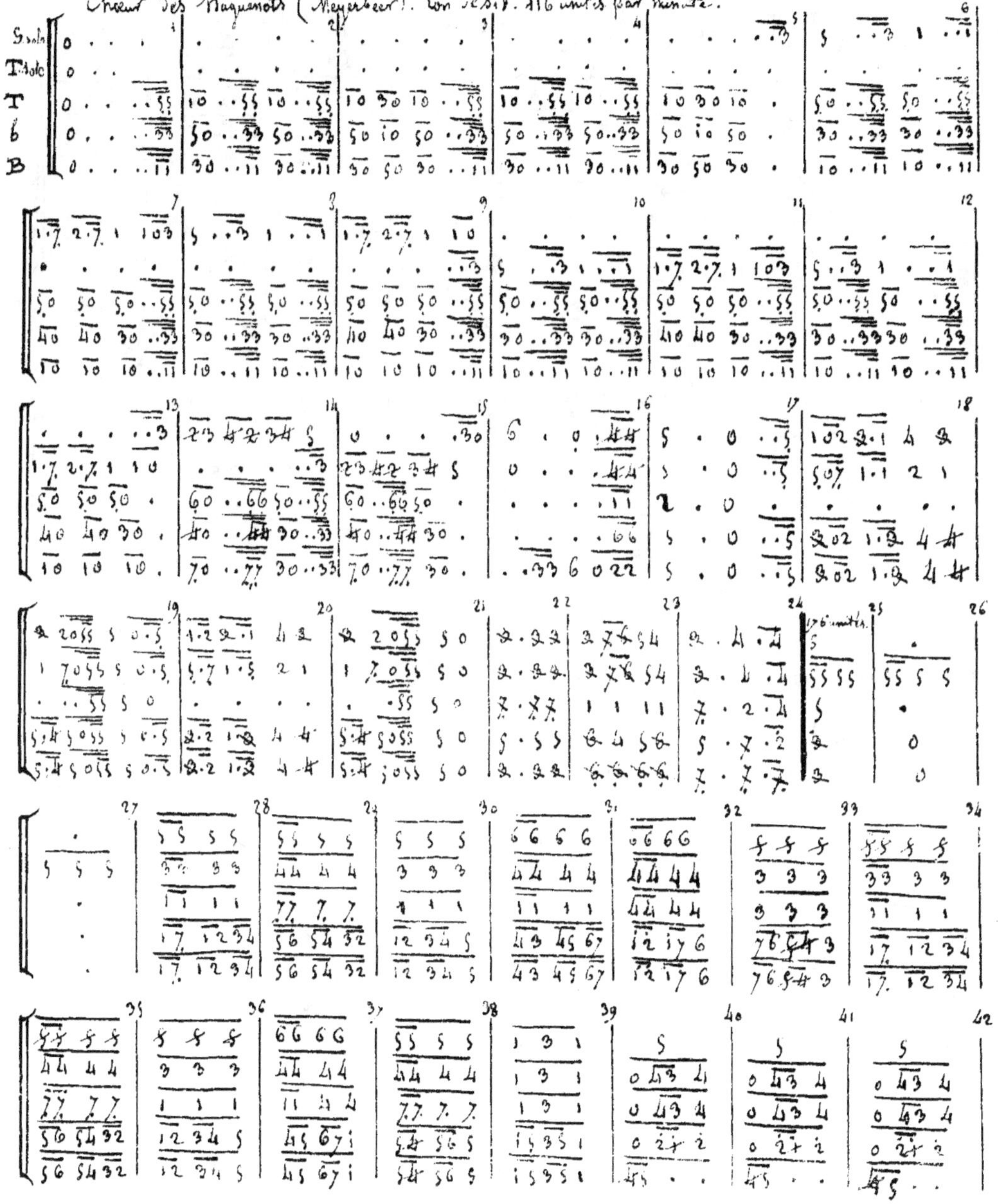

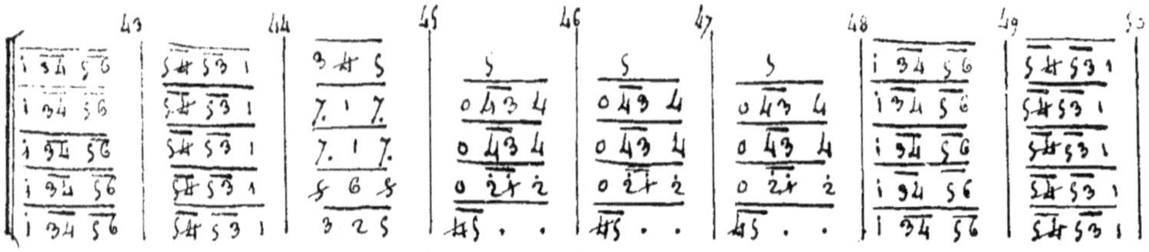

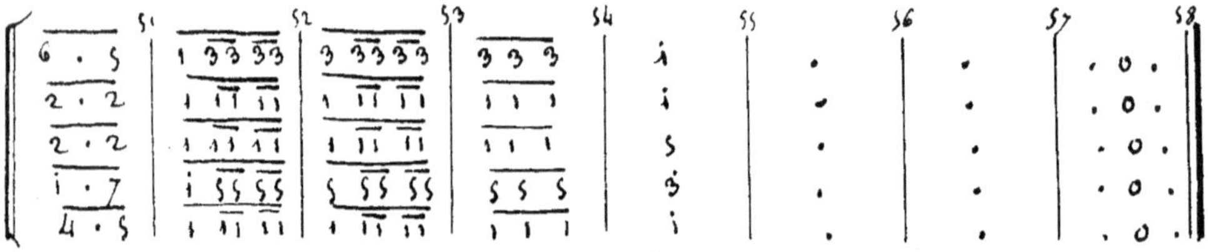

43	44	45	46	47	48	49	50
i 34 56	5#4 5 3 1	3 #4 5	5	5	5	i 34 56	5#4 5 3 1
i 34 56	5#4 5 3 1	7. i 7.	0 43 4	0 43 4	0 43 4	i 34 56	5#4 5 3 1
i 34 56	5#4 5 3 1	7. i 7.	0 43 4	0 43 4	0 43 4	i 34 56	5#4 5 3 1
i 34 56	5#4 5 3 1	5 6 5	0 2#4 2	0 2#4 2	0 2#4 2	i 34 56	5#4 5 3 1
1 34 56	5#4 5 3 1	3 2 5	#45 . .	#45 . .	#45 . .	1 34 56	5#4 5 3 1

51	52	53	54	55	56	57	58
6 . 5	1 33 33	3 33 33	3 3 3	i	.	.	. 0 .
2 . 2	1 11 11	1 11 11	1 1 1	i	.	.	. 0 .
2 . 2	1 11 11	1 11 11	1 1 1	5	.	.	. 0 .
i . 7	i 55 55	5 55 55	5 5 5	3	.	.	. 0 .
4 . 5	1 11 11	1 11 11	1 1 1	1	.	.	. 0 .

Traduction, en ton mineur, du fragment qui termine la portion écrite à quatre temps, mesures 17 et suivantes.

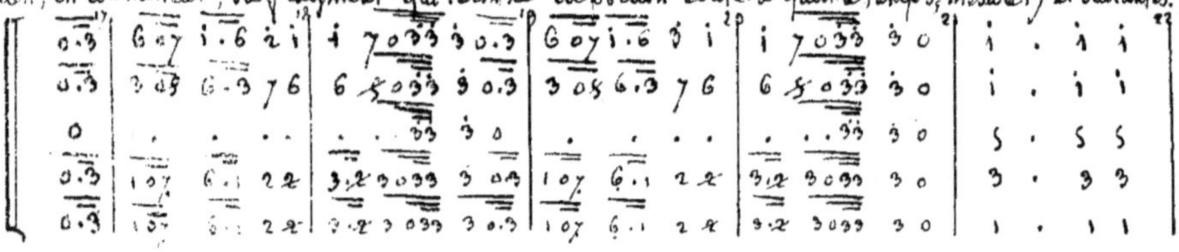

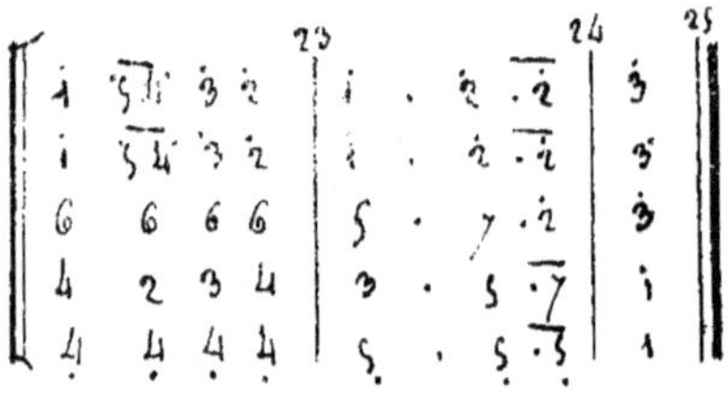

17	18	19	20	21	22
0.3	6 07 i.6 2 i	i 7 033 3 0.3	6 07 i.6 3 i	i 7 033 3 0	i . i i
0.3	3 03 6.3 7 6	6 5 033 3 0.3	3 05 6.3 7 6	6 5 033 3 0	i . i i
0	. . . .	. . 33 3 0	. . . .	. . 33 3 0	5 . 5 5
0.3	1 07 6.1 2 2	3.2 3033 3 03	1 07 6.1 2 2	3.2 3033 3 0	3 . 3 3
0.3	1 05 6.1 2 2	3.2 3033 3 0.3	1 07 6.1 2 2	3.2 3033 3 0	1 . 1 1

22	23	24	25
i 5i 3 2	i . 2 .2	3	
i 54 3 2	i . 2 .2	3	
6 6 6 6	5 . 7 .2	3	
4 2 3 4	3 . 5 .7	i	
4 4 4 4	5 . 5 .3	1	

Ordre dans lequel seront chantés les morceaux de la séance de clôture, samedi 10 mars.

Norma.	La Vestale.	La Juive.	Anna Bolena.	La cambiale.
La Straniera.	Joseph.	L'Albore.	Zampa (3 voix).	La Dame Blanche.
L'Illusion	Grisella.	Fernand Cortez	Gustave.	Le Pirate.
Euryanthe.	Zampa (3 voix).	Semiramide.	Auber et Rossini.	Les Huguenots.
Le Comte Ory.	Création.	Le Turc.	La Muette.	La Ronde du Sabbat.

N. B. Les auditeurs du 1er cours sont priés de ne pas oublier qu'ils pourront, sans aucune condition supplémentaire, suivre les leçons qui recommenceront lundi 12 mars, à sept heures du soir.

Bordeaux, 3 mars 1838. Aimé Paris

Chœur de la Vestale (Spontini). Ton de ré. 120 unités par minute.

Soprano 1°.

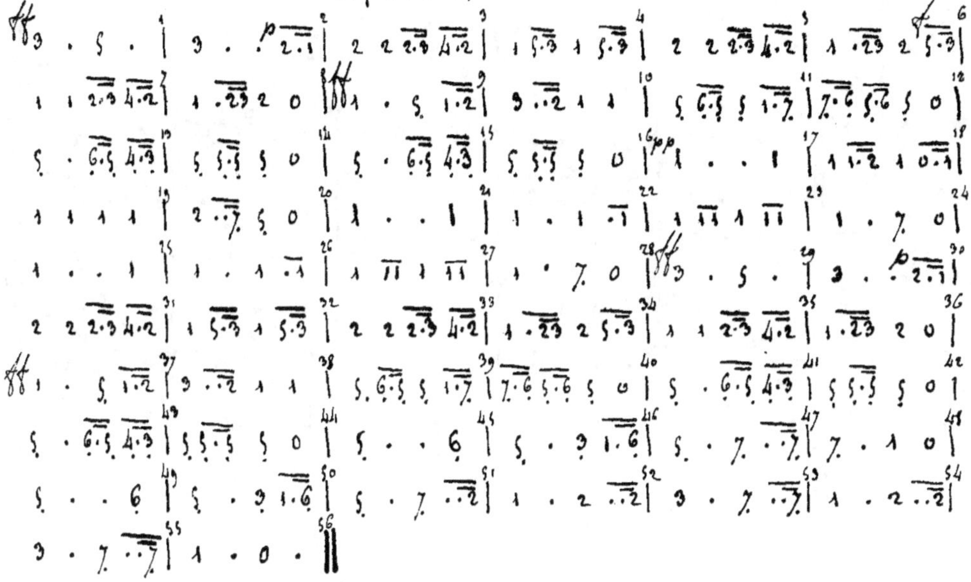

Soprano 2°.

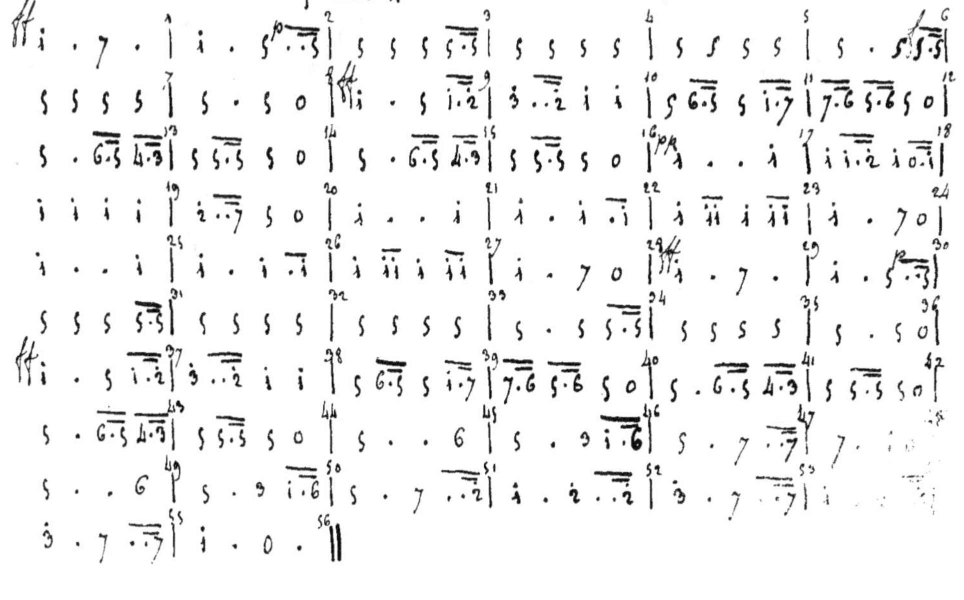

1er tenor.

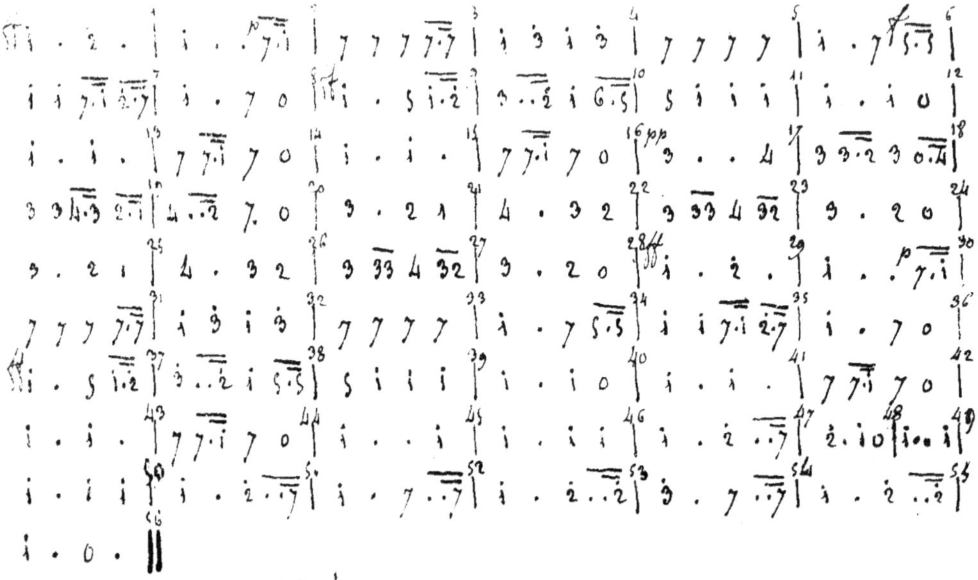

ff i . 2 . | i . . p 7.i | 7 7 7 7.7 | i 3 i 3 | 7 7 7 7 | i . 7 f 5.5 |
i i 7.i 2.7 | i . 7 0 | ff i . 5 i.2 | 3 . . 2 i 6.5 | 5 i i i | i . i 0 |
i . i . | 7 7.i 7 0 | i . i . | 7 7.i 7 0 | pp 3 . . 4 | 3 3.2 3 0.4 |
3 3 4.3 2.i | 4 . . 2 7 0 | 3 . 2 1 | 4 . 3 2 | 3 33 4 32 | 3 . 2 0 |
3 . 2 1 | 4 . 3 2 | 3 33 4 32 | 3 . 2 0 | ff i . 2 . | i . . p 7.i |
7 7 7 7.7 | i 3 i 3 | 7 7 7 7 | i . 7 5.5 | i i 7.i 2.7 | i . 7 0 |
ff i . 5 i.2 | 3 . . 2 i 5.5 | 5 i i i | i . i 0 | i . i . | 7 7.i 7 0 |
i . i . | 7 7.i 7 0 | i . . . i | i . i i | i . 2 . . 7 | 2 . i 0 | i . . i |
i . i i | i . 2 . . 7 | i . 7 . . 7 | i . 2 . . 2 | 3 . 7 . . 7 | i . 2 . . 2 |
i . 0 . ||

2e tenor.

ff 3 . 5 . | 3 . . p 2.3 | 4 4 4 2.4 | 3 5 3 5 | 4 4 4 2.4 | 3 . 21 f 5.5 |
3 3 4.3 2.4 | 3 . 21 2 0 | ff 1 . 5 1.2 | 3 . . 2 1 4.3 | 3 4.3 3 6.5 | 5.4 3.4 3 0 |
3 . 4.3 2.1 | 2 2.3 2 0 | 3 . 4.3 2.1 | 2 2.3 2 0 | pp 5 . . 6 | 5 5.4 5 0.6 |
5 5 6.5 4.3 | 5 . 5 0 | 5 . 4 3 | 6 . 5 4 | 5 55 6 54 | 5 . 5 0 |
5 . 4 3 | 6 . 5 4 | 5 55 6 54 | 5 . 5 0 | ff 3 . 5 . | 3 . . p 2.3 |
4 4 4 2.4 | 3 5 3 5 | 4 4 4 2.4 | 3 . 21 2 5.5 | 3 3 4.3 2.4 | 3 . 21 2 0 |
ff 1 . 5 1.2 | 3 . . 2 1 4.3 | 3 4.3 3 6.5 | 5.3 3.4 3 0 | 3 . 4.3 2.1 | 2 2.3 2 0 |
3 . 4.3 2.1 | 2 2.3 2 0 | 3 . . 4 | 3 . 5 6.4 | 3 . 4 . . 2 | 4 . 3 0 |
3 . . 4 | 3 . 5 6.4 | 3 . 4 . . 2 | 3 . 4 . . 4 | 3 . 4 . . 4 | 5 . 4 . . 4 |
3 . 4 . . 3 | 3 . 0 . ||

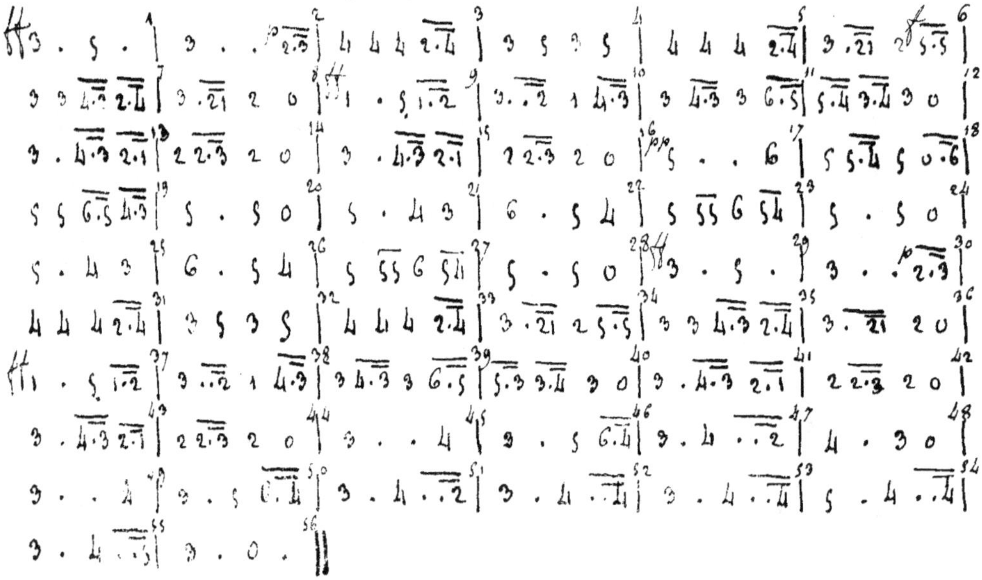

Basse.

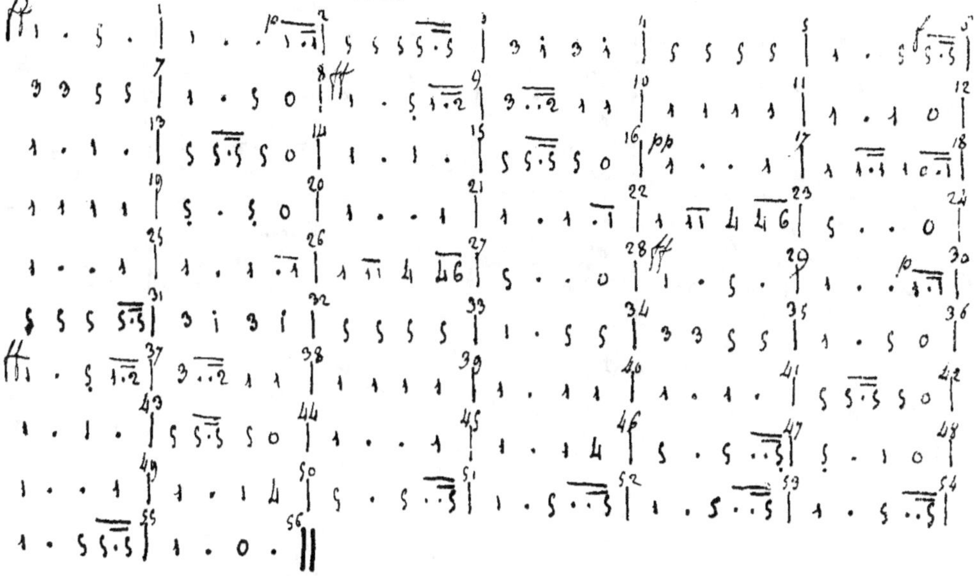

ff 1 . 5 . | 1 . . p 1.1 | 5 5 5 5.5 | 3 1 3 1 | 5 5 5 5 | 1 . 5 f 5.5 |
3 3 5 5 | 1 . 5 0 | ff 1 . 5 1.2 | 3..2 1 1 | 1 1 1 1 | 1 . 1 0 |
1 . 1 . | 5 5.5 5 0 | 1 . 1 . | 5 5.5 5 0 | pp 1 . . 1 | 1 1.1 1 0.1 |
1 1 1 1 | 5 . 5 0 | 1 . . 1 | 1 . 1 .1 | 1 11 4 46 | 5 . . 0 |
1 . . 1 | 1 . 1 .1 | 1 11 4 46 | 5 . . 0 | ff 1 . 5 . | 1 . . p 1.1 |
5 5 5 5.5 | 3 1 3 1 | 5 5 5 5 | 1 . 5 5 | 3 3 5 5 | 1 . 5 0 |
ff 1 . 5 1.2 | 3..2 1 1 | 1 1 1 1 | 1 . 1 1 | 1 . 1 . | 5 5.5 5 0 |
1 . 1 . | 5 5.5 5 0 | 1 . . 1 | 1 . 1 4 | 5 . 5 ..5 | 5 . 1 0 |
1 . . 1 | 1 . 1 4 | 5 . 5 ..5 | 1 . 5 ..5 | 1 . 5 ..5 | 1 . 5 ..5 |
1 . 5 5.5 | 1 . 0 . ||

O Sanctissima. (ton de fa). 68 unités par minute.

Tenor

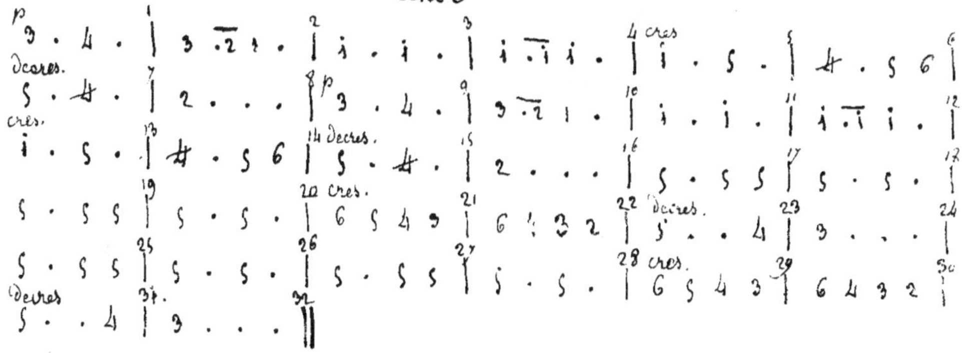

p 3 . 4 . | 3 .2 1 . | 1 . 1 . | 1 .1 1 . | cres 1 . 5 . | 4 . 5 6 |
decres. 5 . 4 . | 2 . . . | p 3 . 4 . | 3 .2 1 . | 1 . 1 . | 1 .1 1 . |
cres. 1 . 5 . | 4 . 5 6 | decres. 5 . 4 . | 2 . . . | 5 . 5 5 | 5 . 5 . |
5 . 5 5 | 5 . 5 . | cres. 6 5 4 3 | 6 4 3 2 | decres. 5 . . 4 | 3 . . . |
5 . 5 5 | 5 . 5 . | 5 . 5 5 | 5 . 5 . | cres. 6 5 4 3 | 6 4 3 2 |
decres 5 . . 4 | 3 . . . ||

Ce choeur dont l'auteur n'est pas nommé dans le recueil qui m'[illegible] est le 37e de ceux qui forment la collection intitulée Orpheus, [illegible] Busse, à Brunswick.

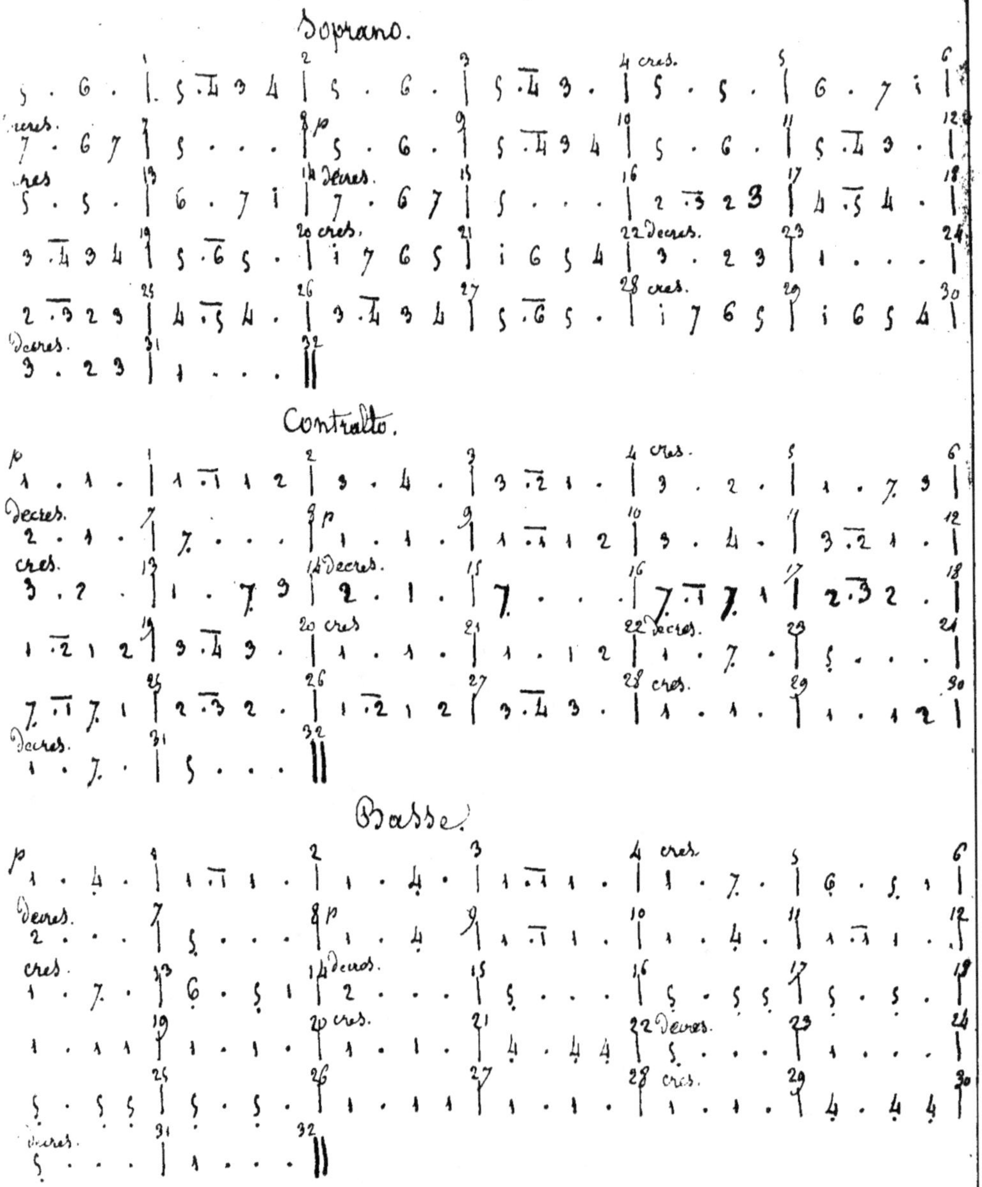

Soprano.

1 2 3 4 cres. 5 6
5 . 6 . | 5 .4 3 4 | 5 . 6 . | 5 .4 3 . | 5 . 5 . | 6 . 7 i |

Decres. 7 8 p 9 10 11 12
7 . 6 7 | 5 . . . | 5 . 6 . | 5 .4 3 4 | 5 . 6 . | 5 .4 3 . |

cres 13 14 Decres. 15 16 17 18
5 . 5 . | 6 . 7 i | 7 . 6 7 | 5 . . . | 2 .3 2 3 | 4 .5 4 . |

19 20 cres. 21 22 Decres. 23 24
3 .4 3 4 | 5 .6 5 . | i 7 6 5 | i 6 5 4 | 3 . 2 3 | 1 . . . |

25 26 27 28 cres. 29 30
2 .3 2 3 | 4 .5 4 . | 3 .4 3 4 | 5 .6 5 . | i 7 6 5 | i 6 5 4 |

Decres. 31 32
3 . 2 3 | 1 . . . ||

Contralto.

p 1 2 3 4 cres. 5 6
1 . 1 . | 1 .1 1 2 | 3 . 4 . | 3 .2 1 . | 3 . 2 . | 1 . 7 3 |

Decres. 7 8 p 9 10 11 12
2 . 1 . | 7 . . . | 1 . 1 . | 1 .1 1 2 | 3 . 4 . | 3 .2 1 . |

cres. 13 14 Decres. 15 16 17 18
3 . 2 . | 1 . 7 3 | 2 . 1 . | 7 . . . | 7 .1 7 1 | 2 .3 2 . |

19 20 cres 21 22 Decres. 23 24
1 .2 1 2 | 3 .4 3 . | 1 . 1 . | 1 . 1 2 | 1 . 7 . | 5 . . . |

25 26 27 28 cres. 29 30
7 .1 7 1 | 2 .3 2 . | 1 .2 1 2 | 3 .4 3 . | 1 . 1 . | 1 . 1 2 |

Decres. 31 32
1 . 7 . | 5 . . . ||

Basse.

p 1 2 3 4 cres. 5 6
1 . 4 . | 1 .1 1 . | 1 . 4 . | 1 .1 1 . | 1 . 7 . | 6 . 5 1 |

Decres. 7 8 p 9 10 11 12
2 . . . | 5 . . . | 1 . 4 . | 1 .1 1 . | 1 . 4 . | 1 .1 1 . |

cres. 13 14 Decres. 15 16 17 18
1 . 7 . | 6 . 5 1 | 2 . . . | 5 . . . | 5 . 5 5 | 5 . 5 . |

19 20 cres. 21 22 Decres. 23 24
1 . 1 1 | 1 . 1 . | 1 . 1 . | 4 . 4 4 | 5 . . . | 1 . . . |

25 26 27 28 cres. 29 30
5 . 5 5 | 5 . 5 . | 1 . 1 1 | 1 . 1 . | 1 . 1 . | 4 . 4 4 |

Decres. 31 32
5 . . . | 1 . . . ||

Chœur allemand, par Storace. ton de Sol. 80 unités par minute.

	1	2	3	4	5
T	p 5 . 4	3 6 5	5 . 5	5 5 0	5 .3 64
S.	p 3 . 2	1 4 3	2 5 .4	3 23 44#	5 35 61
s.	p 1 . 7	1 . 1	1 76 57	1 71 22	3 13 46
B.	p 1 . 1	1 . 1	5 . 5	1 5 0	1 . 1

6	7	8	9	10
sf 3 53 6	5 4 .	3 0 .	p 5 . 4	3 6 5
sf 5 35 61	3.4 2 .	1 0 .	p 3 . 2	1 4 3
sf 3 13 46	1.2 7 .	1 0 .	p 1 . 7	1 . 1
sf 1 . 4	5 . 5	1 0 .	p 1 . 1	1 . 1

11	12	13	14	15
5 . 5	5 5 0	5 .3 64	sf 3 53 6	5 4 .
2 5 .4	3 23 44#	5 35 61	sf 5 35 61	3.4 2 .
1 76 57	1 71 22	3 13 46	sf 3 13 46	1.2 7 .
5 . 5	1 5 0	1 . 1	sf 1 . 4	5 . 5

16	17	18	19	20
3 0 .	7 .2 16	5 . .	5 7 6	5 5 0
1 0 .	5 .7 61	17 65 #43	2 . 3	3 2 0
1 0 .	2 .5 #46	65 #43 21	7 . 1	1 7 0
1 0 .	5 7 2	5 . .	5 5 #	5 5 0

21	22	23	24	25
7 .2 16	5 . 5	5 .7 6#4	5 05 #43	2 05 #43
5 .7 61	17 65 #43	2 .5 #46	5 . .	. . .
2 .5 #46	65 #43 21	7 .2 16	7 .1 76	5 01 76
5 7 2	5 . 1	2 2 .	5 .3 21	7 03 21

www.ingramcontent.com/pod-product-compliance
Lightning Source LLC
LaVergne TN
LVHW010926180726
843502LV00004B/887
* 9 7 8 2 3 2 9 5 9 1 8 7 2 *